新世纪高等学校教材

历史学系列教材

普通高等教育"十一五"国家级规划教材

U0659553

西方史学史

（第4版）

XIFANG
SHIXUESHI

郭小凌 ◎ 主 编

北京师范大学出版集团
BEIJING NORMAL UNIVERSITY PUBLISHING GROUP
北京师范大学出版社

图书在版编目(CIP)数据

西方史学史 / 郭小凌著. —4 版. —北京：北京师范大学出版社，2016.6
新世纪高等学校教材 历史学基础课系列教材
ISBN 978-7-303-20058-0

Ⅰ. ①西… Ⅱ. ①郭… Ⅲ. ①史学史－西方国家－高等学校－教材 Ⅳ. ①K091

中国版本图书馆 CIP 数据核字(2016)第 028106 号

营 销 中 心 电 话　010-58802181　58805532
北师大出版社高等教育分社网　http://gaojiao.bnup.com
电 子 信 箱　gaojiao@bnupg.com

出版发行：北京师范大学出版社　www.bnup.com
　　　　　北京市海淀区新街口外大街 19 号
　　　　　邮政编码：100875
印　　刷：大厂回族自治县正兴印务有限公司
经　　销：全国新华书店
开　　本：730 mm×980 mm　1/16
印　　张：27
字　　数：470 千字
版　　次：2016 年 6 月第 4 版
印　　次：2016 年 6 月第 15 次印刷
定　　价：45.00 元

策划编辑：李雪洁　刘东明　刘松弢　　　责任编辑：赵雯婧
美术编辑：焦　丽　　　　　　　　　　　装帧设计：焦　丽
责任校对：陈　民　　　　　　　　　　　责任印制：陈　涛

目　　录

导　言 /1

一、西方史学史是什么 …………………………………………… 1

二、西方史学史的研究对象 ……………………………………… 2

三、西方史学史的研究任务 ……………………………………… 5

四、西方史学史的基本内容 ……………………………………… 6

五、西方史学史的基本特点 ……………………………………… 9

六、学习西方史学史的意义与学习建议 ………………………… 10

第一章　史学的起源 /12

概　述 …………………………………………………………… 12

第一节　记忆—回忆：史学的本原 ……………………………… 13

第二节　从自发向自觉的过渡——原始社会中的史学萌芽 …… 17

一、前分节语阶段 ……………………………………………… 18

二、无文字符号的分节语阶段 ………………………………… 18

第三节　从自发向自觉的过渡——古代近东的历史记录 ……… 20

第二章　古希腊史学的形成与发展 /27

概　述 …………………………………………………………… 27

第一节　古希腊史学的萌芽 ……………………………………… 30

第二节　记事家是最初的史学家 ………………………………… 39

第三节　里程碑式的史家希罗多德 ……………………………… 44

第四节　史学巨匠修昔底德 ……………………………………… 51

一、修昔底德的生平 …………………………………………… 51

二、修昔底德的史学思想与史学贡献 ……………………… 54

第五节 古典时代晚期与希腊化时代的史学 ……………………… 67

第三章 古罗马史学 /74

第一节 希腊史学的模仿者——早期罗马史学(公元前 3 世纪末—2 世纪上半叶) ……………………… 74

第二节 史学理论家波里比乌斯 ……………………… 77

第三节 拉丁史学的诞生和早期发展(共和时期) ……………………… 84

第四节 古罗马史学的繁荣 ……………………… 90

一、奥古斯都时代的史学 ……………………… 91

二、后奥古斯都时代的史学 ……………………… 96

第五节 史学理论专题研究的出现 ……………………… 115

第六节 基督教史学的兴起与古典史学的终结 ……………………… 120

一、古典史学的衰亡 ……………………… 120

二、基督教史学的兴起 ……………………… 124

第四章 中世纪史学 /132

概 述 ……………………… 132

第一节 中世纪西欧的史学 ……………………… 134

一、卡西奥多路斯与格雷戈里 ……………………… 134

二、比德 ……………………… 138

三、艾因哈德 ……………………… 140

四、艾因哈德之后的基督教史学 ……………………… 142

第二节 拜占庭史学 ……………………… 144

一、背景和特征 ……………………… 144

二、过渡时期的拜占庭史学 ……………………… 146

三、基督教史学 ……………………… 147

第五章 古典史学的复归——文艺复兴时期的史学 /154

概 述 ……………………… 154

第一节 意大利人文主义史学 ……………………… 157

一、人文主义史学的先驱 ……………………… 157

二、第一位具有古典史学水准的史家布鲁尼 …………………… 159

三、马基雅维利与他的《佛罗伦萨史》 ………………………… 163

四、比昂多的历史分期与瓦拉的史料证伪 …………………… 167

第二节　欧洲其他国家的人文主义史学 …………………… 170

一、法国 …………………………………………………… 171

二、尼德兰与德国 ………………………………………… 176

三、英国 …………………………………………………… 178

第六章　启蒙时代的理性主义史学（17—18 世纪）/183

概　述 …………………………………………………… 183

第一节　意大利与法国的史学 …………………………… 187

一、历史哲学之父——维柯 ……………………………… 187

二、历史哲学家笛卡儿与考据家拜尔 …………………… 193

三、孟德斯鸠的规律论与地理环境决定论 ……………… 196

四、伏尔泰的历史批判与文化史研究 …………………… 200

五、卢梭论私有制、阶级与国家的起源 ………………… 204

六、其他解释历史的努力 ………………………………… 207

第二节　英国和德国的理性主义史学 …………………… 208

一、英国史学 ……………………………………………… 208

二、德国的历史哲学与史学 ……………………………… 214

第七章　法国大革命至 19 世纪中叶的西方史学 /225

概　述 …………………………………………………… 225

第一节　崛起的德国历史哲学与史学 …………………… 228

一、历史哲学的发展 ……………………………………… 228

二、专业化史学 …………………………………………… 240

第二节　英国浪漫主义史学 ……………………………… 250

一、古希腊史专家格罗特 ………………………………… 251

二、开拓史学研究新方向的特纳与哈兰 ………………… 253

三、伯克的法国大革命批判 ……………………………… 254

四、卡莱尔的人民史观与英雄史观 ……………………… 256

五、麦考雷《英国史》的得失 …………………………………… 261

第三节 法国史学 …………………………………………………… 263

一、破解古埃及之谜——商博良的发现 ………………………… 265

二、运用阶级分析方法治史的梯叶里 …………………………… 268

三、历史家兼政治家基佐 ………………………………………… 270

四、法国叙述史学的代表——米什莱 …………………………… 271

第八章 马克思唯物主义历史观的产生与马克思主义史学的早期
        发展 /274

概 述 …………………………………………………………… 274

第一节 马克思主义唯物史观的形成 …………………………… 275

第二节 历史唯物主义对史学研究的意义与马克思主义史学的诞生
        …………………………………………………………… 283

第九章 19世纪后半叶和第一次世界大战之前的西方史学 /288

概 述 …………………………………………………………… 288

第一节 德国的专业史学 ………………………………………… 291

一、德国的兰克学派 …………………………………………… 291

二、普鲁士学派 ………………………………………………… 293

三、德国经济学派 ……………………………………………… 297

四、兰普雷希特的新方法 ……………………………………… 299

五、世纪之交的大史家蒙森 …………………………………… 301

六、施里曼的考古发现 ………………………………………… 305

第二节 法国史学的发展 ………………………………………… 305

一、实证主义史学的兴起 ……………………………………… 305

第三节 英国史学的进步 ………………………………………… 315

一、实证主义史学流派 ………………………………………… 315

二、牛津学派和剑桥学派 ……………………………………… 320

三、经济学派 …………………………………………………… 328

四、亚述学的诞生 ……………………………………………… 329

第四节 美国与俄国的史学 ……………………………………… 330

一、美国史学 ………………………………………………… 330

二、俄国史学 ………………………………………………… 337

第五节　分析的历史哲学的兴起 …………………………… 340

一、狄尔泰 …………………………………………………… 341

二、文德尔班与李凯尔特 …………………………………… 345

第十章　现代西方史学鸟瞰（自第一次世界大战至今）/348

概　述 ………………………………………………………… 348

第一节　现代历史哲学的沉浮 ……………………………… 355

一、思辨的历史哲学的衰落 ………………………………… 356

二、分析的历史哲学的发展 ………………………………… 366

三、以海登·怀特为代表的后现代历史哲学及其批判 …… 375

第二节　新史学的先锋——法国年鉴学派 ………………… 384

第三节　新史学的重阵——英国马克思主义史学 ………… 400

参考书目 /413
修订版后记 /420

导　言

一门成熟的学科首先需要解答几个基本问题：它是什么？它的研究对象和基本内容是什么？它的历史和传统是什么？它的社会价值是什么？它的专业道德是什么？

一、西方史学史是什么

西方史学史是高等院校历史系的一门基础课。这门课与中国通史、世界通史、史学概论、古代文选、中国史学史等课程一样，属于历史系二、三年级学生的必修课。这即是说西方史学史是历史学基础知识体系中的必要组成部分。

西方史学史又是历史学的一个分支学科。在我国学科分类体系中①，它属于人文社会科学之列，隶属于历史学门类中的世界史学科（一级学科）之下的"史学理论与史学史"（二级学科）。如果排序的话，也可作为历史学的三级学科之一。定向从事这门学科的教学与研究人员主要分布在我国综合性大学和师范院校的历史学系以及个别史学研究机构当中。

西方史学史还是一种依循时间顺序对人类最古老的自我认识形式之

---

① 我国知识学科分类体系包括人文社会科学和自然科学两大门类，历史学属于人文社会科学。这种分类同西方多数国家的分类有所不同。西方学科分类通常也有两大门类：艺术与科学（Arts and Sciences）和专业学科（Professional Disciplines），前者偏重于理论构建，后者偏重于实际应用。艺术与科学部门包括人文学科（Humanities）、社会科学和自然科学。人文学科包括文学、哲学、音乐、美术、宗教、语言以及历史学。社会科学包括人类学、社会学、政治学、心理学、经济学等学科。自然科学下辖生物科学和物理科学两个分支。专业学科则由医学、教育学、商学、法律等应用特征明显的学科组成。参见科南主编：《人文学科发生了什么？》（Alvin Kernan ed.，*What's Happened to the Humanities?*），3页，新泽西，普林斯顿大学出版社，1997。

一——历史学在西方世界发生、发展基本过程的考察和认识，因此它又是一门涉及一定地区范围的学科史。

本书在这里特别提醒读者，不要把以书本形式出现的这部《西方史学史》等同于客观的西方史学史。史学史既然是历史，就包含着"历史"的双重属性，即一方面指不以人的意志为转移的西方史学发生、发展的客观过程；另一方面指不同时代历史工作者对这一过程的认识。前者是客观的西方史学史，是西方史学史工作者的研究对象；后者是认识的西方史学史，是史学史工作者的研究成果，这种成果越接近或者等同于前一种意义上的史学史，也就越具有合理性或者科学性。本书属于后一种史学史，本质上是认识的历史，因而总会或多或少地受到认识者主观认识能力和认识者面临的客观认识条件的制约。所以尽管本书作者力求坚持实事求是的原则，努力从西方史学史的当事人和目击者(历史学家)提供的一手史料(史学著作)出发，尽量做到有一分史料说一分话，有九分史料不说十分话。但因个人的知识结构和解读能力的局限，与众多认识对象在时间、空间、语言、语境之间的距离，加之文本史料本身的缺陷等因素，本书中的一些事实陈述和大部分价值陈述都不是终极性的，均可能包含着对客观西方史学史的有意无意的误解和歪曲。本书只是给读者提供一个用自己的头脑去感受、辨识、思考西方历史学的出发点。

由于客观的史学是对人类客观历史过程的认识和反思，因此这里所讲的西方史学史亦可称作一种特定的思想史，是对西方历史认识的再认识，反思的再反思。

二、西方史学史的研究对象

西方史学史的研究对象是客观的西方史学发生与演化的过程，这就使研究者不能不把注意力集中在两个具体的研究对象上：一是西方史学史的创造者，占人口极少数的业余史家和专业史家及其史学著作；① 二是深刻影响甚至很大程度上决定着西方史家进行史学创造活动的社会历史条件。

西方史学史的创造者同一般历史的创造者有很大的不同。人类史的创造者是大约二三百万年时间里在这个世界上曾经驻足过的难以计数的人类

———————

① 19世纪以前的西方史家均为业余史家，19世纪以后则主要是专业史家的史学实践活动和他们的历史思想。

社会成员，不仅包括史前猎手，文明时代的平民、奴隶、农奴、工人、知识分子，也包括贵族、领主、资本家、英明领袖和暴君、昏君；不仅包括长期在历史舞台上领大轴唱主角的男子，也包括长期在男性阴影遮盖下的广大妇女。他/她们都以自己的生命参与了人类历史的创造活动，每个人都具有与他人既相同又独特的生命轨迹，这些既重叠又独特的人生轨迹融汇成波澜壮阔的整个人类史的画卷。

　　然而西方史学史的创造者却只是西方社会中人数很少的一部分具有历史感的业余或专业的知识分子，在前资本主义时代统共不会超过两千个，并且几乎全都是男性。

　　近代以前，西方没有专业史家，如果一生未从事其他活动而专注于历史著述的古罗马史家李维算一个的话，那也是极少有的专业史家。古代有专业哲学家、修辞学家、医学家，并有专门的课程作为相关学科的一部分，但在古代的学校当中却从来没有一门常设的历史课程。即使大学这种高等教育形式在中世纪的西欧出现之后，基本课程配置中也不包括历史学。所以西方史学在19世纪中叶前后实现专业化之前，西方的历史学家绝大多数是自学成才的有心人，主要由少数具有强烈历史意识和历史写作冲动的政治家、军事家、御用文人、世俗贵族、僧侣贵族或民间知识分子组成。

　　为什么古代的史家往往出自豪门显贵，至少也需有小康人家的背景？这是因为古代文化的传承条件十分有限，文字非常难学，书籍多是手抄本，人们必须经过长时间脱离直接生产劳动才能掌握读写技能，因此一般只有贵族子弟才具有较高的文化修养，进而产生较强烈的历史写作诉求。而且古代和中世纪的史料掌握在官方或宗教机构的档案库或图书馆中，仅对少数人开放，当官是接触史料的重要途径。因此做官与写史并不矛盾，丰富的从政经验有助于获得一手的史料，有助于撰写对认识的历史。从这个意义上说，古代的西方史学是贵族史学、精英史学。

　　由于业余的局限，前专业化时期的西方史家虽然把求真求实设定为评判史学成果的基本标准，并且确立了忠实于客观历史的基本准则或基本学科道德、学科纪律，但即使是最优秀的史家，也没有形成明确的一、二手史料的分类意识，没有开发出严格有效的史料考据方法。因此，在西方许多历史著作当中，能看到自觉不自觉地编造历史的现象，而且作者并不认为这样做同捏造历史是一回事。他们像文学家、戏剧家一样，喜欢在自己的作品中大量使用生动的道白，如情景对话，在公民大会、元老院、盛大仪式、战场上的演说，在那些历史的空白之处，他们则大胆地虚构出生动的内容。所以，业余史学难以使学科知识体系系统化、规范化、科学化，难以确立学术成果质量检测的严格尺度。在这种情况下，史家的治史功力和史学成就往往取决于每个史家的个人才能，他对史学感悟的深浅，以及他克服自身局限和社会容许他表现自己研究成果的程度。

自 19 世纪中叶以来，历史学逐渐独立，成为各西方国家普通教育和高等教育的主要科目之一，培养史学专业人才"生产线"的大学历史系纷纷建立，以研治史学和讲授历史课程为业的西方史学史的创造者发生了质的转变，大批草根阶级出身的学生选择了史学专业，女性历史工作者也逐步从边缘走到史学舞台的中心，成为史学队伍的重要组成部分。但即使如此，真正参与史学史创造和实践活动的人仍然是西方人口中的极少数，历年加起来也不会超过几十万人。① 他们既然是史学史的创造者，其史学实践活动理所当然地属于西方史学史学科的主要研究对象，而他们的著述则是西方史学史学科的第一手史料。

西方史学创造者们的个人经验告诉我们，史学研究和治史精神始终是有境界高下之分的。自从脑力劳动和体力劳动有了分工、形成知识分子群以来，这个群落便始终在灵与肉、理性与感性、物质和精神追求孰先孰后问题上摇摆不定，作为知识分子成员的史学工作者也不例外。过分追逐物质利益和最大限度地追逐精神目标的人始终是很少数，多数史学工作者通常是二者兼半的对立统一者。这样一来，在西方史学工作者中便有了史学伦理的差异，精神境界的高低，有了世俗的多数史家，以及少数超凡脱俗者或俗不可耐者；有了多数的平庸之作，少数的杰作或滥污之作。就西方史学史的发展而言，最需要那些能够把自己放逐在精神家园中的脱俗者，因为他们是人类精神文明精髓的主要缔造人，西方史学史的脊梁。翻开西方史学史，留下深刻印痕的大多数是这类史家，他们共同的特点就是把求真求实置于其他追求之上，其中最彻底者则视真实与生命同价。他们实际上是推动西方史学史前进的决定力量。

---

① 如美国历史工作者最多，全国性的"美国历史协会"(American Historical Association)有 14 196 名会员(2011 年)，包括关心史学研究和热衷于收藏史料的业余史学工作者 (http://blog.historians.org/2011/07/aha-membership-on-the-rise-again-in-2011/)。"历史学家组织"(Organization of America Historians)有会员 12 500 人。"英国皇家历史学会"(Royal Historical Society)有会员 3 500 余人(2015 年)，包括专业史学工作者和业余史学爱好者(http://royalhistsoc.org/membership/)。

从西方史学的发展进步出发，这样的史学史创造者当然越多越好。然而由于追求真理必须不折不扣地实事求是，而实事求是的前提是独立思考，一切从实际出发，不唯俗、不唯书、不唯上，这就往往同大多数人构成的世俗或官方观念发生矛盾甚至冲突，于是求真求实者便不得不努力顶住曲学阿世、曲学附势的压力，牺牲个人的现实利益，这是一般史学家难以抗拒的外界和内心的压力，因此杰出史家总是史学工作者队伍中的少数。

即使没有这些压力，史学写作也不是一件轻而易举的事，因为历史真实不是一块铸好的硬币，拿来就能用，它需要经过广泛收集史料、分析史料和筛选史料及最后形成文字的痛苦过程，需要长期静心思考、坐冷板凳的毅力和勇气。西方史学史上的杰作，从来都是少数历史家内心煎熬的结果，是一种个人对真实的痛苦追求，是高度历史责任感的产物。

但西方史学史的研究对象并不仅限于历史家个人的史学实践及其史学著述，因为任何史家都不是孤立的个人。一本史书表面上看起来似乎完全是作者个人的思想结晶，实际上并非如此。虽然每一位西方历史家在自己课题的选择、材料的取舍、探索的角度和深度、事实陈述和价值陈述使用的话语、结论的归纳等方面浸淫着自己的个性，但实际上也显示着他所处的历史时代的各种需求、期待和局限，处处打着具体的历史时代的烙印。比如古典史家的著作，一眼望去便知道使用的是古代的表达方式，反映古代人对各种历史事物的看法。在客观历史发展速度日益加快的当代，十几年前后的史著，无论是事实陈述与价值陈述甚至遣词造句都会有一些显而易见的差别。因此，作为思想文化形态的史学，总是同史家个人一定的社会政治、经济和思想文化背景以及他个人的生活体验紧密联系在一起。一个时代有一个时代的史学，历史家及其著作始终是某个特定时代的反光镜。如果西方史学史研究未能同史家所处的社会和时代结合的话，就会变成无法理解的东西。所以，西方史学史的研究对象必须包括每个时代的历史家所面临的历史条件，包括与史家的史学创造活动相关的个人经历、史家的思想来源和材料来源、他的师承关系等。本书在每一章中不厌其烦地讨论一定时期的社会条件、政治条件、经济条件、思想条件等客观因素的原因便在这里。

三、西方史学史的研究任务

对于西方史学史的研究者而言，其任务是通过对学科研究对象（历史家著作及其所处时代)的考察，尽量客观地说明作为人类自我意识形式之一的历史学在西方世界形成、发展的一般和具体过程，讨论有关起源、发展脉络、演化原因、一般趋势和特点等问题。

四、西方史学史的基本内容

任何内容都是在空间和时间范围内存在的，具有一定的时空界限。"西方"虽然是个明确的概念，然而一旦进入应用领域，它就成了一个不断变动着的地域、政治、文化的分类符号，需要专门予以说明。

本书所指的西方，起初只包括希腊半岛以及地中海沿岸希腊人的殖民地。到了公元前 1 世纪末叶的罗马帝国，西方包括以意大利为中心的南欧、西欧、北非和幼发拉底河以西的亚洲部分地区，而当时北欧、中欧、东欧、北美，甚至西欧部分地区，即今天西方世界的中心地带，还是蛮夷之地。时钟转到中世纪，西方已经和欧洲成了同义语，但北非和西亚却相继退出了地理、政治、文化意义上的西方世界，成了新兴的阿拉伯文明的所在地。近代以来，西方又纳入了北美、大洋洲广大地区。从现当代政治、经济的角度讲，日本也被列为西方世界的一员，但苏联及东欧社会主义国家却被排除于西方之外，被西方人看作东方的一部分。苏联及东欧社会主义国家解体之后，西方的范围又有所扩大。但从我们东方人的角度看，俄罗斯在地域和文化上其实也属西方的一部分，因此本书把史学史上的苏联和东欧马克思主义史学亦归属于西方史学。

以西方面积之大，国家之多，情况之多变，历史和史学传统之丰富，一本西方史学史小书当然不可能面面俱到，不要说卢森堡、列支敦士登、梵蒂冈等小国的史学难以提及，就连许多中等国家的史学也须舍去。因此这本教材的内容是有选择性的，同其他类型的认识的历史一样，只是局部的具体现象和非常笼统的大局描述的结合。[①] 本书着眼于那些构成西方史学史基本线索的国家的史学，也就是体现一个时代史学发展方向的某些国家的史学与具有突出贡献的历史家。当然，本书作者并不讳言在陈述对象的

---

① 真正完整的历史，实际上是不可能操作的。比如为法国现代年鉴学派所津津乐道的整体史、社会史，实际上仍然是残缺不全、大而化之的历史。说法国农民，并没说是加莱的农民还是里昂、波尔多的农民，是路易还是阿列克塞，而在客观历史中，农民这个简化概念所涵盖的生命都是具体的，都具有不可能一一说明的特殊性。

选择上可能存在着主观性，遗漏或误选恐怕是不可避免的。

西方史学史的编年范围在 2500 年左右。与现代的三万多门学科相比，西方史学无疑是最年长的学科之一，然而若同人类的过去和未来相比，史学的历史只是极其短暂的一瞬，尚处于自身发展的婴儿阶段，用法国年鉴派史家布洛赫的话说是"尚未超出初步尝试性的阶段"。[①]

西方史学史在这段绝对短暂、相对较长的时间里像一条川流不息的河流，虽然九曲十八弯，却没有中断，始终保持了历史发展的连续性。这即是说客观的史学史是不能人为割断的。但在认识的历史中，我们为了研究和认识的方便起见，或者说由于我们人类认识能力的局限，不得不将本来连续的客观历史依据一定规则分解成不同的段落，如阶段、时期、时代等，分门别类加以研究。这是科学认识的必要方法。从这一基点出发，本书将西方史学史划分成三个大阶段。

(一)古典史学阶段

古典史学起自公元前 6 世纪末，至公元 5 世纪后半叶止，共约一千年。这是西方史学形成和早期发展的时期，也是西方史学基本规范和方法确立的时期。

这一阶段又依时间和国别关系分成两个较小的阶段，即古希腊史学阶段和古罗马史学阶段。这是西方史学的童年时期。这个时期以史学女神克丽奥(Clio)的降生为开端，带有童年时期的单纯和真诚。这即是说，西方史学从一开始就确定了以人的活动为历史主体的人本史观，设立了非常纯然的求真求实的史学原则，形成了初步的史学叙述、史学批判方法和多种多样的表现形式。其中，修昔底德和波里比乌斯的著作代表西方古典史学的最高成就。在以修昔底德等人为代表的古典史学主流之外，古典史学在发展到一定程度后，也开始复杂化，出现了功利和实用的作品。特别是到了古典时代后期，统治者认识到历史记载是维护统治、打击政敌的有力武器，因而力求控制并操纵历史记忆，把史学家变为自己的忠实工具。

(二)基督教史学阶段

从 5 世纪到 15 世纪，恰好是第二个一千年。西方史学发生了巨大变化，

---

① 布洛赫：《历史学家的技艺》，张和声、陈郁译，14 页，上海，上海社会科学院出版社，1992。

罗马君主专制的腐恶、社会的衰败、经济的崩溃，改变了古典史学正常的发展进程，基督教史学以否定的力量在西方史学中取得全面胜利，神本史观代替了人本史观，史学变为宗教的忠顺婢女，史学思想和历史编纂方法因此严重退化，历史研究在中世纪思想专政的条件下变成基督教创世纪说、二元斗争论、末世论、罪罚论的工具。除了个别地方之外，总体上说，这是西方史学停滞甚至倒退的阶段。

(三)近现代史学阶段

从 14 世纪文艺复兴时期开始一直到现在，是西方史学新的发展时期，发展的速度先慢后快。根据其发展层次，还可将它分成文艺复兴时期的人文主义史学、启蒙时代的理性主义史学、后启蒙时代的浪漫主义史学、新史学等若干时期。

近现代西方史学自文艺复兴运动始。这场思想解放运动复兴了古典史学的求真求实精神，历史研究的对象重新定位在人类历史活动本身。起初一切似乎从头开始，许多方面还不如古典时期成熟。但经过短暂的复原期之后，西方史学向着理性化、专业化、科学化、多样化的方向不断演进，人们对自身过去的认识越来越深入，越来越复杂、系统和准确，史学研究的方法和表现形式也发生了巨大的变化或曰转型。从启蒙时代到 20 世纪初叶，西方史家对于自己的学科和研究成果具有高度的自信，认为史学是科学的一个重要部门，通过史学家们的辛勤努力，客观的历史将会被纹丝不差地复制出来，并且史学家如同自然科学家一样，能够发现人类社会历史运动的总规律和各个局部的规律。这是一个雄心勃勃的时代，自然科学的巨大成功给社会科学工作者认识自己的研究对象以极大的推动。

但在 19 世纪末 20 世纪初，随着西方自然科学认识局限性的逐步暴露，西方史学也进入了反思的时代，逐步意识到历史学家对客观历史的主观介入，一切认识的历史都是一定历史时代的史家对史料经过精心剪裁(有选择地记载和有意识地遗忘)和管理的结果。因此现代西方史学不再追求发现终极性的历史真相，不再欣赏以概括历史规律为目标的思辨的历史哲学，史学的科学性受到了极大挑战，历史学被普遍置于人文学科之列，而不是像经济学、社会学和人类学一样，属于社会科学的有机组成部分。

当然，也应该看到，尽管现当代西方史学花样繁多，翻新极快，表现形式在变——从叙述史到论述史，史学的视角在变——从帝王将相、政治军事到社会万象、内在心理，流派多如牛毛，虚无主义和怀疑主义倾向十分显著。但万变不离其宗，如同汉字的变迁，从甲骨文、金文到隶书、魏碑、楷书、草书，乃至似乎完全变形的狂草，有些变化是共时的，有的变化是先后的，但再变也不能离开汉字的本质。同样，西方史学两千五百年来虽一变再变，但古典史学确立的史学"求过去之真"的根本任务并没有发生改变，依靠史料复原和解释史实的宗旨也没有发生根本的改变。

五、西方史学史的基本特点

在学习西方史学史的过程中，可以看到这样一些突出的特点：

第一，西方史学同西方世界的历史一样，从大处着眼，能看出比较明显的阶段性，这主要是因为基督教神本史学与之前后衔接的西方人本史学有着显而易见的差别。

第二，西方史学史中贯穿着一种执着的追求真理的人文精神。

对于西方史学史的主要创造者来说，历史写作不仅是一种兴趣爱好，一种专业技能，一种谋生的手段，而且还是一种坚定的信仰，高贵的理想。

在崇尚实利的当代世界，大学越来越倾向于职业教育，它既是知识的殿堂，也是争资金、争名誉的名利场，因而学术可以是口耳之学，教授也可以是利禄之徒，只不过不像商场和社会上那样赤裸裸罢了。在这种情况下，西方史学在两千多年时间里所表现出来的高尚人文精神就特别值得借鉴。

西方史学史的创造者中有众多平庸的学者，众多急功近利、实用主义的史作，但他/它们在历史上都雁过无声，失去了学科记忆的价值。载入西方史学史的杰作，都是其作者潜心治学、独立思考、追求真理的产物。这是西方史学能够绵延两千多年、目前领世界史坛风气之先的根本所在。

第三，西方杰出史家的道德、学问和文采一般是统一的。一个杰出的史家通常都有深厚的学养，有丰富的人生经验，有良好的道德，有优雅的文字表述能力。为什么具有这些综合条件才能成为优秀的史家？这是因为没有良好的道德，一个人就不能在政治权威或学术权威的压力下，在个人利益受到威胁时坚持真理，修正错误，因此也不可能如实地记载历史真相，写出袒露真实、直面客观历史的著作，或者至少不说假话、空话。没有深厚的学养，一个人就不能具有透彻的分析力和高度的概括力，无法窥见表象之后的因果关系，因而也不可能归纳出相对准确和智慧的结论，显示历史研究的巨大认识价值。而没有文采，表达不出波澜壮阔的历史画面和个人的深刻思想，因而个人的成果也很难得到他人的承认，所谓"言之无文，行之不远"。

第四，西方史学非常重视自身的理论总结，同时注意对自然科学和其他社会科学成果的吸收和借鉴，这特别表现在启蒙时代以来，国际史学中所有新的、有效的方法论和认识论，像客观主义史学、实证主义史学、相对主义史学、比较史学、计量史学、马克思主义史学、新史学、后现代史学等，都是西方史家和西方历史哲学家们总结或从其他学科借用过来的。所以，西方史学能够不断地发展、进步，不断地否定之否定，超越自己。这也是西方史学为什么自近代以来总体上始终扮演世界史坛领军角色的重要原因之一。

第五，西方史家在处理历史问题时，总是与现实的某种需要紧密联系在一起。我们看到，西方史学史上的大史家，都不只具有对历史的洞察力，而且还具有对现实的热情关注，其中相当多的史家是当代人记写当代事。即便是当代人写古代史也往往出于古为今用的诉求。西方史学的这个特点告诉我们，只有对现实满怀深沉的关切、与现代人的情感息息相通，才能真正在历史的研究领域获得硕果和突破，感受到自己研究成果的价值和意义。

六、学习西方史学史的意义与学习建议

学习西方史学史对史学专业的学生具有重要意义。人类社会的发展永远是一种连续不断的传承关系。所谓传承，意味着过去与现在的关系，现在与将来的关系。这种薪火相传的关系把过去和现在乃至将来紧紧地联系在一起。西方史学史的作用与作为学科史的哲学史、文学史、物理学史、数学史一样，是连接过去学科与现在学科的一条纽带。

西方是世界史学的两个原生地之一，自启蒙时代以来，总体来说，西方史学在学科思想和研究方法方面一直领世界史学之先，深刻影响甚至决定了世界其他地区史学的基本面貌。了解西方史学不仅可以认识当代西方史学从何处来，现在何处，将来向何处去，而且可以为我国史学提供一面比照和借鉴的镜子。因为认识我们自己是在横向、纵向比较中实现的，只有透彻地了解西方史学的历史，才能深刻认识和把握现实的西方史学，并为认识我们自身的史学找到一个可靠的支点，以便我国史学在新时期所面临的各种挑战和机会中获得新的发展。

西方史学史主要是西方史家的思想史，这些思想中有相当大的成分升华到了理论的高度。学习这门课的过程，是同西方史学史上一个个杰出的史家进行思想对话的过程，也是提高史学思维能力的过程。而一位未来的史学工作者能否在专业领域获得成功，很大程度上取决于史学思维的基本功。

在学习西方史学史的过程中应该注意到，史学史这种通论性质的知识只是史学"博物馆"的说明书或解说词，它只对读者结识"原物"（历史著作及其蕴含的思想）起一种引导作用，带着读者在博物馆内进行一次浮光掠影的旅行。由于作者的认识局限，某些引导的失误是不可避免的。而且本书为了便于学生把握基本理路，尽量避免在问题上纠缠，省略了一些学界为研究方便所设计的一些分类标签，如"新康德主义""逻辑实证主义"之类易造成困惑的概念、术语，因为这些术语虽然会使内容相对简单化，却不利于对体大精深的西方史学的深入认识。对于愿意进一步了解西方史学的人，应当利用本书提供的线索和注释，到"博物馆"里的各个展厅去仔细鉴赏和研究原著。那里的每一部历久不衰的史学杰作都有着鲜明的个性，或对史学客体的认识，或对史学主体的解释，或在研究客体时所采用的方法，或在历史表现手法上有非同凡响之处，因而具有独特的魅力，不是史学史这样的"展窗式"的简介所能如实表达出来的。其实，一门学问中的真正知识，往往是那些在介绍性著作中难以言明的东西，正是它们才对锤炼我们的历史思维具有决定意义。

第一章　史学的起源

概　述

　　在任何学科领域，起源这样的终极性问题总是属于最难解决因而也最具魅力的问题。大到宇宙太空、行星地球的起源，小到生命人类、思维语言的由来，我们目前的认识或停留在纯粹的科学假设阶段，或处于一知半解的状态，只触摸到终极真理的一两个侧面。历史学的起源也不例外。

　　起源问题难以解决，主要原因首先在于起源问题大多属于无文字可考的时代，有关证据稀少，甚至几乎无痕迹可寻，研究者只好凭借蛛丝马迹进行推理，所以有关起源的解答通常是逻辑推理的结果，很难加以验证。再者，起源是个令人困惑的字眼，人们往往把它与开端当成一回事。史学的起源并不等于史学的开端（beginning），它具有本原或根源（source）的意思，犹如河流的开端在具备了河的规定性的某个地点，但它的根源却要追溯到冰川、雨雪乃至雨水生成前的原初形态。起源在时间上早于开端。开端是显形的，起源是隐形的，因此在认识上起源较开端有更大的难度。

　　由于探索起源的困难，所以目前人们关于史学起源的解释都停留在根据很少的资料所做的假设状态。一般认为史学起源于对神事的记录，也就是从记录神事演化到记录人事。具体到西方史学则是从神话诗歌开始，经过散文记事的准备，最终抵达史学诞生的终端。不同阶段的代表之作是荷马史诗、记事家的著作、希罗多德的《历史》。[①] 这种解释经不起推敲。因为近现代的民族学材料表明，人类早期并非仅仅记录神事（诗歌），神的观念出现得相当晚（大约出现在 10 万年前），诗歌仅是一种有韵脚的语言，产生

---

　　① 参见 E. 布雷萨克：《古代、中世纪和近现代史学史》（Ernst Breisach, *Historiography: Ancient, Medieval and Modern*），第 5 页以次，芝加哥与伦敦，1983。

时间更晚。此前人类肯定存在着对氏族、部落生活、生产和生活经验的持续总结和相应的非文字记忆以及口头的传递，甚至非口头的传递，因为人类至少在北京猿人时期就有了说分节语的能力。如果在荷马史诗之前的几十万年时间，人们没有任何原始的历史意识和经验传递，那人类便难以维持化石证据已经证明的，从体质到社会的全面进步。

所以，西方史学乃至人类史学从胚胎的孕育到诞生应该有一个更为漫长的路线图，仅仅追溯到诗歌环节显然是不够的。

第一节　记忆—回忆：史学的本原

在古希腊神话中，神灵都有明确的出身。智慧女神雅典娜生自天父的头颅，爱神阿芙罗狄忒出自海水的泡沫，历史保护神克丽奥是记忆和回忆女神穆涅摩西奈（Mnemosyne）与宙斯的私生女。① 在古希腊人看来，基于对过去进行思考的回忆同视觉对于形象艺术、听觉对于音乐艺术一样，是人类固有的本能。这种认识实际上解答了有关史学的两个基本问题，即历史或史学的本质和历史的起源。

我们知道，历史通常有两种含义：（1）人类客观活动的过程；（2）人类对自身客观活动过程有选择的记录和解释。在古希腊人眼中，"历史"（histo-

----

① 穆涅摩西奈是希腊神话中的大地女神盖娅与亲生子乌拉诺斯结合所生的女儿，司记忆。根据古希腊传说，奥林帕斯神灵家族的首领宙斯的妻子是天后赫拉，但宙斯到处拈花惹草，导致私生子女众多，历史女神克丽奥就是其一。这种人性化的神祇形象是希腊宗教的特点。

ria)从词义上讲是通过调查获得的知识，① 从关于历史起源的神话上看则是对过去的记忆和回忆，二者本质上都属于认识的历史。这样的历史与作为一门知识学科的史学是同义语。所以在现代西文中历史和史学用同一个词表示，而非像中文那样有所区别。

这种古今认识的相似之处还表现在对史学起源的解释上。古希腊人把记忆女神视为历史或史学女神之母，其明显的隐喻在于史学源出于人类的生理本能：记忆和回忆，这同现今一些人所持的历史是人类群体的记忆之说如出一辙。

史学是人类历史意识活动的产物。所谓历史意识，就是对过去的感知和理解。初级的、感知的历史意识是先天固有的，也可称作本能的、不自觉的历史意识，它来自人类最重要的本能之一：记忆—回忆。记忆—回忆不是后天的文化行为，而是通过遗传基因的传递而世代承续的人类的共同心理行为。这一生物学本能是史学赖以产生的本原。记忆—回忆当然不等于历史学，但历史学的源头从人类的记忆和回忆溯起才具有更多的合理性。

作为人类本能的记忆—回忆与史学有一些明显的相同之处，这是我们把记忆—回忆看作史学本原的基本理由。

首先，记忆—回忆同史学都具有传递经验的基本功能。记忆以及从记忆中调取信息的回忆，并非人所固有，一切动物都有或强或弱的记忆—回忆能力。动物的记忆—回忆能力，如对道路、天敌、朋友、气味、色彩、巢穴、生活习惯之类事物的记忆—回忆，属于动物的本能，其记忆存储的信息可以通过遗传基因和染色体世代传递。人类虽然也具备类似动物的记忆—回忆，但这只是人类记忆—回忆能力的很小一部分。按照英国学者彼得·罗赛尔的说法，人类的记忆除了动物式的本能记忆（婴儿对母亲乳房的记忆等）外，还包括情节记忆、事实记忆、语义记忆、感觉记忆、技巧记忆等多种能力。② 某些动物也可能或多或少具备其中的一种或若干种能力，在有些方面甚至超过人类，如犬对气味的记忆能力。但从总体上说，动物的记忆—回忆的广度和深度远不能同人类相提并论。而且人类的记忆—回忆

① 西文中的历史一词（history、историяя、histoire 等）源自古希腊文 historia（拉丁文对拼，古希腊文是 ἱστορια），意即通过调查研究得到的知识、信息（见《简明希腊文—英文辞典》"A Lexicon"，335 页，牛津，牛津大学出版社，1920）。之所以原生意如此，是因为古希腊史学诞生时，整个社会还非常缺乏文字史料，所以最初的史家只好依靠社会调查来获取一次性过去的客观历史的信息。

② 罗赛尔：《大脑的功能与潜力》，76 页，北京，中国人民大学出版社，1988。

能力虽可以先天继承，但记忆的信息本身却不能遗传，在语言和文字发明之前，它们往往随着记忆者的消失而消失，从而为后代探讨人类各种认识和行为的起源造成困难。

从人类的动物祖先开始打制第一件最粗笨的石器，从而质变为人开始，[①] 人类的记忆—回忆便同动物的记忆—回忆发生了分离。工具的制作既标志着人类的诞生，又意味着人类开始在头脑中产生并存储最简单的工具概念以及相应的制作工艺的知识，随之也产生出将这种记忆传递给他人的新意识：这便是最原始的历史意识。同人类这种原始历史意识一道，也产生了后来的史学基本价值——传递经验。无论现代对史学的价值、功能有怎样的解释，有一个基本价值是永远不变的，就是传递经验。假设人类没有这种经验的传递，一切只好从零开始，那将会出现多么可怕的情景：我们将不知我们是谁，从哪里来，现在在哪里，将要到何处去。我们将成为丧失记忆的白痴。所以历史的价值是永久性的，是一种根本性的人文知识。

其次，记忆—回忆的对象同史学记载的对象都是有选择的。人类的回忆与记忆是两种紧密联系又不尽相同的生理功能。人类的大脑皮层可以记录每秒 1 000 个新的信息单位且留有余地，越来越多的证据表明，大脑实际拥有无限的记忆存储能力和高级思维过程。但在正常情况下，人类的回忆能力却不能和记忆能力相适应，许多记忆的信息无法自然提取，人们总是回忆起最值得他们回忆的东西，除非经过某种提示或特殊的催眠处理，人们才能回忆起被他们"遗忘"的信息，如个人的日记，总是经过大脑的过滤，永远是经过挑拣后的个人经历和思想的断片。回忆的这种特征也为后来的历史学所具有。尽管现代史学提倡整体史、全球史等全面的历史记述，但没有一部史学著作能够对人类的过去面面俱到，我们看到的史学著作，无一不是人类过去生活片段的集合，是作者认为最值得追忆的东西。

再次，记忆—回忆与史学记载都不是对记忆—回忆对象纹丝不差的复制。人们的记忆并不是一成不变的，它会随记忆对象在时间距离上的不断推移而发生变形，如头发和指甲一样自然生长。我们都有这样的经验，前一个小时说过的话和做过的事若没有同步记录（笔录、录音、录像），后一

---

①　目前有可靠实证材料（骨骼化石与伴生石器）的最早的人类，是在坦桑尼亚的奥杜威峡谷出土的能人，时间在 170 万年前。参见巴恩：《剑桥插图世界考古史》（Bahn, *Cambridge Illustrated History of Archaeology*），262 页，坎布里奇，剑桥大学出版社，1996。近年在四川省出土的巫山人牙齿化石也伴有石器，时间属 200 万年前，但其证据还不算十分可靠。

个小时的回忆便已有所增删，不再是业已消失的真实的全部。美国耶鲁大学教授约翰逊曾举过一个有趣的例子，说明大脑记忆（即第一手史料）的不可靠性。1920 年 9 月 16 日，纽约华尔街发生了一起爆炸事件。当时有位记者调查了 9 位目击者，其中 8 人对爆炸瞬间街头的情况提供了错误证词，只有一位退役军官的记忆后来证明完全正确。那位记者事后不禁感叹道："我们或多或少都是无意识的扯谎者。"①

不仅与事件同步的记忆会出现偏差，而且即便是同步笔录也会产生或多或少的误记漏记。比如列宁就对自己的讲话记录一向不满，他曾抱怨道："我的讲话记录，无论是速记记录或是别的什么记录，没有一个是令人满意的。"②在这种情况下，回忆也不可能是对事实真相的复印式的再现，其间必有一些误差，有时甚至是巨大的误差，更不用说有意对记忆的歪曲和编造了。所以人类的记忆—回忆过程也孕育着历史学难以超越的局限，即它同客观历史永远不能纹丝不差地吻合。③ 对史料怀疑和批判的原则是历史科学永恒的原则。

最后，记忆—回忆与史学记载都带有对过去的价值解释。人的记忆—回忆行为从人一降临于世就开始进行了。出生不久的婴儿能对看、听、触、嗅到的物体定位，甚至能识别出人的面容。随着他的成长，他的大脑的这种记忆—回忆过程反复进行，并通过各种符号，如某种姿势、手语、眼神、表情、语言、文字、图像等中介把记忆中不断增加的信息同代或隔代传递。从远古到当代，所有的人，除了大脑功能不健全者，都在重复同一过程，向其他人传递着有关个人、家庭、地区、国别（国家形成之后），乃至不同时代的人们所认识到的世界的各种故事和经验。这些故事和经验是讲述者从无尽的记忆中筛选出来的，每一个都多少附之以好坏优劣之类价值评估，它们不仅是对过去有选择的记录，还是对有选择的记录的一定解释。

人们在一生中一再重复的这种过程不管当事者愿意承认与否、意识到还是没有意识到，都是历史认识过程。一切思维正常的人无须专业训练，均具有这种最简单的选择史料、加工史料、解释史料的能力。显而易见，这种能力不是后天培养出来的，而是先天就有的。

心理学的实验对此提供了有力的证明。发自体外与体内的各种信息经

---

① 约翰逊：《历史学家和历史证据》(Alen Johnson, *Historian and Historical Evidence*)，24～25 页，纽约，查尔斯·斯克里布纳之子出版公司，1926。

② 《列宁全集》，第 29 卷，67 页，北京，人民出版社，1956。

③ 但史学工作者也不必为此气馁，有哪一门学科能够做到纹丝不差地复制呢？

过有关的神经细胞传输、编码、整理之后被我们的大脑接收的瞬间，即我们感受到的"现在"仅有五十分之一秒的时间，① 然后就转化为记忆。这意味着我们实际上无时无刻不是既生活在现实中又生活在历史当中，无时无刻不在进行着对现实的记忆和对历史的回忆活动。从这个意义上说，历史意识乃是人的属性，历史学的本原和生命力深植在生理的肥沃土壤之中，人天生是历史的动物。由此我们有理由相信，只要人不致变为非人，史学就不会消亡，社会就需要自己的历史的工作者。

第二节　从自发向自觉的过渡——原始社会中的史学萌芽

　　人类本能的历史意识是历史学的本原和根基，也是历史学得以产生的内驱力，但还不是历史学。史学的产生有赖于这种感性的、自发的历史意识上升到理性的、自觉的高度。这里把由自发的历史意识而生的回忆行为称作萌芽状态的史学，它的本能目的是要记忆并忆出什么，回忆的形式是混沌无定形的，没有史学、文学、宗教、哲学、伦理、科学、技术不同学科的区别；回忆的内容也是混沌无定形的，各种经验知识混杂在一起，如同希腊神话中的天地初开，一片混沌中包含着各类事物的种子。

　　自觉的历史意识所产生的回忆行为称作完全形成的史学或史学行为，其规定性在于：（1）它的作用对象必定是过去，不能像文学艺术一样可以恣意联想，在过去、现在和未来的人与事物之间随心所欲地游移。（2）其形式应该有连续性的时间框架、明白标志的空间位置，不能像史诗、戏剧传说一样可以随意转切、变换时空。（3）其内涵必须是真实的人物及其具体的活动，是过去生活中的原型，而不是多种原型的人为拼接。史学需要想象，但不能离开真实的具体描述对象而生造出有关的文字史料或图像史料。（4）其目的必须是对真实的过去（无论从现在的史学认识论来看其真实有多么相对）的追求和对已消失的过程的各环节之间关系的揭示与解释。这里实际包含着回忆加思考（分析、综合、归纳、演绎），不仅解答"什么"，而且解答"为什么"。达到史学的高度并不容易，世界各民族都有史学的胚胎和萌芽，但克丽奥的"降生之地"却只有两处，即古代中国和古代希腊。

　　从人类自发的历史意识到自觉的历史意识，从萌芽状态的史学到完全

---

① 　E. 布雷萨克：《古代、中世纪和近现代史学史》，2 页。

形成的史学的过渡经历了相当长的时间，始终和人类思维的发展同步，或毋宁说它的发展本身就是思维发展的一部分，可以大体分作以下几个阶段。

一、前分节语阶段

在分节语产生之前，人类整体的回忆很大程度上是封闭的。一个人获得的信息只能通过十分有限的符号载体，如单音节的声音和表情动作，向他人传递。在这种情况下，个人与个人、个人与群体、群体与群体之间的交流十分困难，人们能够分享的信息只能局限于种的生存和延续所必需的一些知识，例如打制石器的技术、制作木器的技术、狩猎采集的技术、躲避天灾的方法，等等。从人们开始记忆、回忆、传递信息时起，就有了简单的概念，但这些概念难以用有限的信号加以转达，它们常常随着记忆者的消失而消失。

二、无文字符号的分节语阶段

在史学形成过程中关键的一步是分节语的发明。分节语是人类体质与思想长期进化的产物。古人类学家的材料表明，大概在距今五十万年前的北京猿人时代，人类已经掌握了较高的讲述分节语的能力，因为北京猿人大脑的语言发生中枢中颞骨后部及颞—顶—枕骨部位有明显隆起。[①] 由于分节语的出现，个人的记忆从此可以方便地提取出来转化为群体的记忆，个人和群体的记忆可以通过口头传说世代相传，不致因个人的消失或遗忘而湮没无闻。原始经济、社会、精神文化生活的连续性因此得到了较可靠的保证。人类知识的积累速度加快，各种知识的增多促使人们的自发记忆—回忆向自觉记忆—回忆转化，已获得的知识信息开始条理化，有了最初步的分类，自觉保留经过整理的记忆并向后代传授的使命感油然而生。至旧石器时代晚期和新石器时代，世界各地的氏族部落普遍出现创世纪、人类起源、祖先崇拜、英雄崇拜、图腾崇拜等原始崇拜，反映思维进步的古人对自身起源等历史问题的热切探求。

近现代民族学材料生动证明，古代埃及等地的有意识的历史回忆并不

---

① 阿列克谢耶夫等：《世界原始社会史》，贺国安、王培英、汪连兴译，100 页，昆明，云南人民出版社，1987。

是最久远的，在迄今为止人类所发现的社会进化最为缓慢的原始氏族和部落当中，也有对自身起源的历史思考。例如在原始社会的活化石中，塔斯马尼亚人、火地岛人、澳大利亚人最为原始。他们仅有很少量的抽象概念，如树、鸟、鱼等。计量的概念也极其贫乏，像阿兰部落的数词只有一和二，三要用一加二代替。他们没有或确切地说尚未发展到考虑世界起源问题，没有创世纪的解说，但却有人的起源的历史认识，即图腾祖先的口头传说。这些传说在今人看来不管如何幼稚可笑，却是原始人类真切、单纯的历史认识，其动机同今天的幼童问询父母有关自己是从何处而来的动机是完全相同的。

在缺乏文字记载手段的条件下，原始人类竭尽全力试图发明一些较口头传递更有效的方法，克服记忆的不足和回忆的失真，保持业已逝去的过去的真实面貌。近现代民族学材料表明，晚后期的史前人类发明了众多帮助记忆部落迁徙、生产、械斗、祭奠等重大事件的方法。北美的印第安人、西伯利亚北方的各部落、赤道非洲的部落和太平洋岛屿的美拉西尼亚人等利用打结的绳头，成串的、不同颜色和形状的贝壳、刻纹、图画来记录相当复杂的史事。比如毛利人大约有 40 个部落，各部落都有对本部落与外部落之间的侵夺、仇视、报复事件的详细记载。① 美洲捷拉瓦尔印第安人甚至用图画形式编写了一部著名的编年史，即《瓦拉姆奥鲁姆》(《红笔记》)，以画在树皮上的 184 幅画描绘出他们的全部历史传说(从世界的起源到欧洲殖民者在当地的出现)。② 这表明早在原始社会后期，人类的历史记载(记忆—回忆)已具有初步连续的时间与地点观念，创造出大事记的历史记载形式。在某些处于采集和狩猎经济类型中的氏族部落那里，如卡拉哈里沙漠里的昆桑人，甚而发展到伪造历史以抬高自己与贬低外族的程度。③

此外，原始人千方百计改进口头传递的效率。他们发明了一定长短的语句，句尾尽量使用相同的韵脚来述说史事，以便于记忆，这就是史诗。世界各古老民族几乎都有自己发端于原始社会时期的或长或短的史诗，如苏美尔人的《吉尔伽美什》，古巴比伦人的《恩努玛·埃里什》，雅利安人的《罗摩衍那》《摩诃婆罗多》，古希腊人的所谓荷马史诗《伊利亚特》《奥德赛》等。这些史诗创作不一定出于唯一的记载目的，也包含教谕、愉悦的动机，

---

① E. O. 威尔逊：《论人的天性》，109 页，贵阳，贵州人民出版社，1987。

② 阿列克谢耶夫等：《世界原始社会史》，203 页。

③ E. O. 威尔逊：《论人的天性》，87 页。

但史诗均以叙事为主和追溯过去的事实说明了记忆—回忆过去是史诗产生的主要原因。

总括上述,在从自发的历史记载向自觉的历史记载过渡的漫长岁月里,曾经陆续产生了不同的记载形式:纯粹的头脑记忆—回忆,口头传诵和头脑记忆—回忆的结合,口头传诵(史诗、故事、传说)与图画、结绳之类记载,这些环节不一定为一切民族所共有,却反映了史学意识进化的一般趋势。当人类进入文明社会,发明出更为有效的记载、表达、传播知识的信息工具即文字的时候,历史学形成的过程也就即将完结了。

第三节 从自发向自觉的过渡——
古代近东的历史记录

希腊的近邻古代埃及和西亚是人类最早进入文明的地区,① 是最早运用文字对历史加以记录的地区。文明发生的参数除了包括较石器效率更高的金属器的发明,社会分裂为具有不同经济利益和政治利益的阶级和等级,产生由专门的公职人员、政府机关、军队、法庭、监狱等成分组成的公共权力机构——国家,作为政治、经济、文化、军事防御中心的城市的形成之外,还包括文字的发明与脑力劳动与体力劳动的分工,形成专门化的有关社会和自然知识的部门,如文学艺术、宗教伦理、天文历法等学科。人类的历史意识由于国家管理的需要以及文字工具的发明与脑体分工的有力推动,最先在这两个地区取得了明显的进步,古埃及人和苏美尔人已经发展到自觉创造出世界上最早的年代记、编年记等历史记录形式和为国家及其化身——帝王服务的专职史记人员的程度。然而,古埃及人,尤其是古西亚人虽然接近了史学的临界点,却最终没能取得突破,他们把“接生”史学的使命让给了他们的“学生”,后来居上的古希腊人。

现存最古老的文字历史记录的范例之一是埃及传记体作品《梅腾自传》,系发现于埃及高官梅腾墓室的一篇铭文,年代在公元前 2900 年,内容和形式近似现代人填写的个人简历表,包括出身、任职履历、所受荣誉、奖励和财产状况。这种个人史的记录要素有人物、地点、事件,但缺乏时间、

---

① 希腊人不仅在公元前 8—前 6 世纪殖民到埃及和西亚,而且在公元前 4 世纪亚历山大远征后,直接统治了这两个最古老的文明地区,因此早期希腊文化深受两地区的影响。

原因、经过、结果。撰写的目的出于自我欣赏和显示，缺乏社会意义。但注重个人历史记录本身就说明了刚刚步入文明、掌握文字工具的人类个体强烈的历史意识。

成文于公元前 3000 年中上叶的帕勒摩石碑是最早的官方历史记录。正面碑文第一列为前王朝时期的国王名表，自第二列起分成长方形的年表，中间记写当年的大事，下部刻有长度符号，多半是同年尼罗河的水位记录。相对应的历朝国王的名字处于上下两列之间。记载形式较《梅腾自传》成熟，有序列化的时间、地点、人物、事件，但没有原因、过程，文字极其简略。其基本表现内容如次：第×年，上埃及之王登基，击败×，×肘×掌。[①] 当时埃及正处于铜石并用时代，刻写工具和工艺落后，只能记录那些同代国王认为最有价值也最需要传诸后代的历史大事，即国王即位、生子、祭祀、战争、人口和土地牲畜的清查、宫室与金字塔等国王住室的修建等，所记真实可信，目的并不在于单纯的吹嘘，也不在于简单的记忆，还隐约有着一种为后朝罗列经验的历史责任感。但这种自觉的趋向后来被《梅腾自传》式的浮夸所湮没，历史记录演变成纯粹为统治者树碑立传的工具。

古埃及历史记录的这种鲜明特点最清晰地体现于古埃及文明的繁荣时期——新王国时期，图特摩斯三世与拉美西斯三世的年代记是其典型代表。以图特摩斯三世年代记为例，全文长达 230 行，文内含有较详细的叙述，包括与叙利亚小国联盟进行战争的简单原因、经过，某些重要情节和人物的描述，甚至包括法老与将领重要言论的个别摘要。然而这部年代记仅在记载形式上超过帕勒摩石碑，若按性质而论则只是一部记事性的艺术作品，完全缺乏对真实的原因、经过、后果的刻意追求。铭文服膺于赤裸裸的歌功颂德目的，文中的法老是替太阳神行道、英明伟大、战无不胜的英雄，历史真相因此为对神与人的厚重涂饰所覆盖。

同样的记述也反映在拉美西斯三世的年代记中。历史的主人公成了救斯民出水火的明主，击败为非作歹的"海上民族"的大英雄。在这里，决定历史的力量完全是神，法老的一贯正确在于他是神灵的宠儿，因此正确永

---

① 指水位高度。《梅腾自传》和帕勒摩石碑铭文见布雷斯特德：《埃及古代文献》（J. H. Breastged, *Ancient Records of Egypt*），第 1 卷，170～175 节；第 76 节以次，芝加哥大学出版社，1987。中译文见吉林师范大学、北京师范大学历史系世界古代及中世纪教研室编：《世界古代史资料选辑》，上册，1～14 页，北京，北京师范大学出版社，1959。

远与之同在，而错误统统属于敌人。①

观古埃及人的历史记录，均未超出上述大年代记的水平，实质上只是对原始人歌颂先人丰功伟绩精神的发扬光大，和神话、史诗、传说的差异仅在于从心记和口头传递变为文字符号的记忆，与人本主义的史学自觉还距离较远。

与古埃及人这种有历史记录而无历史学的发展状况相适应，古埃及文中始终缺少一个与我们所理解的"历史"概念相对应的词，古埃及的神话因此也没有出现类似于古希腊神话中历史女神克丽奥的神。兼管记录史事的女神谢莎忒主要负责文字、图书馆、学校，既是年代记的编写人又是书吏的保护神，同时还是法老掠获的战利品的登记者。而且颇耐人寻味的是，古埃及人的这种历史记录并不使用或极少使用在公元前 2000 年便已流行的古代最方便的书写工具和材料——蘸水墨笔、纸莎草纸和墨水。② 他们把这些工具和材料用于其他文学形式，如教谕文、宗教文书。言简意赅的铭文似乎已经满足了古埃及人对历史记载的需求。既然历史记录在于自我夸耀和持久保存这种夸耀，而不是为了启示取鉴，那么也就不需要煞费苦心地去寻求历史的真相，不需要长篇大论地进行思考总结，坚硬耐久的铭刻就足够了。所以古埃及人的陵墓中可以安放大部头的宗教文书，留给历史的却只有言简意赅的铭文。

几乎与埃及人同步进入文明的古代两河流域的苏美尔人独立地发明了自己的文字体系和书写工具，也独立地创造出自己的历史记录形式。最早的《苏美尔王表》与帕勒摩石碑近似，有时间、国王、基本史事的序列，即关于王权的转移、战争之类极为简要的记录，具备了时间、地点、人物、事件四种要素，标准表现形式是×地、×王、统治×年、××被击败、王权转移至×地。其传说色彩较帕勒摩石碑浓郁，谈及遥远的古代事件，即大洪水之前王权的兴起及早期八位国王统治的时间竟长达 241 200 年前。大洪水之后的王位更迭时间逐渐缩短，但也离真实相距甚远。因而王表不过是文字化的口头传说。③

---

① 布雷斯特德：《埃及古代文献》，第 2 卷，第 407 节以次；第 4 卷，第 35 节以次。

② 古希腊罗马人向古埃及人学会使用这些书写工具与材料，并写出了有关历史的鸿篇巨制。

③ 北京大学、东北师范大学历史系世界古代史教研室编：《世界古代史论丛》，第 1 集，222～223 页，北京，生活·读书·新知三联书店，1982。

　　苏美尔人历史意识发展的最高点体现在公元前 2400 年间写就的反映拉加什王乌鲁卡吉那改革的泥锥铭文上。该文一反过去简单的记事形式，详细叙述了前帕达西卢加尔安达以权谋私与乌鲁卡吉那上台执政的因果关系，以及乌氏的社会政治实践的简略过程。就一个事件的具体内容来说，它远比梅腾的自传、帕勒摩石碑要周详，但没有古埃及人那种自觉的时间意识，缺乏时间的包装，可视为一篇官方的历史大事记。铭文的目的与埃及的历史记录一样基本是歌功颂德，颂扬乌鲁卡吉那解放了拉加什的人民，使他们摆脱了"高利贷、压抑的统治，饥饿和对其财产和亲人的盗窃、谋杀和抢夺"。但除了评功摆好外，还含有埃及的历史记录少有的对自己政权合法性的论证。乌鲁卡吉那在说明他即位原因时不仅沿袭俗套，表示受命于神，而且还有一个世俗的"为什么"的背景介绍，也就是从历史本身去解释自己的历史实践。他历数前任的劣迹，举例不厌其详，表现作者乌鲁卡吉那对此的偏爱，实际是对原因的重视。[①] 如果苏美尔人的这种历史记载和历史认识形式得到扩展，显然会自然而然地抵达历史学的彼岸。但这种历史的可能性终未变成历史现实。

　　继苏美尔人之后，两河流域与整个西亚的历史车轮不知滚过了多少王国的废墟，一代又一代踌躇满志的统治者在希求不朽的动机下进行过难以数计的历史记载，然而主要因战乱的原因，这些记载的绝大多数已荡然无存，侥幸残留下来的难以使人捕捉到西亚人历史意识进步的线索。待到新发展的迹象出现时已经是公元前 2000 年后期的赫梯王国时代了。属于印欧语系的赫梯人是古代西亚历史记录意识很强的民族，他们发展了年代记的记载形式。如赫梯国王哈图希里斯一世年代记在炫耀对小亚细亚和叙利亚战争的胜利成果时采用了历史比较方法，指出自己的胜利比 6 个世纪以前的萨尔贡二世的更为彻底。而国王苏比鲁里乌玛斯二世和穆尔希利斯二世的年代记则除了传统记载战争胜利的写法外，还记述了赫梯对被占领的叙利亚的政策、与埃及的关系、地方部落的社会制度等新内容，[②] 已经有了史学撰述的雏形。

----

　　① 吉林师范大学、北京师范大学历史系世界古代及中世纪教研室编：《世界古代史资料选辑》，上册，第 66 页以次。

　　② 涅米洛夫斯基：《克丽奥的诞生与再生：历史思想的起源》（НЕМИРОВСКИЙ А. И.，РОЖДЕНИЕ И ВОЗРОЖДЕНИЕ КЛИО：У ИСТОКОВ ИСТОРИЧЕСКОЙ МЫСЛИ），13 页，沃龙涅什大学出版社，1986。

在赫梯历史记述的影响下，亚述宫廷也编写了自己的年代记。然而无论形式还是内容，它们更像是战果公报，充满血腥气味，缺乏简单的历史分析和思考。

在古代西亚众多的民族当中，希伯来人的历史意识相对而言最为深沉，最为宏阔。他们并没有产生任何一部专门化的历史记录作品，他们的历史沉思始终保持着原始的风格，同宗教神话、文学伦理等思考密切交织在一起。但由于民族的坎坷命运，他们更多地偏重于历史的反思，借历史为现实服务，因此一部《旧约全书》成为希伯来人自我辩护、自我安慰、自我总结、自我激励的长篇史话。古代西亚和北非没有任何一个民族像希伯来人那样详尽全面地观察自己的历史，没有任何一个民族像希伯来人那样把一些被视为戒律、原理一样的经验认识置放到大量事例的基础之上，也没有任何一个民族在反思自己时会涉及整个近东过去，更没有一个民族像希伯来人那样把自己的整个过去都置于由远至近的时间框架当中。然而遗憾的是这一切都是在神本思想的指导下完成的。《旧约全书》总结出的最深刻、也是最沉重的历史经验就是作为上帝的选民，忠于上帝的意志便无往而不胜，忽视或违背上帝的教诲便会招引祸灾，只有通过灵魂的忏悔才能重返上帝的身边。因此《旧约全书》又是有关上帝与以色列—犹太人关系的史话。这种神与人之间的紧密关系决定了它不可能真实地叙述历史事实，更不用说对历史真实（事实与原因的真实）的追求了。

古代埃及与西亚的这种前史学状态不是偶然的现象，因为直至亚历山大东侵揭开希腊化时代之前，这种有历史记录而无史学的现象仍然继续了一段时间。后来达到史学水准的第一位埃及史家马涅陀与巴比伦史家贝罗苏虽是非希腊出身，却已被希腊化，不仅形式和方法是希腊式的，连他们所用的语言也是希腊语。两人的身后有大约三个世纪的空白，至 1 世纪的罗马早期帝国时代才出现第三位近东民族的史学家约瑟夫斯。但他的《犹太战争史》和《犹太古代》使用的语言却是拉丁语。这种要么没有史学，要么有史学又缺乏民族个性的现象一直继续到古代世界的终结，勤劳智慧的近东人始终没有独立培养出自己的历史学之父，显然，这种现象不能简单地归结于某种天性，其后面一定有着某种必然的原因。

地理位置和民族分布情况在一定程度上影响到近东史学的形成。最明显的例子是处于三大洲交界地带的两河流域与叙利亚、巴勒斯坦地区。两河流域的富庶和周围多民族的特点决定了那里正常的历史进程不断被外部入侵所打断，而且入侵的民族一般是文化相对落后的游牧民族，往往引起破坏性的后果，使文化积累所需要的连续中断，甚至是整个民族的毁灭。在这方面，具有较强历史意识的苏美尔人是个突出的例子。这个民族的消失也带走了对历史因果关系的求索冲动，致使自乌鲁卡吉那改革之后两千年，西亚人的历史意识不仅没有多少进步，而且还有所退步。

但这种历史偶然性也许可以用来解释某个民族的某个时期，但不能解释希腊的近邻长期普遍缺少史学的事实。我们需要更大范围内的比较，寻找史学产生的"瞬间"前后，古希腊的历史条件与近东的条件有哪些不同之处，这些不同的条件才可能是古希腊史学产生的关键原因。

古希腊思想家亚里士多德在讨论哲学产生的原因时提出了三个先决条件——惊异、闲暇和自由①——很有参考价值。惊异意味着对外界事物和人的自身问题的好奇心、困惑和不解，从而引起求解的思考。它的目的单纯，仅仅为了求知。而思考需要时间，这就要求思考者具有不必为衣食奔走的闲暇。这两个要素属于主观的、个人的条件，当然也不全是。因为闲暇必定要以生产力发展的一定历史阶段为前提，要有剩余产品和脑体分工的物质保证。第三个条件则是客观的。亚里士多德认为当一个人有吃有穿、有舒适安乐之物后，他就达到了为自己而不是为别的什么而存在的境界，有了思维的自由，转而追求智慧，于是便产生了哲学。亚里士多德所指的自由主要是指脱离了物的条件的思想自由，因为对他那个时代的古希腊人来说，政治的相对自由是公民当然的权利，但对于近东邻人来说，只有专制君主才是自由的个人。因此在他的三个前提条件中，前两个只要在文明发展到一定程度便可以比较容易地达到，但自由这个条件却不那样简单。所以古代近东没有出现哲学。

这一解释也适用于解释史学的诞生，因为史学和哲学在起源上有相似之处，都是从神话、史诗、传说的混沌中挣脱而出，分别以求自然之真和人的过去之真为本，都是对以往传统的扬弃，或曰批判地继承。对史学来说，要求与原始的神话和宗教历史观分离，剥去包裹在历史真实内核上的各种人为的附加物，从历史本身去认识历史和解释历史，必须有一个相对自由的政治和思想文化环境，这个先决条件对史学是生死攸关的。这就产生了一个需要首先解答的问题：相对自由要相对到什么程度？以后来古希腊史学产生的社会政治环境为参照基准，这就是要有私人可以根据个人意志反思历史、记录和评价过去的自由，并在发表和传播方面具有不受限制

———————————

① 亚里士多德：《形而上学》，981b20－24，982b11－27。

的自由。在思想文化方面，要有一个人本主义的氛围，没有至尊至圣、沉重到压倒一切思想活力的宗教神学体系和吸收了社会大量脑力劳动者的庞大僧侣阶层。古代近东不具备这样的条件，因此没有独立完成从历史记录向史学记述、从自发向自觉的转变。

第二章　古希腊史学的形成与发展

概　述

古希腊史学是西方史学的开端和最初的发展时期。它与后来一脉相承的古罗马史学共同构成西方史学史的第一个发展阶段，即古典史学阶段，时间展延约千年之久。在这个历史时期里，聪颖智慧的希腊人以批判和求真的理性精神完成了由自发的历史意识向自觉的历史意识的过渡，确立了至今仍具效用的史学理论、方式、方法，从初步自觉上升到高度自觉。后来跟进的罗马史家进一步发展了古希腊的优秀史学传统，使史学成为古典世界思想文化领域中最富有成果的部门之一。

古典史学的本质特征是对历史真实的追求。恢复过去人们活动的真相，复原事实和发现原因，不仅是优秀的古希腊罗马史家力求达到的目标、遵循的学科道德，而且是评判他人史学著作质量的首要标准。后来成为印欧语言中"历史"一词的古希腊文 *historia* 出自古词 *histor*，原义就是了解真相和公正的人。因此古典史学的精髓从一开始就是求真求实，后来则提出了摈弃情感的绝对求真求实的客观治史原则。但并不是所有的史家都能遵循或落实求真的原则，一些客观和主观条件影响了他们的历史研究。

第一，史学在古代教育体系中不是必修的课程，绝大多数史学家是凭个人爱好和历史责任感在人生中途转入历史写作的业余人员，因此缺乏系统的学科训练。尽管他们了解真实的原则，但对真实理解的深浅和把握的好坏则因人而异，取决于个人的经验、感悟、道德、智力、学术修养等后天与先天条件，能够基本实践真实原则因而可称为杰出史家的始终是少数，多数史家史识平平，史作平平。

第二，古代落后的信息记录、传递、存储手段对史家的真实追求构成难以逾越的障碍。在撰述非个人亲历的事件时，史家不得不经常依靠传闻、推测以及第二手材料，只有少数人注意档案文献、考古材料、实地调查并对前人著作和口头传说进行细心的考证。即便如此，在古典史家的历史著述中仍然要添加个人的想象，这方面最显著的例子就是历史人物的演说。

第三，一定时期的文风和写作习惯影响到真实再现历史原貌。其一，大多数古典史家特别注意艺术性的文字表述，以生动的语言和戏剧化的史事安排来打动读者，往往自觉不自觉地以牺牲真实为代价，把史作等同于文艺作品。其二，大多数古典史家在引用他人作品时，习惯于断章取义，不求逐字逐句照录原文，只求大意相近，有时甚至做有利于个人思想的删改。史学写作中没有形成注明史料出处的科学规范。其三，古代简单的经济和政治体系导致缺乏数学统计的习惯，因此古典史家在偶尔使用数字说明问题（主要是战争力量对比问题）时也往往缺乏严格精确的态度，随意性很强，常根据道听途说和个人需要夸大或缩小有关数字。其四，古希腊罗马纪年和记时方法的落后使得古典史著中的历史时间常常出现误差，同一事件和人物存在的年代会有不同的说法，能够确定的事件一般限于季、月，很少能精确至日。有些久远的年代则完全是虚构。

在古典史学中占主导地位的总体认识是人本史观及其派生的英雄史观。在古典史著中，无论是杰作还是平庸之作，人的创造性活动，主要是杰出人物的创造性活动一直是历史叙述的中心。在解释历史事件发生的因果关系时，古典史学家一般具有不同程度的天命观，但天命的体现者神灵和命运最多只是史家对人们一定活动的终极解释，通常他们更重视纯粹世俗的原因，如英雄人物的意志和行为、国家制度的优越性、道德和民风的优劣、历史的根源等一系列具体的因素。在他们的史著中天命事实上服从于历史，而不是历史依附于天命。古典史家中甚至有单纯从人类历史本身去说明历史问题，不考虑任何超自然因素的人，体现了古代史学认识的最高成就。

古典史学家具有把历史分割为一个个单独的过程分别加以考察的能力，但他们的思路一般是封闭的圆圈，循环论和今不如昔的迷古、崇古思想具有重大影响，其典型代表是杰出的史家波里比乌斯。但自低向高、从简单向复杂的发展运动的趋向已为一些古希腊和罗马史家所认识。深刻分析和阐释这一理论的学者是希腊哲学家和历史家亚里士多德。他在自己有关事物普遍运动形式和变化类型的认识基础上，深刻揭示了社会从原始状态向国家形态的运动过程，不同政体形式的基本特征、运作方式及发展趋势等社会历史问题，把古代史学认识推到近代的高度。伟大的史家修昔底德也具有同样的进步史观。

　　不同时代的哲学认识与史学认识有着密切的关系。由于哲学是古希腊罗马知识结构中的必要教育课程，具有贵族教养的历史家都有一定的哲学认识基础，并把这些认识或明或暗、自觉或不自觉地通过历史人物的行为和作者的评述表现出来。如城邦上升时期的哲学充满英雄主义，甚而豪迈地认为人是万物的尺度。同期史学中的人物也大有指点江山、气吞万里的豪气。而在城邦危机和解体时期，哲学主调变为超脱、虚无，史学人物心灰意冷，充满迷信，丑恶的元首之流活跃于史籍之中。待到帝国时期，哲学异化为斯多葛主义的彻底超脱，人生事业毫无意义，从而为基督教神学思想在史学领域中的凯歌行进铺平了道路。原来在历史舞台上唱主角的盖世英雄最终变为唯上帝之命是从的罪人和玩偶。

　　一定时期的其他思想文化部门的知识，如戏剧、诗歌、修辞学等也对史学认识有所影响。当然，具有决定意义的存在还是一定时期和一定国别的社会经济与政治。城邦经济、政治的繁荣时期以及罗马元首制初期的政治宽松时期是史学的发展和繁荣时期。而城邦衰落和君主全面专制时期一般是史学的委顿时期。罗马帝国经济和政治的崩溃及意识形态危机则导致了古典史学的灭亡。

　　按照现代史学的分类，古典史学的题材比较狭窄，局限于政治史、军事史，但经济史、社会史、外交史、思想文化史题材也一般作为政治军事史主线上的依附部分被提了出来。有些题材，如思想文化史还单独成为一个方向，但为政治军事史的主流所排挤，未能深入发展开来。

　　古典史学的表现方法是叙述体，不同的史学创造出不同叙事风格，如朴实的生动和华美的生动，严谨缜密与自由挥洒，等等。对于必要的论述，史家往往采取夹叙夹议或寓论于叙事的方式。他们已经能初步运用历史比较、心理分析、经济分析等方法。就编纂体例而言，希腊罗马史家创造出编年体、纪事本末体、传记体、回忆录体和混合体多种形式，记述范围包括世界通史、国别通史、地方史、断代史、各种专史。古希腊罗马史家更多地注意他们亲历的当代史和他们熟悉的地方史。世界通史则以一个国家或重大事件为中心，依序联结周围已知的国家，主要是古希腊和罗马人所知的世界，并不是现代意义的世界通史。

　　对于历史价值的认识，古典史家是逐步加深的。起初仅为了记忆人类创造的光辉业绩，后来认识到历史的实用意义，即经世致用、取鉴垂训的判断作用，惩恶扬善、树立正反面典型的思想教育作用，给人以愉悦和其他快感的消遣作用等。历史也被人用来美化个人或某个社会集团、某个朝代，抒发个人政治见解，攻击政敌，充当宣传的工具。但在这样做的时候，往往以歪曲历史客体为前提。

在归纳古典史学的特征时不应忘记，古典世界是特权公民的世界，占统治地位的思想文化是统治阶级的上层贵族阶层的思想文化，打有深刻的阶级、等级烙印，史学也不例外。史学撰述中的主角始终是男性贵族的代表人物，妇女、非公民的异邦人和奴隶只是微不足道的陪衬，尽管也有个别史家对妇女和奴隶予以高度的尊敬。这是古典史学最大的局限。

第一节　古希腊史学的萌芽

原始社会时期希腊人的历史记忆因史料的缺乏已无从稽考，某些考古材料影影绰绰似有当时人们对祖先崇拜的一点影踪。如在希腊半岛和爱琴海岛屿发现的新石器时代的一些妇女和男人的雕像。爱琴文明时期，克诺索斯、迈锡尼、派罗斯宫殿中的经济表报之类泥版文书隐喻当时可能存在类似埃及与亚述帝国王室的年代记或大事记。泥版文书本身证明西亚文化对爱琴文明的深刻影响，古希腊人的历史记忆同样沿着口头传说到文字记忆的一般方向正常发展。

然而，在公元前 1200 年左右，这种正常的过程被外部入侵所打断。整个地中海地区掀起民族迁徙的浪潮，文化相对落后的民族向这一地区各古老国家发起冲击。埃及尼罗河下游被"海上民族"搅得天翻地覆，小亚细亚和叙利亚地区的一些国家，包括赫梯王国消失了。希腊的迈锡尼等早期小王国也在劫难逃，遭到北方游牧民族多利斯人的毁灭性打击。亚该亚人在克里特文明基础上形成的文化成果，包括文字以及文字记录等成果，被这场灾变一扫而光。此后约 300 年，没有任何文字遗产残留给后世，表明极少数掌握了线形文字的古代知识分子与迈锡尼文明的城市、宫殿、绘画、雕刻、精湛的手工艺品一道同归于尽了。这场灾变造成公元前 11—前 9 世纪的希腊的客观历史一团漆黑，至今仍限于在支离破碎的考古与史诗材料基础上的猜测。但历史本身如同自然的运动一样仍按着它固有的规律进行着，人们的记忆和回忆的本能并未消失，只是记忆方式的倒退。迈锡尼人的特洛伊战争以及与战争密切相关的历史重大人物的命运始终萦绕在黑暗时代的亚该亚人的脑际，停留在亚该亚人的嘴边，化作神话传说和后来悲剧取之不尽的素材，其他口头传说也顽强地经受了时间的考验，如阿提卡人关于英雄提修斯、爱琴等先人的传说，斯巴达人关于自己祖先，即赫拉克勒斯的后代的传说，以及关于希腊古老居民皮拉思基人、勒勒吉人、库里奥人甚至米诺斯王的传说。这些传说是变形的记忆，始终保留着过去所发生的事件的真实内核。就其内容而言，记忆人事的分量超过记忆神事，其中的神事实际上也是记忆者自身的反映。在众多的原始记忆当中，荷马史诗是最完整、最系统、最生动，因而也是最难以忘却的部分。

荷马

　　荷马史诗是现存古希腊人最早的文学作品，由《伊利亚特》（*Iliad*）与《奥德赛》（*Odyssey*）两部史诗组成，相传作者是盲诗人荷马（Homer）。据希腊人的其他传说记忆，小亚细亚一个强大国家特洛伊的王子帕里斯在爱神阿芙罗狄忒的帮助下拐走斯巴达（与后来的名邦斯巴达同名不同国）王墨涅拉奥斯的妻子绝代佳人海伦，墨涅拉奥斯的兄长阿伽门农于是调兵遣将，发动联军十万，战舰千艘，横海杀向特洛伊，由此爆发了特洛伊战争。整个战争进行了十年，双方最勇猛的武将赫克托尔和阿喀琉斯相继战死。希腊联军最后采用足智多谋的伊大卡国王奥德修的木马计才攻陷该城。

　　《伊利亚特》围绕特洛伊战争第十个年头第 51 天发生的一段故事加以展开，写亚该亚人的猛将阿喀琉斯与阿伽门农失和，一怒之下退出战争。后因好友战死、希腊人几次败北而摈弃个人义气，重新披挂上阵，为友人报仇雪恨，杀死特洛伊王子赫克托尔并侮辱了敌手的尸体。当赫克托尔的父亲、特洛伊国王普里阿姆不惜卑躬屈膝恳求他交还赫克托尔的尸首时，他又恻隐之心发作，满足了本是敌人的老国王的要求。结尾特洛伊举国同哀，为英雄赫克托尔举行了隆重的葬礼。全诗 10 万余词，15 693 行，分 24 卷，具有凝重的悲剧色彩。

　　《奥德赛》描述战后伊大卡王奥德修返家途中辗转波折，费时十年，终于和妻子、儿子实现了大团圆。该诗计 8 万余词，12 110 行，同样分 24 卷（划分卷节均为希腊化时代亚历山大里亚的学者所为），具有浪漫轻松的喜剧情调。

　　关于史诗的作者、创作年代和地点、内容所反映的史实等问题，以现有证据不可能得到解决，只能沿用自启蒙时代以来形成的一些基本推测，即两部史诗最初以口头诗歌的形式产生于小亚细亚的希腊殖民地，可能由一位叫荷马的吟游诗人（类似我国民间演唱大鼓、评弹的艺人）集广泛的口头传说改编而成，时间约于公元前 8 世纪，地点大概在小亚细亚或开俄斯岛。后来经民间游吟诗人不断加工传诵，约在公元前 6 世纪于雅典毕士特拉妥僭主政治期间整理成文字，基本定型。[①]

这两部作品不仅在古代地中海世界广为流行，而且在现代西方也属于畅销书之列。[②] 为何近三千年前的作品在今天仍然具有巨大的生命力？显然因为它们仍能满足当代人的精神需求，值得人们去反复玩味、模仿、复制、思考、研究和总结。我们对荷马史诗的探讨，则是从史学史的角度，把史诗视为蕴含着史学胚胎和史学思想萌芽的最早的文学作品。

从史诗中可以看出，在荷马时代，古希腊人还不是自主的人，而是以宙斯为首的一组希腊神灵的奴仆，因为诗中希腊人和他们的敌人特洛伊人的绝大多数行动都是鬼使神差的结果。这种神本思想显然与史学诞生所必需的人本思想是不相容的。

《伊利亚特》开始便特别说明整个史诗的情节完全是人神之父宙斯的一场预谋，是"宙斯意愿"的实现：

> 女神啊，请歌唱佩琉斯之子阿喀琉斯的
> 致命的愤怒，那一怒给阿开奥斯人带来
> 无数的苦难，把战士的许多健壮英魂
> 送往冥府，使他们的尸体成为野狗
> 和各种飞禽的肉食，从阿特柔斯之子、
> 人民的国王同神样的阿喀琉斯最初在争吵中
> 分离时开始吧，就这样实现了宙斯的意愿。[③]

在《伊利亚特》中，"人民的国王"阿伽门农与"神样的阿喀琉斯"的冲突是第一情节，也是全诗的主题。

神的统治不仅表现在对人的所有活动可以随心所欲地进行干预上，也表现在对人的重大事件或行动的指示上，有时甚至是直接出面进行面对面

---

① 参见詹姆士·鲁斯：《古代作家》(T. James Luce, *Ancient Writers*)，第 1 卷，1～3 页，纽约，1982。

② 现代西方人虽然已经极少有人懂得古希腊文，但仅以《奥德修纪》的英语散文译本为例，20 世纪 50 年代至 80 年代，就销售了 230 多万本；《伊利亚特》也售出 150 多万本。参见詹姆士·鲁斯：《古代作家》，1 页。

③ Homer, Ili. 1, 1～6；见荷马：《伊利亚特》，罗念生译，1 页，北京，人民文学出版社，1994。

的交代。例如，《伊利亚特》的主题是阿伽门农与阿喀琉斯的矛盾，当阿喀琉斯因与阿伽门农不和，即将拔剑而起，杀死阿伽门农的关头，他的保护神雅典娜"按住他的金发，只对他显圣，别人看不见"。① 诸如此类神灵显圣是诗中经常提到的内容，特别是对他们钟爱的人，神总是予以特殊的关照。比如阿芙罗狄忒偏爱拐走海伦的帕里斯，因此在他被情敌墨涅拉奥斯击倒并被拖向敌方阵营的危急关头，及时出手相助，不仅将帕里斯救下，一路安送回家，还去面见海伦，让她"永远为他受苦受难，保护他，直到你成为他的妻子或是女奴"。②

《奥德赛》的情况与《伊利亚特》相同，在以荷马为代表的希腊人看来，奥德修返家的漫长过程不过是宙斯家族编导的一出戏剧。《奥德修纪》的开头就是神灵们的家族会议。波赛冬为人们对天神降灾祸的抱怨进行了解释，说明神灵对人事的干预范围。③

诸神不仅将奥德修送上返乡的旅途，而且在途中一而再、再而三地在危难时刻直接对奥德修伸出援手，如同《西游记》中的如来佛扮演的角色一样，直到最终雅典娜帮助奥德修杀死叛逆者，实现了一家大团圆的结局。

处于这种以神为本认识中的希腊人，显然还不具备进行自觉的历史叙事和探讨历史现象之间内在联系的能力。但是，荷马史诗中有一些为后来的希腊史学所共有的东西，它们暗示着古希腊史学的诞生或明或暗地同史诗有某种必然的联系。

首先，史诗从一开始就很注意对事情发生原因的追寻，喜欢穷根究底式的询问，这是后来希腊史学撰述中最注重的工作任务之一。《伊利亚特》开头的提问对此作了很好的说明：

> 是哪位天神使他们两人争吵起来？
> 是勒托和宙斯的儿子，他对国王生气，
> 使军中发生凶恶的瘟疫，将士死亡，
> 只因阿伽门农侮辱了他的祭司克律塞斯。④

---

① Homer, Ili. 1, 196~197; 见荷马：《伊利亚特》，9页。
② Homer, Ili. 3, 405~409; 见荷马：《伊利亚特》，82页。
③ Homer, Od. 1, 33~37; 见荷马：《奥德修纪》，杨宪益译，2页，上海，上海译文出版社，1979。
④ Homer, Ili. 1, 7~11; 见荷马：《伊利亚特》，1页。

　　其次，史诗对希腊人的敌人特洛伊人的态度平等客观，没有古代近东的国王年代记和大事记中那种对敌人的极度蔑视和贬抑。古希腊人作为一个民族整体的"希腊人"（Hellenes）的自我意识以及对异族通称为"蛮族"（Barbarous①）的他者意识并不是从成文史开始的。在荷马时代，希腊人尚未将自己和外部世界区分开来。尽管特洛伊战争是希腊人的一次联合行动，但参战各国并没有统一的称呼，而是分别以本国的名字进入史诗。或者换句话说，假定的史诗作者荷马的脑海里还没有希腊民族一体化的统称。与这种缺乏统一的自我认识相适应，史诗中的非希腊人也是分散的个体，缺乏与希腊人相对应的抽象概念。因此 barbarous 这个词在史诗中没有丝毫的褒贬之义，完全是一个中立词。② 史诗充满了早期希腊人对异族人的尊重之心，用来美化希腊英雄的词语也同样用在了特洛伊统帅的身上，比如"宙斯宠爱的、神样的、英勇的赫克托尔"等。③ 在荷马眼里，希腊人的亚洲敌国特洛伊与希腊人具有共同的宗教、共同的语言、共同的风俗习惯和共同的政治体制，俨然是同一个民族的两个分支，④ 因此，特洛伊人与希腊人在希腊神面前的社会地位是完全一样的：

　　　　神和人的父亲平衡一架黄金的天平，在秤盘上放上两个悲伤的死亡命运，分属驯马的特洛伊人和披铜甲的亚该亚人。⑤

　　荷马史诗的作者对于敌对民族的这种客观中立的态度，同后来以求真求实为特征的希腊史学有精神相通之处，这是史学得以产生的基本前提

---

　　① 英文"蛮族"一词 barbarian 源于古希腊词 barbarous。这是一个拟声词，意指那些使用令人难以听懂的语言，即发出含混的"巴勒巴勒"（bar-bar）声音的异族人。希腊地理家斯特拉波在《地理学》中分析过这个词的由来（见 Strabo, *Geographica*, 14, 2, 28）。

　　② 参见卡特里奇：《希腊人》（P. Cartledge, *The Greeks*），37 页，牛津，1993。格林：《蛮族的质变：在一个变动世界中的雅典的泛希腊主义》（Peter Green, *The Metamorphoses of the Barbarian : Athenian Panhellenism in a Changing World*），见华来士、哈里斯编：《向帝国过渡》（Wallace & Harris, *Transitions to Empire*），12 页，俄克拉荷马，1996。

　　③ Homer, Ili. 10, 48; 24.20, 24.49; 24.786。

　　④ 史诗《伊利亚特》表明，希腊人和特洛伊人之间在语言交流方面没有任何障碍。此外，特洛伊人除了信奉希腊人的神之外，还使用相同的武器、战阵，对战死者的安灵方式也如出一辙。

　　⑤ Homer, Ili. 6, 69～71。

之一。

荷马之后的赫西俄德是古希腊社会转型时期（古风时代）的第一位诗人。同荷马时代相比，古风时代（公元前8—前6世纪）的希腊人的思维能力有了显著提高，开始超越先前因自身局限而为自己设置的探索和思考的范围，出现了突破神统的趋向，一些具有鲜明独立意志的个人涌现出来。这种趋向先是体现在取代史诗的诗歌新类型——劝诫诗和众多抒情诗人的作品中，它们的作者不仅是真实的个人，而且是自主的个人；后来则主要体现在爱奥尼亚的朴素唯物主义哲学和以求真求实、具有批判精神的史学的诞生上，古希腊从此进入了信史时代。

当然，也要看到，无论是赫西俄德等新诗的创造者还是最初的哲学家，都同荷马一样，只是古希腊人中的极少数知识分子，他们的思想并不等同于整个社会的思想。但正如序言中所说，任何时代的诗人与思想家毕竟不是孤立的个人，表面上看他们的作品似乎纯粹是作者个人心境的抒发，但实质上并不完全如此。虽然赫西俄德等诗人在自己题目的选择、材料的取舍、言志言情的角度和深度、遣词用句的技巧、基本想法的归纳等方面都有自身的特点，但同时也或多或少是其所处时代的反光镜。

古风时代前承黑暗的荷马时代，后启辉煌的古典时代，是古希腊史上的重要转折阶段。这是希腊由史前社会向文明社会的转型阶段，是一个充满变局的时代。在这个时代，希腊的原始社会全面解体，血缘关系逐渐被地域关系和阶级、等级关系所取代，社会贫富分化严重，新的政治共同体城邦蓬勃兴起，成为贵族集体利益的保护机器。建筑在原始氏族公社基础上平等、互助的价值观受到冲击，强权、暴力、欺诈、伪善等文明社会的风土病四处流行，希腊各地普遍出现尖锐的平民与贵族的斗争，以及以立法、变法为内容的改革运动与以贵族革命或僭主政变为内容的政权更迭运动，希腊各邦普遍废除了君主制，确立了以公民集体为社会基础的集体领导的贵族制城邦。在个别城邦当中，还出现了政体趋向民主的趋势，并在古风时代末期，在希腊最大的城邦之一雅典牢固地建立了特权公民的民主体制，这就为古希腊人的思想解放和个人的探究活动创造了相对自由、民主的政治和文化氛围。

在推动城邦形成的贵族革命和民主改革的社会动荡之中，古风时期的希腊人还掀起了一波又一波的海外殖民浪潮，大批希腊人主要因贫困无着、生存空间狭小，毅然冲破地域局限，背井离乡，漂洋过海，在地中海、黑海乃至大西洋沿岸异族人统治的薄弱地带安家落户，破土建城。对于古希腊人而言，这场公元前 8 世纪中叶开始的殖民运动，无异于一次地理发现，不仅扩大了希腊世界的地域范围，而且彻底打破了荷马时代的文化封闭状态，激发了古希腊对外界与扩展了的内部世界的好奇心与新鲜感，促进了希腊文化与先进的近东文化的交融，引进了古代东方的建筑、雕刻、手工技艺、字母文字、歌舞音乐、铸币、度量衡等对古代人生活至关重要的文化成果，从此希腊的历史与埃及、西亚，尤其是殖民城邦集中的小亚细亚地区的历史密切联系在一起了。

古风时代的诗人，无论是最早的赫西俄德还是晚期抒情诗作者，都在自己的诗中反映了上述时代的特点。而且，在特殊的转型时代，诗人扮演着特殊的社会角色。当时的希腊，思想文化的积累无论在量还是质上，都十分有限。除了晓畅可诵、便于记忆与流传的诗歌，以及末期出现的第一批记事家和哲学家的少数散文类作品，没有任何其他文字读物可资参考和阅读，甚至希腊文字也才刚刚通过仿造腓尼基字母设计出来（公元前 8 世纪中叶），因此赫西俄德等诗人实际上扮演着社会文化的主要记载者和体现者的角色。他们不仅体现希腊贵族精英或知识分子的基本价值观，而且代表着社会大众的所思所想，因为他们本身就起着大众思想塑造师的作用。从这个意义上说，古风时代以及先前时代的诗歌中所蕴含的思想基本上可以代表它所处时代的主流思想的面貌。从史料学的意义上讲，教谕诗和抒情诗的诞生才标志着直接反映当事人和目击者所思所想、所见所闻的古希腊第一手文献记载史料的诞生。

追求真实地记载和表达过去是史学产生的基本前提之一。赫西俄德（Hesiod，约公元前 700 年）的诗歌首次体现了希腊人追求真实的愿望和实践，他是希腊第一位纪实主义诗人，首次用第一人称"我"为主体来讲述人的故事。荷马史诗也使用了第一人称，但诗里的我与作者并非同一人，实际上荷马始终在讲第三人称的故事。正因为如此，赫西俄德在诗中谈到自己与自己家族的身世，完全是一种开风气之先的做法，表明至少自赫西俄德始，希腊人的头脑中有了自我意识，开始独立地考虑"我是谁""我从哪里来""现在在哪里""我该怎么做"这样一些史学问题。

根据赫西俄德的回忆，我们知道诗人是中希腊彼奥提亚一位移民的后代，生活与创作的年代大约在公元前 8 世纪。他的父亲原来居住在小亚细亚希腊人的殖民地库麦，后来因"可怕的贫穷"迁徙到彼奥提亚一个贫困村落阿斯克拉，① 通过克勤克俭，兼营小买卖，成为有一定数量土地的中农或富裕中农，并生养了至少两个儿子，即赫西俄德与佩尔塞斯。父亲死后，两人继承了遗产，佩尔塞斯以不正当的手段获得较大的一份，两人因此产生了矛盾。② 佩尔塞斯因好逸恶劳，家道败落，于是向赫西俄德求助并重新挑起争端。③ 但赫西俄德显然没有满足其兄弟的要求，因为在诗中他非常不满先前巴赛勒斯（Basileus，古希腊人对国王的称呼）对遗产分配的判决，谴责国王们贪婪，诅咒他们将会受到惩罚。④ 他始终充满了对其兄弟语重心长的劝诫，包括如何做人，如何致富，如何家政管理，甚至包括一些农业生产技术的传授。整个诗歌洋溢着一种前所未有的客观的、理性的精神。

赫西俄德在《工作与时日》的开头，明白地表达了纯属个人的觉悟："佩尔塞斯啊，我将对你述说真实的事情。"⑤这是一句不同凡响的宣示，不仅表明作者个人去伪存真的决心与理念，而且标志希腊人历史意识的巨大进步，即开始由过去的夹杂大量神话传说的原始记忆向理性地记忆社会人生的转变，这是历史学产生的基本前提。当然，赫西俄德在诗中也常谈到宙斯及其家族，但纵观全诗可以看出，荷马史诗中的那些如影随形般站在人身旁的诸神灵，在《工作与时日》中已被请到高高的庙堂之上，成为远观人们活动的终极解释者和审判官，而不是日常活动的操纵者。

例如，赫西俄德在人类起源这样的最难解决的终极性问题上，将答案交给了奥林波斯诸神，认为神创造了五个阶段的人类：黄金时代的人、白银时代的人、青铜时代的人、英雄时代的人、黑铁时代的人。⑥ 这是西方历史上首次把人类史看作一个循序渐进的连续过程的解释尝试。这种历史的过程性认识或阶段性认识、历史变化和连续的意识，显然并不都基于假设，它包含当时人们经验的概括，比如把当时希腊人使用的青铜器和铁器看作前后两个时代，就显然是赫西俄德对人类生产经验的归纳。按照赫西俄德

---

① Hesiod, *Works and Days*, 633～639；见赫西俄德：《工作与时日·神谱》，张竹明、蒋平译，19 页，北京，商务印书馆，1991。

② 诗中谈到，两兄弟分割了父亲的遗产，均过着殷实的小农生活，有田产和畜群。如在《神谱》（*Theogony*）第 22 行中，赫西俄德曾自述他亲自放牧羊群。

③ Hesiod, *Works and Days*, 34～40；见赫西俄德：《工作与时日·神谱》，2 页。

④ Hesiod, *Works and Days*, 37，221，250，264；见赫西俄德：《工作与时日·神谱》，2 页、8 页、9 页。

⑤ Hesiod, *Works and Days*, 10；见赫西俄德：《工作与时日·神谱》，1 页。

⑥ Hesiod, *Works and Days*, 110～199；见赫西俄德：《工作与时日·神谱》，4～7 页。

的解释，五种社会发展阶段的最后一个阶段——铁器时代恰好是他本人生活的古风时代，这是最坏的时代：人们终日劳作，私欲横流，互相倾轧，恃强凌弱，道德沦丧。他感慨自己没有早生或晚生。我们不知道五个由一条因果链联系起来的阶段认识在当时是现成的观念还是赫西俄德自己的发现，但肯定是赫西俄德第一个提及这种变化的意识，这就不期然而然地第一个提及希腊史学中具有相当影响的今不如昔的历史观。社会历史的趋向不是进步，而是逐步由善向恶的演变。这样一来，赫西俄德看到了历史的阶段性和过程性，至少是他首次表达出古希腊人关于历史阶段和过程的思想。当他尝试对自己所处时代以外的阶段进行解释时，不得不运用传统神话和猜想，一旦对"真实的事情"的诉求进入到他自己经验的时代，他就把解释权牢牢地掌握到自己手里，运用切身体验，描述现实世界的各种世象，概括处世哲学，解释什么是幸福和快乐。诗中的他是对人生认真思考的人，善于处理人际关系的人，一位乐天知命、满足于自身生活的人。他概括的人生哲学明显凝聚着对历史经验的认真思考，在今天仍具有参考价值，如：

害人者害己，被设计出的不幸，最受伤害的是设计者本人。

亲自思考一切事情，并且看到以后以及最终什么较善的那个人是至善的人，① 能听取有益忠告的人也是善者。相反，既不动脑筋思考，又不记住别人忠告的人是一个无用之徒。

劳动不是耻辱，耻辱是懒惰。

不要拿不义之财，因为不义之财等于惩罚。人家爱你，你也要爱他；人家来看望你，你也要去看望他；人家赠送你东西，你也要送他东西。人们都会慷慨大方，但不会有谁如此对待吝啬者。给予是善，夺取是恶，它会带来灭亡。

人类最宝贵的财富是一条慎言的舌头，最大的快乐是它的有分寸的活动。如果你说了什么坏话，你不久就将听到有关你的更大的坏话。②

这些人生经验的提炼是否对后来发生的史学叙述方式有影响我们不得

---

① 这是典型的宣扬独立思考的话语。

② Hesiod, *Works and Days*，265～764；参见赫西俄德：《工作与时日·神谱》，9～23 页。

而知，但所有史学叙述，特别是出色的历史叙述的基本方式都是或者寓论断于史事，或者穿插概括性的论断（一般是赫西俄德式的处世格言），似乎暗示着一种传承的关系。

赫西俄德的另一首长诗《神谱》叙述奥林波斯诸神的故事，它试图通过对希腊各地纷纭复杂的宗教崇拜对象进行整理，说明神与神之间的先后和亲缘关系，构成一个以宇宙开端为基准的时间框架内的诸神谱系，于是整个宇宙世界和神灵的起源被置于循序渐进的历史过程之中。在这里，赫西俄德所采取的解释方法仍然是与《工作与时日》一样的方法。他可以看作是古希腊萌芽状态的史学走向完全形成的史学过程中的过渡人物。在他身后，希腊政治、经济、思想文化方面的变革过程充分展开，历史学也在这种求真求实的文化气氛影响下完成了自己的进化，成为具有鲜明自身特征的独立的知识领域。

第二节　记事家是最初的史学家

公元前 7 世纪，古希腊发生了从神本主义到人本主义的知识革命，小亚细亚西海岸的希腊殖民城邦是这场知识革命的发源地。哲学之父泰勒斯首先确立起反思、批判的自我意识，通过观察到的事实，对以往的思想、习惯和环境开始质疑、探究和清理，借用德国存在主义哲学家雅斯贝尔斯（Karl Jaspers，1883—1969 年）在 20 世纪 40 年代末提出的观念，[①] 他开启了古希腊或者更大一点说西方文明的所谓"轴心时代"。随后，被称作记事家的第一批历史家在小亚细亚脱颖而出。

史学诞生在希腊人的殖民地并非偶然，古风时代的殖民运动和城邦的民主革命为它的降生准备了条件。

希腊半岛三面环海，百分之八十是山地，可耕地有限，并且几乎没有扩大的余地。而古希腊人的主要生产资料是土地，这就导致人口增长与土地局限之间的矛盾成为古希腊人经常面临的迫切问题。殖民成为解决这一矛盾的主要途径。公元前 8 世纪中叶，希腊人掀起新一波海外殖民浪潮，在

---

① 参见卡尔·雅斯贝尔斯：《历史的起源与目标》，北京，华夏出版社，1989。当然，注意到公元前 1000 年世界主要文明地区均出现思想突破的现象并非雅斯贝尔斯一人，19 世纪以来的中外学者，有不少人提及并初步分析过这一特殊的现象，但对之深入分析和价值评估的当属雅斯贝尔斯。

地中海、黑海周边异族统治薄弱的地区安家落户，破土建城。殖民运动对希腊人无异于一次地理发现，极大地扩展了希腊世界的范围，开阔了他们的眼界，引起一些殖民者对异邦、异族的强烈好奇心和浓厚的求知欲。与殖民这种较大规模的社会变动同步，希腊世界的内部也发生了深刻的变革，波利斯(Polis)国家①以部落联合的形式或单个部落的形式，在内部平民与贵族斗争、外部生存压力的作用下大批兴起，构成世界古代史上的奇观：与地中海区域以外的古代国家形态的演进趋向(从君主制到君主专制)有所不同，希腊人的国家形态以公民集体治权和法治为本质特征，政体的一般形式是贵族制与民主制。这种少见的相对民主与自由的氛围，为古希腊人提供了思想解放和精神发展的客观条件，他们中的一小部分愿意观察、勤于思考的有心人，主要是不必为衣食奔走、有闲暇从事脑力劳动的劳心者，不再满足于对自身与外部世界的表面感知，开始产生出认识真实的世界、寻找表象后面的原因的求真冲动，从而发起了影响深远的知识革命，哲学、纪实的文学艺术、史学、数学、地理学等学科先后诞生，成为最早的人文与自然科学的部门，真理和理性成为古希腊知识分子研究活动的最高追求。

---

① 中译名为"城邦"(City-state)，这个词出自英文(city-state)，与法文(cite or etat-cite or etat-ville)、意大利文(citta-stato)、德文(stadtstaat or polisstaat)、俄文(горд-государство)的用法一致。City 的词根是 cit(t)，源自拉丁文 civitas，这是罗马人对希腊词 polis 的意译，它的词义是指有组织的社会共同体、有组织的社会成员、公民、国家、公民权。在古希腊人的用语中，也把 civitas 翻成自己的 polis，因此古希腊人和罗马人对这个词的理解是一致的。这一传统被中世纪的基督教经院哲学家阿奎那继承，从此在拉丁文著作中，经常用 civitas 来表示古希腊的 polis。这个词自中世纪以来还增加了一个新含义，就是"城市"，并衍生出法语、英语和德语的 cite，city，citta。现代希腊文则使用古代 polis 一词来表示城市。法国史家最早把 cite 赋予政治含义(1583 年)，19 世纪法国史家古朗士则是第一个把 polis 同城市明确联系在一起的人(1864 年)。德国学者是城市国家或"城邦"一词的始作俑者，因为在神圣罗马帝国内，各个城市既是城市又是国家，因而有了 stadtstaat 一词，与仅仅表示一种居民地的城市(stadt)区别开来。德国历史哲学家赫尔德是第一个用 stadtstaat 来表示古希腊概念 polis 的人，时间是 1765 年。这种用法被英文所采用，第一个用 city-state 的英文史家是 Fowler(1893 年)。这一用法又转移到意大利文和法文中，现代希腊文也受英文影响，把 city-state 翻成 πολις-κρατος。这样一来，城市国家或城邦一词便成为一百多年来学界的一个常用词。参见萨克拉里奥：《波利斯国家的定义与起源》(M. B. Sakellariou, *The Polis-State Definition and Origin*)，19～20 页，雅典，1989。由于城邦一词强调了城市特征，而城市只是希腊文 polis 的一个引申义，古希腊有一些无城的波利斯，如斯巴达，所以这里使用音译的波利斯国家来代替城邦。

小亚细亚的波利斯国家米利都是这种知识革命的摇篮与中心。

米利都人泰勒斯(约公元前 624—前 546 年)率先通过观察获得的经验的事实对世界的本原进行探讨，开创了以爱智为基本追求的哲学思考。约半个世纪之后，即公元前 7 世纪末叶，最初的史家，即希腊人所称的记事家(拉丁文对拼为 Logographi)也在米利都降生于世。①

哲学和史学在时间上的这种前后关系是否暗示哲学与史学存在着某种思想的传承或变异关系，对这个问题目前没有任何可靠的史料。但泰勒斯等人在建立自己的新世界观时都利用了新的论证方法，即连续的时间观念和观察到的事实，这些有可能影响到对社会人生，特别是周边世界的异族人充满好奇心的米利都人。他们模仿自然哲学家，把自己的好奇心变为探寻行动，对自己居住地以及周边地区各个民族的历史风俗习惯、自然地理条件进行广泛实地调查和研究，首次把调查与研究的结果用散文形式尽可能客观地记录下来，并将它们置于一定的时序联系之中，从而在诗歌之后产生了新的表达形式——散文，以及从事散文写作的散文记事家。他们在创造出不再考虑韵脚的散文和寓论断于叙事的表达方式的同时，也创造出了人们自我反省的新的认识形式——史学。由于人本主义的史学的出现，古希腊人在对过去的反思中，将人的地位从原先的神仆上升为社会的主体，人类自身成为历史的创造者和历史发展的动力。古希腊文中的"历史"一词(*historia*)原意是通过问询获得的知识，这个概念强调获得某种特定知识或信息的方法或途径——问询。

为什么获取历史知识需要通过问询？这是必须加以说明的问题。古风时代的希腊人由于对他们所处时代以前的历史没有实践经验，因此不得不接受关于英雄时代的神话传说。然而对他们自己所处的时代或稍微往前的有见证人的时代的社会历史，就不再满足于既定的解释——史诗和神话传说了，况且既定的解释也未包括古风时代人们的社会实践。于是，这个时期的知识分子面前只有两条路：要么依循先前的神启之路，为自己的时代构建新的神本主义的说明；要么另寻新路，根据新的条件和个人的经验，去进行自己的问询，并根据自己问询和观察到的事实尽可能地给出客观的解答。

---

① 一个城市成为一个时代代表性文化的发源地和中心，在西方历史上至少有三次。第一次是古风时代的米利都，第二次是古典时代的雅典，第三次是文艺复兴时代的佛罗伦萨。这一历史现象很值得玩味。

希腊知识分子选择了后一条道路。但在古风时代，他们遇到了一个很大的障碍，即缺少可资建立新说的参考材料。古风时代，希腊字母文字刚刚问世不久，最早的以铭文形式出现的文字记载大约是在公元前650年。①所以最初的历史家手头几乎没有现成的记载和解释，更没有自觉的档案文献储备。而现成的神话传说以及诗歌，如荷马史诗与抒情诗、城邦名年官和体育赛会胜者的名录、一些重大自然和社会事件（地震、日食之类）的编年记，远远不能满足求知者的材料需求，因此他们只好自己动手、动脚、动脑，变未知为已知，向他们能力可及的范围内的居民，进行广泛的社会调查。这正是西文"历史"一词原生义的由来。所以，最初的史家都不是书斋中的学者，而是云游四方的旅行家。他们广泛收集口碑史料，然后将收集到的史料加以组织整理，笔之于散文记事体的 *historia*（历史）。这是纯粹开创性的、艰苦卓绝的自觉工作，因为在古代交通信息条件、长途旅行的装备、采访和记录工具等条件极端落后的状况下，在广阔的地域展开个人对个人的调查问询，绝不是一件轻而易举的事，需要克服许多难以想象的困难，投入大量的时间和精力、金钱和勇气，而这些投入又不可能得到任何诸如稿费之类的物质回报，因此这样做需要高度的历史责任感。

最早的三位记事家是米利都人卡德姆斯（Cadmus）、狄奥尼修斯（Diony-sius）与赫卡泰奥斯（Hecataeus）。但非常遗憾的是，三位米利都史学先驱的作品都没有保留下来，我们仅能从晚后作家的作品中窥见他们著述内容的一点蛛丝马迹。卡德姆斯（生活在公元前540年前后）写了一部关于建立米利都及殖民伊奥尼亚地区的历史。狄奥尼修斯（约公元前6世纪后半叶）写了一本5卷本的《波斯史》，从书名上看，是一部有关刚刚崛起不久并成为伊奥尼亚希腊人的征服者的同代史。②

赫卡泰奥斯（约公元前550—前490年）的代表作《大地环游记》是他长期在地中海、黑海周边地区考察问询的一个成果。书中沿着米利都自然哲学家开辟的理性思考的道路，依次叙述西亚、北非、南欧等地区的居民、生活习俗、自然地理条件、历史沿革、宗教传说等社会现象，并在书中附有一幅注解详细的地图。无独有偶，公元前550年前后，米利都自然哲学家阿

---

① 卡特里奇：《希腊人》，22页。

② 奥斯卡·塞弗特尔：《古典古代辞书》(Oskar Seyffert, *Dictionary of Classical Antiquities*)，362页，克利夫兰与纽约，1963。

纳克西曼德据说绘制了第一幅地图。① 如果传说属实的话，阿纳克西曼德的同乡赫卡泰奥斯很有可能效仿了他的做法，第一个把对地理环境的形象观察运用在散文记事当中。现代法国史家韦南特认为自泰勒斯开始的希腊人思想变革的意义首先在于"实证主义思想的出现，排除了超自然的一切形式，拒斥了神话将自然现象与神圣的代理人同一化的做法"。② 这一评语虽然多少有些过分，但基本上还是适于米利都学者群体的。在荷马史诗中，希腊诸国及其地理状况是神话式的，不少国家完全是虚构的，尤其是《奥德赛》中的国家。在赫西俄德的诗歌中，欧洲和亚洲由两位女仙欧罗巴和亚细亚分别代表，希腊人所知的河流、海洋与陆地都是神的儿女。③ 在赫卡泰奥斯的《大地环游记》及附加的地图中，欧洲、亚洲则成为独立的地理概念，由一条名为法吉斯的河流分隔开来。④ 于是，古希腊人体验到的空间范围最终与神明脱离了关系。

当然，由于缺乏文字史料，赫卡泰奥斯在解释自己的记述对象时，除进行广泛的社会调查外，还利用了现成的神话传说。但如同米利都哲学家一样，这位米利都人也对神话传说尽可能地进行了批判研究，鲜明地显示出他个人的主体意识。他的《谱系》一书开宗明义地指出："我写的是我认为真实的东西，因为希腊人所拥有的许多故事似乎对我来说是荒唐可笑的。"⑤ 这是不同凡响的宣示，表明希腊人在社会历史认识上的精神觉醒，开始出现弥足珍贵的历史批判精神或怀疑精神，即不满足于既定的解释，一般希腊人津津乐道、笃信不疑的神话传说对赫卡泰奥斯来说是"荒唐可笑的"。在这种批判怀疑精神的指导下，赫卡泰奥斯对"希腊人所拥有的许多故事"进行了力所能及的批判研究。比如，他认为传说中守护地下王国大门的动物克尔别尔不是狗而是蛇，因为它的咬伤可以置人于死地。⑥ 至于迈锡尼城

---

① 伯恩：《希腊的抒情诗时代》，（A. R. Burn，*The Lyric Age of Greece*），339 页，伦敦，1960。

② 卡特里奇：《希腊人》，30 页。

③ 赫西俄德：《神谱》，357，359。参见中译本 37 页。

④ 菲利克斯·雅各布：《希腊史家作品残篇》（Felix Jacoby，*Die Fragmenteder Griechischen Historiker*），柏林，1923—1950，即 F. gr. H，I A. P. 16~47。

⑤ F. gr. H，I，Hec.，fr. 332。

⑥ 穆勒：《希腊史家残篇》（C. Müller，*Fragmenta Historicorum Graecorum*），巴黎，1851，即 FHG，Hec.，fr. 346。

的名称 *Mykenai*，源出于在当地发现的一把剑柄（Mykes）。①

在记事家或早期的历史家中，把记事明确规定在历史题材范围内的还有列斯波斯人赫拉尼库斯（约公元前 496/495—前 400 年）、兰萨库斯人查隆（生活在公元前 5 世纪前半叶和中叶）等。公元前 1 世纪末叶的史家哈利卡纳苏人狄奥尼修斯曾列举过一个早期史家的名单，除赫卡泰奥斯等人外，还有另外 10 人的名字。在名单末尾狄奥尼修斯特别补充道：另有"其他许多人"。② 在几乎同一个时间里涌现如此众多的私人历史家可谓史学早期史上仅有的现象。

赫拉尼库斯为多产的作者，写过不下 30 部作品，是赫卡泰奥斯之后仅逊于希罗多德的富有影响的史家。他不仅在追溯历史源头的认识指导下整理发掘希腊神话传说，而且撰写过许多地方史、民族史、国家史著作，如阿提卡史、斯基泰史、波斯史、埃及史、吕底亚史等，其中的许多历史信息是希罗多德所不知晓的。作者具有历史家应有的职业道德，对异族没有偏见，并不因自己是希腊人便美化本族的历史。如他把希腊人的一些宗教崇拜和风俗由来归之于埃及人，还认为波斯人和米底人与希腊有着亲缘关系，可以追溯到三个民族神话的祖先时代。他对史学的贡献因他大量著作的遗失而严重受损，但有一点超出他人之处却是明白无误的，即赫拉尼库斯首先使用城邦主要执政官员和大祭司以及体育比赛冠军的名字纪年，创立了古希腊人的纪年方法。查隆的史著《波斯史》和《希腊史》也几乎完全失传，但已知记载了作者亲历的希波战争。这些史家均选波斯史和希波战争史一事说明波斯的崛起和入侵希腊的战争曾在同代人心灵中造成巨大的震撼和炽热的记忆激情。

第三节　里程碑式的史家希罗多德

希罗多德（Herodotus，约公元前 485—前 425 年）是第一位有完整作品传世的记事家，从这个意义上说，他是西方史学史中里程碑式的人物。晚后的古罗马政治家和大学者西塞罗曾高度评价他的贡献，称其为"历史之父"。但古代也有一些权威对他很不以为然，谓之"谎言之父"。著名史家普鲁塔克专门

---

① FHG, Hec. I, fr. 360。

② 普利特切特编译：《狄奥尼修斯：论修昔底德》（Pritchett, *Dionysius On* Thucydides），美国加州大学出版社，1975。

撰写一文《论希罗多德的阴险》，指责他任意歪曲事实真相。实际上无论是"历史之父"还是"谎言之父"的评定都不准确。

希罗多德个人生平的材料很少，从他的著作和后人零星记载中可知他是小亚细亚南部多利斯人城邦哈利卡纳苏（现土耳其西南部的伯德鲁姆）人氏，出身殷实家庭，母亲是当地卡里亚人。哈利卡纳苏的希腊人同当地人结亲是习见的现象。这种民族杂居和融合或许是希罗多德毫无民族偏见的原因之一。早年的希罗

希罗多德

多德看来生活在一个有教养的家族中，其父母给了他良好的教育条件，他的叔父帕尼阿西斯是诗人和史家。家庭背景往往影响一个人一生的选择，小希罗多德后来所显露出的对诗歌和历史两方面的造诣与此不无关系。青年时期的希罗多德曾参与城邦政治斗争，反对僭主吕格达米斯，失败后遭放逐。他的这一政治经历似乎决定了他对希腊政体的价值评估。在他的《历史》中始终对民主制持肯定态度，对自由充满感情。这样的政治立场在古希腊思想家中并不多见，因为大多数思想家是古希腊民主政体批评者和贵族共和制的拥护者。可能在放逐时期，也可能在此前后，希罗多德进行过广泛的旅游，到过埃及、巴勒斯坦、两河流域、南俄、希腊半岛等地，并长期在雅典居住，同雅典著名民主派政治家伯里克利过从甚密。据说在伯里克利建议下，参加雅典开发南意大利殖民地图利依的活动（公元前443年），从而又去过西西里和意大利半岛。他的去世时间和地点目前也属悬案，仅可以肯定他死于伯里克利之后，即公元前429年以后。他动笔写作《历史》大概是在雅典逗留期间，挂笔时则已是图利依的居民了。

希罗多德选择希波战争为自己调查研究的课题并不奇怪，这不仅是一个时兴的选题，更主要的原因是希罗多德的大半生，尤其是他人生观形成的整个少年和青年时期都处在那场战争的巨大旋涡之中。哈利卡纳苏是参战邦，被裹挟进波斯的入侵大军。战争旷日持久，影响到东地中海地区整整两代以上的希腊人，形成他们一生难以解脱的情结。因此经历过这场战争的早期希腊史家都对之表现出浓厚兴趣，希罗多德也不例外。

《历史》类似散文形式的史诗，由众多引人入胜的故事串结而成，虽然具有整体构思，围绕希波战争的缘起和过程展开，但因不同民族、地区的故事并存，互相之间的联系并不紧密，结构因此显得较为松散，反映早期史家还不善于把握主题、驾驭史料或赋予叙述以合适的史学形式。它实际

上是一部采用曲艺形式表达重大历史事件的史书，具有愉悦公众的功能。

全书共九卷，第一卷包括一个简短的前言，随后从希腊人同异族人的首次冲突开始，步步推进，逐渐浮现出希腊人将要面对的波斯帝国是怎样一个庞然大物。在第五卷第28节，作者从战争的远因转到近因，自小亚细亚希腊人于公元前492年的起义和雅典、埃列特里亚两邦的兵援开始，写到公元前479年的米卡列海战，希腊人从防御变为进攻，结尾非常突然，再次重复多次出现的小范围内的插话，与希波战争没有直接的关联。

希罗多德对古希腊史学有不少开创性的建树。他明确提出治史的基本任务或目的，即记载和解释人类的活动，尤其是重大功业，说明它们的因果关系。他在前言中说：

> 这里发表的是哈利卡纳苏人希罗多德的研究成果。他所以发表它们是为了希腊人和异邦人所创造的令人惊异的各个成就，不致因年代久远而湮没无闻。特别要说明他们发生冲突的原因。[1]

这段话有三点意思值得注意：首先，希罗多德把希腊人与异邦人并列为令人惊异的人为成就的创造者，没有任何贬低异族敌人的痕迹，与希波战争胜利后希腊部分知识精英中产生的自我中心论及轻视甚至蔑视蛮族的认识截然不同，这是早期希腊史学极端可贵的客观主义精神。其次，在希罗多德看来，无论是希腊人还是异族人创造的业绩都是他们自己创造的，而不是神灵的干预。最后，理性地确立了史学的任务是记录重大历史事件，特别是探寻事件发生的因果关系，而不是简单的记录。这种对原因的重视同古风时代希腊人的思想追求完全一致。

希罗多德设定的历史学任务在史学史上是开创性的，他用自己的史学实践证明他比较好地落实了这一任务，甚至还有所突破。例如在他的笔下不仅有令人惊异的丰功伟绩，而且有众多属于今天社会史、文化史、民俗史的内容。他提供了早期史家（记事家）搜集、运用和解释史料的范本。书中的大部分史料都是通过旅行采访搜集到的，它们有些可能出于目击者、当事人的证词，但大多数属于转述的传说。希罗多德还没有意识到追问史料的准确出处并通知读者，他一般只泛称信息提供者为"埃及人""吕底亚人""波斯人""科林斯人"等。当然，对于这些口头史料，他自己也不完全相

---

[1] 希罗多德：《历史》，I，1。参见中译本《历史》，王家隽译，167页。

信，所以他在书中提出了不轻信人言的史料批判原则：

> 任何人都可以相信这些埃及人的故事，如果他是轻信的人的话。至于我本人，在这部书中保持那个总的原则，就是把各国的传统按照我听到的样子原封不动地记录下来。①
>
> 我的职责是记录人们讲的一切。但我绝无义务相信它们，这适用于整个这部书。②

这是一种非常真诚、质朴、客观的处理史料的态度：不对收集到的史料进行个人的加工，如断章取义、望文生义或有意修饰删改，而是如实直书，把真伪的判断权交给读者。这种如实地转述听到的传说虽然有以讹传讹之虞，但却保留了大量当时真实存在的民间传说、小道消息、名人趣事，为后人认识一定时代的社会文化现象提供了极其珍贵的一手史料。

除了传说，希罗多德还利用了不少实地调查材料，类似现今的考古材料、社会学材料，如碑铭、地形地貌、名胜古迹、雕刻绘画、民俗民风等。此外，还有现成文字史料，主要是先前作家和同代记事家的作品，如荷马、赫西俄德、赫卡泰奥斯等人的作品。

希罗多德解释历史原因的方法是希腊史家在治史方法上的最初尝试，这就是单线单因、善恶报应和命运决定论的方法。以《历史》的主题希波战争的原因为例，当时希腊人流传亚洲商人抢了希腊女人，希腊男人又到亚洲抢腓尼基女子，一报还一报，亚洲人又拐走海伦，导致希腊人攻打特洛伊。这种单线的因果关系转换看来是希罗多德时代希腊人的一般认识方法。希罗多德对这种流行说法予以否定，他以赫卡泰奥斯式的怀疑精神指出：

> 波斯人和腓尼基人的说法就是这些，我不想去判断它们的真伪。我宁愿依靠我个人的知识来指出到底是谁事实上首先伤害了希腊人。③

但他的解释方法却与流行解释并没有本质差别，同样是单线单因：起因在吕底亚国王克洛伊索斯，他先征服小亚细亚的希腊人，又贸然进攻波

---

① 希罗多德：《历史》，Ⅱ，123。参见中译本 331 页。
② 希罗多德：《历史》，Ⅶ，152。参见中译本 691 页。
③ 希罗多德：《历史》，Ⅰ，5。参见中译本 169 页。

斯，因而招致亡国之痛。波斯帝国接管对小亚细亚希腊人的统治权，希腊人因不满波斯统治而发动起义，雅典和埃列特里亚出兵襄助，火烧波斯小亚细亚总督府所在地撒尔迪斯，引起波斯国王大流士的报复，入侵希腊半岛，因果关系不断转换。

希罗多德的这种单因法同他的一报还一报的思想是一致的，他对此有过典型的说明：

> 一个打击打过来，另一个打击必定打过去，祸与祸重叠无已。①

在希罗多德看来，这种善恶报应受着一种至高无上力量即命运的摆布。他借用德尔斐祭司的话说"甚至神也不能逃脱的命运"。②在事件发生的根本动因问题上，希罗多德显露出古希腊大多数思想家的局限性。但在社会内部能够找到一个事物产生的合理原因时，他又努力避开神灵和命运的干预。例如他在《历史》中把雅典的崛起完全归结于雅典人自身的努力，特别是克里斯提尼改革的结果，"因为当雅典在僭主统治下的时候，他们并不比任何邻人高明，可是一旦摆脱了僭主的桎梏，就远远超过了他们的邻人。"③再如，希罗多德在书中谈到北希腊帖萨利地区有道峡谷，河流从中穿过，一般认为是"神的事业"，系海神波赛冬鬼斧神工所致。但希罗多德却敢于否定这种习见的说法，认为"显然是地震的力量才使这些山分裂开来"。④三如，波斯海军在远征希腊途中遇到大风暴，随军的僧侣接连向神灵奉献牺牲，诵念镇风的咒语。风暴在第四天平息，波斯人于是认为是他们的诚心感动了神灵。在客观地记述到这里时，希罗多德介入进来，从直观的事实出发，公然对此表示怀疑和批判，认为暴风雨可能是自己停下来的，与神没有关系。⑤

最突出地显示希罗多德这种人本精神的事例是他对希腊人取得希波战争胜利的原因的分析。他大胆地推翻大多数希腊人的共识，指出雅典人恰恰敢于违背阿波罗的神谕，坚决抗战，才拯救了希腊。他实事求是地说：

---

① 希罗多德：《历史》，Ⅰ，67。参见中译本 198 页。
② 希罗多德：《历史》，Ⅰ，91。参见中译本 213 页。
③ 希罗多德：《历史》，Ⅴ，78。参见中译本 545 页。
④ 希罗多德：《历史》，Ⅶ，129。参见中译本 679~680 页。
⑤ 希罗多德：《历史》，Ⅶ，7，191。参见中译本 708 页。

在这里，我发现我不得不表达一个见解，我知道大多数人反对它。然而，由于我相信它是真实的，我绝不会把它压在心里。如果雅典人因恐惧逼近的危险，而丢弃自己的国家，或如果待在那里向薛西斯投降，也许就没有谁试图在海上抵抗波斯人了……因此，由于这个原因，说雅典人拯救了希腊人无疑是正确的。正是雅典人才具有举足轻重的分量：他们加入哪一边，哪一边就肯定会获胜……甚至特尔斐的可怕的神谕也未能打动他们放弃希腊，他们坚定不移，勇敢地迎击侵略者。①

在希腊人心目中，特尔斐阿波罗神庙的神谕最为灵验，具有无上的权威。吕底亚国王克洛伊索斯正因为误解了特尔斐神谕而招致亡国的命运打击。在波斯第三次侵入希腊前，雅典人曾派使者到特尔斐去求神指示。专事传达神谕的女祭司披提亚宣读的第一个神谕是让雅典人逃离家园，跑到大地的尽头去。雅典使者痛苦万状，哀求再给一个较好的预言。披提亚又宣布了第二个神谕，宙斯会给雅典人提供一座保护的木墙，但神的主旨仍然要雅典人撤退，背对着敌人，移居到其他地方去。尽管雅典人求得的神谕内容颇为明确，但雅典政治家铁米斯托克里却巧妙地解读神谕，为自己的抗战策略服务，硬说神谕中的"木墙"意味着船只，神灵在让雅典人做好海战的准备。② 雅典人接受了铁米斯托克里的诠释，并完全采纳了铁米斯托克里的策略，利用海军取得决定性战役的胜利，迫使薛西斯逃回小亚细亚，扭转了战局。这种根据自己的判断来决定自己的命运，集体怀疑特尔斐可怕的神谕的普罗米修斯精神，是古希腊人本主义精神最可圈可点的体现之一。而希罗多德敢于力排众议，大胆指出雅典人的主观能动性是决定战争胜负的关键，人是历史发展的动力，其精神实质与雅典人的独立自主有同工同曲之妙。但是，当希罗多德在社会内部找不到一个事物产生的合适理由时，便不得不转而求助于超社会和超自然的力量，这就是神灵和命运。在希罗多德看来，神灵不是最终的决定力量，神之上还有一种更高的决定者——命运。希罗多德的这一认识并不只属于他自己，这是一种古典时代的普遍观念，因为在古典时代出现的大众化文艺形式——悲剧中有过一句

① 希罗多德：《历史》，Ⅶ，139。参见中译本 683 页。
② 希罗多德：《历史》，Ⅶ，139～143。参见中译本 683～687 页。

同样的戏文，即宙斯"也逃不了注定的命运"。①

命运是希腊主神宙斯的主宰，这牵涉希腊人如何看待神与命运间的关系问题。从《历史》的处理可以看出，神的地位低于命运，只是命运的传递者和命运威力的执行者。神喜欢干预人的生活，干预的原因是神的一种固有的品性，其实也是人的特性之一，就是嫉妒。《历史》在谈及埃及国王阿马西斯致书告诫爱琴海岛屿萨摩斯的统治者波里克拉特斯不要过于骄傲时说：

> 阿马西斯致信波里克拉特斯：很高兴听到我的朋友与盟友干得不错，但由于我知道神是嫉妒成功的，所以我不能为你的过分成功而感到兴奋。我希望我自己和我关心的人既在有些事上干得不错，也在有些事上干得糟糕，让一生成败皆有，因为我从来没有听说过一个人总是一帆风顺而不会到头来一败涂地的。②

同样的警示性话语在《历史》第七卷中也有体现。波斯国王薛西斯意欲讨伐希腊，引起一些臣下的疑虑，劝诫他要明白神的嫉妒心会导致在人事中月满则亏，出头的橡子先烂的道理。③ 在这里，神的干预总是出于人不知深浅的自负，而神干预的结局则是应验了注定的命运。

此外，神灵的另一功能是惩恶扬善，以验证善有善报、恶有恶报的因果效应。如在《历史》中，库列涅的女统治者佩列提玛为儿子复仇而将巴尔卡人中的首犯处以极刑，将他们的妇女的乳房统统割去并在城墙上示众。但她自己很快便得到报应，身体溃烂生蛆，死得凄凄惨惨。希罗多德评论道："因为神忌恨那些过分残忍报复的人。"④

这样一来，希罗多德的历史观便具有了两重性：一方面，人的历史活动受到难以把握的超自然的力量（命运、神启、梦兆等）的影响；另一方面，人是自己的主人，以自己的思想和行动创造人类的历史。其中，后者的分量明显多于前者，因为整个《历史》的主流始终是叙述人事而非神事。希罗

---

① Aeschi.，*Prometheus*，506～520。译文引自罗念生：《被缚的普罗米修斯》，见《古希腊戏剧选》，罗念生译，27页，北京，人民文学出版社，1998。

② 希罗多德：《历史》，Ⅲ，40。参见中译本379页。

③ 希罗多德：《历史》，Ⅶ，10。参见中译本635～638页。

④ 希罗多德：《历史》，Ⅳ，202～205。参见中译本509页。

多德的这种人本为主、神本为辅的二元状态体现了古典时代大部分希腊知识分子的思想局限。

第四节　史学巨匠修昔底德

希罗多德之后的修昔底德是西方史学史上最令人敬重的史家之一，他的史著《伯罗奔尼撒战争史》浸透着冷峻的客观主义治史精神，为西方史学牢固地确立了求真求实的治史宗旨和判断史学成就高低的基本标准，体现了西方古典史学的最高成就，始终是西方史学宝库中的一部经典。

一、修昔底德的生平

关于修昔底德个人的历史，后人仅知一点皮毛。古希腊人虽然敬仰修昔底德，不少人甚至试图仿效他的风格续写未完成的《伯罗奔尼撒战争史》，[①] 但始终无人为这位史学巨匠立传，修昔底德本人也没有动过撰写自传的念头。这是因为古希腊史家还没有产生史学史和自传的意识，[②] 他们的注意力主要集中在重大的历史事件（战争和政治斗争题材为主）和重要历史人物（政治家、军事家）的身上，很少考虑史家个人史的问题。因此在西方古典史学史上留下或深或浅痕迹的人，除了个别例外，[③] 个人的生平阅历都是模糊不清的。

修昔底德

根据《伯罗奔尼撒战争史》一书中一鳞半爪的提示，以及后期希腊罗马作家的零星记载，[④] 拼凑起来的修昔底德的画像大体如下：

约在公元前5世纪五六十年代，修昔底德生在雅典城西南一个名叫哈利

---

① 试图续写的史家是色诺芬、泰奥庞普斯和克拉提普斯。见普鲁塔克：《道德集》，345 d。(Plutarch, *Moralia*)，劳埃伯古典丛书本，麻省剑桥区与伦敦，1927年以次。

② 古典史学中的传记体形式出现于修昔底德之前，但始终没有严格意义上的自传体著作。

③ 如写过回忆录体史作《高卢战记》《内战记》的古罗马政治家、军事家恺撒。

④ 主要是哈利卡纳苏人狄奥尼修斯、传记家普鲁塔克和地理家波桑尼阿斯的作品。

莫斯的德莫当中，① 其父奥罗洛斯（Oloros）可能是北希腊色雷斯王族的后裔，他的家族显然是雅典的显贵家族，这个家族及其家族姻亲在公元前5世纪曾经出现了一批在雅典政治舞台上唱主角的人物，如客蒙、伯里克利及其主要政敌——另一个名叫修昔底德的人。

雅典贵族阶级的文化氛围首先是造就富有教养、言谈举止优雅得体并能在公众场合语惊四座的政治家。修昔底德的几个显赫亲戚的从政素质均堪称公元前5世纪雅典政治家的典范。所以尽管后人对修昔底德的早年生活一无所知，但可以推测修昔底德的父母也会严格地依循贵族阶级的传统教子之路，重视孩子的文化教育，为小修昔底德打下良好的文化教养基础，这是后来修昔底德能够顺利进入雅典政治舞台中央的先决条件，也是他能够写出思想内涵极为丰富、文字表达极为洗练的史学杰作的重要原因，甚至也是他的深沉历史感和强烈历史写作冲动的来源之一。

《伯罗奔尼撒战争史》不像通常的古典史书。一般古典史作多是政治家曾经沧海之后的往事回忆，但《伯罗奔尼撒战争史》则是古典史学中唯一一部同步记载个人参与的事件和人物的"现场记录"。根据修昔底德的交代，他在战争刚开始时便有了撰写此书的念头，并且立即付诸实践。②

当然，也不应忽略当时雅典浓厚的学术氛围对成长中的修昔底德的影响。修昔底德的少年和青年时期，正值雅典民主政治的繁荣时期，民主、开放和学术自由的风气使雅典文化进入了黄金阶段，出现了一批古希腊史上最杰出的文化人，如哲学家苏格拉底、阿纳克萨哥拉斯、普罗塔哥拉斯，雕塑家菲迪亚斯和三大悲剧家、一大喜剧家以及历史家希罗多德等人。他们汇聚雅典，讲学交友，传播学术，朗读或上演作品，形成浓厚的追求新知和探讨社会人生的文化氛围。他们的思想学说无疑对修昔底德有着潜移默化的影响。《伯罗奔尼撒战争史》中所表现出的强烈的人本思想以及随处可见的辩证思维方法显然同普罗塔哥拉斯等哲人的思想有着必然联系。

按照这一时期雅典的规定，修昔底德同其他雅典青年一样，需要每年

---

① 德莫（deme）是雅典基层行政划分单位，整个雅典城邦共有139个德莫，包括城区德莫和农区德莫，一个农区德莫是一个村落。哈利莫斯属于城区德莫。关于修昔底德的出生时间，没有任何确切的根据。从他担任雅典最高军职"将军"的时间（公元前424年）推算，他至少出生在公元前454年以前，因为将军的一条任职资格是必须30岁以上。

② 修昔底德：《伯罗奔尼撒战争史》，Ⅰ，1，1。史密斯译，劳埃伯古典丛书本，伦敦与纽约，1919—1923。

在军队中服役，他的家庭经济条件和他所在社会等级多半会使他承担骑兵的义务。从他能够从 4 万公民中脱颖而出，当选为将军一事可以看出他在军旅中表现甚好，其出色的军事才能得到了同胞的承认。

从公元前 431 年伯罗奔尼撒战争爆发到公元前 424 年修昔底德担任将军职为止的 7 年战争期间，同他的青少年时期一样，几乎没有留下任何确切信息，除了他的书中曾提到他目击了公元前 430 年发生在雅典的大瘟疫并且自己也受到疾病感染一事之外。公元前 424 年他进入战时雅典的日常最高决策机构十将军委员会，直接参与并体验重大战争决策的制定和执行过程，了解一般公民不太容易知晓的历史内情。对于以重大军事和政治事件为主题的古代叙述史来说，这一经验具有重要意义，等于为读者提供了有关某个重大事件的当事人和目击者的证词。

修昔底德个人史上的转折点是公元前 424 年的安菲波里之战。该城是雅典在爱琴海北部色雷斯沿岸的主要据点，原本是雅典的一个殖民地，具有重要战略价值，因为雅典建造战舰的木材主要是这里提供的，且雅典每年还从该地获得许多其他收益，所以这是雅典必守之地。当斯巴达军开始攻打安菲波里时，守城指挥官向修昔底德求援。当时修昔底德正率由 7 艘战舰组成的分遣部队驻守在距色雷斯沿岸不远的塔索斯岛上，闻讯后立即前去增援。但在抵达安菲波里前城已失陷。结果修昔底德成为战役失败的替罪羊，被放逐 20 年。关于修昔底德的流亡生活又是他个人史的一处空白，只有一点可以确定，就是他始终注视着战争的进程，不断研究各种事件之间的因果关系。①

在流亡期间，个人的兴衰际遇与战争创痛、国家命运交织在一起，对身在异乡的修昔底德的心灵冲击无疑是巨大的，导致他的思想长期处于压抑和愤懑状态，促使他在写作时精心思考，深入寻找战争胜败的原因，苦心孤诣地探求和归纳历史经验和教训，从而用心血成就了一部垂诸久远的史学精品，在史学史上树起一座后人仰慕的丰碑。

雅典是在公元前 404 年战败投降的，但修昔底德却没有实现自己记载整个战争的目标。他的著作突然终止于公元前 411 年，连最后一句话也是不完整的。但他本人肯定活到了战争结束，并且返回了故土。如果以公元前 431 年作为开端，这部著作同战争进行的时间同步，断断续续写了至少 27 年。

《伯罗奔尼撒战争史》一书的写作说明了学术史上一个具有共性的问题，

---

① 　修昔底德：《伯罗奔尼撒战争史》，Ⅴ，26，5。

就是作品的内在质量一般是同劳动时间的长短密切联系在一起的。一部好书，总是作者深思熟虑、精雕细刻的产物。而精雕细刻，特别是赋予作品以严密的体例，耐人寻味的内涵和精致的话语，需要作者花费较多的思考时间和精力，所谓慢工出细活。这种精品写作的方式对今天的史学著述仍有启示的意义。

二、修昔底德的史学思想与史学贡献

《伯罗奔尼撒战争史》的主题虽然是一场战争，而且今天看来这场战争不过是规模十分有限的一场的局部战争，交战双方都是希腊人，对阵时的最大兵力不超过 10 万人，大多数战役都是在两三千人之间展开的；但对于小国寡民时期的古希腊人来说，它们已是倾全国人力物力的巨大战争了，而且几乎所有希腊城邦都卷入到这场战争中去，战争的规模和战争的残酷性都是空前的。这场战争不是简单的输赢问题，它极大地改变了古希腊的历史，改变了希腊的政治格局，改变了希腊人对自己生存状态的思考，加深了希腊人对人性的认知，其意义和影响远远超出了一场战争，甚至超出了古代的范围。正因为如此，当第一次世界大战爆发之后，英国史家和历史哲学家汤因比首先联想到的就是修昔底德笔下的伯罗奔尼撒战争，他认为修昔底德同他一样，为分崩离析、互相厮杀的大战所震撼。他据此得出结论：古典希腊的历史同现代西方的历史就经验而言，彼此之间具有共时性，二者的历史过程也是平行演进的，可以进行比较研究。[①] 他的历史哲学大作《历史研究》虽然不能说是因为这个突生的灵感才动笔的，但与此有直接关系却是不争的事实。

在史学界内部，由修昔底德开始的对伯罗奔尼撒战争史的研究始终没有结束，今天仍然是古希腊史研究的重要课题，吸引着一代又一代的专业史学工作者的注意。对《伯罗奔尼撒战争史》一书的讨论，对这部著作细节的考据与对整部著作的价值评估工作也因此一直是古典文献学研究的重要内容。《伯罗奔尼撒战争史》蕴含的大量历史信息则成为经济史、政治史、

---

① 阿诺德·汤因比：《历史研究》，刘北成、郭小凌译，1 页，上海，上海人民出版社，2000。

军事史、思想文化史研究者取之不尽、用之不竭的资料来源。①

　　无论学术界的认识有多么大的差异，人们对修昔底德在西方史学史上的重要地位的认识却是一致的，这就是普遍认为修昔底德是古典史学最伟大、最杰出的史家之一，甚至是古典史学最伟大的史家。他的《伯罗奔尼撒战争史》一书体现了古典史学的最高成就，体现在如下几个方面。

(一)严格的史料批判原则和实施方法

　　修昔底德是西方史学史上第一个提出严格的史料批判原则的人。在《伯罗奔尼撒战争史》的序言中，他用相当大的篇幅论述自己的这一原则，其中有一段写道：

　　　　至于这场战争中发生的各种事情，我认为在叙述它们的时候，我的责任是不相信任何一个偶然的消息提供者的话，也不相信在我看来很有可能是真实的事。我列举的事件，无论是我亲自参与的还是我从其他与此有关的人那里得到的消息，都经过了对每一细枝末节精心备至的审核。确定这些事实是一项困苦的任务，因为一些事件的目击者对同一件事并没有提供同样的报道，而且他们的报道依他们拥护一方或另一方，或他们的记忆而有所不同。我的叙述由于缺乏虚构很可能不会那么引人入胜，但是那些希望清晰地了解业已发生的事件以及希望知道将在某一天(因人的或然性)以同样或相似的方式再次发生类似事件的人，如果认为我的历史是有益的话，那对我来说就足够了。的确，它不是一部为一时的听众写的获奖作品，而是为了垂诸久远才编纂的。②

　　修昔底德的这段话至少有三点是古希腊史家过去没有说过的。

　　第一，他提出对史家搜集到的一切史料都不能轻信，甚至对曾经亲自参与过某个历史事件的当事人或目击者提供的证词也不能轻易采信。他认为历史家不仅应是自己所见所闻的记录者，还应是真实信息的提供者。而要在史书中提供真切的历史信息，就需要对搜集到的史料进行一番调查核

---

　　①　从不同时代的人们从不同角度和不同需要出发对它的文本解读来看，它的史料价值是无限的。

　　②　修昔底德：《伯罗奔尼撒战争史》，Ⅰ，22，2～4。中文译本可参见谢德风译：《伯罗奔尼撒战争史》，北京，商务印书馆，1960。

实、去伪存真、去粗取精的提纯过程。没有经过这样一个证实或证伪的检验过程，历史记载将是不可信的。

他在第一卷中特别就这一点展开了说明，指出：一般人都有轻信的弱点，容易接受并相信符合自己胃口的传说，容易对模糊不清的远古时代和直接经历过的当代历史产生错误的猜想。人们为什么容易轻信？他的解释是寻找真理需要花费人们的时间和精力，也就是说真理不是一块铸好的硬币，拿来就能用，人们必须为真理付出代价，而大多数人是不愿为此花费时间和精力的。所以他认为，那些很受人欢迎的诗人往往夸大他们所说事情的意义，最初的历史家即散文记事家则关心听众的反应胜过对历史真相的注意，于是历史真实就被弃而不顾了。① 所以，被大多数人轻信的诗歌和历史故事是不可信的。

第二，修昔底德在西方史学史和思想史上首次明确提出历史认识的重要社会功能是为了现实和将来人的活动提供参照，也就是我们常说的取鉴经世、鉴古知今的价值。修昔底德的这一认识至今并没有失去它的意义。

他认为历史之所以具有借鉴价值，原因在于不变的人性。他在书中反复谈论到了这个问题。由于人性不变，"人性总是人性"，人固有的贪婪、权力欲、支配欲、情欲等深层的自私欲念并不会因为时代的更迭而发生本质的改变，② 因此人不可避免地要重复以往的行为，重犯以往的错误，尽管在表现形式上或多或少有一些差异。

事实上，修昔底德已经意识到在不同时代发生的不同事件之间存在着有机联系，具备着人性的统一性，而这正是他认为历史具有重大实用价值的基本原因。正因为如此，前代人拨动的琴弦总是在后代人心中引起共鸣，前代人的著作文章总是能找到后代的读者，前代的重大事件和英雄或枭雄总是对现代人具有震撼作用。

由于人性固有的弱点，所以修昔底德意识到一般人在阅读或聆听史学作品时首先关注的是趣味性，他们喜欢生动的情节而不是平铺直叙的记载，因此以求真求实为本的《伯罗奔尼撒战争史》可能因缺少引人入胜的文学花样，不会得到广大读者的欢迎。所以他提出自己的书不是为多数人写的，而是为少数人写的，是为了那些愿意从历史中汲取经验教益的人写的。

这就产生了他的第三点言别人不能言之处，就是提出了历史写作的崇

---

① 修昔底德：《伯罗奔尼撒战争史》，I，20，3。

② 从修昔底德在书中的有关讨论可以看出他所指的人性的这些具体内涵。

高抱负：不能趋势媚俗，为了一时的需要而迎合大众的"嗜好"，从而舍弃对真实的追求。换句话说，凡是极力迎合时尚的史学作品，在修昔底德看来都是不可能"垂诸久远的"，要想"垂诸久远"，就要老老实实做文章，不搞花架子。客观历史证明他对历史写作的这种认识不仅是十分高贵的，而且是非常正确的。

修昔底德的《伯罗奔尼撒战争史》集中体现了古希腊史学的这种严格的史料批判精神。以他不得不追述的早期希腊的历史为例，由于史料极其稀少，他只能像其他史家一样求助于史诗和传说提供的线索。但他对这些早期文学作品始终持怀疑态度，用他的话说就是"在这些事上很难相信每个细节"。① 所以他在追述过程中尽可能对已有的史料进行在当时条件下所允许的拷问，有时还动用了考古材料、地形学的材料来加以佐证。

关于他的著作的主题伯罗奔尼撒战争，其史料主要来自他的直接经验。他在战争早期是参与者，在战争中后期是目击者，实际上经历了战争的全过程。这些直接经验本身是第一手史料，同大多数后代人写前代事的史料性质是不一样的。他的著作所以能被后人称为信史，很大程度上基于他的著作的这一史料特征。但史家个人的直接观察毕竟存在着局限，因为他不只记载雅典本身的事件，还用相当多的篇幅叙述希腊其他国家的参战历史，即便是他的母邦雅典的历史，他也不完全是目击者和当事人，许多事件的进程和人物的活动都在他的视野之外。因此他只能依靠别人的经验，对他来说也就是间接经验。这部分史料主要是文献、当事人的回忆、口头传说。比如雅典与斯巴达的条约，斯巴达与波斯的条约，神托记录，等等。修昔底德的有利条件是他的这些间接经验来自他的同代人，他本人不仅可以随时随地向目击者和当事人询问，而且还在分析和筛选这类间接经验的时候具有后代人不可能有的对事件的直感和直接的辨伪能力。正如他所说的："我所描述的事件，不是我亲自看见的，就是我从那些亲自看见这些事情的人那里听到后，经过我仔细考核过了的。"但即使这样，他仍然不放心，因为"真理还是不容易发现的"。

由于他在搜集史料的过程中采取这样一种审慎的态度，在利用史料的时候预先进行过一番细心的考证和检测，所以他书中的史实差不多都能给予相对确定的时间、地点、人物，特别是涉及人、财、军备、战果等需要数字统计材料的地方，他都在可能的条件下予以交代，甚至定量到个位数，

---

① 修昔底德：《伯罗奔尼撒战争史》，I，20，1。

并且提供的数字真实可信。这种类似近现代史学学术规范的做法在早期西方史家中是为数极少的。

尤其突出之处是他的书中运用了大量以直接引语形式出现的演说，总量约占全书篇幅的四分之一，每一篇都是精雕细刻的佳作，具有丰富的历史信息和思想内涵，开了在历史著作中利用长篇大论的演说的先河，将古希腊人的特点，及高超的"说"的艺术充分展现了出来。

但与后世仅仅沉默地采用类似方法的史家的做法不同，修昔底德清醒地意识到自己的局限，这就是古代缺乏现场记录的手段，而且一个人也不能身临其境一切历史现场。他书中的众多演说精品都经过了作者个人的修饰加工。对此他非常老实地作了交代。①

在书中，修昔底德还喜欢使用两个术语："我觉得"（dokei）和"大概是"（hos eikos），有意识地标明自己对叙述内容的介入，提醒有心的读者注意。这种生怕误导读者的真诚态度不仅是绝大多数古代史家难以企及的，而且是一些近现代史家（如某些传记、回忆录、专史之类著作的作者）所不及的。

由于《伯罗尼撒战争史》坚持实事求是与史料批判的原则，该书在史料的可靠性方面堪称史学史上的典范。正因为如此，英国哲学家兼历史家大卫·休谟曾盛赞该书："修昔底德作品的第一页就是一切真实的历史的开端。"②

(二)冷峻的客观主义精神

广泛地搜集史料和严格地进行史料考据是史学研究最重要的组成部分，但不是认识过程的全部。因为史料只有经过一定的拼接与组合、描述和解释之后才对读者具有真正的意义。因此解释的真实与史料的真实对史学来说同样至关重要。优秀的历史工作者在筛选、组合经过去伪存真过程后的史料、复原历史真相的时候，总是力图摆脱各种思想情绪之类主观因素的束缚，避免历史家个人的主观介入，用自己的笔触尽量刻画出过去的真实图景。③《伯罗奔尼撒战争史》是西方史学史上实践这种客观主义精神最为彻

---

① 修昔底德：《伯罗奔尼撒战争史》，I，22，1～2。

② 吉尔德哈斯：《历史和历史家》（M. T. Gilderhus, *History and Historians*），16页，新泽西，1987。

③ 尽管现代史学已经认识到，兰克式的纯客观地再现客观历史是一个很难实现的"高贵的梦"，但使自己的历史认识，无论是史实认识还是价值认识，尽量贴近客观历史仍然是历史工作者所应追求的最高目标，也是判断史学成就高低的根本标准。

底的少数史著之一，也是这类少量史著中的第一部。

修昔底德是雅典人，他的作品《伯罗奔尼撒战争史》主要以雅典作为记载对象，实际上主要是雅典的历史，因此作者书中带有一些爱国主义情绪，甚至带有较多的爱国主义情绪应该是可以理解的。然而，如果不是书内第一人称的介绍，或读者事先获得的知识，便很难察觉作者竟是雅典公民和爱国者。对于修昔底德来说，雅典首先是他的研究对象，并不比它的死敌斯巴达在道义上占什么便宜。书中浸透着难得的客观中立精神，每一事件、人物的前因后果及过程的叙述都使用非常平实、白描的语言，避免做过多的个人评判和文辞渲染，并且在事实陈述中必定以相等的份额照顾到敌对双方对同一事件的解释，既不曲笔讳言，也不随波逐流。

然而，修昔底德毕竟是有血有肉的人，有一定的价值准则，在陈述事实时可以做到冷酷无情，在评述事实时却不能不显露出有情的一面。但难能可贵的是，修昔底德在这种需要情感的地方仍能保持客观的尊严，按照古希腊人一般的道德准则判断是非善恶。他在书中采取的处理方法是自己先站在第三者的立场上，充当中立的法官，始终先让战争的当事双方均等陈述，然后再根据他个人的价值准绳对已经陈述的事物作一番评判和裁决。这种论述性的判决有时是一两个段落，有时是一句插语，内里完全没有激愤和仇恨，无论是对雅典的敌人还是雅典人自身。比如他对伯里克利的贤明廉正和领导民众的才能充满敬意，把他看作是雅典繁盛的决定性人物，是最有才干、最英明的领导人。但他对伯里克利的评判却一直推迟到伯里克利去世之后才进行。此前，他只是客观地叙述伯里克利的行为和政策，以及雅典人从对他的崇敬到厌恶他、罢免他的过程。修昔底德并没有因为个人对伯里克利的一贯好感而批评或责备雅典人眼光短浅、不知好歹，而是冷静地分析人民群众对一位杰出领袖先拥戴、后厌恶、再后又信任的原因。在他看来，无论是拥戴伯里克利还是反感伯里克利都是有道理的，是与伯里克利的政策同广大公民的利益之间是否相符紧密联系在一起的，并不取决于伯里克利的人格魅力。

他也对雅典的敌人，领导西西里岛城邦叙拉古战胜雅典远征军的赫摩克拉底十分欣赏，并没有因为赫摩克拉底给予雅典致命打击而丑化雅典的敌人。他称赫摩克拉底是绝顶聪明的人，在这场战争中显示出非凡的能力和突出的勇气。对于雅典政治家亚西比德那样妖言惑众、假公济私的人，他予以严厉谴责，把他视为导致国家毁灭的人。尽管后来亚西比德重新得到雅典公民的拥护，并领导雅典海军取得了一些胜利，但在道德的审判方面，他仍然对亚西比德毫不留情。他也为西西里远征军的主帅尼西阿斯的优柔寡断、贻误军机直至葬送了全军而痛心疾首，但又对尼西阿斯在战败后被叙拉古人处死感到惋惜，认为反对出兵的他是最不应该遭受到如此悲惨结局的人，因为他终生致力于道德研究和实践。修昔底德对于自己祖国的极端民主政体实际上持批评态度，所以在述及由中产阶级，即五千公民享有的有限民主制时他表示了认可。但他并不因此便对反对贵族制或寡头制的民主派说不，仍然平心静气地陈述事件的进程。

在更多的场合下，修昔底德的这种客观陈述和主观评述的方法是在夹叙夹议中展开的，并不是将个人的观点仅仅置于某个事件或人物的结尾，加一个"太史公曰"。他在叙述一些关键的事件或人物时，往往会停下来，插入一些具有鲜明个人特点的理性分析和概括，从而把叙述引入深刻。由于插入得恰到好处，叙述的节奏并没有因此而中断。如比较典型的例子是在第二卷关于雅典人遭受大瘟疫的打击、社会上出现空前违法乱纪的现象的分析和概括。他在列举了大瘟疫肆虐和人们心态发生巨大变化的现象之后及时指出：

> 迄今人们一直保持着隐忍，他们并不全身心地行乐，他们现在表现出无所顾忌的大胆，他们看到命运的变化是那么突然：那些富有的人忽然死亡，那些过去一无所有的人一下子便占有了他人的财富，于是他们决定及时行乐，这些快乐稍纵即逝，可以满足他们的强烈欲望。至于他们的肉体和财富，都同样是转瞬即逝的。没有人愿意推崇荣誉而热切地实行自制，因为每个人都认为他是否能够活到获得荣誉都成问题……人们不再对神敬畏和不再认为法律有约束力了，一方面，因为他们看到所有的人都一样死亡，他们认为虔敬和不敬没什么区别；另一方面，没有人预料他会活到因为他的不良行为而受到惩处的时候。相反，他们认为自己已经受到了惩处，现在悬在他们头上的是更为沉重的惩罚，他们想在这个惩罚落到头上之前得到某些人生的乐趣，这是合情合理的。①

这个分析当中具有社会存在决定社会意识、实践中的经验决定人的价值判断的认识成分，因此人们价值观的转变是合情合理的，如果不变，反

---

① 修昔底德：《伯罗奔尼撒战争史》，Ⅱ，53，1～3。

而倒是奇怪的事了。

再如，在叙述科西拉贵族派和平民派互相疯狂迫害和残杀时，他概括这一切的根源是"贪欲和个人野心所引起的统治欲"，以及因派别斗争爆发后所引起的"激烈的疯狂情绪"：

> 那些在一些城邦中表现为党派领袖的人，一方打着冠冕堂皇的旗号，主张民众在法律面前的政治平等；另一方主张适中的贵族政治。他们虽然冒充为公众服务，但事实上是为着他们自己捞取好处。在他们以各种方式争取优势的斗争中，敢于犯最可怕的罪行。他们在报复的时候还要更为可怕，既不受正义的限制，也不受公共利益的束缚。他们唯一的标准是他们自己党派一时的任性。他们随时准备通过不公正的判决或者通过暴力占据上风，以满足他们一时的仇恨。结果，虽然双方都没有对真正的虔诚有丝毫敬意，但是那些能够发表动人的言论，以证明他们一些可耻的行径是正当的人，更受到赞扬。至于不属于任何一派的公民，他们不断受到两派的摧残，不是因为他们没有参加一派的斗争，就是因为嫉妒他们可能会幸免于难。①

由于修昔底德能够公平充分地陈述事实，又能以古希腊人的一般道德原则作为评判事物的标准，再加上一些充满哲理的评述，这就使他的著作不仅具有翔实可信的事实陈述，而且还具有耐人寻味的价值陈述，从而使他的著作对后人认识自身提供了可信的参考材料与思想源泉。

(三)彻底的人本史观与进步史观

修昔底德的史学思想中，有着彻底的人本精神。古希腊人的精神解放进程，是从原始的神人合一状态的分离开始的，自赫西俄德到抒情诗人，再到自然哲学家、记事家、戏剧家、智者学派，人本思想在一步步地深化，但始终没有达到神人彻底分离的地步。在大多数学者的人本主张的旁边或身后，更是若明若暗地跃动着非人的力量，即神或命运，柏拉图甚至还公开声明"神是万物的尺度"。② 而修昔底德却继续普罗塔哥拉斯的以人为本的

---

① 修昔底德：《伯罗奔尼撒战争史》，Ⅲ，82，8，238～239页。
② 柏拉图：《法律篇》，张智仁、何勤华译，124页，上海，上海人民出版社，2001。

主体思想，与宗教、迷信彻底断绝了关系。这是修昔底德最令人肃然起敬的地方。

统观修昔底德的《伯罗奔尼撒战争史》一书，洋洋洒洒几十万言，竟然没有给超自然的力量任何位置。无论是和平时期还是战争时期发生的事件，都完全是人类自身活动的结果，与神和命运没有关联。当然，修昔底德既然记录人事就不能避开神，因为绝大多数希腊人并不是无神论者，他们的各种活动始终包含与神的经常性联系，所以修昔底德写人就要涉及神。但他并不是简单地记录现象，而是直截了当地批评人对神的迷信。比如，他力排众议，坚决拒绝把各种灾变现象当作神灵对各种即将到来的人祸的启示。战争爆发前，希腊人的圣地提洛岛发生大地震，人们认为这是大祸将至的征兆。修昔底德却理性地认为这不过是巧合的自然现象。① 战争过程中，地震仍不时发生，有时还引起了海啸。他人对此的解释是天人感应，修昔底德却认为海啸不过是地震先吸引海水离开海岸，然后海水又猛烈冲回来，于是产生了水灾。他十分肯定地指出："在我看来，如果不是地震，这种事是不会发生的。"② 类似的光辉思想在其他地方多次出现。如雅典将军尼西阿斯因月食而延误退军，招致全军覆没一事他认为愚蠢，雅典败军溃逃路上遇雷雨，士卒均认为这是他们毁灭的预兆。他却说雷雨不过是夏末秋初常见的现象。在修昔底德眼里，社会现象的原因在于社会，自然现象的原因在于自然，二者之间并没有必然的因果联系，更谈不上超自然或超社会的因素。

更为难能可贵之处是修昔底德甚至敢于揭露神谕的人为性质。据来自中希腊特尔斐的一则阿波罗神谶说，雅典卫城脚下一块叫皮拉基的土地不可被人居住，否则就要灾难临头。但雅典人却违背神的指示，定居在卫城脚下。伯罗奔尼撒战争以及接踵而来的大瘟疫似乎应验了这一预言。修昔底德却对此不以为然，认为"这座城市遭受各种灾难不是由于非法占据这块地方，而是由于引起有必要占据这个地方的战争"。③ 他指出神庙祭司传达的神谶有意使用一些模棱两可的语言，目的是便于解释日后发生的事件。他还力透纸背地指出，有的神谶是求谶人为个人目的贿赂特尔斐神庙祭司

---

① 修昔底德：《伯罗奔尼撒战争史》，Ⅱ，8，2～3。
② 修昔底德：《伯罗奔尼撒战争史》，Ⅲ，89，2～5。
③ 修昔底德：《伯罗奔尼撒战争史》，Ⅱ，17，2～3。

后得到的。①

　　修昔底德在自己的著作中也偶然地提到过命运，但他笔下的命运和希罗多德笔下的命运有本质的不同。他认为命运的出现总是在人们意想不到的事情发生的时候，比如雅典的色雷斯人雇佣军突然洗劫米卡列乌斯城，把一切人丁，无分老幼，杀戮殆尽。命运在这里只是偶然现象的代名词，并没有神灵事先和事后的任何干预。他借伯里克利的口解释他对命运的理解："事件的进程可能与人们的计划相反是正常的，而这正是我们通常把某种出乎我们预料之外的事归咎于命运的原因。"②在希罗多德及其他希腊知识分子眼里的那个高高在上的世界主宰，就这样被修昔底德解构为人们的特定认识。

　　修昔底德对神和命运的深刻分析是同对人的高度肯定相对应的。在《伯罗奔尼撒战争史》中，他有几段关于人是世间最重要的力量的宣言，凸显普罗塔哥拉斯式的高度自信精神，虽然是借助他书中人物的口表达出来的，但显然是修昔底德个人思想的表达，甚至就是他个人的作品。

　　伯里克利在雅典公葬仪式上的演说便是高扬人本精神的佳作之一，是一曲关于人的伟大创造力的颂歌，西方思想史上的千古绝唱。在伯里克利看来，人是世间最重要和最宝贵的。正是雅典人自己，从他们的祖先、父辈到包括英勇牺牲的公民在内的当代人共同创造了雅典的一切，包括庞大的帝国，汇纳世界各种产品的繁荣的经济，法律面前人人平等的民主制度，自由、雅致、放达却又适度的生活方式，勇敢、慷慨、勤勉、诚恳、热情、敢作敢当的民族品性。这一切完全和神灵、天时、地利无关，均是雅典人自己努力的结果。③

　　在伯罗奔尼撒战争爆发前夕，伯里克利在公民大会的演讲中，谈到雅典应采纳的策略是扬长避短，发挥海军优势，避开陆上对抗。针对雅典人对放弃田园、坚壁清野所产生的忧虑，他鲜明地提出了人是世间一切物质财富的创造者，是第一重要的因素，只要有了人，什么东西都可以再创造出来：

　　　　我们一定不要因为丧失土地和房屋而愤怒，以致和远优于我们的

---

① 修昔底德：《伯罗奔尼撒战争史》，Ⅱ，54，2～5；Ⅴ，16，3。
② 修昔底德：《伯罗奔尼撒战争史》，Ⅱ，140，1。
③ 修昔底德：《伯罗奔尼撒战争史》，Ⅱ，36～41。

伯罗奔尼撒陆军作战……我们所应当悲伤的不是房屋和土地的丧失，而是人民生命的丧失。人是第一重要的，其他一切都是人的劳动成果。假如我认为能够说服你们去做的话，我愿意劝你们往外去，并且亲手把你们的财产破坏，对伯罗奔尼撒人表示：你们是不会为了这些东西的缘故而向他们屈服的。①

既然人是第一重要的因素，各种事件发生的主要原因就不在于人类社会的外部而在其内部了。修昔底德因此很自然地致力于在人的自然心理活动与社会活动中寻找各种问题的答案。在这方面，他是古代颇为成功的探索者。比如，他是古代西方第一位把经济因素作为社会历史发展动因之一的历史家。在《伯罗奔尼撒战争史》第 1 卷中，他把定居、城市、劫掠、战争等历史现象同经济发展的一定阶段相联系，从而表达了关于历史进步、今胜于昔的基本思想，与赫西俄德提出并有很大影响的循环论形成鲜明对照。②

他还借对立双方领导人之口指出战争的胜败不仅取决于军事力量的对比，而且还取决于经济实力的强弱。雅典的霸权政策含有扩张其进出口贸易的目的。在第 6 卷中他分析物质利益是战争的起因之一，雅典公民大众对远征西西里的热衷主因在于希望得到服役薪金。

他也是前所未有的关于国际政治和国内政治斗争情况的分析家。他把国际政治事件的起因完全归结为世俗的原因。在进行分析时，他喜欢使用三个术语：恐惧、荣誉、利益。恐惧来自对国家安全的担忧，是欲望在特殊情境中的体现，比如竞争对手的实力如果增强，就会引起己方的恐惧。修昔底德在卷一中指出伯罗奔尼撒战争的根本原因在于雅典势力的增长与斯巴达对其的恐惧，战前雅典和其他城邦大大小小的政治经济和军事冲突不过是总因的外延。这就把战争的根源完全归结于人的心理。荣誉则与国家的威望密切关联，引起斯巴达恐惧的原因正是来自雅典对国家荣誉与利

---

① 该段劳埃伯丛书本译为："We must not make lament for the loss of houses and land，but for man；for these things do not procure us men，but men these."克劳莱（Richard Crawley）译本为："We must cry not over the loss of houses and land but of men's lives；since houses and land do not gain men，but men them."两种英译本意思大体相同，但中译者谢德风先生据"企鹅古典丛书"的译法更传神地表达出修昔底德对人的地位的认识。见修昔底德：《伯罗奔尼撒战争史》，谢德风译，103 页，北京，商务印书馆，1960。
② 修昔底德：《伯罗奔尼撒战争史》，I，1，1。

益的追求。而这里的雅典，实际上是雅典公民集体，公民集体与雅典城邦完全是一个事物的两种表现。利益意味着国家存在的物质条件是否得到保障。荣誉和利益受到损害，冲突也会发生。

至于一个城邦内部的政治斗争，修昔底德认为出自人的劣根性，即"由于贪婪和野心所引起的欲望是所有这些罪恶产生的原因，还有人们卷入党派之争后产生的狂热"。① 这种因人性恶而引起的社会斗争在和平时期以合法手段呈现，在非常时期则要诉诸暴力。这样一来，他便把政治斗争的原因探到了较希罗多德要深的地方——人性。那些引起国际、国内斗争的源泉——恐惧、荣誉、利益、贪欲等，原来都是来自人的本性。在修昔底德看来，人性不是神从外部赋予的，也不是后天产生的，而是自在的，一成不变、与生俱来的。各种社会存在的作用在于对不同的人性进行抑扬，是人性展现的条件。比如战争初期，雅典暴发瘟疫，修昔底德评论瘟疫给雅典人造成的痛苦"超过了人性所能忍受的限度"，②因此人们开始空前地违法乱纪和随心所欲。

他在《伯罗奔尼撒战争史》第 3 卷中对此有淋漓尽致的发挥。科西拉发生民主派和贵族派之争，"危机期间，整个城邦都陷入了一片混乱之中，人性凌驾于法律之上，不断地触犯法律，傲慢地呈现为不可控制的激情，它超越正义感，敌视一切胜过自己的东西。"③

在修昔底德看来，敌对派别彼此之间的残酷斗争，无情打击，除因派别利益外，还有部分人挟私仇借机报复，因欠债借机杀债务人，以及有政见分歧的家族成员互相残害等。他认为只要人性不变，这类事件总会发生：

> 在和平与繁荣时期，城邦、个人都拥有比较温和的情感（gentler feeling），因为他们无须面临极端的需要；但战争使人的日常需要难以满足，它就像一个严厉的教师，在大部分人的身上养成与形势相符的性情（temper）。④

于是，人固有的性恶急剧膨胀，出现闻所未闻、见所未见的恶劣行为，

---

① 修昔底德：《伯罗奔尼撒战争史》，Ⅲ，82，8。
② 修昔底德：《伯罗奔尼撒战争史》，Ⅱ，50，1。
③ 修昔底德：《伯罗奔尼撒战争史》，Ⅲ，84，2。
④ 修昔底德：《伯罗奔尼撒战争史》，Ⅲ，82，2。

社会意识、道德标准也因此发生剧变：疯狂夺权，残忍报复；阴谋是智慧，欺骗是聪明；激进是正确，温和是背叛；一切规则、法律可以被砸碎，一切诺言可以被推翻，混乱中只有最粗俗的人最有生存的能力，因为他们不瞻前顾后，敢于直接行动。当然并不是所有介入政治斗争的人皆出于个人目的，有时一些人疯狂地投入动乱不是为了图利，而是因为一种不可遏制的激情。在修昔底德的眼里，变化着的社会存在乃是激发人们固有的本性的动因。由此可见，修昔底德是古希腊人精神觉醒的旅途中走得最远的一位伟大的思想家。

（四）平实、简洁、生动和充满智慧的文字表述形式

《伯罗奔尼撒战争史》依循传统史学叙述体的表达形式，但风格具有鲜明的个性，与之前的"历史之父"希罗多德的《历史》有所不同，与之后的色诺芬的《希腊史》也存在明显差异。希罗多德虽立意记述希腊人和蛮族创造的伟大事业，但行文却像是讲故事。《历史》在一个希波战争的主题下兴之所至，恣意挥洒，社会文化、政治军事、有关无关的奇闻逸事一应搜罗，作者俨然是一位见多识广、文辞华丽的讲故事高手。这部史书因此既可供知识人玩赏，也可以为目不识丁的贩夫走卒传诵。修昔底德的著作却只是供文化人读想借鉴之用的，完全不考虑普通公民大众的一时需要。因此他在叙述当中严格按照时间顺序平铺直叙，战争重心能始终如一地保持不变，极少旁生分岔，更不考虑希罗多德所经常使用的戏剧性表现手法。他的遣词用句简约精练，准确畅达，风格深沉遒劲，善于运用白描的手法、恰到好处的强烈对比来表现惊心动魄的宏大历史场面。他的关于雅典大瘟疫和西西里远征的悲剧性描述，关于科西拉党派之间你死我活的权力之争的刻画，均是历史叙述方面的大手笔。

由于修昔底德具有深厚的学养，又精于思考，所以他能够在大量的夹议和载言中充分发挥古典史学特有的智慧语言，而这些充满智慧的语言背后是作者对历史和现实的精心思考和概括。

修昔底德以自己的勤奋和忧思创造出一种学术化的新型历史撰述风格，使他的著作从内容到形式达到了相对和谐与统一。比较其他古典史家，使人感到他这样做的原因不仅仅出于个人的动机、才能与性格等史家本体的差别，还有一种时代的影响和制约隐现其间。比如希罗多德文中的轻松、奔放、洒脱同希波战争大胜之后的民主最富生气时期的希腊人的心境相一致。修昔底德深沉的思考、严谨的文风则同希腊城邦由盛转衰、大起大落

的剧变相适应。沉重的时代要求深沉的反思，希腊社会的感官——希腊的知识分子的代表们都在做这样的工作。苏格拉底、柏拉图、亚里士多德等哲人从哲学、伦理、政治学的角度思考问题，而修昔底德则从史学角度来思考现实和批判现实。这恐怕是修昔底德之所以深沉的历史原因。

第五节　古典时代晚期与希腊化时代的史学

修昔底德是希腊史学史上一座难以超越的高山，他把自记事家开启的古希腊理性史学很快推到了顶峰，使得后来的众多古典史家只能望其项背，即使在最好的情况下，在史料方面的批判性认识和历史观的高度也只是接近于他。但这不等于说希腊史学不再发展，到此为止了。没有人超越修昔底德只是表明史学发展的曲折性，史学的发展还有着复杂性和多样性的特点。前修昔底德和修昔底德时期的希腊史学在体例和题材上显得狭窄，体例和认识方法上还不够完善，这赋予后人不小的创新空间。所以，古典时代晚期和希腊化时代的希腊史学有可能横向发展，尽管深刻不足，却广博有余，出现新的传记体、回忆录体、泛希腊史体裁，产生了系统观察和认识历史的方法。

色诺芬

古典时代晚期最著名的史家是雅典人色诺芬（Xenophon，约公元前 428/430—前 355/350 年）。他出身雅典贵族家庭，早年情况不详，目前所知他在青年时代结识并师从苏格拉底，与柏拉图虽然是同学却不熟悉，因为两人的著作中都没有提到过对方。

从色诺芬的作品中可以看出他聪明，理解力和文字表现力强，是古希腊博而不精的才子型学者。年轻时他显然比较心浮气盛，有一颗青年人在动荡的国际、国内情势中浮动的心，在公元前 5—前 4 世纪之交出国闯荡，起先受雇于波斯王子小居鲁士，作为希腊雇佣兵的一员，在波斯最高权力的争夺中充当雇主的打手。继而投靠斯巴达国王阿哥西劳斯，参与公元前 4 世纪初期斯巴达与波斯以及与反斯巴达的波利斯国家间的战争，创造出传奇的个人经历。战后他避居斯巴达和科林斯，平静地从事写作，成为著述众多的史家之一，其作品包括历史类的《希腊史》，回忆录《长征记》《回忆苏格拉底》《宴飨篇》《申辩篇》，传记《阿哥西劳斯》《海厄隆》，历史小说《居鲁士的教育》，政治论文《斯巴达政制》，经济论文《家政论》《论雅典的收入》，军事与消遣方面的论文《论骑兵指挥的指责》《论骑术》《论狩猎》。在色诺芬的众多作品中还夹带着一篇佚名写的文章《雅典政制》，严厉批评雅典的民主体制，该作者因此在古典学界被称作"老寡头"，学名为"伪色诺芬"。

根据目前的史料，色诺芬是第一位西方回忆录体史作——《长征记》(Anabasis)的作者，这是他的突出史学贡献之一。他是高明的叙事家，善于形象思维，文字简洁准确，行文流畅自如。他把这些个人的能力恰当地通过回忆录体的历史表述形式充分展现出来。

《长征记》是他人生重要选择的记录。公元前401年，色诺芬经友人介绍加入小居鲁士的希腊雇佣军。对这一重大人生选择，色诺芬曾征询老师苏格拉底的意见。苏格拉底建议色诺芬去中希腊的特尔斐神庙求阿波罗神指点，神谕批准他远行，苏格拉底因此也指示他按神的意见行事。在这一系列个人选择中，色诺芬显然认为自己参与长征是某种经过神灵预定的行为。

追随雇主夺权失败后，他当选为万余雇佣兵的首领之一，率队且战且走，从波斯帝国的腹部向希腊人控制的黑海沿岸撤退。如果他的回忆录没有涂饰自己的话，他在长征过程中显示了出色的指挥能力。万人希腊雇佣军之所以能够在波斯军队的围追堵截中安然无恙，色诺芬的镇定指挥起了决定作用。

尽管色诺芬亲历了长征的全过程，但由于军务倥偬，他并没有对当时自己的所历、所闻、所见进行日记式的及时记录，色诺芬在《长征记》里也没有作过任何这方面的提示。他动笔写作《长征记》的时间至少是在他移居斯巴达(公元前394年)之后若干年，即长征结束7年多以后的追忆，具体时间已无从查证，但可以肯定色诺芬的《长征记》中有不少回忆失实之处，特别是那些关于现场情状的纪实性描述、大段大段的对话和演说，显然系事后根据依稀的记忆所做的事后加工。当然也不应否定色诺芬的惊人记忆力，他在书中提供了大量明确的人物、时间、地点、地形地貌、距离、行军路线、村落的名称，对历史地理学的研究提供了翔实的证据。《长征记》除了具有珍贵的史料价值之外，还因挥洒自如、引人入胜的叙事技术而深得读者喜爱，始终被视为古希腊文表述的范本，至今仍作为古希腊文学习的基本读物。

回忆录体历史著作的出现标志古希腊人历史记忆范围的扩充，历史家不仅关心人类群体创造出来的伟大功业和重大事件，而且开始注意作为历史创造者的个人史。此前，希罗多德、修昔底德都在自己的著作中刻画和评析过一些重要的历史人物，但他们的文字服从于宏大叙事的主题，缺乏在场者的内在感受与心灵的真切表露，不能满足读者对个人命运的好奇心和深入认识历史细部的需要。回忆录这种个人直接经验的汇集与解说填补了这种缺憾。

色诺芬的另一回忆录体著作《回忆苏格拉底》主要着眼于对老师的道德追求、真理追求行为的还原，等于否定了雅典公民陪审法庭对苏格拉底不敬神和误导青年的指控。

色诺芬的《希腊史》续修昔底德的《伯罗奔尼撒战争史》，头一句衔接《伯罗奔尼撒战争史》最后未完成的半句话，但衔接得突然，缺乏深思熟虑。修昔底德末尾半句说波斯的小亚细亚总督提萨甫尼斯赶往赫勒斯滂海峡与斯巴达人会面，中途停留在以弗所城，在那里向阿尔忒弥丝神献祭。色诺芬首句说"在那之后"，直接转至赫勒斯滂，并把修昔底德已经交代过的事又说了一遍。他的功绩在于将修昔底德缺失的部分，即伯罗奔尼撒战争后期（公元前411—前403）的历史用第一、第二卷予以补足，并尽力依循修昔底德，按夏季和冬季顺序展开叙述，为古典时代希腊史的连续性做出了难以替代的巨大贡献。

《希腊史》的其余5卷则脱离按季节为经的叙述顺序，跳过近4年的间隔，直接进入斯巴达与波斯争夺小亚细亚的战争，希腊城邦之间的科林斯战争和斯巴达与底比斯争霸的战争。色诺芬作为斯巴达军的一员，同样是这场战争的参与者，为后人认识古典时代后期的历史留下了珍贵的记录。

但色诺芬的史才和史德都不及他的前辈。他对整个希腊史的描写局限于他的亲历记，没有像希罗多德和修昔底德那样长时间广泛地搜集史料，而主要依赖自己的经验。由于他对斯巴达国王阿哥西劳斯和斯巴达充满敬意，他对同时代的不少重大事件，特别是对斯巴达不利的事件或者从斯巴达的立场加以解释，或者有意缄默不语，如雅典第二次海上同盟的建立，雅典海军痛击斯巴达舰队，底比斯彻底粉碎斯巴达霸权，甚至废除斯巴达人在大约三个世纪里赖以为生的希洛特耕奴制都在他的书中只字未提。正是底比斯的崛起，攻入斯巴达腹地，才导致色诺芬被迫离开他的栖身之地斯基鲁斯的地产，移居到科林斯。这种为亲者讳、为尊者讳的做法代表着一种与单纯求真求实的希腊史学原则相悖的写作方向，标志希腊史学追求的复杂化和多样化。

著名修辞家、政治家和教育家伊索克拉特（Isocrates，公元前436—前338年）大概是古希腊的第一位传记作家，创立了西方史学纪传体写作的新形式。① 他的《埃瓦哥拉斯传》是对萨拉米岛的统治者一生的赞美词，作者自己也并不讳言赞美的目的。早期希腊的传记大多是著名人物的颂词，色诺芬的《阿哥西劳斯》也属同一类型。

古典时代晚期和希腊化时代是史家辈出和大作不断的时期，但除了色诺芬的著作例外，这两个时期的史作均未完整流传下来。古典时代晚期有两部史作常被后代史家提到，这就是泰奥庞普斯（Theopompus，约公元前380—?）的58卷本《希腊史》（又称《腓力王传》）和埃弗鲁斯（Ephorus，约公元前405—前330年）的30卷本《历史》，均篇幅巨大，一度颇具影响。

泰奥庞普斯是开俄斯岛人，早年可能随父亲在雅典居住过一段时间，与埃弗鲁斯一道在雅典著名修辞家伊索克拉底门下就学。据说他后来从事历史撰述系由于他老师的建议，因为他熟悉人事和地理，并且继承了丰厚的遗产。这至少表明在古希腊学界的一些人眼里，进入历史写作的基本条件是要具备财力和对社会、地理的领悟能力。泰奥庞普斯后来移居托勒密埃及，写作和去世年代均不详。从后人（狄奥多洛斯、雅典尼乌斯、普鲁塔克等）常常援引他的著述看，他作有《希罗多德〈历史〉一书择要》《希腊史》和《致亚历山大的信》，但这些著述目前只遗存了一些残片，从中看出他视野开阔，喜欢奇闻逸事，反感雅典政治舞台上的蛊惑家。

埃弗鲁斯是小亚细亚殖民城邦库麦生人，其代表作《历史》是希腊第一部通史，自传说中的赫拉克勒斯的子孙返回南希腊开始，止于作者所处的时代（公元前341年）。全书最终由他的儿子德摩菲勒斯编辑完成，埃弗鲁斯写就29卷，其子加写一卷，即第30卷。每卷独立成篇，有单独的篇名和前言。同泰奥庞普斯的著作一样，埃弗鲁斯的著作曾被希腊罗马作家广泛征引，尤其是《历史集成》的作者名史家狄奥多洛斯，表明其重要参考价值。但全书现已失传，仅遗留下来111条引文。根据现有史料判断，埃弗鲁斯的通史写作形式可以视为他对希腊史学编纂形式的一个重大贡献，援引他著作最多的狄奥多洛斯的代表作恰好也属通史形态，看来有可能受到埃弗鲁斯的影响。

---

① 目前存留下来的古希腊传记体作品只能追溯到伊索克拉特，之前没有完整的传记作品，只有与个人生平、言论有关的短文。传记体的成熟属于罗马早期帝国时期，但仍然未能成为史学体裁的主流，古罗马时代的史家普鲁塔克甚至认为传记不是历史。这点和古代中国史学有所不同。中国自《史记》以来，纪传体史书层出不穷，构成了史书撰述的主体形式。

马其顿国王腓力于公元前338年统一希腊半岛，其子亚历山大随后率希腊联军东侵，以摧枯拉朽之势灭掉波斯帝国，兵锋东至中亚，南抵印度河河口，建立起地域空前广阔的亚历山大帝国，从而开启了希腊化时代。所谓希腊化，是指古希腊文化向西亚、中亚、南亚、北非传播并与地方文化融合的文化交流过程。它持续三个多世纪，至公元前31年后起的罗马并吞最后一个希腊化国家——北非的托勒密王国止。此段时间随着希腊人视域的扩大，历史内容的丰富多彩，史作的选题范围也随之扩大，包括通史、断代史、国别史、传记、回忆录等形式，史家和史作数量可谓前所未有。但这些著作几乎整体失传，仅有作者名与书名存世，出现了"群体记忆中断"的现象，其原因不详。希腊化世界两大图书馆——亚历山大里亚图书馆和帕加马图书馆的毁灭是最简单的解释，但也有难以自圆其说之处，因为希腊古典时代的作品同样经过亚历山大里亚的学者整理却能够大量传世，包括古典时代晚期思想家柏拉图、亚里士多德的众多作品，而古典时代晚期和希腊化时代的史著却整体散佚。这一现象似乎表明这是一种有计划地、按时代划分来加以保存和销毁的行为所致。

希腊化时代最著名的史家之一是西西里人提迈俄斯（Timaeus，约公元前350—前260年）。他出身显贵，父亲是西西里城邦托罗迈尼昂的僭主。提迈俄斯曾客居雅典达50年之久，受到雅典学术文化的深刻熏染，写出史学巨著《历史》，共38卷，编年范围上抵神话时代，下至公元前264年，即提迈俄斯所处的时代；空间范围广泛，可谓西地中海地区各个民族与国家的古代通史，包括西西里、迦太基、意大利、西班牙、利比亚、山南高卢以及后起的罗马的历史。由于《历史》内涵丰富多彩，史料翔实可靠，颇得后代史家赞赏，至少到了公元1世纪还有罗马人读到过这本书，但此书现在也只剩下了个别断简残篇。除《历史》外，提迈俄斯还写有著名政治家、军事家的传记，均已失传。

奥林托斯人卡里斯泰奈斯（Callisthenes，约公元前360—前327年）是博学多闻、著作较多的史家。在他名下有10卷本《希腊史》《弗西斯战争》和《波斯志》，其中《波斯志》略有残存，涉及亚历山大远征波斯的情景描述。作者是亚里士多德的侄子，经叔父举荐随亚历山大东侵。但伴君如伴虎，卡里斯泰奈斯谏言不慎，触怒了亚历山大，结果招致杀身之祸，成为古希腊少有的惨遭横死的历史家。

麦散纳人狄凯尔库斯（Dicaearchus，约公元前326—前296年）是亚里士多德的学生，在希腊化期间著有一部社会文化史范畴的著作《希腊生活》，解释人类文化的产生和早期发展，如人类起初依靠采集果实为生，后来发明武器，开始狩猎并役使动物。随后人类又发明了农耕与犁铧，出现不同职业。社会也随着这种生产力的发展而变化：起初没有战争、动乱，人们生活在自在无忧当中；随后发生利益纷争，社会动乱。其描述社会进化的思路同赫西俄德的基本一致，反映古希腊人可贵的历史发展变化的思想，宏阔的历史观察能力。这是西方历史哲学思想得以产生的胚胎和萌芽。狄凯尔库斯还是希腊名人苏格拉底、柏拉图的传记体史书的作者。对传主的这种选择表明希腊化时代的传记家不仅注意到杰出的政治家、军事家，也注意到杰出的文化人，可惜这些传记也同他的其他著作一样只有书名传世。

公元前 3 世纪巴比伦人贝罗苏（Berossus）用希腊文和希腊纂史风格写出《巴比伦尼亚史》，从自然史说起，到亚历山大时代。这是西亚第一部由西亚人自己所写的史书，同时也显示希腊化的直接影响，目前在罗马作家老普林尼等人的著作中存有个别片段。贝罗苏生前是地中海地区的文化名人，雅典城内有他的雕像。

比贝罗苏早一些的希腊史家克泰西亚斯（Ctesias，公元前 5 世纪末—前4 世纪前半叶）所著 23 卷本的《波斯史》在希腊化时代更为有名，详细述及亚述和巴比伦的历史，后代史家普鲁塔克、狄奥多洛斯都曾引用过他的著作。

大约在公元前 241 年，托勒密埃及的祭司，埃及本土人马涅陀（Manetho，生卒年份不详）奉托勒密二世的指示，用希腊文撰写了《埃及史》一部共 3 卷，编年从远古到公元前 323 年。书中制定了迄今仍然具有指导意义的古埃及史分期，包括从美尼斯统一上下埃及以次共 30 个循序渐进（个别王朝在时间上有交叉）的王朝名录以及 473 位国王，其中 114 个国王有名字，多数经现代埃及学家的考证，证明确有其人。其对古埃及史研究的居功至伟。马涅陀还写过史学批评文章《希罗多德批判》或《反希罗多德》，这是西方史学史上的首篇专题批评之作，因罗马时代的犹太史家约瑟夫斯提示才被后人所知。

此前的古希腊人对印度次大陆只知道一些皮毛，此时由塞琉古王国的希腊人麦加斯泰奈斯（Megasthenes，约公元前 350—前 290 年）的著作《印度志》作了填补。作者被托勒密国王委派到摩揭陀担任使臣，在该国首都华氏城驻节约十余年（约公元前 302—前 291 年），走访过印度教的圣地，写出一部 4 卷本的《印度志》，影响甚广，现已流失，仅在晚期作家如斯特拉波、阿里安的作品中有只言片语传世，其中提到古代印度的种姓制。

希腊化时代是传记体史作兴盛的时代，古代作家提到一大批传记作家，如奥奈希克拉泰斯（Onesicrates）、阿纳克西曼尼斯（Anaximenes）、克雷塔尔库斯（Cleitarchus）、杜里斯（Duris）、尼姆菲斯（Nymphis）、尤番图斯（Euphantus）等。由于史料匮乏，我们无从评判此时传记写作的形式和内容，但可以据此推断，传记体已经成为希腊历史学的一种重要表现形式，或者说构成了希腊史书写作的基本类型之一。

希腊化时代是希腊政治体制向君主专制过渡的时代。个人权力的集中意味着国家各种资源的支配权集中到君主个人手中，因此自色诺芬等人开始的史作为亲者颂、亲者讳的非客观倾向逐渐在希腊化时代成为写作风气。

公元前 146 年，罗马毁灭希腊著名城邦科林斯，标志希腊彻底沦入罗马统治之下。公元前 31 年，希腊化的埃及托勒密王朝随着末代女王克莱奥帕特拉之死而灭亡，埃及成为罗马行省，希腊史学的命运从此与罗马史学紧密地联系在一起。

第三章　古罗马史学

第一节　希腊史学的模仿者——早期罗马史学
（公元前 3 世纪末—2 世纪上半叶）

古罗马人是较晚后进入文明的小民族。公元前 6 世纪，罗马人建立起成形的国家制度，很快便推翻国王统治，组成共和国，为公民个人潜在的创造性思维准备了较好的政治条件。但罗马完全形成的史学却没有随共和的确立而出现，直到 3 个世纪以后才产生自己的史家和史作。这一滞后的原因在于罗马所处的地理环境以及罗马立国之初的具体历史条件。

罗马城的标志——母狼哺育孪生子青铜像

罗马地处亚平宁半岛，与亚洲先行进入文明的地区相距较远。半岛东部港湾稀少，是坐西朝东的地形，面向落后的西方。加之意大利土地肥沃，地势平缓，适于自给自足的农业，所以罗马人起初同外界交往甚少，接受先进文明的辐射较希腊要晚得多。此外，罗马本身在立国之初忙于自身生存和在周围地区对外扩张，塑造出尚武轻文、艰苦奋斗的粗犷民风。比如传说中的罗马城的建立者，国家的奠基人罗慕洛是狼奶喂活的弃儿，他和他的同伴是一伙天不怕地不怕的亡命之徒，急愤起来能兄弟操刀，干起事来可不择手段。在这种情况下，罗马的文化建设在相当长的一段时间里未能提到日程上来，不仅没有自己的"荷马""赫西俄德""泰勒斯""赫卡泰乌斯"等大诗人、学者，连希腊一般贵族或政治家那样的业余诗人都没出一个。当然，这不等于说早期罗马人没有历史意识，其他民族那种自发的、本能的历史意识，罗马人同样是具备的。

罗马人的祖先崇拜观念一直十分强烈，每个罗马人都有自己的氏族归属，清晰了解自己是同一祖先的后裔，各个家族还供奉自己家族祖宗牌位，有关于氏族和家族祖先英雄业绩的传说。早期罗马国家虽然没有注意到修史，但却注重宣传鼓舞民气的英雄模范人物。在罗马人于公元前6世纪末—前5世纪初有了自己的字母文字——拉丁文之后，开始像古代东方的国家一样，编制简单的年代记，这是原始、自发的历史记忆向自觉的史学记忆过渡的开始。年代记是由罗马教的民选大祭司编制的，按照每年的执政官和其他高级官员（如大法官）的名字纪年，并有当年所发生的重大事件的记录，如火灾、水灾、饥荒、战争、法律的颁行、条约的签订等涉及集体生活的事件。

约公元前390年，罗马受到北部高卢人的攻击，城市被摧毁，这些早期的年代记也大部分在罗马大火中被焚毁散失了。残存的一小部分虽被收集起来，但起初并未得到应有的注意，因为罗马人还没有足够的文化修养和历史认识实现史学意义上的记载突破，所以这些珍贵的史料直至共和末期才得到整理利用。但高卢人入侵事件本身在罗马人记忆中留下极其深刻的印象，产生了众多诸如元老视死如归、鹅救罗马之类英雄主义的口头传说，满足务实的罗马政治家们对历史的需要。

古代国与国之间关系的准则之一是强者为主，弱者为奴。罗马既受到强邻的威胁，也在可能的情况下不断对邻国发动侵略战争。在这方面，罗马人是幸运儿，他们屡挫屡奋，一一击败对手，公元前3世纪初已由台伯河畔的蕞尔小邦膨胀为亚平宁半岛的最大国家，占领了整个中意大利，兵锋指向意大利南部，开始同具有古代西方最高文化修养的希腊人正面接触。这种接触是血与火的冲突，首当其冲的是南意大利的希腊城邦。

公元前282年，希腊城邦塔林敦与罗马发生战事，求助于希腊半岛西北部的强国伊壁鲁斯王皮洛士。皮洛士是希腊化时代的希腊人中最后一位欲征服世界的君主。他于公元前280年率重兵横越亚得里亚海，支援塔林敦，沿路高举的旗号同亚历山大当年远征东方时的旗号是一样的，即要解决历史上的恩怨，报复特洛伊人曾经对希腊人造成的伤害。当时的罗马人已经在极力寻找自己的根，因而编造出了一个自己是特洛伊人埃涅阿斯的后代的假说。皮洛士则自称是阿喀琉斯后代，利用历史进行战争，论证自己的合理性。这无疑是对罗马人落后的历史意识的一大触动。

罗马征服南意大利的举动，引起一向对罗马史极少关心的希腊史家的注意。东西地中海的希腊史著作开始出现有关罗马过去的记载和探寻。如提迈乌斯和亚历山大里亚的史家里柯隆在自己的著作中谈及罗马史问题。公元前273年托勒密王朝还遣使赴罗马考察这一新兴大国的虚实。他们对罗马史的关切呼唤罗马人自身史学观念的诞生。新的战争推动着这种反省的尽快到来。

公元前3世纪中、下半叶，罗马同西地中海地区的强国迦太基进行了两次大规模的布匿战争（罗马人称迦太基人为布匿人），并把侵略矛头进一步指向东方，发动了马其顿战争，直接侵入希腊的中心地带，发展为整个地中海的一大霸主。随着疆域的扩大，眼界的开放，希腊先进的思想财富随着物质财富涌流进罗马，迅速征服了"野蛮的"罗马贵族，引起他们中的知识分子对自己民族历史和文化的反思。追溯罗马先辈创业的艰辛，认识当前胜利的来之不易，寻找进行战争的历史依据的历史责任感油然而生。在具备了参照对象和著史冲动的条件下，罗马的土地上终于诞生了第一批承担这种史学责任的历史家。

罗马元老皮克托（Quintus Fabius Pictor）和阿利曼图斯（Lucius Cincius Alimentus）均是公元前3世纪后半叶—前2世纪初人，并且是极富戏剧性的第二次布匿战争的参加者，参与过罗马军事史上损失最为惨重的康奈战役，阿利曼图斯还做过汉尼拔的俘虏。战后，两人各自撰写了一部《罗马史》，自罗马起源写起，迄至第二次布匿战争，可惜基本失传，少量残片散见于后代史家的作品之中。

皮克托和阿利曼图斯的史著标志着罗马史学的诞生，但这是希腊化的罗马史学，缺少罗马的个性。皮克托和阿利曼图斯是希腊史学的模仿者，不仅编纂形式仿照希腊史著，而且使用的文字亦是希腊文，同马涅陀和贝罗苏的情况一样。因此在史学史上早期罗马史学被称作希腊—罗马史学阶段，对罗马人来说实际上是模仿希腊史学的阶段。这是罗马史学的幼年时期，从大范围讲是罗马整个思想文化的幼年时期。一个文明程度较低的民族征服一个文明发展程度很高的民族会有两种可能：或者无情地毁灭较高的文明，造成历史发展的中断，如历史上屡见不鲜的古老文明的绝灭，希腊人便经历过一次这样的灾变；另一种可能是征服者为先进的文明所折服，成为先进文明的效法者。最好的情况是进一步在先进文明的基础上发展出自己的文明。希腊人实现了后一种可能，罗马人又步希腊人后尘，成了被征服者的学生。皮克托和阿利曼图斯的时代，正是罗马人惊喜地发现希腊文化和狂热效仿的时代。罗马贵族像是待哺的婴儿，贪婪地吸吮希腊文化的乳汁。希腊的神话诗歌、戏剧音乐、绘画雕塑、哲学、修辞学乃至生活方式，无一不在模仿之列。拥有奴隶身份的希腊教师、医生、艺术家是罗马显贵家庭的特征，讲希腊语是一个人有学养的表现。加之拉丁文在公元前3世纪—前2世纪初的语汇缺乏，没有足够的术语表达作者的思想，以及罗马史家起初主要是从希腊的史著中提取史料，因此皮克托和阿利曼图斯用希腊文作罗马史也就不足为奇了。由于简单的模仿是一个必经的初期阶段，不会产生惊世骇俗的大历史家，所以两人的史著除了有开创和史料收集整理之功，并无更多的史学建树。这一阶段执罗马史学牛耳的是罗马的臣民希腊人。

第二节　史学理论家波里比乌斯

古希腊人波里比乌斯（Polybius，约公元前200—前118年）是罗马统治地中海世界早期最优秀的历史家，也是古典史学最杰出的代表之一。

波里比乌斯生于南希腊麦加洛波利斯（Megalopolis）的显贵家庭，父亲曾担任地区性城邦联盟——阿哈伊亚联盟的主要领导人。波里比乌斯自幼聪颖好学，又生在富贵人家，自然得到良好的早期教育，青年时已熟读经史，博学多闻，打下日后治史的才学基础。青年波里比乌斯同其他希腊贵族青年一样，最初的选择是从政从军。优势的出身和明显的才识使他在从政后一帆风顺，并于罗马发动的第三次马其顿战争期间（公元前171年）被委以同盟军的骑兵长官一职，系同盟军的第二号人物。战败后身份一落千丈，作为1 000名人质之一在公元前168年被押往罗马，受拘17年之久。由于出众的文化教养，波里比乌斯得到罗马统帅波鲁斯的信任，成为他的两个儿子的家庭教师，其中之一是后来的罗马著名统帅小斯奇庇奥。公元前150年，罗马释放了包括波里比乌斯在内的所有阿哈伊亚人质，波里比乌斯返回家乡。但在第二年，又随自己的学生兼保护人小斯奇庇奥远征迦太基，到过西班牙，是第三次布匿战争的见证人，可以说直接经历了罗马统一地中海世界的历史剧变，并处于剧变的中心。这就使他具有书斋里的史家不可比拟的历史实践经验，有可能更真切地记载和回忆那些值得记载的重要历史人物和历史事件。公元前146年以后，波里比乌斯曾一度在希腊从事政治活动，协助罗马在希腊各地组建统治机构。后来则长期居住在罗马，专门写作历史，其间为了写作需要在地中海地区广泛旅行，查勘历史遗址和采访一些历史事件的当事人，搜集到大量史料。晚年他可能又回到希腊居住，传说他不慎坠马而亡。

他的代表作是给他带来巨大史学荣誉的《通史》①，另有业已失传的《论战术》《罗曼提亚战争史》《菲罗波门传》等著述。《通史》计 40 卷，现仅存前 5 卷及余卷的少量片段。其中第 1 卷、第 2 卷两卷为全书序言，同时概括介绍公元前 264—前 220 年的政治、军事史。第 3 卷至第 29 卷记写公元前 220—前 168 年的历史，重点描述第二次布匿战争。第 30 卷至第 39 卷是至公元前 146 年的历史，含第三次布匿战争。其中第 34 卷是全书地理环境的背景说明。最后一卷是全书概要和编年总结。

以往的史家多埋首于具体历史的重构和对具体事件因果关系的解释，并不或很少反省和总结学科的理论问题。但波里比乌斯却不满足于对史学客体的单一撰述，力求在这类史学实践的基础上进一步提出并解答有关史学客体与本体的一般理论认识问题，如历史的性质、目的、功能和价值、认识的可能性、方式方法等较为抽象的问题，显示出不同凡响的史识。他是古代罕见的对史学进行深入理论思考的思想家。

波里比乌斯较前人更多地论述到史学的本质和目的问题。他之所以对此十分重视，是因为随着君主专制的确立，文化领域出现媚上媚俗的浮夸、矫饰文风，一些希腊史家迎合一般读者对感官刺激的需要，热衷于描述战争的残忍，忽略对原因的探寻，混淆历史与戏剧的区别。波里比乌斯有针对性地对此加以批评。他指出：

> 历史和悲剧的目的并不是相同的，毋宁说是截然对立的……历史要求以人们的言行活动的真实记录，对富有求知欲的人提供亘古不变的教训和指南。对悲剧作家来说，主要是通过类似真实的虚构形象给观众造成一种幻觉；而对于历史家而言，主要是以真实的报导使求知心强的人得到好处。②

在这里，波里比乌斯实际对历史学科的两个基本命题给予了自己的解答：本质——对人们过去活动的真实记录和解释；任务——实现真实的记载并为有需要的人提供经验教训和行动的指南。这两个命题的提出和波里

---

① 古希腊原名为"事业"（Pragmateia），该名意指罗马从事的征服事业的记载，即当代人写当代史。

② 波里比乌斯：《通史》，2，56，11～12。

比乌斯的解答对希腊史学不能说是全新的，之前的史家，如希罗多德、修昔底德都不同程度地提出过类似认识，① 但波里比乌斯比他的前人更自觉地强调它们、更透彻地阐释它们。

就第一个命题来说，他特别强调求真和原因解释对历史的决定意义，把求真视为历史的质的规定性。他指出：

> 在历史作品中，真实应当是凌驾一切的。正如活着的人或动物若失去双目就会成为废物，历史若失去真实就会变成无稽之谈。②

因此，他坚决维护史学的纯洁性，批评历史叙述模仿刻意渲染、空洞无物的修辞学的做法，坚决反对史著以奇闻逸事、以戏剧式的动人文句取悦读者的倾向。他认为艺术风格应处于从属和服务的地位，一切以加强真实叙述的效果为转移，不能为艺术而艺术。历史不是颂词，二者之间的差别如同实地和剧场的差别一样大，唯一区别历史与它在古代的姊妹学科悲剧和修辞学的就是真实。

他剖析部分前辈史家明知历史的本质却仍然有意歪曲史实的原因在于：首先，这些人希望自己的作品更具有吸引力；次因是由于历史学家个人的主观好恶；再次因是史家缺少史料或无知。③

波里比乌斯不仅强调真实地再现过去，而且更加注意真实地解释原因。他把原因解释视为史学的基本任务之一，这种认识与史学的社会价值紧密相关：

> 按照我们的看法，历史最必需的成分是叙述事件和情状的后果，特别是它们的原因。④

> 历史的特殊功能首先是发现人们实际上说了什么话，不管它们是什么话。接下来则是弄清引起成功或失败的言行的原因。仅仅谈论事实会

---

① 希罗多德：《历史》，1，1；修昔底德：《伯罗奔尼撒战争史》，1，22，2～4。

② 波里比乌斯：《通史》，1，14，6。

③ 波里比乌斯：《通史》，1，14，3；7，7，6；16，14，6；16，20，7～8；29，12，9～12。

④ 波里比乌斯：《通史》，3，32，6。

使我们感兴趣，但再辅以原因的时候，历史研究就变得富有成果了。因为相似的形势会在精神上移情到我们的时代，赋予我们将要发生什么事件的各种不祥预感，使我们能在一定时期里采取预防措施，在另外的场合通过复现从前的条件使我们更有信心地面对威胁我们的各种困难。而一个漠视说过的话和事情发生的实际原因并代之以杜撰的讲话与离题的演说的作家，则破坏了历史的这一特点。①

在波里比乌斯看来，历史的根本特征就是真实，真实有两个层面的含义，即再现真实的过去以及解释原因的真实。为了获得头一个层面的真实，也就是他所说的实际上发生了什么，他制定出史料的不同类型以及收集不同类型史料的基本方法。换句话说，他坚定地相信已经一次性过去的过去可以从史家通过各种努力收集到的史料或证据中得到再现。

波里比乌斯认为，最可靠的史料是历史家本人的直接观察和直接经验。他援引赫拉克里特的话，视觉比听觉更真实，因为眼睛比起耳朵是更精确的见证。② 这即是说当事人、目击者提供的一手史料才是最有价值的史料。他本人具备了目击者的充分条件，是罗马东征西伐并吞地中海世界的见证人。

但是，即使如波里比乌斯这样的当事人和目击者记写同时代的事，也不能保证他能够身临其笔下的每一个事件。波里比乌斯清醒地意识到这种局限。他还提出并身体力行了求证史实的其他方法。他认为实地旅行考察是获取史料的另一重要途径：

> 事实上，如果不了解所述对象的情况的话，那就既不可能提出有关陆战和海战的真实性问题，也不可能理解所讲述的全部细节。③

基于这样的认识，波里比乌斯曾经长途跋涉，多次进行与所记对象相关的实地考察，成为西方史家当中追求历史真实的典范。例如他没有亲历第二次布匿战争，为了获得关于这次战争时期迦太基统帅汉尼拔翻越阿尔卑斯山突入北意大利的确切史料和感觉，他循着汉尼拔当年的行军路线重

---

① 波里比乌斯：《通史》，12，25b。
② 波里比乌斯：《通史》，12，27，1。
③ 波里比乌斯：《通史》，12，28a，2～10。

新走了一番。在古代的交通条件下，翻越阿尔卑斯山是一个艰苦卓绝的考验。一个人如若没有极高的求真境界和学术道德追求，绝对不会有这样的决心和勇气。仅就这一点而言，波里比乌斯就永远是史学工作者治学的楷模。

在《通史》使用的史料中，档案文献（条约、碑铭、神托记录等）占有很大比重，表明波里比乌斯看重这种一手史料。当然，他的前辈希罗多德、修昔底德也重视或只要在可能的条件都乐意援引此类史料。但波里比乌斯较其前辈的自觉之处在于他不仅尽可能引用它们，而且在引用时特意说明它们的确切出处，如发现地、保存地、保管人、起草或签订者，文献本身的情况，类同于现代学术论文和专著的注释。

波里比乌斯不仅在复原史实上独具慧眼，而且在对原因的解释上也有出色的看法。在注意探寻原因的前提下，波里比乌斯分析了理由（prophasis）、原因（aitia）和开端（arche）之间的差异和认识上的不同价值：

> 原因和理由具有超乎一切的地位，而开端只有第三等的意义。就我而言，我把导致履行已经采纳的决定的最初几步称作一切事物的开端，而原因要先于决定和计划，我指的是设想、心情，以及与之相关的念头、打算，此外是所有使我们做出确切决定和计划的东西。①

这样一来，波里比乌斯就把开端同起源、原因之类更深远、更隐蔽的东西区别开来，在理性上推进了历史认识的深度。

基于求索表象之后的原因这一基本认识，《通史》从一开始就提出写作的宏大追求，即揭示本来弱小的罗马国家到底是"怎样、靠何种方法、在何种政体之下竟在不到53年时间里征服了几乎整个已知的世界，使之落入罗马人单独统治之下的"。②此后他多次重复同样的问题："怎样、何时、为什么"，③表明他对原因的特殊关切。在西方史学史上很少有人像他这样对原因问题这样自觉。这就使人不能不去思考他的这种认识的思想来源。希腊哲学对原因的高度重视恐怕是波里比乌斯这一认识的根据。在希腊哲学家看来，个别的直接的感觉经验（如火为什么热）不

---

① 波里比乌斯：《通史》，3，6，6～7。
② 波里比乌斯：《通史》，1，1，5。
③ 波里比乌斯：《通史》，1，5，2；2，38，4；3，1，4；6，4，12等。

是智慧，只有关于普遍知识，即原因和原理的知识才是认知的目的，才能达到智慧的层面。

为了求得原因层面的真实，波里比乌斯运用了一些非常合理的方法，比如把研究对象放到普遍的联系中加以考察。他第一个把罗马的崛起同整个地中海区域的变化连在一起：

> 我们的历史特性以及我们时代令人惊异的特点如下：命运迫使几乎这个世界的所有事件都归于同一个方向，使它们同属于一个目的。①

有鉴于此，地中海区域发生的事情都是互相影响、互相作用的，只有从广泛的联系中加以考察才能理解发生的罗马大一统的历史剧变。

再如，波里比乌斯在分析原因的时候特别注意这样几个历史要素：怎样发生的（经过）？何时发生的（时间）？为什么会发生（原因）？在解答"怎样发生"时，他注意敌对各方决策人的心情意向、计划方案产生的过程，领导人个人的德行、理智以及与此相关的战争责任。在解答"为什么"要素时，则注意逻辑推理，因因前推。如在解释第二次布匿战争爆发的原因时他把汉尼拔在西班牙的进攻行动看作是开端，汉尼拔的父亲哈米尔卡·巴尔卡因为第一次布匿战争的失败而产生的愤怒视为重要原因，所以他才会对小汉尼拔灌输报仇雪恨的意识。而罗马人后来夺取撒丁尼亚并趁迦太基无力拒绝时提出增加赔偿的要求则是汉尼拔发动战争的次因。迦太基在西班牙的成功，增强了迦太基人东山再起的信心。所有这些因素都影响到迦太基人和汉尼拔本人。所以布匿战争的爆发乃是多次前因的必然后果。

运用同样的层层推演的原因探究法，波里比乌斯分析了罗马之所以能在群雄逐鹿中脱颖而出的内在原因，这就是罗马优越的政治体制。在希腊和罗马史学家中，他破天荒地首次在史作中利用大量篇幅讨论政体变革的规律和政体的优劣问题。在这个问题上，他吸收了前人的研究成果。希罗多德曾首次列举了政体的三种形式，即民主制、寡头制和君主制，并通过波斯贵族的嘴巴解释了三种政体的利弊得失。②柏拉图后来在《理想国》中制定了人类社会政体演化的模式，即贵族制、勋阀制、寡头制、民主制和僭

---

① 波里比乌斯：《通史》，1，4，1。
② 希罗多德：《历史》，3，80～82。

主制五种政体的因果关系体系。① 柏拉图的学生亚里士多德依循爱老师更爱真理的原则，在《政治学》中提出不同的政体演进模式，即君主制、民主制、寡头制的相互转换关系。② 在《尼各马可论理学》中则提出君主制转化为僭主制、贵族制转化为寡头制和勋阀制转化为民主制的模式。③ 与前人并存式和一对一转化的解释模式不同，波里比乌斯的政体模式是循环式的，从原始君主制、君主制、僭主制、贵族制、寡头制、民主制、暴民制再返回到原始君主制，然后再开始新一轮的循环。④ 这一模式虽然不符合希腊政体的形成与发展历史实际，却是基于当时所能获得的材料归纳出的一般认识。这是赫西俄德开启的历史大概括的新尝试，说明西方古典史学从一开始就不满足于具体历史事实的陈述，不断努力去探求最一般的历史解释或规律性解释，只是波里比乌斯较他人更自觉罢了。

由于波里比乌斯通过直接或间接经验去解释历史事物的因果关系，所以他对于超自然的历史动因，如神意、命运不以为然。尽管他使用了"命运"（Tyche）一词，但在他的笔下，命运并非如希罗多德等大多数希腊史家所认为的是简单的、命定的、连神也无法抗拒的神秘力量。他笔下的命运有多种含义，其中之一有必然性的意思，是靠人的主观努力才能实现的历史结局。比如当他提出是命运使罗马膨胀为一个超级大国的结论之后，马上便追问罗马人是怎样、靠何种方法、在何种政体下才使命运得以变为现实的。

在其他地方，他笔下的命运扮演着判官的角色。例如在第一次布匿战争中，在腓力五世与安提柯三世的冲突中，在科林斯的战争中，他提到命运裁决了事件的结局。这里的命运带有偶然性，有谋事在人、成事在天的"天"的意思，但绝不是神，因为波里比乌斯多次尖锐批评以神或类似神的命运来解释社会或个人际遇的做法。他曾批评一些史家求助于神和命运解

---

① 柏拉图：《理想国》（Plato, *Republic*），8，保罗·肖雷译，544C 以次，劳埃伯古典丛书本，1930—1935。参见中译本《理想国》，郭斌和、张竹明译，313 页以次，北京，商务印书馆，1994。

② 亚里士多德：《政治学》（Aristotle, *Politics*），1316a～1316b，瑞克汉姆译，劳埃伯古典丛书本 1932。参见中译本《政治学》，吴寿彭译，303～308 页，北京，商务印书馆，1995。

③ 亚里士多德：《尼各马可论理学》（Aristotle, *Nicomachean Ethics*），1160a31～b22，瑞克汉姆译，劳埃伯古典丛书本，全集，第 19 册，1934。

④ 波里比乌斯：《通史》，6，3～9。

释的原因:

> 由于先天的局限,或由于无知,此外由于轻率,不能理解某种事件中的所有偶然性、原因以及各种关系,他们认为神灵和命运才是已经产生的打算、洞察力和预见力的造因者。①

> 在棘手的情况下,即当人由于软弱无力而不能或很难确定原因的时候……人们就可能把它归之于神或命运。例如,一方面连降出乎意料的大暴雨,而另一方面,连续的炎热和严寒,并因此颗粒无收;同样的持续不断的瘟疫和其他类似的难以发现原因的事情。这就是为什么在这样的困难情况下我们有理由皈依民众信仰的原因。我们力求以祈祷和牺牲请神灵大发慈悲,请神灵告诉我们为了摆脱困扰我们的灾难该做些什么。反之,在我看来,不应该让神来解释这样一些情况,即有可能寻找到为什么或由于什么原因已发生的事情发生了。②

由此可见,波里比乌斯所持的命运观同一般人所持的有明显差别,具有今人所说的规律的含义,也在人们无法确知原因时起一种遁词的作用。

由于波里比乌斯长于思考和论述,叙事部分注重白描史实而非渲染涂饰,缺少生动,所以他的著作在罗马统治时期并不受人欢迎,一些史家只是借用他提供的史料。他的著作得到高度评价和广泛传播是在欧洲文艺复兴运动兴起之后。他无疑是古典史家中的佼佼者之一。

第三节 拉丁史学的诞生和早期发展(共和时期)

第一位拉丁史家是与波里比乌斯几乎同代的罗马元老贵族马可·波尔基乌斯·加图(Marcus Porcius Cato,公元前 234—前 149 年),历史上又叫老加图(Cato the Elder),以便与共和末期另一同名元老小加图区别开来。③老加图生于拉丁城市图斯库鲁姆的平民家庭,作为罗马政坛的所谓"新人",以自己的能力获得罗马贵族的信任,曾担任罗马财务官、市政官、执政官

---

① 波里比乌斯:《通史》,10,5。
② 波里比乌斯:《通史》,37,9。
③ 小加图是老加图的曾孙,老小加图均是坚定的共和派。

等高级官职，成为显赫的政治人物。他对流行于罗马的外来文化，主要是对希腊文化的优势感到不满，试图明确自身文化的中心地位，因此撰写了第一部拉丁史作《起源》，共 7 卷，追溯前辈创业的艰辛，说明罗马优良传统以及罗马国家形成与发展演变的过程，开启了拉丁史学写作的进程，目前仅存有个别残篇。《起源》总体上是一部平庸之作。从残留的片段看，该书主题并不突出，对历史事件与人物的记述同对马匹和肥猪的饲养方法混杂

老加图

在一起，显示拉丁史学早期的幼稚。老加图另有《论农业》和《论军人》两部专著，前者流传下来，含有共和晚期罗马奴隶制庄园的珍贵信息。

老加图之后，罗马陷入长期动乱，持续时间长达一个多世纪。社会积累的各种矛盾尖锐到不可调和，奴隶制大发展引起奴隶与奴隶主阶级的斗争、大土地所有制的膨胀引起公民内部大小土地所有者的斗争、对外扩张引起被征服者与征服者的斗争、统治阶级的这一派和那一派之间的斗争交织在一起，流血与不流血的争斗此起彼伏，罗马政体也在混乱当中逐步向君主专制过渡。拉丁史学在这种大动荡、大改组、人性无常、人事无常的年代也带有自己的时代特点，缺少需要较长时间反思的宏大叙事和鸿篇巨制，不乏深刻反映罗马政治斗争的残酷复杂的专著，特别是对历史人物个人生命的历程、成败得失的注意。罗马史家希望借此来探讨个人命运变化的原委，为正确认识现实提供可资参考、借鉴的具体范例。

罗马独裁官恺撒所写的《高卢战记》以及显贵撒路斯提乌斯的《喀提林阴谋》与《朱古达战争》是这一时期罗马史学的代表作。

恺撒

恺撒（Caesar，约公元前 100—前 44 年）既是卓越的政治家、军事家，又是才华横溢的文学家与历史家。他著有两部回忆录体的史作《高卢战记》与《内战记》，以前者影响最大，后者记述作者与另一大军阀庞培内战的经过，无出彩之处。

《高卢战记》的写作具有复杂的政治背景。恺撒原本只是罗马政治舞台上的一名小政客，在苏拉独裁终结后因应苏拉的政敌马略翻案的社会需求而崭露头角，同克拉苏、庞培结成反元老院的三头政治同盟，获取了高卢

总督的要职。在任期间，他坐镇一方，出兵山外高卢，两入不列颠，跨越莱茵河，斩、俘高卢人与日耳曼人各一百万，为罗马开辟了大片疆土，同时也培植起一支只听恺撒不从共和国之命的个人军队，并积聚了大量财产，为进一步夺取罗马政权奠定了实力基础。在经略高卢期间，恺撒每年向元老院提交一份报告，说明自己忠于职守、为国奋斗的经过，希求打消元老院对自己的怀疑。因此《高卢战记》的初衷不是史著，传之久远乃是不期而至的客观结果。该书计8卷，以时序与前因后果为连接各卷的纽带，其中第8卷由他人代笔。

从史学角度审析，《高卢战记》的意义在于提供了有关古代凯尔特人和日耳曼人的珍贵历史信息。恺撒是第一个直接经验并记载高卢、不列颠、莱茵河以东地区风貌人情的罗马人，此前关于西欧的早期史几乎是一个空白，至多只有关于山南高卢人的些许描述。恺撒则对山外高卢人的部族分布以及各自特征进行了较为深入的介绍，因此《高卢战记》对认知公元前1世纪的西欧历史状况具有无可替代的史料价值。

此外，该书的写法巧妙，很有技术含量。它虽然是自我宣传的历史纪实作品，但为了应付政敌，作者在落笔时十分注意分寸的拿捏，遣词用句小心谨慎，尽量不露声色，通篇没有一般回忆录的矫饰，始终采用一种平静、简朴、洗练、流畅的笔触陈述自己在高卢为国作战的经过。在叙述中，虽然主角是作者本人，但恺撒却不使用第一人称，而是用第三人称或直呼恺撒，仿佛作者是《高卢战记》的局外人、旁观者，以显示陈述的客观公正。但在某些关键场合，作者还是会巧妙地自我表扬，凸显恺撒的聪明和老道。如在会战紧急关头，罗马人行将溃败，主人公恺撒身先士卒，以个人的大无畏率领将士扭转战局。而读者在不易察觉的自然陈述中接受了作者的暗示——恺撒是高卢战争胜利的关键。举恺撒在叙述罗马军团与纳尔维人会战中溃不成军时的一段话为证：

> 恺撒在后军的一个兵士手中抢过了一面盾——因为他自己来的时候没有带——就向阵线的第一列赶去，一面叫着百夫长的名字，鼓励着其他兵士……他的到来，给士兵们带来了希望，他们的精神重新振作起来，各人都想在统帅的亲眼目睹之下，表现出自己即使身历险境时还骁勇善战到何等程度……这场战斗结束，差不多就把纳尔维人这

个民族连带他们的名字都消灭掉了。①

《高卢战记》是拉丁散文写作的精品，早在古代便得到高度赞誉，至今仍是国外院校学生学习拉丁文的首选读本。

撒路斯提乌斯（Sallustius，约公元前 86—前 34）与恺撒不同，他不是罗马的风云人物，因此不像庞培、恺撒这样的一流军事家、政治家有人为之作传，其生平际遇很少为后人所知。根据他个人著述中披露的零星痕迹，复原出他的简历。

他出身于萨宾人的小镇阿米特尔努姆一骑士家庭，② 早年受过良好的教育，因为他在书中能够熟练地征引希腊作家的著作，文笔简洁明快，表明他通晓古希腊文，经过长期的修辞学和作文的训练。当兵打仗是所有青年公民应尽的义务，撒路斯提乌斯也不可能逃避。他一度跻身于罗马最高决策层之列，官至财务官（公元前 55 年）、保民官（公元前 52 年）、行省总督（公元前 46 年），显然他曾经是共和末叶罗马错综复杂的政治情势中的弄潮儿，可能与他在罗马内战中站队在恺撒一边有很大关系。公元前 45 年他携巨额财产从北非卸任总督返回罗马，受到贪污公款的指控，所幸得到恺撒的庇护而逃脱审判。恺撒被刺身亡后他对政治心灰意冷，专心致力于写作，用他自己的表白就是：

> 在经历了许多困难和威胁之后，我的心情归于平静并且我已决心从此再也不参与政治生活，但这时我却丝毫无意于把宝贵的余暇用来过那种饱食终日的生活……我决心撰述罗马人民的历史，把我认为值得后人追忆的那些事件挑选出来，笔之于书。③

他除了两部专史代表作《喀提林阴谋》（约完稿于公元前 42 年）与《朱古达战争》（约杀青于公元前 40 年）外，还有一部基本失传的断代史《历史》（编年范围在公元前 78—前 67 年）。他的前两部史作从小处着眼，深入细致地分

---

① 恺撒：《高卢战记》，2，25～28。

② 根据罗马传说，萨宾人是罗马近邻，早在罗马城奠基人罗慕路斯时代，两个小部族便因罗马人抢劫萨宾妇女而发生冲突，最终双方和解共生，组成联盟，萨宾人成为罗马公民公社的基本成员。

③ 撒路斯提乌斯：《喀提林阴谋 朱古达战争》，95～96。

析两个具体的历史事件——贵族政治家喀提林的造反阴谋与异族国王朱古达发动的反罗马战争。但作者的难能可贵之处是并没有停止在就事论事上，而是由小见大，见微知著，力求探讨罗马共和制解体和社会转型的原因。

《喀提林阴谋》一书篇幅不大，基本限于公元前66—前63年这一短暂时段，以喀提林的政治图谋与行动为主线，再现了共和末期罗马政坛腐败和政客间错综复杂的争斗，其社会历史意义在于暴露出罗马贵族从生气勃勃向暮气沉沉、清正廉洁向奢侈腐败的转化。书中的主人公喀提林出身显贵，富有政治野心，因正常竞选失败而恼羞成怒，决定铤而走险，收买民众发动政变，最终遭到以西塞罗为首的罗马元老院的强力镇压而身亡。

朱古达

在完成《喀提林阴谋》之后，撒路斯提乌斯转向了另一个关于贪婪和腐败的故事《朱古达战争》。如果说《喀提林阴谋》揭露了国内政治中的腐败现象，那么《朱古达战争》则揭示了罗马海外征服同国内政治腐败之间的关系。朱古达是罗马属国非洲努比底亚的国王，因权力之争而发动反罗马的兵变，杀死许多在其国内的罗马人，迫使罗马对其宣战。罗马军团打这样的地方战争应该稳操胜券，但却因前线将领收受朱古达的贿赂使战争久拖不决，暴露了罗马统治阶层与整个社会的腐败风气之盛。

由于作者是所述事件和人物的同代人，又是罗马社会经济、政治和文化大变局的目击者与实践者，所以他在两部专著中对罗马社会风气变迁的刻画可谓精准无误。作为有识之士，他的志趣并不限于再现两次内战外战，而在于通过两个不大的事件去探讨内战频仍、贵族腐败乃至整个社会腐败的根源。他的答案因此可谓入木三分。他认为，罗马之乱乃是出于内因与外因的交互作用。内因即人性恶的一面，是变化的依据；外因即外部制约人性恶的因素的削弱，是变化的条件。他在《喀提林阴谋》的前言中论述道：

> 最初使人们的灵魂受到触动的与其说是贪欲毋宁说是野心——野心确实是一种缺点，但是它还不算太违背道德。因为光荣、荣誉和权力，这些是高尚的人和卑劣的人同样热烈期望的，只是前者通过正当的途径获得它们，而没有高贵品质的后者通过狡诈和欺骗取得它们罢了。贪欲意味着想得到金钱，而智者是绝不会追求金钱的。这种恶习就好像沾上了危险的毒药一样……没有任何东西能使这种无限的、永

无满足的贪欲缓和下来。①

贪欲是人们腐败的内驱力，但它的膨胀是有条件的。当法治昌明的时候，当对外部威胁感到恐惧的时候，人性善的一面会大放异彩：

不论是在家里还是在战场上，都培养美德；到处表现出最大的和谐，人们几乎不知道贪欲为何物。②

但是，当外部敌人被彻底击败的时候，特别是在迦太基灭亡这个关节点，人性恶的魔鬼便从瓶里被放了出来。随着迦太基的毁灭，罗马不再有可资一提的外部威胁，罗马人的心理发生了微妙的变化：

当罗马由于辛劳和主持公道而变得强大起来的时候，当那些强大的国王在战争中被制服的时候，当野蛮的部族和强大的民族被武力征服的时候，当罗马统治的对手迦太基已被彻底摧毁而罗马人在所有的海洋和陆地都畅行无阻的时候，命运却开始变得残酷起来，把我们的全部事务搅得天翻地覆。那些能够泰然自若地忍受劳苦和危险、焦虑和灾难的人们却发现在别的情况下本来是值得羡慕的闲暇与财富对他们来说却成了一种负担和一种不幸。因此，在他们身上，首先是对金钱，然后是对权力的渴望加强了。应当说，这些正是一切罪恶的根源。因为贪欲消灭了诚实、正直和所有其他的高贵品质，却使横傲、残忍取代了它们……③

外部威胁的消失是内部道德变化的关键条件，但罗马某些政治家、军事家个人的政策取向则是这种内部变化的催化剂。在撒路斯提乌斯看来，苏拉就是这样一个释放贪欲魔鬼的独裁官。他纵容军队抢劫，放任军人享乐。起初这种罪恶和丑行是缓慢地、不知不觉地发展和蔓延的，有时还受到抑制和惩罚。后来这些疾病由小到大，像瘟疫一样传播开来，罗马的整

---

① 撒路斯提乌斯：《喀提林阴谋 朱古达战争》的"喀提林阴谋"，11。
② 撒路斯提乌斯：《喀提林阴谋 朱古达战争》的"喀提林阴谋"，9。
③ 撒路斯提乌斯：《喀提林阴谋 朱古达战争》的"喀提林阴谋"，10。

个社会面貌也因此发生了变化,① 直到不可收拾。在如此状态下，出现喀提林这样的人物也就不足为怪了。在这里，撒路斯提乌斯实际上把罗马社会的巨大变革看作是一个存在和意识交互作用的历史过程，这就使他对历史的解读具有较深刻的认识意义。

那么，罗马人应该怎样应对积重难返的衰败呢？撒路斯提乌斯没有提出任何社会经济、政治改革的方案，他把希望寄托于每个公民自身的选择。他认为每个罗马人都有摆脱病症的机会，自己可以做到不追逐金钱和权力，放弃对自己肉体和精神快感的追求，注意个人精神和才能的修养。也就是说从自己做起。在浊流遍地的情况下，这当然是很难实行的理想。

读完撒路斯提乌斯的著作，给读者印象最深的是我们人类的最大敌人是我们自己，战胜自己是最困难的事。但撒路斯提乌斯对人事最难的部分还有自己的看法，他认为历史撰述是最困难的工作，这显然是一位身体力行者的经验之谈：

> 对我而言，尽管我清楚地知道叙述者的行为无论如何也不可能同实干家的所作所为相提并论，但我还是认为撰述历史也是最困难的事情之一。②

总括来说，撒路斯提乌斯表现出拉丁史家不仅可以进行出色的描述，也能做到深刻分析与综合，代表着拉丁史学逐渐走向成熟。但撒路斯提乌斯的著作也有明显的缺点，如在历史事件发生的时间和地点方面存在不应有的错误，似乎表明他有意识地对史实削足适履，以便符合自己的解释。

第四节　古罗马史学的繁荣

罗马史学在早期帝制或元首制时期(公元前 27—公元 192 年)达到了繁荣，表现在两个方面：首先，涌现出一大批出色的史家与史作，如拉丁史家李维、塔西陀、苏埃托尼乌斯，罗马统治下的希腊史家狄奥多洛斯、狄奥尼修斯、普鲁塔克、阿庇安、阿里安等人，他们都有历久弥新的史著传

---

① 撒路斯提乌斯：《喀提林阴谋　朱古达战争》的"喀提林阴谋"，9~11；"朱古达战争"，41。

② 撒路斯提乌斯：《喀提林阴谋　朱古达战争》的"喀提林阴谋"，3。

至现代；其次，此间罗马史学的发展与繁荣表现极不平衡，两百年时间，两头正常，中间低落，盖因 2 世纪以前，君主专制的过渡形态元首制尚不巩固，共和制根基未绝，因此史学这种需要史家个人创造性工作的学科能否出人才、出成果取决于不同元首个人的文化政策。

一、奥古斯都时代的史学

奥古斯都时代最卓越的史著是李维（Livy，约公元前 59—公元 17 年）的巨作《罗马史》。关于李维的生平只是根据后来人的只言片语拼凑出来的，比如李维生年的信息是由基督教史家杰罗姆提供的。目前所知他是北意大利帕塔维乌姆市人，后来的罗马修辞学家昆体良说李维始终没改帕塔维乌姆的口音。他的少年和青年时期内战正酣，政治恐怖横行，灾难连绵不断，因此他厌恶战争、动乱、独裁，崇尚和平与共和制，这成为他的史学解释的基本出发点。屋大维一统天下之后，他移居罗马（公元前 29 年）开始撰写长达 142 卷的罗马通史《建城以来史》（又称《罗马史》），前后用去 40 年时间，以编年顺序展开，年度的执政官选举作为连续的时间环节，串联起连续的事件。第 1 卷从公元前 753 年传说中的罗马建城写起，止于公元前 510 年君主制被推翻、共和制确立。第 2 卷至第 5 卷为共和时期的罗马史，止于公元前 390 年高卢人攻占罗马之前。第 6 卷至第 10 卷包括一个世纪的时段，写至公元前 293 年，含罗马征服近邻和中意大利期间与萨姆尼特人、埃特鲁里亚人、高卢人的战争。第 11 卷至第 20 卷遗失、第 21 卷至第 45 卷包括第二次布匿战争、马其顿战争、叙利亚战争等内容。第 46 卷以后仅存一鳞半爪，已知第 142 卷结束于李维所处的时代，公元前 9 年的元首制早期。可谓卷帙浩繁、内容宏富。

李维的画像

李维与之前、之后的希腊罗马史家不同，没有荷枪持盾上过战场，也没有当过官从过政，因此他的著作不是以往政治家、军事家、元老贵族曾经沧海的旧梦重温，而是一部以记载历史为己任的自觉的学术之作。他的书令人能够感觉到有一种接近于波里比乌斯的深沉动机，即不是为历史而写历史，而是为了探讨和说明罗马人曾经是怎样的民族，具有怎样令人尊敬也令人生畏的道德财富，这一切又是怎样发展变化的，实际的落脚点在于解释现代。他在"序言"中明确阐释了历史的作用和自己修罗马史的基本动机：

> 这就是从研究历史中所能获得特有的效果：你能在历史真相的启迪之下看到各种类型的例证，从其中你可以为自己和祖国选择应该仿效的榜样，以及应该避免的始而有害，继而成为灾难的覆辙。①

这种由小害到大灾难的例证就是李维在全书中竭力要说明的罗马人从道德纯洁高尚到道德堕落低下、从"真老虎"到"纸老虎"的演变。他是这一漫长过程尾端的当事人，目睹内战末期罗马人的贪婪和纵欲导致的种种社会动乱，因此总要找一个好坏优劣分明的比较对象，以印证共和晚期的衰败。他像赫西俄德一样找到了罗马的过去，把过去高度理想化、完美化。他归纳出罗马人优良道德传统的具体内容是自制、勤勉、简朴、勇敢、坚忍、对权威的尊重，等等，在书中表达了对它们的无限倾慕和感怀：

> 从未有一个国家比罗马更强盛，有更为纯粹的道德或更多样的范例。也从未有过任何一个国家如此长久地阻塞了贪婪和奢靡的道路，如此高度和持久地崇尚安贫和俭朴，如此清晰地显示出，财富越少的人越不贪财。②

在李维看来，罗马能够维持这种美德的基本力量是对某种外在因素的恐惧，例如在王政时期是对国王的恐惧，共和时期对外敌的恐惧。这些恐惧压抑了人性中固有的贪婪，激发出罗马人对美德的追求。他在著作中因此塑造了一大批贤明伟大的贵族精英和精忠报国的平民百姓，使他的著作具有很强的可读性。对外部恐惧感的消失和财富涌流进罗马最终导致罗马人追求钱财和沉溺于享乐，整个民族的道德标准逐渐低落，直到积重难返，不可收拾，毁灭了他们自己和其他的一切。这就使他对罗马历史过程的基本解释与他的前辈撒路斯提乌斯取得了一致。当然，李维所说的历史变化的决定因素不只是人性恶和外部恐惧有无，在此之外还有神灵和命运这类

---

① 李维：《罗马史》(Livy, *History of Rome*)，序言，福斯特译，劳埃伯古典丛书本，1931。参见中译本李维：《建城以来史》，穆启乐等译，卷一，前言，上海，上海人民出版社，2005。
② 李维：《建城以来史》，卷一，前言，上海，上海人民出版社，2005。

常人依赖的超人力量。这是终极的力量和决定的因素，因为在他看来，神灵喜爱尽职和忠诚的行为，恰恰是这些素质才把罗马提升到极为显赫的地位。换句话说，使罗马强大尊显的美德原来是取悦神灵进而得到神灵关照帮忙的一种丰厚的祭品。因为如此，他认为许多祸端起于对神灵的不敬，所以他在书中津津乐道各种灾变、朕兆，反映出古代史家普遍存在的局限。

　　总的说来，李维身上书斋学者的特征决定了他作品的得失之处。他有非经多年积累磨合不可能有的深厚拉丁文写作修养，全书如同一首散文史诗，尽管有些松散，却如行云流水般顺畅。作者自如地表现不同的人物，特别是对不同的场合和人物能恰到好处地运用不同风格的语言，生动地刻画历史人物甚至人物群体的心理与在场状态，善于夹叙夹议，在行文中不时穿插一些承上启下、耐人寻味的格言警语，显示作者的深思熟虑。尤为难能可贵的是在如此庞大的著作中，李维始终能把持自己的写作目标，坚持以道德演变为纲，带动罗马演变的始终，使众多人物、线索和广阔的时间跨度服从于罗马历史演变的主线。对于公元前3世纪以前的罗马史，没有谁比李维提供了更多的史料。这提高了李维著作的价值。

　　李维的《罗马史》也有一些技术上的缺陷。因为他不是自己笔下绝大部分事件的同代人而是编写家，他只好依赖现成的涉及罗马史的历史文学作品，如法比乌斯、马凯尔、皮索、加图等人的著述；以及少量的历史记录，如共和晚期编写的《大年代记》（现已失传）和当时收藏在神庙中的公职人员名录，加之他在史料性质的辨识上没有达到修昔底德、波里比乌斯的水平，无论对援引的一手史料还是二手史料都没有足够认真地进行考据辨伪或证实，常常大段大段地直接抄写，这就难免以讹传讹，出现一些年代、地理位置、史实方面的硬伤。此外，他同所有古典史家一样，不能容忍在缺乏证据时应该保持的历史空白之处，而像文学家一样进行大胆地文学虚构。他的书中充满了戏剧性和刻画入微的描述。比如他像迦太基人亲历者一样再现迦太基军翻越阿尔卑斯山时的惊异与恐惧：

　　　　无论先前的传言怎么样——不清楚的事往往被夸大其词——他们本来对此有所准备，但从近处看到高耸的群山，连天的白雪，建在岩石上的散乱的小屋，酷寒中的牲畜……有生命的与无生命的一切僵立在寒冷当中，眼见的比口说更加可怕，他们再次感到了可怖。①

――――――――――

　　①　李维：《罗马史》，25，26，7～12。

所以，他的历史人物心理和在场人物群体的心态越微妙复杂，他的笔下人物的直接引语越多，他的虚构成分也就越大。

由于目睹军阀混战，对独裁不满，李维在书中高度颂扬共和制度和共和时代，被欣赏他的学识的奥古斯都戏称为"庞培派"，即晚期内战中的共和派。① 但他活着的时候是幸运的史家，他的著作歌颂过去罗马的伟大光荣正确，称赞奥古斯都的丰功伟绩，加之晓畅动人，所以得到元首奥古斯都的推许，刚一面世便获得极大成功，受到朝野内外广泛好评。然而尽管奥古斯都是嗜书如命的贤明君主，对文化界有较多的理解和宽容，却不会宽容到危及个人统治的地步。正是在奥古斯都时代，罗马首次发生了查禁史书事件，演说家拉比埃鲁斯和塞维鲁斯的作品（包括史著）因称颂共和派而受到指控，被下令付之一炬（公元 12 年）。此事影响虽小，象征意义却很大，预示新政权或迟或早要对文化实行严厉的控制。13 年以后，继承奥古斯都的元首提比略果然开始这一进程，严禁歌颂共和的著作发表，李维的《罗马史》亦属查禁之列。继承提比略的元首卡里古拉则下令各图书馆停止借阅李维著作，显示君主专制的文化控制日益严厉。

李维是奥古斯都时代最优秀的拉丁史家，却不是唯一的拉丁史家。奥古斯都时期涌现出一个人数众多、风格各异的史家群体，如曾任罗马执政官的波利奥（Pollio，公元前 76—公元 4 年）所写的罗马当代史《历史》，从公元前 60 年写至公元前 42 年的腓力比战役。其部分内容被后代史家普鲁塔克、阿庇安援引。此外还有特洛古斯（Trogus，公元前 1 世纪末—公元 1 世纪初）的 46 卷本《腓力比克史》，上起古代东方，下至奥古斯都在西班牙的胜利，叙述范围集中在地中海周边地区，是元首制早期拉丁史学的大作，可惜同波利奥及同期的绝大部分史家的作品一样，未能流传下来。

如果说奥古斯都时代的拉丁史著大多命运不济，只留下了史家姓名和书名烘托该时代拉丁史学的繁荣，那么相对而言，同时代希腊文史著的命运就好多了。由于平静的著书环境和值得回忆的过去，富有优秀史学传统的希腊裔史家撰写出众多大时段、大空间、大容量的作品，大大补充了后人知识的不足。其代表是西西里岛阿基利乌姆人狄奥多洛斯（Diodorus，公

---

① 塔西陀：《编年史》(Tacitus, *Annals*)，4，34；约翰·杰克逊译，劳埃伯古典丛书本，1986。中译本见塔西陀：《编年史》，崔妙因、王以涛译，北京，商务印书馆，1981。

元前 1 世纪后半叶—奥古斯都时期）和亚细亚行省哈利卡纳苏人狄奥尼修斯（Dionysius，公元前 1 世纪末—公元 1 世纪初叶）。

狄奥多洛斯是典型的希腊式读万卷书、行万里路的学者。他的代表作《历史集成》计 40 卷，修纂 30 年，较李维等大多数拉丁史家有更宽广、深远的视野，可谓第一部具有世界通史特点的史作。他虽然认为罗马在历史中具有举足轻重的地位，却不承认罗马是整个世界史的中心。他的通史从当时人们已经认识到的历史起点开始，即从神话中的宇宙形成和生命起源写起，然后是人类的诞生，经过起初的原始状态进入文明。他的关于人类早期生活状况的认识散发着理性的光芒，认为最初的人类靠野生植物为生，因惧怕野兽的袭击而联合起来，形成社会制度和教化。然后他依照文明发生和发展的次序依次追述埃及、亚述、印度、西徐亚、阿拉伯、努比亚等东方民族的历史，之后才进入希腊和罗马史，直至恺撒远征高卢（公元前 54 年）结束，地域涵盖当时希腊和罗马人所知的整个世界。

由于当时希腊人的史料局限，狄奥多洛斯给古代东方史的篇幅有限，如整个埃及、两河流域、印度、西徐亚（黑海以北）、阿拉伯半岛以及北非其他地区的历史只占全书的前 3 卷，第 4 卷便转向欧洲，第 4 卷至第 17 卷止于亚历山大帝国，第 18 卷至第 40 卷为罗马史。这就不期然地开创了欧洲人写世界通史时重欧洲史的先例。

就治史的质量而言，《历史集成》是一部史料运用并不严谨的编著，其史料来源主要是业已亡逸的大量前人史作，尤其是关于西西里、公元前 4 世纪的希腊和黑海博斯普鲁王国历史的前人著作。《历史集成》现存第 1 卷至第 5 卷和第 11 卷至第 20 卷。

希罗多德的同乡狄奥尼修斯是历史家兼修辞家。公元前 30 年起执教于罗马并埋头笔耕，完成罗马通史一部，名为《罗马古代》，凡 20 卷，现有前 10 卷，从公元前 7 世纪写至公元前 3 世纪的布匿战争。他的写作动机有二：第一，继承希腊史学记写重大历史事件和成就的做法，"选择尊贵和崇高的题目"。[①] 第二，希望沟通希腊和罗马文化，说服希腊人了解罗马，承认罗马的统治，也说服罗马人接受希腊。为了落实自己的写作目的，他编造了一个希腊人和罗马人同源说，试图证明建立罗马城的原本是希腊人。至于为何罗马的希腊人战胜了希腊的希腊人，他的解答是罗马的希腊人在国家

---

① 狄奥尼修斯：《罗马古代》（Diongsius, *Roman Antiguities*），1，1，2。厄内斯特·凯瑞译，劳埃伯古典丛书本，1937。

体制建设和维持的技巧上超过他们在希腊的同胞。他的这种苦心当然是违背历史的。他还首次撰写了史学批评的专文《论修昔底德》，认为修昔底德选题过小，仅仅是一场战争，且不光彩，对后代意义不大。他也不欣赏修昔底德的选材与平实的表现手法，认为缺乏引人入胜的情节，只是一场会战接一场会战，一次演说接一次演说，不如希罗多德的著作让读者爱不释手，反复诵读。他的批评反映古典史学两种写作风格的对立。一种以修昔底德和波里比乌斯为代表，直白史实，重视析理；一种以希罗多德为代表，生动有趣，偏于情节。两种风格各有所长，前者更接近科学，后者更接近艺术。

二、后奥古斯都时代的史学

2 世纪中叶以前，罗马共和制根株未绝，元首绝对权力尚不完善巩固，不同的元首依其面对的形势和个人偏好，实行不同的文化政策，文网时张时放，使得这一时期的罗马史学带有明显的时代特点。克劳狄王朝（14—68年）和弗拉维王朝（69—96 年）严禁任何有利于共和制的言论发表，特别是图密善皇帝在位时（81—96 年），血腥屠杀政敌，推行文化专政，一些作家只因赞扬了共和派人士便身首异处，著作也受到在广场焚烧的惩罚。不少思想家被逐出罗马，人们连在公共场合说话都受限制，整天生活在恐怖之中，唯恐因一句话或一件事不妥便送掉性命。所以这一时期的史著或者与现实保持距离，或者迎合政治需要，为当朝皇帝（元首）大唱赞歌。值得一提的只有老普林尼（Pliny，the elder，约 23—79 年）的《自然史》。

老普林尼是罗马百科全书式的学者。约 12 岁时，其父带他到罗马拜当时罗马诗人塞孔图斯为师，得到老师耳提面命，鼓励他活到老学到老。老普林尼也真正做到了一生手不释卷，勤奋好学，甚至好学到可歌可叹的地步：每天黎明前即起读书，只有洗澡时才放下书卷，且阅读必做笔记。他担任高级官职，军务政务繁多，但这并不妨碍他摄取新知和撰写新著。他的代表作有 20 卷本的《日耳曼战争史》，是第一部专题描述日耳曼人的史作，可惜失传。《自然史》实际上是古代的百科全书，也是老普林尼唯一流传下来的著作。它集中了当时人们已经获得的几乎所有自然史知识，是历史记载的方向性突破。《自然史》共 37 卷，分别记载和解释天文、地理、物理、化学、动物学、植物学、人类学、生理学、医学、冶金学、矿物学等学科的历史和实际知识，个别卷也涉及人文学科，如民族志、语言学、美术及美术史方面的内容，具有极高的史料意义。据说老普林尼在写作此书时翻阅了约 500 位作家的作品、2000 部参考读物，记载的对象多达两万。由于内容充实，应用性强，《自然史》曾广为传播，后人发现的抄本近 200 部，这是这部大作能够传到今天的主要原因。

　　早期罗马帝国在安东尼王朝（96—192 年）建立之后，文化控制有所放松，罗马知识分子重新获得了发挥创造力的短暂时机，于是罗马史学积存的最后一部分后劲释放出来，接连出现好作品和大史家，并形成了鲜明的时代特征，这就是因长期相对和平的环境和压抑的气氛，促使这个时期的史家很少注意宏大叙事，关心对象转移到历史事件中的个人，努力剖析重要历史人物的内心世界、道德情操，细心刻画他们的性格心理、日常行为，甚至逸闻趣事，把对人性的研究提升到一个新的高度——历史创造者个体的细节。这些史家是希腊罗马史学优良传统的最后一批继承者和发扬者，其中最出色的有五人，按时间先后分别是普鲁塔克、塔西陀、苏埃托尼乌斯、阿庇安、阿里安。

（一）普鲁塔克

　　普鲁塔克（Plutarch，约 46—126 年）是希腊优秀史学传统的继承与发展者，是早期帝国时期最优秀的传记体历史家。在他之后虽有一位杰出的拉丁传记家苏埃托尼乌斯，但后者撰述的广度和深度均不能与普鲁塔克相比。普鲁塔克是中希腊彼奥提亚地区凯罗尼亚人，生在贵族之家。青少年时代的普鲁塔克依循当时的求学惯例到雅典读书，学习数学和哲学。目前已知他曾在希腊、

普鲁塔克

小亚细亚、埃及、意大利广泛旅行。成年后的普鲁塔克一度在罗马的希腊总督麾下任职，曾两次去罗马出差，见过安东尼王朝的两位贤明的元首图拉真与哈德良，并进入罗马上流贵族的社交圈。这些经历表明他同绝大多数古希腊、罗马的史学家一样具有相当长时间的从政经验。但他的后半生显然一直居住在家乡，担任过距他的出生地不远的特尔斐阿波罗神庙的祭司，有比较长的平静时间进行省思和写作。古人估计他的作品达 277 篇，目前传下来一百余篇，分别收在《名人传》和《道德集》两部集子中。以数量论，普鲁塔克在古代只能算是一般多产而非高产的作者。《名人传》是他享誉文史领域的扛鼎之作，《道德集》是关于哲学、伦理、宗教、政治、历史、文学艺术等思想范畴的论文、杂文汇编，从史学意义上讲可以作为理解普鲁塔克史学思想的线索。

《名人传》可能作于普鲁塔克晚年时期，书中内容显示作者对人生的感悟颇为成熟与深刻，包括 49 位希腊罗马史上的著名人物传记，所以该书的中文译名又作《希腊罗马名人传》。这个译名并不正确，因为书中还有一篇波斯国王阿塔薛西斯的传记。①

自希罗多德以来，古希腊史著的一个显著特点是目的明确。史家不像戏剧家、诗人，有时需掩饰自己的动机，把疑问留给观众和读者。希腊史家通行的做法是开宗明义，大型著作在开头几乎都有一个全面阐明自己宗旨和基本观点的序言。普鲁塔克把这类表白放在一些传记的开端。比如他在提摩隆传和德迈特里乌斯传的开始部分分别论及历史的价值问题，说明他的写作宗旨在于扬善致用的道德追求：

> 我开始撰写我的《名人传》是出于他人的缘故。但我发现当我继续这项工作并为此感到快慰时，便也有了我个人的理由，即我把历史当作一面镜子来使用，努力以某种方式安排我的人生，使之与其中描述的各种美德相适应。
>
> 如果不想让受到谴责的人生始终指导我们，我们大家就会更热切地充当那些优秀人物生平的观众和模仿者。②

显然，普鲁塔克对历史价值的认识是经世致用，这同他的前辈史家的思想大体一致。但如细析，仍可发现普鲁塔克的认识有些独到之处。在以叙述事件为中心的前辈史家那里，经世致用主要具有前事不忘，后事之师的意义，而在普鲁塔克的《名人传》中则缩小了观察的范围，完全聚焦于个人道德、性格、命运复杂性的揭示上，意在为读者提供正反面的人生经验，树立做人的楷模，具有前人不忘，后人之师的含义。在"伯里克利传"中他进一步阐明了这种歌颂美德、鼓励人效信美德的教谕动机。他说：

> 出身高贵的青年，绝没有哪一个会因为在比萨看了宙斯像，就一

---

① 目前流行的中译本《希腊罗马名人传》（黄宏煦等译，北京，商务印书馆，1990），系借用个别英法译本的书名。但权威的劳埃伯古典丛书英译本便未采用"希腊罗马"的定语，只名之为"列传"（Parallel Lives）。

② 普鲁塔克：《名人传》，"提摩隆传"1，1；"德迈特里乌斯传"1，6（Plutarch, Vitae, parallelae），萨克雷等译，劳埃伯古典丛书本，1926。

心想当斐迪亚斯①的……因为一件作品虽然完美，使你喜欢，作者并不一定就值得世道尊敬。某些事物对于观看者来说，既不能产生模仿它的热情，又不能激起赶上或超过它的志向和冲动，这样的事物就是没有益处的。然而，有道德的行为则不然，它能立即对人产生影响，使一个人在赞美它的同时，马上就希望成为做这件行为的那个人……美德是有吸引力的，它能使人立即产生身体力行的冲动，不仅模仿它能使观看者的性格得以形成，就连研究它也能提供行动的准则。②

有趣的是，普鲁塔克在清晰地认识到这种以写个人史为中心的传记和以写群体史为中心的专史、通史之间区别的同时，又夸大了传记的特性，否认它与其他历史著作的共性。他认为历史和传记是两种不同的人类自我认识形式，拒不承认《名人传》是史作。如他在"亚历山大传"中指出"因为我写的不是历史而是传记"。③ 在"加尔巴传"中他解释这种分类的原因是：

详细报导每个事件是正规历史的事，但我也不应该对那些帝王所做的事或涉及帝王的不值一提的事件视而不见。④

这样，在普鲁塔克看来，传记成了九缪斯女神负责的艺术形式之外的一种独立形式，其对象不是传统的希波战争、布匿战争或高卢战记之类令人瞩目的宏大主题，而是追求功利的个别英雄人物的内心活动和生平业绩，而传记的目的则在于析分出值得或不值得仿效的人生不同类型。就这一目标而言，古代西方传记家没有谁比他做得更好。

饶有趣味的是，普鲁塔克可能因其著作篇幅较大，撰写时间较长，所以在行文中并未能始终坚持自己的分类观点，把历史和传记严格区分开来。在他笔下的列传中不时能够见到"我写的历史"之类字样，⑤ 表现出普鲁塔克的疏漏。

普鲁塔克是西方史学史上第一个自觉、明确地提出并运用历史比较方

---

① 公元前5世纪希腊最伟大的雕塑家和建筑师。
② 普鲁塔克：《名人传》，"伯里克利传"，2，2～3。
③ 普鲁塔克：《名人传》，"亚历山大传"，1，1；4。
④ 普鲁塔克：《名人传》，"加尔巴传"，2，3。
⑤ 如《名人传》，"提修斯传"的2、3等处。

法的史家。当然，在他之前，无论希腊还是罗马的史家虽然都在不经意地经常使用这一方法，因为人们在说明一个问题的时候，除了把问题放在联系中加以考察之外，没有其他更好的解决问题的途径了。联系包含着比较。但普鲁塔克以前的史家把这样做视为自然而然，自然到没有感觉。只是到了普鲁塔克才对这一方法有了理性的升华，并创造出传记平行比较的写作形式。他在自己较早的散论作品《道德集》中曾试图对此加以理论的说明。在讨论妇女的勇气时他说：

> 没有一种方式比并行排列生平和行为能更好地发现妇女和男子的善德之间所具有的相同和不同之处了……尽管善德的类型因为我们的天性，似乎各自具有自己的颜色一样存在确定的差异，并在基本性情、身体结构、培养过程和生活方式方面会逐渐变得相似。

在这里，普鲁塔克实际上已经提出了历史比较方法的优点和发现共性与特性的目标。在《名人传》中他进一步解释了他之所以使用比较方法的初衷：

> 我比较（弗基昂和加图）不仅是因为他们具有共同之处，都为人甚好并均有政治家才能……除了那些小到不能再小的差别之外，这两个人的美德展示了一种单一的特征、形式以及与他们的性格混合在一起的相同色彩……以致要求非常精微细致的讨论作为区分和发现他们不同之处的手段。①

通过在具有高度可比性的一对人之间进行异中求同和同中求异的比较，揭示人性的统一性和特殊性、一般性和多样性，以便为活着的或后来的人提供参照的样本，这就是普鲁塔克比较方法的目标，也是《名人传》的根本目的。

为了落实这一目的，《名人传》在内容的选择和全书布局上明显下了很大功夫。作者选出46位可以并列比较的希腊罗马史上的著名人物，根据他们在各自历史上的时间先后、生平业绩的相似程度进行组合，每个希腊人对应一个罗马人，例如传说中的雅典邦奠基人忒修斯和罗马的建城者罗慕

---

① 普鲁塔克：《名人传》，"弗基昂传"，3，4～5。

洛为一对，奠定民主制基础的雅典政治家梭伦和缔造罗马共和国的普布利科拉为另一对。有些比较对象只有形似，但有强烈比较意义，普鲁塔克也把他们放在一起。如能力平平、为人谨慎懦弱的雅典富豪将军尼西阿斯与同样富有但贪婪暴戾的罗马统帅克拉苏为一组。此外，另有 5 个名人的单传，如雅典杰出的演说家和政治家德摩斯提尼、波斯国王阿塔薛西斯传。

在比较列传的陈述上，普鲁塔克都依循固定的程式：开头有简短的前言，交代作者选择有关人物作为比较对象的理由；然后介绍家庭背景、出生和成长过程、个人道德的形成、品质的优劣、重大事迹和辞世原因及形式，其间夹叙夹议，有时会利用文学中旁生枝节的手法，离开原题，顺着临时提到的人物和事件生发开去，扩展信息，但并不信马由缰，而是适可而止，及时返回主题，一方面显示普鲁塔克具有驾驭内容的能力，另一方面增加了内容的趣味性和知识性。在正文叙述之后，通常还要附加类似"太史公曰"的有关比较对象功过得失的全面评论，普鲁塔克在这里表现出归纳和比较的真正才能。他归纳每一位传主的政治、军事成就的大小和意义，比较他们个人美德的高低，为读者总结正反面经验。经过这种从个别到一般的分述与综合评述的过程，向读者清晰地展示人生的复杂和多样性，提醒人们避免把重要历史人物简单化和脸谱化。

普鲁塔克也是西方史学史上第一位自觉提出并运用历史心理分析方法的人。由于他的目的在于刻画对于读者有借鉴意义的个人，特别是提供道德上的正面和反面教育，所以他把注意力集中在笔下人物的心理活动、性格特征、言谈举止之类与宏大主题相比似乎是细枝末节的东西上。他认为人的德行修养总是通过小事体现出来的：

> 最显赫的业绩不一定总能表示人们的美德或恶行，而往往一桩小事，一句话或一个笑谈却比成千上万人阵亡的战役，更大规模的两军对垒，或著名的围城攻坚战，更能清楚地显示人物的性格和趋向。因此，正如画家通过最能表现人物性格的面孔和眼神就能画出逼真的肖像，而无须斤斤计较于人体的其他部分一样，我也必须得到读者的许可，才能专心致志于人物灵魂的特征及其表现，并借此描绘每个人的生平业绩，而将他们的赫赫战功政绩留给别人去写。①

---

① 普鲁塔克：《名人传》，"亚历山大传"，前言。

基于这种由小见大、见微知著的认识，普鲁塔克特别致力于揭示人物的心理活动。他的作品当中经常会出现一两个相关的术语，如心灵（psyche）、天性或生性（Physis）、性格（ethos）。心灵在他笔下有灵魂和思想的双重含义，在当灵魂解释时系指人和神之间的唯一联系。这是一种来自神灵、与肉体结合的东西，待人死后与肉体分离，飞返天堂。[①] 有时它又当思想感觉解释，如共和末期的罗马将领马略在想到一场新战争时感到了 psyche 的震颤。[②] 在普鲁塔克看来，心灵与道德是血脉相连的，具有美德的人心灵是纯洁的，缺失美德的人心灵被玷污，连肉体都是污秽不堪的。

天性在普鲁塔克看来是一种与生俱来的品性，也在精神和肉体、生理和心理方面体现出来。如亚历山大天性暴躁，在生理上表现为肤色发红，心理上表现为豪饮易怒；罗马独裁官天性残忍和捉摸不定，生理上表现为满脸雀斑。这样一来，天性便成为人的生理和心理特点。至于性格，普鲁塔克处理为天性的延伸，常常是天性的代换词。当史家把笔触集中在这样一些心理特征的发掘与描写上时，他笔下的人物便鲜活灵动起来，这是普鲁塔克的《名人传》能够得到同时代的罗马人以及文艺复兴以来西方读者的喜爱的基本原因。

当涉及《名人传》的可信程度问题时，读者必须小心谨慎。古典史学虽然确立了求真求实的原则，但在具体执行上没有一个史家解决了现代史学所要求的言必有据（人证、物证、书证）的要求。即使最严谨的史家如修昔底德、波里比乌斯也没有在虚构和纪实之间划清界限，虽然他们会交代演说、对话之类直接引语是自己创作的产物。这种状况的发生不仅在于古代缺乏系统化的在场的历史记载意识，而且在于古代记载工具的局限。古代没有摄影器材、录音机，甚至没有发展出速记技术，因此对一个历史事件的描述总是存在大量的证据空白。作为古代史学的基本表现形式的叙述史又必须要求明确的时间、地点、人物、人物思想与对话等基本要素，在这种无法逾越的客观困难面前，古代的史家只好采取捕风捉影般的文学虚构，以便填补空白。这样一来，古代史书均是虚实结合体，出色的史家会说明信息的来源和虚构的提示，一般史家则对虚构部分保持沉默。

普鲁塔克《名人传》作为史作的基本缺陷便在这里。这部书是普鲁塔克在家乡喀罗尼亚的一座小城中写的，远离罗马等中心城市的图书馆，而书内的

---

① 普鲁塔克：《名人传》，"罗慕洛传"，28，8。
② 普鲁塔克：《名人传》，"马略传"，45，4。

人物绝大多数不是作者的同代人或上代人，他与自己笔下的所有人物都有相当大的时间与空间距离，因此不得不依赖前人的传说与记载，如荷马史诗、赫西俄德的诗歌、希罗多德的《历史》、亚里士多德的《雅典政制》等作品。而这些记载亦非信史。在许多情况下他甚至不明确交代信息的来源，简单地使用"有人说""据说"之类不确定性的话语。有些"据说"他自己也不相信，比如《梭伦传》中梭伦与吕底亚国王克洛伊索斯的会见，梭伦死后遗体焚化，骨灰撒在萨拉米岛上等。在缺乏一手史料的情况下，普鲁塔克要再现名人一生的细节，不仅有他们的音容笑貌、举手投足，还要表现他们的心理活动，这无疑是以一种认真的态度图示了一个天真的目标。它的史料的难度实际上是不可克服的。比如忒修斯和罗慕洛的形象就很干瘪，因为连不可靠的史料都很有限。在这种情况下，如果是修昔底德和波里比乌斯，就会量力而行，删繁就简，极其审慎地分析考辨已拥有的二手史料，选择那些相对最可信的部分去推测人物的行为可能。但普鲁塔克毕竟是普鲁塔克，他的致用目的使他并不想深入分析成说的真伪，常常不管是真是假，拿来就用，甚至在缺少必要的细节时发挥个人的联想。这就难免要常常失误。他笔下的人物形象刻画得越栩栩如生、精微细致，距离客观史实就可能越发遥远，越具有"诗性"。

（二）塔西陀

如果说普鲁塔克的《名人传》以正面歌颂为主调，那么同样具有经世致用动机的普鲁塔克的同代人伽伊乌斯·科尔奈里乌斯·塔西陀（Gaius Cornelius Tacitus，约56—120年）则是暴露史学的大师。他把史学当作惩恶扬善、警醒世人的有力武器，用犀利凝练、充满智慧的笔触，无情地揭露罗马统治阶级上层的腐败和丑恶，戳穿了一个个人君大臣们被服儒雅、行若狗彘的伪善面目，把他们牢牢地钉在历史的耻辱柱上遗臭万年。更为难能可贵的是，他同时能努力保持一个严肃史家实事求是的尊严，第一个提出了今天仍然不失意义的客观主义治史原则，把曲折发展的罗马史学及拉丁史学推上了最后的高峰。

塔西陀

从塔西陀的著作以及友人的信件等史料中获悉他个人出身、经历的信息表明，他出身于外省骑士家庭，出生地可能在意大利北部或西班牙。后到罗马学习演说术，为从事法律和政治工作作知识准备。77年或78年，他娶执政官阿古利可拉的千金朱丽亚·阿古利可拉为妻，从此仕途一路顺风顺水，81年或82年便任职税务官，以后又任大法官、执政官、行省总督，同他岳父一样，历经克劳狄王朝、弗拉维王朝、安东尼王朝多个王朝，始终身居要津，岿然不动。

塔西陀的代表作是他晚年撰写的大作《历史》（约问世于105—109年）与《编年史》（116年左右完成），另有篇幅不大的三部作品传世，即《演说家的对话录》《阿古利可拉传》和《日耳曼尼亚志》，其中后两部属史学作品。

《演说家的对话录》虽不是史学著作，但塔西陀在文中运用了历史分析的方法。他以自己年轻时听到的对话形式讨论罗马演说术衰败的原因，文风模仿共和末期的大演说家西塞罗。在塔西陀看来，罗马演说术的败落不是一些人所说的道德和美学的原因，而在于社会生活和政治制度的变迁。共和制时期，政治家需要在公民大会和元老院会议上竞逐，因此需要演说技术。帝国时期政治集于元首一身，生活呆滞平静，处事中庸自制，演说自然无用武之地。假如现代的人身处共和时期，也会成为伟大的演说家。反之，过去的人生在现代，也会变得寡言少语。客观历史条件的改变引起人们行为的改变，塔西陀在他可能是早期所写的文论中便显露出不同凡响的见识。

《阿古利可拉传》实际上是他岳父的辩护词。他在开头便明白说明："这本书是写来替我岳父阿古利可拉辩护的。"①因为在暴君图密善当政期间，许多贵族和在职官员受到迫害，阿古利可拉却能躲过暴君、昏君的政治清洗和迫害而安然无恙，寿终正寝，所以许多人在图密善倒台后对此颇有微词。塔西陀为岳父辩解，也含有为自己开脱的意思。他本人在图密善在位期间也仕途顺利，连续跃升，难免也遭人诟病。因此他在《阿古利可拉传》中不无所指地说：

> 有些人专门崇拜藐视权威的人物，但他们应该知道，就是在暴君
> 之下，也有伟大的人物；而温顺服从如果能和奋发有为的精神结合在

---

① 塔西陀：《阿古利可拉传·日耳曼尼亚志·演说家的对话录》，"阿古利可拉传"，3（Tacitus, *Agricola. Germania. Dialogue on Oration*），喀顿彼得森译，劳埃伯古典丛书本，1994；中译本参加塔西陀：《阿古利可拉传·日耳曼尼亚志》，马雍、傅正元译，北京，商务印书馆，1959。

一起的话，也自可达到高贵的境地。①

他在这里提出了具体人物、具体事件需要具体分析的价值评判方法，避免简单化、脸谱化的一概而论，认为即使是在暴君统治的黑暗时代，臣下，哪怕是受宠的臣下身上仍然具有人性光辉的一面，这显然是历史研究不可缺少的正确分析法。此外，他还揭示了一种普遍的现象，即任何时代都有专门崇拜藐视权威的人，喜欢与权威作对的人。这样的人不问对错，只以是否反对权威为价值判断的依归。

就塔西陀为岳父辩护这一点而言，他是成功的。他列举阿古利可拉一生的重大业绩，特别是经略不列颠的文治武功，注意描写人物的性格和作风以及与图密善的不和，描绘出了一个可亲可敬的仁厚长者的肖像。

《日耳曼尼亚志》则是迄今流传下来的专门描述古代日耳曼人的开篇之作。虽然作者并没有到过日耳曼人居住的地区，但毕竟是转述同代人的传闻，其中也包括一些实际考察的印象，因此其史料价值无与伦比，是后人认识古代日耳曼人历史、社会、风俗习惯和地理分布状况的基本依据。作者在书中指出罗马曾多次对日耳曼人用兵，但收效甚微，认为日耳曼人将是罗马人的大敌，最好保持分裂状态。历史证实了塔西陀的预见。

给塔西陀带来史学声誉的主要是《历史》和《编年史》。前者作于约100—110年之间；后者作于塔西陀生命的最后几年，没有完成。两书严格按时间顺序展开事件的叙述。《历史》从69年写到96年，原书大约12卷，现仅存第1卷至第4卷和第5卷部分段落。作者属于他笔下人物和事件的同时代人，因此他直接参与、目睹或耳闻了他书内讲述的各个历史事件，并熟悉书中的许多历史人物。《编年史》则讲述他的父辈、祖辈们的人和事，从奥古斯都去世的14年写至68年，现有第1卷至第4卷、第11卷至第15卷全部，另有第5卷开始部分、第6卷大部分以及第16卷的前半部分。由于两部书或者是同代人记同代事，或者是后代人记写前两代人的事，加之塔西陀有自觉的求真求实的追求，因此其内容的真实性得到西方史学界的广泛认可。尽管它们残缺不全，但犹如两尊残破的精美大理石雕像，美妙犹在。

---

① 塔西陀：《阿古利可拉传·日耳曼尼亚志·演说家的对话录》，"阿古利可拉传"，3(Tacitus, *Agricola. Germania. Dialogue on Oration*)，喀顿彼得森译，劳埃伯古典丛书本，1994；中译本参加塔西陀：《阿古利可拉传·日耳曼尼亚志》，马雍、傅正元译，北京，商务印书馆，1959。

与以往希腊和拉丁史学著作不同，《历史》和《编年史》的视阈范围较小，塔西陀把"镜头"始终对准集国家大权于一身的元首和宫廷阴谋及权力斗争，不再关注或很少关注传统记述对象如公民大会、元老院、声势浩大的外战和内战等。这使他有充分的篇幅精雕细刻罗马顶层统治集团一些代表人物的神态和形态。加之他善于观察与深入思考，遣词用句精练、考究、雅致、准确，在生动的叙述中不断穿插一些关于人物事件本质特征的、耐人寻味的格言警句，不仅为后人留下了不少活灵活现的反正面人物形象和难得一见的历史场景（如元首提比略的装模作样，尼禄之母的无耻之极，尼禄病态般的残忍恶毒），而且给人一嗟三叹、回味无穷的感动，读者很难不被塔西陀所感染，爱他之所爱，恨他之所恨。《历史》和《编年史》可以说是西方叙述史的杰作。

这种具有高度感染力的历史描述通常要以牺牲历史真实为代价，但塔西陀较其他史家更自觉地意识到叙述真实对史学的重要意义，在两部著作的开头都提出了自己的写作原则：

凡自称始终不渝坚持真理的人在写任何人时都必须去除爱憎之情。

我的计划是无愤无偏，以十分超然的态度，先叙述奥古斯都统治的末期，然后转到元首提比略及其继任者的时代。①

"超然""去除个人爱憎之情"与"无愤无偏"的治史原则是一种尚无人提到过的不寻常的概括，标志西方古典史学的思想方法发展到了理性的新高度，即客观主义的高度。这是塔西陀的伟大史学贡献之一。在塔西陀之前，古希腊罗马史家和思想家虽然已成功地从感性具体中抽象出史家应遵循的最一般原则，就是"真实"原则，归纳出史学的基本目标在于真实再现过去的经验，但他们间或讨论的问题却集中在实现真实的具体方法，尤其是如何处理直接或间接的史料问题上。他们也发现了一些妨碍再现真实的涉及史家本身的问题，比如史家个人知识的不足和私心杂念等个人因素，但始终没有提取出造成史家失真弊病的一般内在原因。塔西陀则发现史学课题失真的关键在于史学本体的主观情感，如先入为主的爱憎之情等，史家如

————————

① 塔西陀：《历史》（Tacitus, *Histories*），1，1，穆尔译，劳埃伯古典丛书本，1959；参见中译本塔西陀：《历史》，王以铸译，北京，商务印书馆，2002。《编年史》，1，1。

果要为后代负责，就应该摈弃感情，保持客观中立的态度。这无疑是科学认识的基本原则，也是人文社科领域最难落实的原则，因为人始终是理性和感性的统一体，塔西陀也不例外。就在他提出自觉的客观主义原则之后，他立即不自觉地表露出个人的强烈爱憎之情，把自己置于知行矛盾的尴尬之中。他说：

> 我正要写的这段历史，是充满灾难的历史，这里面有恐怖的战争，激烈的内讧，这些内讧即使没有大动干戈也是恐怖的……在罗马则是更加可怕的暴行。高贵的出身、财富、拒绝或是接受官职，这一切都会成为进行控诉的理由，而德行则会引起货真价实的毁灭。控告者所得到的报酬和他们所犯的罪行是同样令人憎恨的东西；因为他们中间的某些人取得了祭司职位和执政官职位作为赃物，另一些人则取得了皇帝代理官的地位和成为宫廷中的潜在势力，到处为非作歹，引起了憎恨和恐怖。①

这段话充满了对战争、内讧、恐怖、陷害、背叛、贿赂等行为的厌恶。随后他又鲜明地表示了他推崇的道德：

> 然而，在这个时代，道德并没有沦丧到连一点崇高的典范都见不到的地步。母亲陪同自己的孩子们一同逃跑，妻子跟着自己的丈夫一道被流放；亲族们表现了勇气，女婿们表现了坚定，奴隶们表现了甚至严刑拷问都不能动摇的忠诚。一些著名人物以刚毅不屈的精神迎接他们不可避免的死亡，他们在临死前的气概可以与古人的光辉的死亡并列而无愧。②

《历史》和《编年史》正是在这种爱憎分明的对比中展开的，其中善和恶的两个最突出代表就是遭提比略谋害致死的皇子日耳曼尼库和暴君、淫君尼禄。在塔西陀笔下，罗马统治阶级上层的腐败和丑恶受到体无完肤的揭露与批判。可以不夸张地说，就塔西陀对君主专制揭露的痛切深刻而言，在西方史学史上是前不见古人、后也很少有来者的。

---

① 塔西陀：《历史》，1，2～3。
② 塔西陀：《历史》，1，2～3。

如果按照他自己制定的摈弃情感的客观原则，这种感情洋溢的现象是绝不应该发生的。他完全可以放弃过分情感化、倾向化的语言，娓娓叙述事情的原委，是非曲直由不同时代的读者根据他们自己的价值标准来加以判断。但塔西陀没有这样做，他的超越情感、纯粹客观的理念始终服从于对君主的极度憎恶。这不禁使人要问：为什么塔西陀对专制制度如此愤恨？这个问题如果从个人经历上似乎很难找到答案。塔西陀实际上是皇权的受益人，按常理他应对先前的君主感恩戴德，至少为了个人既得利益的合法性也不应对前朝君主大张挞伐。看来君主的过度腐恶是一个原因，另一个原因是塔西陀个人道德良知的驱使。他眷恋共和，人格受到君主专制的严重扭曲，心灵长期处于压抑和痛苦状态，如果不是他个人的心灵体验，书中绝对写不出皇权之下那些战战兢兢的人臣们的微妙心理：

> （要时刻）控制自己的表情，既不能为元首的去世表示欣慰，又不能为一位继子的登基表示不恰当的忧郁；流泪时要带着欢乐，哀悼时要带着献媚。
>
> 越是地位显赫，他的虚伪和热衷越是丑恶。
>
> 最难以忍受的一些痛苦就是要去看别人受罪和在自己受罪时让别人来看，就是我默认心里知道我们的叹息会被人记录下来视为罪行。①

对于一个具有高贵道德准则的人，这是何等的心理压抑和痛楚，要超脱是很难的，甚至是不道德的。这使得塔西陀陷入情感的波澜之中却不能自察和自拔，反复强调自己仍然秉持着超然的原则。他的例子在史学史乃至宗教史上均具有典型意义，说明人的情感所具有的巨大力量，即令史家具有绝对真诚的客观愿望，即令信徒具有真诚的信仰，但在生活实践中，人总是或多或少、不由自主地沦为情感的奴隶，毕竟人半是天使、半是野兽。如果情感被理性排挤为零，如同佛教所追求的最高目标涅槃一样，人也就不成其为人而成为神了。对于这一点，不仅古典史家没有意识到，连近代客观主义史学的代表人物也没有认识到。所以，塔西陀式的绝对客观主义的原则只能是一切严肃正直的史家心中的乌托邦。

在史学价值论上塔西陀也有出色的贡献。他强调历史的社会功能，如教谕功能，惩恶扬善功能。他认为历史的生命是恒久的，因为人的记忆不

---

① 塔西陀：《编年史》，1，7；《阿古利可拉传》3。

灭，所以即使某个时期暴君当道也无法改变或摧毁人的记忆。他在《编年史》中记述了一位正义的元老柯尔杜斯。这位元老由于撰写了一部称颂共和派领袖卡西乌斯和布鲁图的书而受到审判。他在元老院义正词严地指出："如果我被判有罪，那人们将会像记住卡西乌斯和布鲁图一样记住我。"①他没有意识到历史记载是可以通过人为的删除而化为灰烬的，即青史成灰是也。他自己的史作也没有完整传世便是证明。

塔西陀与波里比乌斯不同，并不特意强调追寻原因的史学要求。他在需要说明事件发生原因时往往局限于人的内心世界。在他看来，一位历史人物的行善还是行恶，都源于这个人的天性，或迟或早总要暴露出来。继承奥古斯都皇位的提比略虽然在即位前没有显露妄自尊大和残忍的性格，但那只是比较隐蔽而已。登基前后的表现不同并非性格本身的变化，而是外在条件的变化。68 年开始的内战则源出于当事人心态的变化，如城市卫成部队因没有得到赏赐而心存不满，看到和平不能带来实利而产生叛乱情绪。共和后期的内战则因人们固有的对权力的渴求欲，在帝国疆界扩大后，这种欲望受到刺激和滋长，导致突破约束。② 此外，他也愿意把原因归结于超自然的力量，如神灵和命运。他相信神是公正的法官，对人的惩罚多于救赎。

当然，一个具有独立思考能力的严肃的学者，也往往会对天命产生怀疑。他在叙述暴君尼禄的荒淫无道时指出其间发生过多次凶兆，尼禄仍然安然无恙。因此他怀疑征兆的有效作用，③ 反映出塔西陀可贵的质疑精神。

（三）从苏埃托尼乌斯到约瑟夫斯

只要历史不改变以政治史为主的传统，有丰富从政经验的人便总是史学的宠儿。古罗马最后一位出色的传记家苏埃托尼乌斯（约 69—122 年以后）同样是宦海里浮沉的人物。根据他的作品及其友人小普林尼的书信，获知他的父亲是北非行省的骑士，曾经担任过军团保民官，后迁居罗马。苏埃托尼乌斯可能生于罗马并在罗马长大成人。在完成学业后，他担任过讼师，后又加入军队，没有什么可圈点的业绩。110—112 年他还在欣赏他的小普林尼（时任小亚细亚北部的俾提尼亚行省总督）麾下服务。117 年，皇帝哈德

① 塔西陀：《编年史》，4，35。
② 塔西陀：《历史》，1，6；2，38。
③ 塔西陀：《编年史》，14，12。

苏埃托尼乌斯

良调他入宫廷，一度为皇帝档案室的负责人，之后成为皇帝的侍从秘书。121 年，他因对皇后萨宾娜不敬的罪名而被撤职，但真实原因不清。之后他的形迹便不为世人所知。在皇宫任职的经验和借出皇室档案和藏书的方便，为他的写作准备了资料条件。他的代表史作是《罗马十二帝王传》，另有《语法家》《修辞家》《名人传》《名妓传》等大量著述。《修辞家》实际是修辞学史纲。《名人传》至少汇集了古代三个知识部门的著名人物传记，即演说家、历史家和诗人。《名人传》和《名妓传》可以说是最早的社会史、文化史范畴的著作。遗憾的是除《罗马十二帝王传》大部分得以流传外，其他著述均只剩下一些断简残篇。但从书目上可以看出苏埃托尼乌斯是古代相当勤奋的杂家。

《罗马十二帝王传》内存共和末期独裁官恺撒和克劳狄王朝到弗拉维王朝中 11 位元首的传记，终于图密善之死，结尾时间同塔西陀的《历史》。其中恺撒传的头几章业已遗失。这部著作与普鲁塔克的《名人传》有所不同，每传不是严格按照年代而是按照专题展开的。一般格式为先是传记人的祖先和家世简介，然后是出生到担任要职后的行政与军事作为，再后是传主个人的特征，如相貌、举止、习惯、品德、性格等，最后是死因与死状。作者对传主的品行和日常行为落笔非常慷慨，如在"提比略传"中专门列有传主的恶习，依次是酗酒好食、个性反常、贪婪、残忍、仇视亲戚等，每一种恶习都有不少事例加以证明。但对传主人生中的重大政治军事活动却用笔吝啬，甚至干脆避而不提。如恺撒在高卢的战争在书中仅寥寥数语。显然苏埃托尼乌斯有意少写众所周知的史实，而多谈读者不易了解，又愿意知道的一些内情细节。对于笔下的帝王，他大多持否定态度，读者通过他特有的文风——基本不作分析评论，只进行平铺直叙、清晰晓畅的陈述——便能轻而易举地察觉他的所爱所恨。如他对奥古斯都充满敬意，写出一位开国君主的明智、宽容、好学与对个人生活的高度节制、对人生的洞悟。对暴君卡里古拉，苏埃托尼乌斯并不像普鲁塔克边叙边议，他只按他自己的布局一件件事道来，读者从许多令人发指的事例中认识到卡里古拉的残暴与疯狂，比如这位元首谋杀了义父提比略，夺取了皇位，却装作历史上最大的孝子，在公众面前声泪俱下地颂扬提比略的丰功伟绩，并予以厚葬。他病态般地嫉妒一切除他之外被人称道的人和事，要毁灭荷马史诗，下令禁止罗马诗人维吉尔和李维的作品。连观众为取胜的角斗士欢呼他都大怒，咆哮观众给角斗士的荣誉胜过给皇帝的荣誉。他和姊妹乱伦，并把他最爱的妹妹德鲁西拉公开娶为合法的妻子。德鲁西拉死后，他下令哀悼一个季度，此间禁止人们说笑、洗澡以及与父母、妻子、子女一同进餐，违反便处以死刑等。作者还在文中穿插大量逸闻琐事，如卡里古拉每次亲吻他的妻子脖子时都要悄声说他想在什么时候切断它就能在什么时候切断它，对刻画人物性格特点起了画龙点睛的作用。

在对待史料上，苏埃托尼乌斯的做法不像是拉丁史家，倒像是希腊学者。在引用他人史料时，他一般要说明出处，如某人怎么说，另一人又怎么说。他利用进入宫廷档案室和图书馆的方便收集了大量文字史料，不少是一手史料，如元老院的记录、决议，元首的敕令、书信等。加之他个人具有在宫廷内的直接经验和生动陈述的能力，这使他的史作可读性强，可信性高。一些重要的历史文献，比如一些奥古斯都的书信和元老院的决议正是由他之手才被后人所知的。他以自己的实践为拉丁传记写作提供了一种新的范例。同普鲁塔克的传记作品一样，该书是古典西方传记的代表作，对后世有深远的影响。

安东尼王朝的杰出史家中不能不提到的一位是阿庇安（Appian，约95—165年）。这是一位出生于埃及的希腊裔罗马公民，曾担任罗马帝国的埃及总督，显然深受当时的罗马皇帝马可·奥里略的赏识。他著有24卷本《罗马史》，从王政时代写起，结束于2世纪图拉真皇帝统治时期。现完整存留10卷，另有第1卷至第5卷、第8卷、第9卷残篇，截至晚期共和国时期的百年内战。

如果说普鲁塔克是融合希腊罗马历史文化的史学家，阿庇安则是罗马化的希腊史家。他不是从异族人或旁观者的角度写《罗马史》，而是从罗马人角度，似乎在写自己国家和民族的历史。这也许与他认同罗马价值观并在罗马统治时代成功进入罗马统治集团有关。

阿庇安的《罗马史》在编写体例上有创新之处，他采用纪事本末方式，按照时间和空间顺序将罗马历史上的重大事件分别以专题分卷，以一般的作者序开始，然后从第1卷王政时期展开叙述，先介绍意大利，再叙述萨姆尼特史、高卢史、西西里与其他岛屿史、西班牙战争、汉尼拔战争、叙利亚战争、内战，等等，时间由远至近，空间由近至远。这种大事记的写法具有显而易见的优点，便于读者认识和把握单个的历史事件。但这种写法又割裂了与共时发生的其他大事的联系以及互动的作用，并且因为许多历史事件在时间与空间上的重叠，各卷中不时出现一些重复的内容。阿庇安在使用这种体例时意识到这一点，他把自己的做法比喻成"一个流浪者"，在大事之间来回游荡，以便更清晰地说明各个事件的经过。

在历史分析方法上，阿庇安也有独特的视角，这就是力求从经济因素去解释重大历史事件发生的原因。虽然在他之前，修昔底德、李维、普鲁塔克等史家均注意到经济因素的历史作用，但像阿庇安那样把经济因素作为罗马内战爆发与演进的基本动因的做法还很少见。他认为土地改革之所以被罗马风云人物视为自己的主要政策之一，就是因为大小土地所有者之间的利害冲突是罗马社会的基本矛盾之一。所以认真读过阿庇安《罗马史》的历史唯物主义者马克思、恩格斯特别欣赏阿庇安的方法，他们评价说：

> 在关于罗马共和国内部斗争的古代史料中，只有阿庇安一人清楚明白地告诉我们，这一斗争归根结底是为什么进行的，即为了土地所有权进行的。
> 阿庇安极力要穷根究底地探索这些内战的物质基础。①

对于奴隶起义这样的重大历史事件的归类处理也显示阿庇安不同凡响的史识。公元前5—前4世纪的希腊和公元前2—公元2世纪的罗马是古典世界奴隶制的极盛时期，希腊罗马奴隶主创造了古代世界史上仅有的大规模蓄奴和奴役奴隶的制度，从而造成近代部分西方学者对奴隶制在整个世界范围内的意义估计过高。无论在希腊还是在罗马世界，奴隶阶级都是公民社会的消极的"舞台台柱"，被排除于所有公民生活和历史记述对象之外。所以过去古希腊和罗马历史家没有一个有意识地专门记载奴隶的重大历史活动。只有阿庇安在自己的著作中把斯巴达克思奴隶大起义放入"内战"史大类中，并用重笔描述起义的整个过程。在拉丁文中，内战术语是 bello civili，它只是指公民或同胞之间的战争。形容词 civilis 向来只对公民而言，与奴隶和非公民被征服者无关。但使用希腊语的阿庇安却违反常例，不仅在内战中纳入奴隶起义，而且在整个陈述当中，对奴隶没有任何阶级偏见和优越感，甚至对斯巴达克思充满了欣赏和敬意。阅读有关段落，读者感受到奴隶起义军的英勇无畏和克拉苏的残忍无情。关于这次奴隶大起义，没有人比阿庇安提供了更多的史料。这种超越了阶级分野的客观平等意识

---

① 《马克思恩格斯选集》，第4卷，395页，北京，人民出版社，1972；《马克思恩格斯全集》，第30卷，159页，北京，人民出版社，1974。

在古代史学中可谓难能可贵，我们很难解释阿庇安这样做的原因，因为缺乏可资评析的证据。但希腊知识分子中的确有一些非主流的学者对奴隶制持批评态度，认为奴隶也是常人而非低等人。比如智者学派的希皮亚斯认为所有人是天生而非因法律成为同胞亲友。

阿庇安是希腊人，可能受到智者学派反奴隶制思想的影响。但这只是没有实证的猜测而已。

罗马史学繁荣时期的另一位杰出代表是希腊史家阿里安（Arrian，约96—180年）。他的经历与阿庇安相似，生于罗马俾提尼亚行省的城市尼科米狄亚（现土耳其西北部），曾在希腊学习哲学，后进入罗马政界，供职于高卢行省等地，担任过卡帕多客亚行省的总督、军团指挥，深得皇帝哈德良赏识，仕途相当成功。哈德良死后，阿里安辞去官职，定居雅典，写出他的代表作《亚历山大远征记》。虽然阿里安在书中提到在他的时代还能看到许多有关亚历山大的史书，但只有他的这部著作流传下来，成为完整记述亚历山大远征西亚、南亚历程的唯一作品，史料价值弥足珍贵。

作者以求实的态度刻画一代天骄亚历山大，没有明显的溢美、涂饰、掩丑，给后人留下了一个具有自身弱点的天才和英雄的形象，这是阿里安非常值得后人称道之处。由于这种求实的态度，他对一手史料具有少见的自觉。他认为有关亚历山大的作品虽多，但相对较为可靠的是托勒密和阿瑞斯托布拉斯二人的记述，因为两人是亚历山大的部将，是远征过程的参与者。阿里安还分析托勒密记述的可信性，认为托勒密后来当了国王，编造历史较他人更丢人。而且两人在撰写亚历山大历史的时候，亚历山大已经去世，因此没有人会强制他们说假话，他们说假话也得不到什么好处。[①]所以阿里安采信这两个人提供的信息。当然，阿里安把托勒密的国王身份作为他不会扯谎的理由未免牵强，但作者重视当事人和目击者提供的史料表明他已经认识到一手史料与二手史料在质量上的差别。

就对后世历史编纂影响的深度而论，元首制时期的史家中犹太裔罗马公民约瑟夫斯（Josephus，约38—100年）应属首选之列。他原是犹太教祭司，热衷于犹太教和犹太文化，曾经参加1世纪的犹太民族反罗马大起义，并担任领导人之一。韦帕芗和提图斯血腥镇压起义后，他因预言韦帕芗将

① 阿里安：《亚历山大远征记》（Arrian, *Anabasis of Alexander*），1，前言，布朗特译，劳埃伯古典丛书本，1929。参见中译本《亚历山大远征记》，李活译，北京，商务印书馆，1985。

成为皇帝而获释，定居在罗马，被授予罗马公民权和一份固定收入。他并未因此放弃自己的民族情感，约在75—79年发表第一部用希腊文所写的7卷本专著《犹太战争史》，歌颂犹太人的勇敢、坚强与虔诚，认为犹太人是罗马帝国统治下的属民中遭受最大不幸的民族，犹太人的大起义是不堪压迫的必然结果。同时他也称赞罗马人的自制和宽宏。认为罗马过于强大，犹太人的反抗是徒劳的，应当俯首帖耳，做罗马的顺民。稳定的生活为他发挥写作才能提供了条件，约在94年他又发表了20卷本的《犹太古代》，开启了中世纪史学模式的先河。

约瑟夫斯

这部著作完全抛弃了传统的罗马中心论，是独立的犹太人的通史，按照犹太教关于世界起源的解说而非希腊、罗马人的正统传说，自上帝创世纪、造天地讲起，写至公元66年犹太大起义之前为止。他在地中海地区各民族中赋予犹太人特殊的历史地位，因为犹太人的祖先比希腊罗马人的祖先要年长。犹太人的上帝直接知道人类历史的方向，从这一历史中得出的教训就是：

> 人们要遵照上帝的意志，不要冒犯已经完美制定的法律，在一切事业中获得成功不要丢弃信仰，因为人们的成就都是由上帝赐予的福气。①

这是神本史观在古典史学中的第一个宣言，在西方史学史上具有新方向的意义。希腊罗马史学发展至今，人本史观一直占据主导地位，积极进取的人始终是历史实践和记载的主体，求真求实始终是史学的最高目标。虽然此间的大多数史家或多或少在精神上与神灵保持联系，把神的意志视为历史的要素，承认神灵对自然现象、社会现象和人们行为的作用，但没有人像约瑟夫斯这样把上帝提升到统摄一切、主宰一切、无所不能、无所不包的程度。古希腊人和古罗马史家敬重神，但并不把自己的一切献给神。他们在自己的史著中为抽象的神搭起庙堂，却只是在需要的时候，往往是在解释人事发生困难的时候才去请教神。古典史家成就的高低很大程度上

---

① 约瑟夫斯：《犹太古代》(Josephus, *Jewish Antiquities*)，1，27；萨克雷译，劳埃伯古典丛书本，第1～第3卷，1930。

是由他同神及超自然的类似替代物之间的关系远近亲疏所决定的。这是因为，求真和敬神从根本上说是矛盾的，求真到达一定深度，必然同神发生冲突。修昔底德的伟大正在于他突破了神的界限之后才获得的。波里比乌斯的情况也与此相似。约瑟夫斯却要将上帝的意志取代人的一切意志和行为，这不能不说是对古代西方传统历史观的否定。由于约瑟夫斯处于罗马帝国的繁盛年代，史学尽管出现媚世媚上、文风萎靡的颓废征象，但优秀的传统力量仍能在政治环境许可的时候在史学舞台上统领风骚。因而约瑟夫斯的神本史观并未造成破坏性影响。然而他毕竟提出了一种新的解释历史终极原因的方向。它们像病毒潜伏在人体之内，等待兴风作浪、扫荡一切的时机。而这个时机的到来已经不远了。

第五节　史学理论专题研究的出现

至元首制时期为止，在古希腊罗马史学中，对史学主体的理论思考一直是由史家在撰述历史对象的过程中穿插进行的。卓越的史家总是不满足于对历史客体的单一记载和解释，力求在这些研究之外进一步提出对历史本体的认识论和方法论问题，如历史的目的、任务、价值、认识，表现历史的方法、判断历史著作优劣的标准等一系列基本课题，并试图予以解答。然而穿插性的论述缺乏完整系统论述的力度，它的深入发展有赖于专题性的整理总结，而史学领域到此时仍然没有人做这项工作。如果比照同期的文学艺术部门，史学理论总结的滞后状况就过于明显了。至少从公元前4世纪起，文学艺术领域就已产生了一些纯理论思考的著作，具有高度理论思维的少数哲学家、诗人、修辞家，如柏拉图、亚里士多德、贺拉斯、朗吉努斯等人均对文艺理论怀着浓厚兴趣，从各个角度论述过诗歌、戏剧、美术等多方面的问题。在古希腊人的知识分类中，历史也是文学艺术，但大家的注意力却很少光顾历史，偶有所及也如青光一闪，转瞬消失。历史理论的专题研究始终是一个空白。

进入2世纪下半叶，个别罗马知识分子意识到了史学在这方面的缺憾，开始了最初的专题性研究，问世了一些著述，现仅存一孤篇，即卢基阿努斯（Lucianus，约120—180年以后）①的《怎样撰写历史》。

---

① 中译名亦作"琉善"或"卢西恩"，这里从拉丁发音。其英文译本见基尔伯恩（K. Kilburn）译本，劳埃伯古典丛书本，第6卷，1959。

卢基阿努斯是萨摩斯岛的希腊族人，做过法律辩护人、修辞学教师。40 岁左右迁居雅典，改专哲学。从这时起，他开始写了一系列作品，主要是些对话体的文艺批评。《怎样撰写历史》("How to Write History")一文是他的议论文中较好的一篇，尖锐批评其同代历史作品的内容和思想贫乏，阐发多年来历史写作积累的理论知识，议题涉及历史的本质特征、基本任务、历史家应具有哪些必要素质、历史写作的风格技巧。

就历史的本质特征而言，西方史学诞生之日起就已提出了这个问题。赫卡泰乌斯在自己的著作和神话之间划出一条界线，是对这个问题最初的解答。以后希罗多德、修昔底德、波里比乌斯等人都不同程度地论及它们，指出历史和散文记事、诗歌、戏剧、雄辩艺术的根本区别在于求真。卢基阿努斯并没有比他的前人提供更新的论点，但在论据上对现成的认识作了补充。

卢基阿努斯

卢基阿努斯处在安东尼王朝所谓盛世，内外战稀少，没有值得古代历史家记录的惊天动地的大事。该时期皇权已牢固确立，文坛中自奥古斯都时代便开始的阿谀奉承、歌功颂德之风积习已深。在专政集权日益深化、贪污腐败日趋严重、社会矛盾日渐尖锐的罗马环境里，大多数文人，包括历史家在内，既没有显赫的政治经历和庞大的庄园、可观的积蓄，也没有甘于淡泊守贫、献身学术的境界和决心，不得不为衣食利禄奔走钻营，攀缘豪门权贵，以自己的一技之长迎合他们的需要，撰写出大量平庸的史作。当历史在这些人的手里变成谋生的手段而不是崇高的追求时，歪曲史实也就成了司空见惯的现象。卢基阿努斯在自己的评论文章第 7 节对这种史学的腐败进行了激烈抨击，他说：

> 大多数历史家在轻视撰述事件的同时，停留在为官员和将军们歌功颂德上，因而把自己人捧得比天高，把敌对方面的人贬得一文不值。在这种情况下，人们忘记了区别历史和颂辞之间的界限不只是一条狭窄的地峡，而是一道巨大的高墙。

对于卢基阿努斯来说，正如对于希罗多德、修昔底德、亚里士多德、波里比乌斯、塔西陀等人来说，这道高墙不是别的什么东西，就是真实。

卢基阿努斯接着写道：

　　诗歌作品有诗歌的任务和规则，历史家则有另外一些任务和规则。
那里（指诗歌——作者注）有无拘无束的自由，诗人的意志是唯一的法
则……他甚至可以把带翼的马匹套上马车或对马说话，使它们从水面
和麦穗的顶端飞驰而过（第8节）。

　　但历史不行，"历史家唯一的事就是按原样讲述一切"，"真实是历史的
本质，但凡打算撰写历史的人应当仅仅为真实服务，不应当顾及任何其他
的东西"。（第39节）唯真实是从，这是史学的本质特点，也是史家的根本任
务和道德准则。

　　史学的这一真谛在史学领域内恐怕无人不知，但为什么虚假仍然为患
史坛呢？卢基阿努斯对此进行了探讨。他认为有如下几个原因导致史家放
弃对真实的追求，即对掌权者的恐惧，期望从掌权者那里获得酬劳、好感，
或者相反，由于对他所叙述的人怀有敌意。有鉴于此，他规劝历史作家们
不要趋炎附势，要为作品未来的价值着想："如果在通向真实的道路上存在
无法克服的障碍，在这种情况下，历史家应始终注意的不是现在的听众，
而是今后将读到他的史著的人。"（第39节）他引用一个生动的例子建议历史
家在外力干扰时如何设法坚持真实。在托勒密王朝时期，著名的亚历山大
里亚灯塔的建造者于工程竣工之后将自己的名字刻在灯塔的基座上，然后
用石灰覆盖了铭文，再在上面刻写一些称颂国王的颂词。因为他知道国王
希望把在位期间的一切成就归功于自己。后来石灰剥落了，谁是真正建造
者的问题真相大白。

　　基于对历史本质特点的认识，卢基阿努斯在第41节中为历史家拟定了
严格的条件："他是言论自由和真实的朋友，不受任何友谊和敌视的主使，
不懂宽容或残酷，不知虚假的耻辱或恐惧；他在自己的书中是一个异国他
乡之人，或者是一个无祖国的人，在各方面都不人云亦云，只陈述那真实
的一切。"这是古代史学中的客观主义或实证主义思想的典型表述，与稍前
的塔西陀的"不应存个人爱憎之见"和1700年后的德国史家兰克的"如实直
书"有异曲同工之妙。这一认识实际要求历史工作者以求真的理智彻底战胜
情感，尊重历史的客观性，同罗马史坛中浮华粗浅、歪曲历史之风针锋相
对，因此具有合理的一面。但它的误区也很明显，即要求历史家把个人情
感压缩至零，超越了人的理智极限。所以只能说它是一座雄伟壮丽但又高
不可攀的山峰，是严肃正直的史家心中的史学乌托邦。

　　卢基阿努斯还论及历史的价值问题。古希腊和罗马的史家在这个论题

上已有众多论点，共识是建立在人性不变基础上的取鉴经世、道德教育以及美学方面的愉悦作用。卢基阿努斯对史作的愉悦功能不以为然，认为真正的愉悦只能从正确解释历史事件中获得，史作的雅致可能吸引读者，但绝不应影响对真实的展示。

相对而言，历史研究的方法是古希腊罗马史学理论中的较薄弱环节。古代史家虽已一定程度上使用了比较方法、心理分析方法、经济分析方法甚至系统分析方法，但都是单个史家在追究原因时偶尔发现并使用的方法，对不同方法的应用以及应用的好坏完全取决于史家个人的感悟和见识，没有形成一套相对固定的方法程式。古代史家半路出家的特点阻碍了历史研究法的发展和成熟。史家们谈论最多的是在他们恢复历史真实过程中遇到的史料处理问题，也就是今天的史料学问题。好的史家一般能理解史料的不同意义，懂得第一步要大量占有史料，第二步要认真分析史料，在比较鉴别之后选择其中最为可信的部分纳入自己的史著之中。在收集史料的过程中，前人的著作、口头传说、实地查勘、考古材料、档案文件、公私书信、对当事人或目击者的调查均是利用的对象。卢基阿努斯对方法论的讨论也集中在史料的收集处理以及其他人讨论较少的写作技巧上，在他看来这是一个历史家面对的主要技术问题。他认为历史家首先需要认真细致全面地收集材料，"最好是收集自己参与其中和自己观察到的材料"（第 47 节）。因此他欣赏诸如《高卢战记》式的随笔或记事，并不看重后人追忆的文字史料。同时他也认为《高卢战记》式的事件记录还不是历史著作，真正的历史著作有它特有的表现程序和规则，即一个历史家在史料准备工作完成之后需要注意的问题应该依次是：

> 怎样开头，怎样安排他的材料，怎样配置每一部分的适当比例，什么该略掉，什么该展开，什么地方该一带而过，怎样表述事实，把它们连接在一起（第 6 节）。

这即是说历史著作没有适当的表现形式，便算不得一部好史著。

在这方面，卢基阿努斯有自己的看法。他认为历史著作应当美观雅致，像雕塑一样。

> 一个历史家应该类似于菲迪亚斯、普拉克西德里或卡尔克迈（希腊雕塑家——作者注），或类似于其他艺术家，因为他们并没有创造出黄金、白银和象牙……他们的艺术在于赋予材料以应有的形式。历史家的任务与此相近（第 42 节）。

在他看来，史著写作如同雕塑创作，应讲究对象，要有头有身，和谐搭配。头是前言，身是基本内容。前言不能啰唆，内容也不能一味纠缠于细枝末节，如某皇帝的盾牌、罩衫之类，应注意整体的真实生动。他指责说：

> 有人忽略了值得记录的重大事件或只是漫不经心地记下它们。因为无能、缺乏志趣和无知，他们不知应该讲什么和不该讲什么，停留在一些鸡毛蒜皮的事上，不厌其烦地写这些东西（第 27 节）。

不过卢基阿努斯并不反对必要的详细。他认为有些事看起来烦琐而无意义，但实际并非如此。比如修昔底德关于雅典大瘟疫的描述看上去啰唆，但细看它的实质后就发觉它是必要的。

卢基阿努斯还认为，历史叙述之美不仅体现为布局的匀称、选材的准确，而且体现为表述之美。历史家的语言"应当平稳流畅，始终如一，没有忽上忽下的跳跃"，"应该是尖刻的，但终究要比演说家的温和一些"（第 55 节、第 43 节）。同时要"最清晰地表达思想，既不要使用难于理解和冷僻的字眼，也不要使用日常俗语，以便雅俗共赏"（第 44 节）。

自希罗多德始，西方史作中的人物在公众场合发表的演说和发言就成为历史著作中除了对话之外以直接引语表现人物和事件的手法之一。在每一部史著中，演说都有不止一种功能，如烘托背景形势，揭示相关事件的原委，表现个人动机和品质，等等。这种手法归根结底是城邦民主制和贵族共和制的产物。随着君主专制的确立，公民政治参与的消失，在记写罗马元首制时期的史作中，演说相应减少，昔日格拉古兄弟、恺撒、西塞罗的雄辩不见了，元首成了演说的主角。当年国家的中流砥柱元老院，这时成了一批闪烁其词、言不由衷的政客们讲套话的俱乐部。但古典演说传统的魅力仍然能从该时期史著中感受出来。对于史作中演说的真实性问题，修昔底德已经代表所有的希腊罗马史家做了解答，它们是历史写作领域中一个容易背离真实原则、任史家恣意想象的小区，因为史家笔下的演说词是他们自己凭直接印象或适当的间接想象编写而成的，并非原封不动的记录。所以严肃的史家在处理演说时都十分谨慎小心，注意把握分寸。卢基阿努斯也意识到这一点，他忠告写史者：

如果需要某人发表演说，那么首先必须使这篇演说符合特定的人物，贴近所发生的事情。然后应尽可能地力求明确，并且你要在这里尽可能表现出你是熟识演说方法和善于辞令的人（第 58 节）。

第六节 基督教史学的兴起与古典史学的终结

一、古典史学的衰亡

罗马帝国在安东尼王朝统治下，经历了鼎盛的时代。帝国的疆域在图拉真当政时扩大到极限，国内社会安定，希腊、埃及、小亚细亚、西班牙、高卢乃至巴勒斯坦、不列颠的居民或全部或部分成为罗马公民。然而极限意味着衰退的开端。帝国虽大，却有大的难处。哈德良皇帝时罗马便已丧失扩张能力，在东部和北部边境转为守势。而国内统治阶级的腐败在和平中蔓延，奴隶制大地产继续发展，直接生产者的负担在加重，民族矛盾和阶级矛盾在激化，这一切酝酿着未来的危机。至安东尼王朝第五代皇帝奥理略在位时（161—180 年），积聚的矛盾由边患的加剧而被激活。罗马宿敌安息攻入东方行省，战争延续 5 年。随后日耳曼人于西部接连开辟了新战场。埃及爆发农民大起义。奥理略在位 20 年几乎均在军旅奔波之中。战争吞噬了罗马大量人力、财力、物力，频频发生的洪水、地震、瘟疫等自然灾害又使焦头烂额的奥理略雪上加霜。帝国因而国库空虚，财源窘困，为进行战争，皇室不得不出售珠宝，拍卖皇帝的朝服。生不逢时的奥理略在深沉的忧郁中染瘟疫病亡。

奥理略是历史上少见的皇帝哲学家，他思想中的斯多葛主义的消沉打着深刻的时代烙印，一定程度上反映了史学在 2 世纪后期的衰颓趋势。奥理略对历史很不以为然，庆幸自己没有在历史作品上"浪费时间"。[①] 他认为历史毫无意义，尖锐地提出"假设那些将记住他的人甚至是永生不死的，因而这记忆将是永恒的，那么这对你又意味着什么呢？我不说这对死者意味着什么，而是说这对生者意味着什么。赞扬，除非它的确有某种用途，此外

---

① 奥理略：《沉思录》(Marcus Aurelius, *Meditations*)，1，17，海恩斯译，劳埃伯古典丛书本，1916。参见中译本《沉思录》，何怀宏译，北京，中国社会科学出版社，1989。

还是什么呢?"①奥理略文中的"他"正是指注重身后名的人,即关心个人在历史中位置的人。而文中的记忆者实际非历史书莫属,因为除了史籍,谁有永恒记忆之能呢?奥理略对历史的态度和先前的皇帝有显著差别。元首制缔造者奥古斯都不仅熟读经史,而且亲自动手写自传和史书。后来的皇帝如克劳狄曾写过八卷本的《回忆录》,提比略作《自传》一部,连行伍出身的韦帕芗以及后任图密善也以回忆录形式进行过反思和为个人树碑。显然奥理略的心态是一种末世的心态,在帝国形成和上升时期是不可能出现的。如果一国之君对历史人生都怀着这样的认识,那史学的命运也就可想而知了。

　　奥理略死后,罗马帝国的危机全面爆发,边疆处处告急,国内兵连祸结,农民起义此起彼伏,各地将领拥兵自立。政变的军人皇帝只知满足手下士兵的利益,对社会横征暴敛,经济一片凋敝。整个3世纪的罗马都处在兵匪如毛的动乱和内战之中,新的意识形态基督教乘势广泛传播,罗马思想文化危机同政治危机、军事危机、经济危机在同步发展。教育严重退化,罗马贵族在3世纪已很少有人懂希腊文。在4世纪帝国的各大城市中(除亚历山大里亚),哲学、历史和科学竟被人们忘却。即便在首都罗马,贵族也对罗马的历史鲜有所闻,只能看到几本名不见经传的小册子和一本拙劣模仿苏埃托尼乌斯的《诸皇传》。"各图书馆大门紧闭,形同坟墓一样",4世纪的史家马尔凯利乌斯曾对此有生动的描述。罗马史学在这种社会条件下无可挽回地走向衰落。从2世纪末叶的危机至西罗马帝国灭亡的近三个世纪时间里,罗马只有两部具有古典史学质量的著作问世,而且作者狄奥(Dio Cassius,约155—235年)和马尔凯利乌斯都是希腊裔的公民。其他世俗历史作品均篇幅不大,质量也属下乘。

　　狄奥出自小亚细亚行省的俾提尼亚的富贵之家,任过大法官、执政官等高级官职,是罗马元老等级的贵族。他利用政务之闲,费时约22年撰80卷本的罗马史一部,从罗马建城写到229年作者所在的时代,是罗马通史巨著。目前该书中全部保存下来的是第36卷至第54卷,覆盖公元前68—前10年的罗马史事。另外保有第55卷至第60卷(公元前9—公元46年)的节略,第17卷、第79和第80卷片段。所存部分恰是拥有众多记载的部分,所失部分又恰是极端缺乏记载的部分,因此他的著作的流失对现代古罗马史研究是个不小的损失。

---

　　① 奥理略:《沉思录》(Marcus Aurelius,*Meditations*),3,19。

狄奥著作对史料的处理、史实的叙述、原因的解释并没有新的套路，所论所述的水准一般，但在世风日下、史坛萧条的形势中能坚持史学传统本身就是有意义的。另有两点新意也值得一提。首先，他没有元首制早期的史家那种对共和的怀念之情，相反他认为君主专制就本质而言，优于一切共和政体。这种看法不难理解，无论罗马共和还是雅典民主均早已是遥远的过去，对像他这样已视帝国为祖国、皇帝为主人的人毫无意义。其次，他道出在君主专制时代史料收集和鉴定的特殊困难，具有一般的认识意义。在他看来，过去政治是公开的，所有公民参与政策的制定，容易了解事件的真相，因而同一件事的核对可以通过多人的记载和官方记录。政治变为君主一人的事之后，大部分事情开始保密，真实只有局中人知道，外人能做的只是捕风捉影，收集无法证实的小道消息。于是狄奥没有了希腊罗马史家的自信，自己也不敢相信自己所说的是否符合真实情况，只能尽力而为之。这种无奈其实是整个罗马史学的无奈。

帝国晚期罗马史学最后一位杰出的代表是阿米安努斯·马尔凯利乌斯（Marcellius，约 325 年或 330—391 年或 397 年）。他属希腊裔的罗马公民，大概出生于叙利亚行省安条克市的一个贵族家庭，在对罗马的忠诚上较狄奥有过之而无不及。少年时受良师教导，成年后入伍，在罗马东方军团中服役，也曾成为皇帝君士坦丁二世统率的军团中的一名士兵，到过西部的意大利、高卢，扩大了自己的视野，获得不少有关皇室的故事。退役后他定居在罗马，开始用纯正的拉丁文撰写他的代表作《事业》(Res Gestae，又名《晚期罗马帝国史》)，自塔西陀的《历史》结尾处的 96 年写起，止于作者所处的 378 年。原计划写 25 卷，后增加了 6 卷，共 31 卷。可惜前 13 卷遗失，第 14 卷至第 31 卷于 15 世纪被发现，幸而流传，但编年范围仅限于 353—378 年。为作者亲历的时间，史料价值珍贵。

促使他着手写作的动力在于他对罗马的爱。他的母语是希腊语，却用拉丁文撰写自己的著作。这表明拉丁化已相当深入，拉丁文已十分成熟，足以让文化上骄傲的希腊属民自愿使用拉丁文来恰当地表达自己的思想，甚至把罗马视为自己的国家。马尔凯利乌斯目睹罗马军事的失败，国势的衰颓，对罗马国家的命运忧心如焚。他把这种感情和焦虑倾注在书中，称罗马是"世界之首""全世界的圣殿""帝国一切高尚荟萃之地"。[1]整个著作洋溢着爱国主义精神。爱国的目标使他称颂罗马史上的英雄，塑造出一系列

---

① 马尔凯利乌斯：《事业》，14，6，23；17，4，13。

道德的楷模，鼓舞读者对罗马的现状和未来充满信心。但强烈的爱国主义情感并未左右他对历史真实的追求，这是马尔凯利乌斯的难得之处，可以说他是古典史学优秀传统最后一位出色的体现者。

他不止一次强调史家首要的任务就是真实地叙述已发生的事情。为了真实，他大量占有和分析史料，广泛利用前人的著作，个人的观察，以及国家文献，他是罗马，也是古代西方世界最后一位如此尊重史实的人。尽管他爱罗马，崇尚旧罗马的美德但却绝不仅仅扬美护丑。他的书中对罗马社会全面腐败的现实作了无情的披露：贵族依附权势，奢侈靡费，信仰荡然无存；平民醉生梦死，沉溺于面包马戏、剧场、淫秽场所之中；坏皇帝残忍暴戾，滥用职权。他引用历史上和现实中的许多正面的例子与现实的反面例子对照，字里行间体现出他爱之切，痛之深的心情。他认为历史家绝不能隐瞒事实，"一个有意识对一些事件避而不提的历史家同那种始终不写业已发生的事情的人一样是在欺骗"。[①] 他指出历史家所以歪曲历史主要是因对有权者的恐惧和一些利害所在，其次是不加批判地依从权威。他自认为没有歪曲或隐瞒任何可信的史实。从他现存的残卷中可看出他的自述是真诚的。他还建议作史者为了避免讲假话，可以把作品交给后代发表，或者避而不提牵涉活着的当事人的最新的事件，仅叙述到当代的边缘为止。[②] 他自己实际采取的正是这种方法，《事业》恰好结束于作者所在的提奥多西时代(377—395 年)开始之时。

在《事业》一书中，有段关于古代中国的描述颇具价值，系古罗马国民首次准确地提及中国。书中说越过斯基泰人的领地再向东是塞莱斯人(Seres)的国家，国土辽阔，被高大的城墙所环绕。塞莱斯人能从树上收获类似羊毛之物，将它们放到水中抽出细丝（显然指桑树与缫丝工艺）。塞莱斯人的环境宜居温和，人民与异族人友好交往，赠送丝绸而不求回报。[③] 马尔凯利乌斯如何获悉这一信息不得而知，但有一点可以肯定：至 4 世纪晚期，罗马帝国有人到过中国内地。

在马尔凯利乌斯生活的时代，基督教已被提升为国教。《事业》不可能回避这一重大历史变革。马尔凯利乌斯与举世的狂热不同，从一个理性的历史家的角度出发看待基督教的流行，认为耶稣只是位不错的思想家，一

① 马尔凯利乌斯：《事业》，24，1，15。
② 马尔凯利乌斯：《事业》，26，1，1。
③ 马尔凯利乌斯：《事业》，18，6。

位智者，但不是神，人们的狂热起因于对基督的崇拜。同时他也指责皇帝朱利安对基督教的迫害，显示出他的超脱立场。

马尔凯利乌斯身后至西罗马帝国彻底崩溃的几十年里，帝国西部在日耳曼人的反复洗劫和政府的竭泽而渔之下，城乡一片破败，古典文化赖以存在的旧贵族有闲阶级在西部消失了，蛮族新贵则类似罗马的祖先尚武轻文，基督教在意识形态领域取得全面胜利，扼杀了所有异教或异端思想，连拉丁文词汇和句法也因整个文化教育的退化而变得口语化。即使保存和掌握着文化的教会的书面拉丁文，也同白话少有差别。西部的社会条件已容不下一张作史的书桌，就是基督教会也无心无暇关照历史。因而史学领域变为一片荒漠。只有东部的君士坦丁堡还留有一部分具有古典传统的知识分子残余，但也已逐渐基督教化。整个西方文化出现大的断裂。

二、基督教史学的兴起

马尔凯利乌斯为西方早期史学事实上打下了最后一个休止符。在他身后，罗马帝国在痛苦中逐渐走向死亡。与此相适应，无论拉丁还是希腊语世界都看不到任何具有活力的新史作发表，希腊史学和它的继承者罗马史学已经死了，因为它那求真求实的灵魂不见了。它留下的空白自然会由无孔不入的基督教来填补。这一宗教重新解释了现在和未来，当然也不会放过历史。

基督教兴起之初，只是民间下层劳苦大众的宗教，对历史缺乏足够的意识。基督徒们认为自己生活在一个小型封闭的世界之中，靠近时间的终点，关于世界末日和救世主降临的观点统治着他们的思想。因而他们对未来的期待要胜过对过去的反思。但在基督教向非犹太人的世界传播的过程中，为了向异族人证明自己信仰的合理性和可信性，他们不得不从三个方面考虑历史问题。

首先是崇拜偶像耶稣本人的历史性。为此他们利用各种材料汇编出关于基督教创始人耶稣的生平和言论集，即主要由福音书组成的《新约全书》，坚持认为之中所讲述的一切，如贞女马利亚感圣灵生子，耶稣显露奇迹、替人受难、复活升天等在过去确曾发生过。

其次是《新约全书》的历史性。他们必须在自己编纂的《新约全书》和《旧约全书》之间搭起一座桥梁，建立一种继承的联系，因为既然耶稣被描写成希伯来预言中的救世主弥赛亚，那么旧约中的希伯来先知就不再仅仅是犹太教的智者了，他们成为耶稣伟大的历史依据。

最后是犹太人的历史性。为了使基督教在罗马帝国的范围内获得生存和发展，令异教徒相信犹太人的不同寻常，仅仅论证犹太人是上帝特别偏爱的选民是远远不够的，还要论证希伯来人的智慧较希腊哲学古老，希伯来的历史较非犹太人古老，这就使基督教的早期理论家不得不考虑《圣经》以外的世俗的历史问题，并必须把希腊、罗马等地区的历史有机地结合在一起。总之，基督教迟早要以自己的意志、自己的面貌重新解释历史，上帝的意志在这种解释中只不过是他们自身解释的神圣护罩而已。

第一部基督教史著《编年史》应运而生于基督教尚属非法的时期。作者朱利乌斯·阿非利卡努斯（Julius Africanus，约 2 世纪末—3 世纪上半叶）是耶路撒冷的基督教学者，220 年以地方代表身份驻罗马，曾为塞维鲁皇帝修建了一座图书馆。因此阿非利卡努斯可能是位地方显贵，有古代一般史家的出身和经历。《编年史》是他的著作之一，使用的是希腊文。原书已因战乱而基本散失，仅从个别片段中略知其脉络。

该书的时间范围极宽，上自上帝创世纪，下止作者所处的 225 年，绵延整个人类史，但篇幅却极有限，仅仅 5 卷，实为一部新历史解释的大纲，而且事实上起了纲要的作用。它的最大特点是把已经发生的、为基督徒所知的人类的历史全部塞入史话性质的《圣经》所具有的现成框架——时间框架和解释框架之内。

时间以上帝六天创造天地万物包括亚当、夏娃为开端。就此而言，阿非利卡努斯和前已提到的约瑟夫斯是一致的。但约瑟夫斯是犹太教祭司，他的亲罗马倾向也为后来的基督教徒所不能接受。所以基督教史学仍然要从阿非利卡努斯算起。不过阿非利卡努斯未必没受约瑟夫斯的影响。以《犹太古代》的名气和犹太史书的稀少，阿非利卡努斯多半读过该书，在思路上受到约瑟夫斯的启示。但他也有自己的发明，就是根据圣经的传说推算出一个时间基准——上帝创世纪之年，由此至耶稣降生的时间距离为 5499 年。这就创造了一种较希腊罗马纪年方法要明晰便用的基督教纪年方法。在这一发明之前，基督教的时间观念处于前史学的模糊阶段，《旧约全书》中前后事件的时间联系纯粹是神话传说方式，使用的多是一些非确定性的连结词，如"当时""后来""很快"之类，要么就是多少多少年之后。新时间结构确立之后，所有的故事都在时间的直线上有了明确的位置，模糊的圣经内容从此趋向确定化、定量化，同时也使基督教史学有了牢固的时间基础。

在解释方面，阿非利卡努斯依据圣经的基本线索，创制出一个一元双

攸西比乌斯

线的解释系统，即历史从一个起点出发，沿着两条平行线发展：一条为世俗的历史，按照传统的纪年，依次排列有近东各国、希腊、罗马的神话和历史；另一条是神圣的历史，按照圣经的史话故事，如亚当、夏娃、挪亚到基督的线索排序，和传统纪年相对照。这一历史演化的框架为后世基督教提供了历史总体认识的基础。

第一个发展阿非利卡努斯纲要的基督教史家是巴勒斯坦恺撒里亚的主教攸西比乌斯（Eusebius，约260—340年）。他早年到亚历山大里亚学习基督教理论，其老师在戴克里先皇帝对基督教的最后一次大镇压中殉教，他本人躲过了那场灾难，因此对赋予基督教合法地位的君士坦丁大帝感激涕零。在亚历山大里亚的经历可能还使他在日后基督教不同派别对基督教原理的分歧和论战乃至发展到排斥异端的自残中，一度站在非正统派的亚历山大里亚主教阿利乌斯一边。担任故乡恺撒里亚的主教以后，他以阿利乌斯派代表的身份出席过由君士坦丁主持召开的旨在统一思想理论和教规教法的第一次基督教大会——尼西亚会议，并受僧侣们推选在大会上向基督教的救星君士坦丁表示衷心感谢，颇受君士坦丁的赏识。后来在政治压力下违心地转变为正统派。他在当时的高级教职人员中是少见的学识渊博、著述甚多的学者，历史类作品计有《编年史》《教会史》《圣帝君士坦丁传》《巴勒斯坦殉道者行传》四部。另有20卷《福音释解》、15卷《福音备览》等宗教哲学著作。

历史类作品中，4卷本的《圣帝君士坦丁传》是卢基阿努斯曾经尖锐批评过的典型的颂词，作者对基督教的大恩人君士坦丁极尽吹捧美饰之能事，深刻反映出基督教史家对待历史的实用态度。但该书也收入了一些君士坦丁的信件和旨令，包括他禁止偶像崇拜和多神教仪典、赏赐教会财产方面的一些文献，为研究早期基督教史以及晚期罗马史提供了重要的史料。

《巴勒斯坦殉道者行传》是在基督教处于非法时期为上帝的事业英勇献身的典型教徒的事迹集录，具有纪念和教育意义。早期基督教在传播过程中，产生过一批批忠于信仰、献身事业、无私无畏、可歌可泣的人物，基督教之所以具有巨大的感召力，教徒们的奉献精神是重要因素之一。攸西比乌斯的作品记载了这样一些英雄，但正如罗马人那种实用主义的英雄崇拜一样，攸西比乌斯笔下的基督教英雄也被他在原型的基础上尽量拔高，已是理想化的完人了。

攸西比乌斯具有重大影响的作品是《编年史》和《教会史》。前者沿袭阿非利卡努斯的《编年史》，篇幅仅两卷，同样是部史纲，从世界起源写至325年，由平行的事件、王朝、统治者、名人组成。不同之处在于耶稣降生的时间距亚当出世5198年，距希伯来人的祖先亚伯拉罕2015年。两人的差别可能出于圣经不同的文本，二者都没有得到普遍认同。后来广泛接受的时间是由新约中的使徒书提供的数字，距创世6000年。因为旧约中说上帝的一天等于世上1000年。

《教会史》是一部胜利者抚今追昔的回忆录，作于基督教合法化之后，也是史学史上的第一部教会史。依次叙述教会起源，耶稣生平，使徒业绩，信徒、殉道者、布道者的活动，各次迫害和最终胜利，结束在324年。尽管文中有相当多的不实之处，缺乏古典史学严格的史料考证，但这是攸西比乌斯最接近真正历史的一部书。他在书内使用了许多其他人都不曾记载过的原始文献，具有珍贵史料价值。由于他是第一部教会史的撰写人，所以有教会史之父的美称。他身后不断有人续写教会史，将下限延展到518年，汇编于现已失传的《三史集成》中。

但严格地说，攸西比乌斯的作品不是真正的历史，只是半历史或非历史。他的前辈阿非利卡努斯和后辈苏格拉底斯、苏祖门等许多人的作品也同样不是真正的历史。因为他们均是从个人的主观设想出发，或任意裁剪史实，或生造史事，将它们硬塞入假上帝之名设定好的模式之内，让历史服从于他们的主观意志，历史因此变形为具有一定真实成分的半历史或真实内核已被去除的非历史。所以基督教史学其实不是史学，而是宗教，是对上帝及圣子耶稣的真诚信仰在历史解释中的体现。在这里，史学研究的第一步——复原真实并不重要，基于信仰的解释才是至高无上的目标。

从君士坦丁时代开始，罗马接受了基督教，基督教也接受了罗马。在攸西比乌斯以及5世纪初叶之间的几乎所有基督教作家那里，典型的如在宗教思想家拉克坦提乌斯（Lactantius，约240—320年）、哲罗姆（Jerome，约348—430年）、安伯罗西乌斯（Ambrosius，约339—397年）等人的著作中，包括罗马帝国在内的世俗的历史是按照上帝意志向终极目标正常前进的历史，与《圣经》中的历史并不是水火不相容的对立物。然而，以蛮族领袖阿拉里克为首的西哥特人于410年洗劫罗马一事改变了这种和谐状态。哥特人尽管属于遭到正统派残酷迫害的阿利乌斯派，但也毕竟是基督徒。基督徒掳掠早已皈依基督的千年古都罗马，这对于罗马人，尤其对异教徒可谓创痛巨深。他们认为这是罗马放弃原以朱庇特为中心的国教的结果，愤怒谴责基督教应该为这场灾难负责。这理所当然地引起教会人员同样激烈的辩护，而最强有力的辩护士便是北非希波城主教奥古斯丁（Augustinus，354—430年）。

奥古斯丁是北非努米比亚的塔加斯特城人，母为基督教虔诚信徒，父是异教徒，但思想宽容。奥古斯丁从小生活在两种宗教信仰的家里，思想并无定见。他青少年时期受的是传统罗马式教育：先在当地小学读拉丁文和算术，以后进文法学校念荷马史诗和罗马诗人维吉尔的作品，继而读文法、演说术、修辞学，在外过着相当放纵荒唐的生活，很难想象他在日后会成为中世纪最有影响的神学理论家。375年，他学业结束，陆续在塔加斯特、迦太基、罗马、米兰任修辞学教师。此前他信仰变化不定，先信摩尼教，后钟情于新柏拉图主义哲学，结识米兰主教安伯罗西乌斯后感知基督教的伟大，遂改信上帝和基督，成为基督教正统的卫道士，不择手段迫害基督教异端。当他在希波遇到许多自意大利和罗马来的逃难者，听到他们的抱怨时，认识到基督教需要同罗马划清界限，教会是世界性的组织，不应同单个国家建立特殊关系。于是撰写22卷本《上帝之城》一书，重新调整世俗历史和神圣历史的全部关系，确立了上帝的世界是唯一真实的世界的神学理论，最终把基督教神本史观推到完善，在相当大程度上决定了整个西方中世纪史学的面貌。他死前曾统计个人一生的作品共计93部，233卷，不含信件和布道讲稿，可谓著作等身。除《上帝之城》外，还有自传体的个人思想史《忏悔录》、宗教理论著作《论三位一体》等宗教、修辞、语法、艺术等作品。由于他在基督教理论建设上的巨大贡献，中世纪教会授予他"圣奥古斯都"的荣誉称号。

奥古斯丁不是历史家，而是宗教哲学家，他对西方史学的影响在于一般历史观，不在于具体的方法。就一般历史观而言，属于他独创的理论也不在于神本史观、原罪说、目的论、末世论等关于历史演进的总趋势和阶段性、根本动力、终极目标等问题，这些问题已由他的前辈和同代人在圣经的基础上提出和认真论述过。他的贡献在于完善已有的看法，把过去分散的认识汇集成一个看上去可以自圆其说的大体系，其中为他个人独自提出并对后世有深远影响的基本观点主要是两种社会或国家的对立斗争说和教会权力说。这些观点在《上帝之城》中得到集中表述。

《上帝之城》的前10卷具论战性质。既然异教徒对基督教的指责是从历史角度出发的，那回答也必须以历史为出发点。奥古斯丁首先力图证明罗马在基督教变为国教之前就发生过类似灾难，其痛苦程度甚至有过之而无不及。比如高卢人洗劫罗马，罗马内战。哥特人劫掠罗马时许多人躲入教会避难，从而保全了生命，因为哥特人是基督徒，而罗马人过去却抢劫被征服者的神殿，并早在建城时便犯有罪行，如罗慕洛弑兄、强奸萨宾妇女，等等。诸如此类的例子说明罗马的劫难不是没有原因的。而基督教反而缓和了哥特人的野性，这说明它的正确性与合理性。在驳斥异教徒对基督教的各种诘难之后，奥古斯丁又深入批判希腊罗马人创造的几乎所有的精神文化成果，从哲学之父泰勒斯到卓越的唯物主义家伊壁鸠鲁，从希腊罗马神话到诗歌戏剧，一概斥为邪恶。即使对于和基督教唯心主义最接近的柏拉图，奥古斯丁也没放过，肯定其与基督教思想相合的部分，否定其与基督教思想相左的部分。

自 11 卷开始，奥古斯丁全面阐述自己的历史哲学。基本思想是截然对立的二元朝向末日审判的运动。奥古斯丁为此创造了两个新概念——上帝之城和地上之城，用来标志对立的两种力量。这里的"城"事实上只是两种社会或国家的代名词，有时甚至可以当作范围更小的社会集团（基督徒组成的善人和异教徒组成的恶人）来理解。这是奥古斯丁根据圣经中的神话、阿非利卡努斯的一元双线论以及他年轻时所熟知的摩尼教善恶二元对立演绎出来的一种社会理论。

奥古斯丁的两座城均源于上帝的意志。上帝起初创造了一批善恶对立的天使，人类祖先亚当和夏娃选择了恶的一方，犯下原罪，结果形成善与恶双城的对立。两座城"是由两种爱形成的。地上之城由对自我的爱，甚而是由对上帝的蔑视所形成。天上的城则由对上帝的爱，甚而对自我的蔑视所形成……在地上之城中，依从于它的各个国王和国家受制于对统治的喜爱，在上帝之城中，国王和属民因爱而彼此服务，后者服从是因为前者心系全体……在另一座城（上帝之城——作者注）中，没有人类的智慧，只有虔诚。这种虔诚体现在对真正的上帝适当的崇拜，在圣徒和神圣的天使及圣人的社会中寻求报偿，上帝便是一切"。① 所以奥古斯丁的上帝之城实际是个相对于不理想的地上社会的理想社会。在奥古斯丁看来，人类历史将是上帝之城与地上之城的不间断的斗争并最终胜利的过程。在现世，理想的上帝之城不是未来的幻影，而是与不理想的地上之城浑然存在的实体，二者互相交织，彼此进行着你死我活的斗争，以对上帝的态度画线，拥护

---

① 　奥古斯丁：《上帝之城》，14，28（Augustine，*The City of God*，Translated by Henry Bettenson，Penguin Classics，2003）。

和信仰上帝者即心向善，蔑视自我，属于上帝之城的阵营，教会是他们的总代表和领导者，是由上帝创立的实现上帝意志的组织。反之，则属于地上之城。在两种力量和两条路线斗争的过程中，地上之城因其邪恶无法战胜高尚，因而是暂时的，无论是对于单个的邪恶国家还是对于整体的邪恶国家归宿均如此。上帝之城因其不可战胜的高尚，所以是永恒的。当耶稣重新降临、举行末日审判时，上帝之城的决胜之日也就到来了。地上之城连同那些上帝要求其毁灭的人和魔鬼撒旦将与上帝之城分离，注定要沦入地狱，受到永劫的惩罚。而上帝的选民和教会一道进入天堂，与上帝永世共存。全书以奥古斯丁憧憬的美好的天堂景象作为结束。

在这种基本思想的指导下，历史学的任务、研究对象、解释内容发生了根本的变化。史家的任务只在于论证双城斗争的具体过程，即论证对上帝的爱和对自我的爱之间的矛盾斗争，论证人类弃恶从善、赎罪自新、变为上帝选民、走向上帝之城的"必然性"过程。过去认为值得记载和探讨的历史对象现在变得毫无意义了，比如罗马人自傲的早期史、英雄迭出的内战史对奥古斯丁来说毫无价值，只有与双城斗争直接有关的事件和人物才应是历史研究的对象，如君士坦丁与政敌的权力之争，基督教的合法化等。由于地上之城是暂时的，历史上出现的各个帝国因此也是变化不定的，在起过它应起的作用后便永远消失，罗马帝国也不例外。它尽管具有统一各民族的任务以便传布福音，但也不可避免地会趋向衰亡。这样一来，罗马的衰亡便和基督教无直接关联，只因罗马自作孽、对上帝的不诚所致。奥古斯丁作《上帝之城》时，罗马帝国尚未灭亡，而作者却预言它也会像历史上的其他帝国一样终究会变成过眼云烟，并认为帝国的灭亡之日就是世界末日来临之时。这种宿命认识同希腊和罗马史学中的循环论能找到相通之处，但又有所不同。循环论是个周而复始、起点又是终点的圆圈，奥古斯丁的宿命论则是条有始点创世纪和终点救世主降临的波状曲线。在两个端点之间，以基督诞生和替人受难为中心，国家兴起和衰亡像波浪起伏发展，一切都在上帝预先设计好了的程序内运行。所以，基督教的历史观同样是一种封闭的历史观。就这一点而言，它和循环论是完全一致的。

奥古斯丁在自己的另一部著作《论三位一体》中进一步具体化了他的历史认识。他把双城史分成三个大的阶段：前律法阶段、律法阶段、上帝的天国阶段。此外他还在其他地方吸收前代基督教史家的分法，把世界史又分作六个更小的时代，比如按圣经的历史分为亚当、挪亚、亚伯拉罕、大卫、巴比伦之囚、耶稣基督、耶稣基督再次降临，或者按人的一生分作婴儿、幼年、少年、青年、成年、老年六个时代。前律法阶段相当于亚当至亚伯拉罕或婴儿至少年时代，律法阶段相当于大卫和巴比伦之囚或青年至成年时代，上帝的天国相当于基督在世至基督再次降临或成年至老年时代。但是，奥古斯丁的历史分期远不如他的关于两种力量斗争的观点影响大。中世纪的历史家在具体阐释历史进程时大多喜欢使用奥古斯丁的学生奥罗西乌斯（Orosius，约380—420年）以及更早一点的哲罗姆等人的分期法，即以大帝国为标志的四段式分法，如巴比伦、马其顿、非洲（迦太基）、罗马帝国或巴比伦、米底和波斯、马其顿、罗马帝国四阶段。他们与奥古斯丁不同，并不排除罗马于神圣的历史之外，以保持历史的连续性。奥罗西乌斯的7卷本史著《反异教史》是早期基督教史学具体化神本史观的最突出的尝试，也是以宗教偏见歪曲历史的最恶劣的早期代表作。

　　奥古斯丁是神学历史观的集大成者，他的理论体系的完成时间恰好在最后一位希腊罗马史学的杰出代表马尔凯利乌斯辞世后不久，标志基督教史学在西方史学领域的彻底胜利。在以后近千年的时间里，奥古斯丁的二元对立和教会与上帝的特殊关系一直是基督教的历史解释和神权高于王权的理论基础，成为支配整个史学的教条。自奥古斯丁起，西方史学实际已进入一个新的阶段——中世纪阶段。史学变成宗教的使女，抛弃求真的使命，实际变成非史学，这无疑是一个巨大的历史倒退，等于倒退回克丽奥诞生前的前史学状态。所以中世纪史学在这里继续头戴"史学"的桂冠，仅仅因为约定俗成的缘故。

第四章　中世纪史学

概　述

　　中世纪史学意味从奥古斯丁到文艺复兴之间约千年之久的西方史学，涵盖的空间范围包括在此期间新兴的西欧、东欧诸王国和拜占庭帝国。由于基督教的神本史观决定着这一时期西方史学的面貌，因而中世纪史学亦被称作基督教史学。

　　这是西方历史学经过上个千年的高度发展之后的衰退和停滞时期。此间，古典史学中的优秀著作被尘封于私人收藏家和修道院的书库当中，历史写作基本由教士和神父垄断，史学思想和历史编纂方法严重退化。

　　在中世纪的史著当中，可以看到古典史学的某些痕迹，如对历史人物演说的模仿，历史情节的戏剧化，拉丁文的应用，甚至引用古典作品，主要是二流史家的作品作为史料，偶尔还有人发出一两声尊重历史客观性和真实性的呻吟（如拜占庭史家普罗柯匹乌斯和英格兰史家帕里斯提出真实记述历史的要求），体现中世纪史学的最高水平。但他们的声音过于微弱，未能引起广泛的反响，也不可能引起这样的反响，因为古典史学对中世纪的绝大多数作史者来说只是可资借用的个别形式，中世纪史学的精神不是历史精神，而是宗教精神。

　　对中世纪的所谓史家而言，历史不再是自发的过程，而是上帝一手编导的戏剧；史学的任务不是对真实的追求，而是为《圣经》和早期教父们的创世说、二元斗争论、末世论、目的论、罪罚论等提供论据。史学研究因此变成了注经，史料被任意分割取舍，硬性塞进一成不变的模式之中，人类史被人为地割裂为神圣的和世俗的两大块，包括基督在内的古代犹太人的历史构成各国通史的必要前提部分。为了需要，有的基督教僧侣甚至编造史事，杜撰文献，将历史糟蹋得不成样子。即使是该时代最杰出的史家，也不可能挣脱静止的、僵化的以经带史和以史注经的思维模式，求真的要求只能在有限的范围内，即模式内的某个局部加以落实，无补于整个历史叙述体系的虚伪。

中世纪史书的体例单调乏味，基本上是简明的编年史、年代记①，内容最多的是缺乏生气的圣史，即教会史、圣徒传之类。这种现象并不奇怪。中世纪的历史写作为僧侣垄断，绝大多数历史家不再是将军、政治家和具有独立人格的民间学者。他们自然首先关心自己最熟悉的题材，也就是现代意义的宗教史；其次才是他们所不熟悉的世俗史。但在中世纪，世俗史也只是所谓世俗，不是真正意义的世俗，因为世俗史的作者无一不是拿着大典、戴着宗教信仰的"有色眼镜"去观察和描述俗人的过去和现实生活的，这样得到的历史影像往往同历史原状有较大的距离。它们的一般格式是先介绍半真半假的创世纪以来的圣经史话，强调上帝的至尊至圣，然后是关于较晚近年代所发生的大事的有序无序的陈列，教会事务是大事中的大事，目的依然在于说明上帝的无所不在、无所不能。通常，这样的年代记、编年史要经众人之手相沿多年得以完成，而且作者习惯于佚其名，导致许多年代记和编年史的时间和作者难以确定。由于中世纪史家缺乏史料分析考据的科学方法，且受到思想单一的局限，因而史料的处理十分轻率，很少能理解史料的真正意义。历史作品语言的枯燥、层次的混乱是当时的通病。各种史书内充斥着一本正经的论辩、武断的批评、空洞的套话、言不由衷的躲闪遮掩，以及奇迹、先知、朕兆、怪诞的现象，奇异的动物，畸形儿的降生、太阳黑子、流星掠过等一切具有象征意义的东西，严重缺乏古典史学的智慧和灵气。在这种情况下，史学失去了进步的可能，成为宗教宣传的工具，实际由史学转型为非史学、伪史学。所以无论从史学的本质还是从史学认识论和方法论来说，中世纪史学都是对古典史学的根本否定。

当然，对基督教史学的判定不能一概而论，只能就一般而言。以中古封建西方范围之大、时间之长、国家之多、宗教派别之复杂，各地基督教史学的具体表现必然有细微的差异，某个时段或某个国家可能还比较特殊。例如中世纪的拜占庭文化便保留了较多的古典文化传统，因而史学也在基督教思想的指导下，结合了古典史学的不少长处，产生出一些在普遍愚昧

---

① 中世纪的编年史指时空范围较大，所记内容在时间和因果关系上有连续性的作品。年代记的对象一般限于某国或某专门领域，由一些并非有必然联系的事件的简单记载所组成。

的时代里值得称道的史学著作。在因查理大帝发展文化教育的政策促成的所谓加洛林文艺复兴时期，也曾嗅到法兰克史学的些许古典的气息。对多数中世纪的史籍也不能说一无是处。它们之中夹带大量有关教会史和世俗史的真实信息，如修道院内的生活、主教和国王的生平、教堂的修建、内外战争的经过、社会经济的情状、自然灾变、瘟疫流行等，是后人了解中世纪的基本史料来源。此外，中世纪史学的纪年方法较古典史学清晰，世界发展统一性的认识较古典史学明确。但这些积极面同消极面相比毕竟是一个指头和九个指头的关系，不能改变中世纪史学的伪史学和半史学的本质。

第一节 中世纪西欧的史学

一、卡西奥多路斯与格雷戈里

5—6 世纪的西欧，西罗马帝国崩溃和蛮族入侵的余震未消，蛮族各国之间以及蛮族王国与拜占庭帝国之间的国土、权力再分配的斗争没有完结，西欧仍是兵戈扰攘、版图频繁更改的世界。在这种条件之下，自晚期帝国便江河日下的思想文化事业此时也未能稍有恢复。偌大的西欧，除了教会僧侣，很难找出几个能读书认字的人。然而，西罗马统一帝国分崩离析为一系列日耳曼人王国的现实却给予有心修史的少数僧侣们提供了机会，首先是调整上帝原定的世俗世界的演进计划，因为旧的四大帝国的阶段划分已不再够用，奥古斯丁预言中关于帝国注定灭亡的部分成为现实，但关于救世主降临和无限美好的天国到来的部分却未能兑现。帝国之后和天国之间的空白需要蛮族王国加以适当的填补，以适应多蛮族王国并立的历史现实，满足新统治者和教会宣传的需要。所以中世纪早期世俗史学的急迫任务是编写蛮族史，在东、西哥特王国以及汪达尔王国陆续产生了一批由佚名或有名僧侣所写的有关哥特人过去的编年史、简史之类作品，但篇幅短小，质量低劣，只是些荒唐传说、肉麻颂词、轻浮结论的杂凑，像颇有影响的萨维勒主教伊希多路斯（Isidorus，602—636 年）在他的《哥特、汪达尔、苏维汇人史》一书中竟将哥特人说成是挪亚之子雅弗的后裔，与黑海北部著名的游牧民族斯基泰人是同一祖先，哥特人统治下的西班牙成了美丽富饶的人间天堂。在这种粗制滥造的风气之外，比较规整严谨、可以称为史书的中世纪早期的作品只有东哥特王国的行政官员卡西奥多路斯（Cassiddorus，约490—583年）的《哥特史》和法兰克王国图尔主教格雷戈里（Grego-ly，约538—594年）的《法兰克人史》。

卡西奥多路斯出身于罗马元老贵族家庭，受过古典教育，在东哥特王国中曾身居高职，是位少见的博学多才的学者型官僚。537年退职以后，他致力于著述和宗教教育及传播事业，在个人地产上建起寺院，撰写出罗马简史《编年史》、12卷本《哥特史》、教会史《三部史书》等一些著作和论文。其中《哥特史》是卡西奥多路斯在离职前受东哥特国王泰奥多里克之命完成的代表之作，不仅包含许多哥特人的珍贵史料，而且还在许多地方谈到后人所知甚少的匈奴人。但可惜原书已失传，目前只有个别段落残留于天主教徒约旦尼斯（Jordanes 或 Jordanis，约生活于550年前后）的伪劣之作《哥特人的起源与作为》一书中。卡西奥多路斯如同当年马其顿人和罗马人编造祖先的神话一样，把哥特人的起源归于罗马。由于这一认识，卡西奥多路斯在其《编年史》中得出结论：东哥特人是罗马帝国的合法继承人。这样便巧妙地解决了因帝国灭亡所造成的基督教世俗历史线索的缺环问题，东哥特王国取代罗马帝国不过是兄弟继承关系。

格雷戈里

相对而言，图尔主教格雷戈里的《法兰克人史》是中世纪最出色的史作之一，分析这部史作能够明显看出中世纪史学和古典史学的巨大落差。

格雷戈里系移居高卢的罗马贵族后裔，也是彻底基督教化的罗马贵族家庭生人。图尔教区历任18位主教绝大多数与他的家族有亲缘关系。他本人完全是靠基督教乳汁哺育大的虔诚的教徒，未受到古典文化的熏染。《法兰克人史》一书证明他的确精于《圣经》的内容和教会史的范式，缺乏古典史学的起码素养。563年，格雷戈里开始神职生涯，10年后升为图尔主教，在任21年，据他自述口碑甚佳。《法兰克人史》是他担任主教两年后动笔的，至去世前告竣。此外他还著有7卷本《奇迹集》、1卷本《教父列传》及其他零星作品，按古典的标准算不得多产，但在人云亦云、少写寡作的中世纪这已实属不易了。

《法兰克人史》的序言昭示了格雷戈里治史的原因和目的。生逢文化败落的时代，格雷戈里深感在世人中竟找不出一名可以把同代的事件形诸文字的人选，因而产生"尽管言辞粗鄙，我也要把往事的记忆留传后世，绝不使那些邪恶的人和正直的人之间的斗争湮没无闻"①的决心。这种非己莫属的作史抱负和历史责任感以及惩恶扬善的目的与古典史学十分相似，但如果具体到格雷戈里的善恶认识的内涵，那就和古典史家相去甚远了。在这方面，他的作品同其他基督教史作没有质的区别。

格雷戈里在第1卷开首便表白：

> 在打算把国王同敌对的人民、殉教者同异教徒、教会同异端之间的战争记录下来的时候，我愿意首先表明我自己的信仰，以便不论谁读了这本书，都不致对我信奉天主教这一点有所怀疑……坚信全能的圣父上帝，也坚信他唯一的圣子、由圣父所生而非圣父所造的我们的主耶稣基督……对于那些宣扬曾经有过一个时期基督并不存在的人，我要用咒诅来加以弃绝。②

这段话说明《法兰克人史》不过是一部以奥古斯丁的二元对立为纲的善恶斗争史，是一部基督教在法兰克王国的传播与发展简史，法兰克人本身的历史并不是它的实际记述对象。而善恶两大阵营的基本成员则是笃信基督教的国王、教会的烈士、教会本身和他们的对立面——反国王的人民、非基督徒和虽信仰基督却对教义有不同理解的异端。基于这样一种党同伐异、坚决为教会和国王利益服务的认识，格雷戈里即便有记录真实之心也会因自己的宗教偏见而难于实现。实际情况也的确如此。

《法兰克人史》第1卷完全依照基督教史书的固有模式复述在时间、空间上与法兰克人史风马牛不相及的圣史，顺着摩西五经从创世纪、亚当夏娃的诞生数到耶稣复活、罗马对基督教的迫害。然后转述同样与法兰克人风马牛不相及的圣马丁在高卢的布道活动，直至他在397年之死。即便这是背景介绍也离题过远，原本丰富多彩的东方史和希腊罗马史或被一笔勾销，或被一两笔带过，背景的因素只剩下基督教一家。

第2卷一开始继续申明依然以"圣徒们的奇迹般的事业和人们的灾难"为中心，法兰克人征服高卢的经过只是该卷的辅助部分。其中主教的事迹、上帝显示的奇迹和法兰克王克洛维受洗归心成为该卷的主要情节，法兰克人的起源和早期发展之类本应优先关心的历史问题却被轻描淡写。全卷结

---

① 格雷戈里：《法兰克人史》，1页，北京，商务印书馆，1981。

② 格雷戈里：《法兰克人史》，5页。

束于克洛维去世的 511 年。

第 3 卷对异端阿里乌斯派咬牙切齿地口诛笔伐，关于法兰克人的叙述依然笼罩在上帝的阴影之下。由于格雷戈里本人作为历史人物之一进入书内，叙述开始具有共时的性质，内容的真实性有所加强。但格雷戈里的叙述方法未有丝毫改变，世俗事件和人物围绕教会活动的轴心旋转，唯一的变化是增大了世俗事件的分量，但内容破碎，事件与事件纷然杂陈，之间缺乏必然的因果联系。譬如第 1 节写克洛维死后四子平分法兰克国土，这样的大事却无时间、地点和过程的交代，哪怕是简单的交代也没有。之后跳到四子之一提乌德里克的儿子身上，"他是一个仪表堂堂的男孩子"。然后又突然说四个新君都很勇敢。继而跃至图尔与克莱蒙主教的行述，再转进到丹麦人入侵，图林根统治者的权力之争……一个又一个断裂的片段完全是基督教式的年代记写法，缺少基本的历史叙述的技能，讲故事的技能也是不高明的。这使人联想到前史学时期古代埃及和西亚的年代记。对此，格雷戈里颇有自知之明，在书前和书后均表示自己"言辞粗鄙""文体并不优美"。第 4 卷至第 10 卷的形式同前 3 卷完全相同，丝毫未改变以教会为中心的写法，只是换了一些教会和王室的演员而已，牵涉 547—591 年的史事。卷十的结尾也是全书的结尾，等于为这种写法作了最后论定。作者以宗教传说开头，以地方宗教史线索结尾，对 19 位图尔主教（包括格雷戈里本人）的业绩开列了一大张清单，对其本人不无溢美之词。所以《法兰克人史》与其说是法兰克人过去的记录，不如说是教会在法兰克传播福音的活动记录。

从《法兰克人史》的史料来源看，作者占有的材料十分有限，主要是《圣经》、个人记忆、传说，此外是很少量的官方文献、教会编年史、年代记及教会文献。虽然他不懂史料考据辨伪，但在叙述事情时具有正直的基督徒的诚恳态度，即使是教会内部的丑恶也不惜记录在案，如第 4 卷中暴露克莱蒙主教考提努斯原来是个饕餮之徒，第 6 卷披露勒芒一神父的纵欲阴毒等。因此该书具有重要的史料意义，特别是在中世纪普遍迷信、浮夸、空疏的学风和史料稀少的情况下更显出它的史料价值。但在述及形形色色的事件的原因时，格雷戈里就未免力所不及了，因为在他看来上帝已经把一切都安排停当。所以凡恶人恶果在于上帝的惩罚，凡好事善行则是上帝的赏赐。克洛维的胜利是因对圣马丁的尊敬；部队受阻河边，祈祷之后出现一头牡鹿将队伍带至对岸；女王祷告感动上帝，一场战火烟消云散；鼠疫流行，克莱蒙主教夜以继日求告上帝，于是天使下凡，传达上帝的旨意，独克莱蒙教区的居民化险为夷……凡此种种荒唐的解释遍及《法兰克人史》的每个页张，致使这位被誉为"蛮族的希罗多德"的史学家的史学思想至少落后于古希腊罗马史家一千余年。

格雷戈里代表了中世纪头两个世纪西欧史学的最高水平。他身后的 7 世纪只有一鳞半爪的编年记录和一些有关教会模范人物的圣徒传记存世。史学同其他文化部门一样死气沉沉。

二、比德

进入 8 世纪，在偏远的不列颠，产生了一位对英国史学乃至世界史学有所影响的编年史家和神学家比德（Bede，the Venerable Bede，约 672 年或 673—735 年），又称圣比德。

比　德

有关比德生平的信息出自他本人的著作《英吉利教会史》。他出生在英格兰北部王国诺森伯利亚，7 岁时被送进家乡韦茂斯的修道院，约两年后又转到附近的贾罗修道院，19 岁时成为修道院的执事，30 岁时成为修道院的牧师，最后也终老于这个修道院。他利用贾罗修道院图书室内较丰富的藏书，[①] 活到老，读书到老，著书到老，可以说是一位终生隐居、手不释卷、博学多才的基督教学者。他懂拉丁文，略知古希腊文和希伯来文，较格雷戈里有更好的语言基本功，这使他阅读的范围超出基督教的书目，能够在自己的著作中援引古典诗人维吉尔、奥维德、卢克莱修、贺拉斯以及其他古典作家的作品，在中世纪基督教文化垄断的条件下这一点难能可贵。目前所知他的作品多达 37 部（一说是 36 部），大多数是神学解释，也有历史和自然科学方面的著作。其中《英吉利教会史》约完稿于 731 年，是为他赢得"英格兰史学之父"美誉的最重要的代表作。

《英吉利教会史》的编年范围从罗马恺撒时代至作者所处的时代，重点叙述传教士奥古斯丁（与《上帝之城》的作者同名）于 597 年受教皇委托，登陆不列颠传播福音以来的教会发展史，兼及同期英格兰政治、经济和文化生活的一些侧面，书后附有自恺撒经略不列颠以来的大事年表。全书共 5 卷，头 27 章涉及前奥古斯丁时期的英国历史，取材于业已失传的先前作家编写

---

① 韦茂斯和贾罗修道院图书室拥有大约 300～500 本书，这在中世纪早期的英国是最大的图书室之一。

的作品，如保卢斯·奥洛西乌斯（Paulus Orosius，约 385—420 年）、圣吉尔达斯（Saint Gildas，约 494 或 516—570 年）等人的作品，传说成分较多。奥古斯丁进入英格兰之后的记载则使用了不少文献史料和口碑证据。

虽然比德的治史才能受到宗教史观的束缚，像格雷戈里一样热衷于神启、奇迹、朕兆等现象，并将其作为事物发生、演化的原因，但他在具体讲述教会和世俗生活时却具有超过格雷戈里的史识，即对于求真的自觉性。他认识到给予读者真实知识的必要性，在引用史料时尽量告知读者有关史料的来源：

> 为了避免任何怀疑，以便使我写的东西在你或在任何可能听到和读到这部历史的人头脑中准确无误，请允许我简略地谈一下我主要依赖的那些权威。①

所以比德在写作过程中尽量运用比较可靠的文献，如公私信件、前人的著述。为了求真的目的，他经常请人到坎特伯雷借阅资料，从而为英国中世纪早期留下了唯一一部比较完整和充实的教会史著作。

比德在西方史学史上的贡献不仅是对英国历史的记述和对史实的认真态度，还在于清晰的历史纪年方法的应用。他首次利用了狄奥尼修斯·埃克希古斯（Dionysius Exiguus，约 470—544 年）修士②创制的"我主纪年"（Anno Domini，简写为 AD）的方法来呈示历史年代。此前，埃克希古斯纪年法缺乏影响，只用于其个人著述中。流行的纪年法仍是传统《圣经》的从创世纪开始类推的方法，如自初始至大洪水若干年、自大洪水至以色列渡过红海若干年之类。由于僧侣们的估算不同，从创世纪到耶稣降生的时间便长短不一。比德在 731 年的历史著作中应用"我主纪年"法之后，这种方法随即在西欧广泛传播开来。至 1422 年，葡萄牙成为最后一个采用这种纪年法的西欧国家。随着近代西欧强势文化在全球的传布，建立在这一基督教

---

① 布雷萨克：《古代、中世纪和近现代史学史》，96 页。
② 埃克希古斯修士生于西徐亚，后成为罗马修道院的修士，他在格雷戈里历法和儒略历法纪年的基础上创造了"我主纪年"的方法，即把耶稣降生之年定位纪年的基准年。

纪年法基础上的公历成为国际通行的历史纪年。①

英国修士的历史意识在中世纪早期的西欧最为浓厚，所以他们比其他地区的僧侣更注意历史记录，中世纪流行的寺院年代记形式就是由英国修士发明的。7 世纪时这种历史记载形式传到西欧大陆，后来受到法兰克王国查理大帝的赞赏，遂在每一所寺院中推广，于是中世纪的众多历史信息才得以保留下来。但寺院年代记虽然为数很多，质量却不值一提，不够史学著作的品位。整个中世纪的西欧史学就是在这种低水平的重复中徘徊不前，偶尔产生一位类似比德这样的相对出色的史家，也如流星划过黑暗的天空，迅即陨落，无碍基督教史学落后的大局。

三、艾因哈德

格雷戈里和比德是普遍低迷的早期基督教史学的两杰，他们的撰史方法和风格深刻地影响了 8 世纪晚期和 9 世纪法兰克王国的修道院编年史的作家，追逐神启和奇迹是他们著作中的共同特征。但在加洛林王朝，也有一位不俗的史家，即基督徒艾因哈德（Eginhard，约 770—840 年）。

艾因哈德的史作，篇幅不大的《查理大帝传》的产生得益于查理大帝本人创造的历史条件。查理大帝（Charlemagne，768—814 年在位）是日耳曼诸王国中少见的尊重知识和热衷于文化建设的君主。他生在王宫，身为人君，却因法兰克重武轻文的时尚而不识字。中世纪早期整个西欧社会文化的落后也由此可见一斑。掌权之后的查理懂得文化教育对封建统治的意义，因而在国内推行了一套发展文化教育的政策，从各国延揽学者，开办学校，训练贵族、平民子女和教会人员，在黑暗的中世纪掀起了一个短时间、小规模的文化建设高潮。部分古典作品，主要是古罗马的作品，在这一短暂的文化热中被发掘出来，允许传抄、阅读、参考、效仿和保存。目前我们拥有的绝大部分拉丁文古典作品最初都是来自 9 世纪抄本而非更早的事实证明这场文化运动的重大历史意义。故现代史学为这段时间定名为"加洛林文艺复兴时期"。《查理大帝传》正是在这种特殊的文化气氛中诞生的。

作者艾因哈德出身封建主家庭，受教于富尔达修道院，20 岁时因学习

---

① 现代欧美学界鉴于非西方人对西方中心论或基督教纪年的反感，目前在许多著述中采用一种装饰性的呈示形式"公共纪年"（Common Era，简写为 CE）和"前公共纪年"（Before Common Era，简写为 BCE）。但这种表达法与 AD 和 BC（Before Christ）实质是一样的。

成绩优秀被修道院长推荐到查理宫廷内任职，深受查理宠信，为他的贴身幕僚。查理死后，艾因哈德厌倦了查理继承人之间的明争暗斗，退出政治中心，隐居到一所修道院内专事写作、修身，《查理大帝传》是他传留于世的 5 种作品中影响最大的一本，仅中世纪传下来的抄本就有 60 部之多。

　　这是一部刻意模仿苏埃托尼乌斯《十二恺撒传》的叙述形式的作品。先述查理的武功，随后是关于查理性格和私人生活各个侧面的素描，结尾是关于查理的晚年和去世前后的情景。唯一与苏埃托尼乌斯的格式不同之处在于开头没有交代查理的家世和出生、成长的经过。艾因哈德对此作了实事求是的说明，认为"任何有关他的出生、幼年时代，甚至少年时代的事，由我来谈都会是可笑的，因为我找不到任何有关这方面的记载，而可以自称对这些事情有亲身了解的人，也没有一个仍然活着"。这反映了他的求实精神。传记中查理的情况主要出自艾因哈德在其鞍前马后服务时获得的直接印象，因而真实可靠。传记的内容很少有基督教史书中常见的迷信，除了在描写查理去世前渲染了一些朕兆现象之外，查理生平活动都是在没有神启的前提下进行的。在艾因哈德笔下，查理完全是一个有血有肉、亲切感人的活人，而不是一尊神坛上的偶像。这是艾因哈德作品的可贵之处。

　　当然，按照古典史学的标准，《查理大帝传》只是一部平庸的作品。它篇幅简短，线条粗糙，有意迎合当时人喜爱短文而厌恶古典作品长篇大论的习惯。艾因哈德虽不欣赏这种习俗，而且尊重"学识丰富"的古代学者，但还是随遇而安，自述已把字数压缩到最低限度。这就导致查理的许多事迹仅限于点到为止，未能充分展开。而像艾因哈德这样长期在查理身边工作的人本来应该把查理刻画得更为丰满。

　　此外，他的写作动机也使他的作品过于肤浅，基本是一些简单史实的罗列。他为查理作传的目的有两点：第一，记录伟人的事迹，以便后代知晓和仰慕的一般动机，用作者的话说："把我的那位已故的伟大而又堪称光荣的君王和恩主的生活、言谈以及大量行事记述下来……垂诸后世。"第二，个人感念和报恩的特殊动机，即"我还有另外一个理由……甚至单凭这个理由就足以让我动笔，那就是我所受到的养育之恩以及我跟国王本人和他的孩子们的友谊"，"如果我使这样恩遇我的人的丰功伟绩湮没无闻，如果我容许让他的生平不见著录，不受颂扬，就像他没有存在过一样……那么说我忘恩负义，在我是罪有应得的"。[①]

---

　　①　艾因哈德：《查理大帝传》，3、4 页，北京，商务印书馆，1979。

在这种感恩动机引导下,《查理大帝传》中的查理便成了一位少见的完人:"高度的勇敢和坚定的意志","当时统治世界各国的诸王中最英明、最高尚的国王","更多地为人民利益着想","天生的善良和一贯的仁慈","对基督教极为热诚和虔信","极热心于救苦济贫","面容总是庄严而感人","获得了国内外一切人士这么多的敬爱和拥戴,因之从来不曾有人对他提出关于严苛不公的最轻微的责难"等,只有一次失误还是听信其残暴妻子挑唆的结果。这是带有个人深厚感情的传记,是一首只溢美不扬丑的颂歌,缺少普鲁塔克对人的深入分析和苏埃托尼乌斯的怀疑和批判精神。但艾因哈德是中世纪而不是古典时代人,他在古典史学中是一座小丘,甚至连小丘都不是,但在中世纪史学中则是一座高山,他的作品同圣徒传那种把人物无限拔高到不食人间烟火的地步毕竟有显著的差别。

四、艾因哈德之后的基督教史学

《查理大帝传》对后几个世纪的西欧传记写作有很大的影响,国王传和圣徒传一样成为人们注意撰述的对象。如主教阿塞(Asser)所作的英国国王《阿尔弗雷德国王传》、佚名作者的《爱德华传》、主教塞根(Thegan)所写的关于查理之子虔诚者路易的传记等世俗君主的个人史都不同程度地具有《查理大帝传》的影子。但其他传记都沾染了过多的宗教色彩,人物的政治活动或性格特征反倒退居次要位置。最明显的例子是查理大帝本人。查理对基督教文人始终具有不可抗拒的魅力,在艾因哈德之后,不断有基督教人士重新为查理作传。半个多世纪以后,在圣高尔修道院的僧侣诺特科尔(Notker)的《查理大帝传》中,查理的生平已被神化,充满了圣徒传式的捏造。待到12世纪,艾因哈德的那个活查理竟完全异化为一个圣徒。但中世纪西欧的所谓史家们的编造才能并不限于对某个他们需要的人,而且能凭空杜撰出某些对他们有利的重大历史事件。这方面最典型的例子是在8世纪中叶由教廷生造出的文件"君士坦丁的赠与"。

756年,法兰克国王矮子丕平为答谢教廷对他登基的支持,将意大利拉温那等地赠给教皇。教廷为了给这项赠与包装上一件合法的外衣,使教权高于一切,便在历史上打起了主意,编写了一个文件,说4世纪初的皇帝君士坦丁患麻风病,求朱庇特无效,经教皇对他受洗后大病痊愈。后来他和他的总督、元老以至全体罗马人民要求把最高权力让给教皇,并把帝国西部的领土统统置于教廷的管辖之下,而君士坦丁自己则迁往新都君士坦丁堡。这份文件在整个中世纪都是罗马教廷世俗权力的历史基础，直至 1439 年被文艺复兴时期的史家瓦拉揭穿，成为史学史上造伪的最大丑闻之一，为后世史学工作者的职业道德教育提供了生动的反面教材。

与艾因哈德同代的法兰克人尼塔德(Nithard，约 795—844 年)是在加洛林文艺复兴时期出现的第二位古典史作的模仿者。他是查理的外孙，阅历颇似古典史家，当过皇帝顾问，上过战场，著有一部 4 卷本的《历史》，记述虔诚者路易死后，其三个儿子的权力之争和加洛林帝国解体的经过。这部史作与其说是基督教的编年史，不如说是带有古典特点的简明断代史，虽免不了时代的烙印，穿插着造物主的不时指导和暗示，但中心只是在写一个强大国家的衰落，并无圣史的老生常谈。

法兰克帝国崩溃之后的三个世纪，各地修道院的僧侣继续着各种年代记、编年史、主教与君主传记的编写工作，史学持续着死气沉沉的局面，绝大部分史书保持大致相同的格式和观点，唯一不同之处仅在于某些新鲜史事的记录。12 世纪的德国弗雷兴主教奥托(Otto，约 1114—1158 年)的《双城史》是众多编年史中具有代表性的一部。

奥托生在显赫之家，是德皇腓德烈·巴巴罗萨的叔父，约 23 岁时担任弗雷兴教区主教直至去世。他精于神学，喜好历史，著有两部史书：《皇帝腓德烈·巴巴罗萨的事业》和《双城史》。后者受奥古斯丁《上帝之城》的启发，将奥古斯丁的世界史构想具体化，除坚持历史始于造物主之手、结束于救世主降临的老套外，还苦心孤诣地赋予它新的特点以适应历史现实发展的需要，如设想罗马帝国仍是世上之城的最后阶段，东罗马帝国、加洛林帝国和 10 世纪兴起的神圣罗马帝国是这一帝国的继续。在耶稣降生之前，上帝之城不露形迹地隐匿在世上之城当中。耶稣出生之后，上帝之城通过教会显现出来，教皇代表的上帝之城的力量和世俗君主代表的地上之城的力量交织在一起，对立斗争，此长彼消，直至末日总结算的到来，教会和腐朽的地上之城彻底分离。奥托把至他为止的欧洲历史变化在奥古斯丁的大框架里连成一气，并利用史实加以佐证，可谓用心良苦。

但时钟转到 13 世纪，西欧社会经济、政治以及相应的思想文化的悄然变化开始在史学领域引起反响，史作中出现一种轻微的、不易察觉的变化趋势——世俗史的内容，尤其是现当代史的内容在逐渐增多，圣史和俗史的界限渐渐模糊，各国君主的势力加强，普遍设立隶属国王的史官，城镇内新兴的大学与修道院并立为学术研究和知识教育中心，为新一代史家的诞生创造人员条件。13 世纪的英国修道士罗格(Roger，? —1236 年)、马太·巴黎(Matthew Paris，约 1200—1259 年)和 14 世纪的法国神父弗罗萨尔特(Froissart)的史著一定程度上反映了历史世俗化的趋向。

罗格和马太·巴黎均是伦敦附近的圣阿尔班斯修道院的修士。前者编写了一部名为《历史之花》的编年史，首次给基督教产生前后的世俗史以过去所没有的较大注意，基本笔调坦率而实际，然后详细叙述英国史至 1234 年。马太·巴黎继承罗格的方法，编有《大编年史》和《小编年史》各一部。他把《历史之花》作为自己《大编年史》的第一部分，而后则离开传统教会编年史的定式，少写周围熟悉的事物，尤其是教会史，而依时间、空间顺序大写教会之外的世界，如英国、西班牙、神圣罗马帝国、巴勒斯坦以及伊斯兰教、塔塔尔人、犹太人的史事，结束于他所在的 1259 年。弗罗萨尔特生在西欧历史转型期的开端附近，善交当朝权贵，经常出入西欧各国的王室贵族之家，是位尘缘难了的僧侣，又经历震撼西欧的英法百年战争，所以他的断代史著作《编年史》很有些世俗气，重心落在人间的政治和军事活动上，用大篇幅和生动的笔触记述 1326—1400 年间骑士时代的西欧社会风情和骑士们行侠仗义、英勇无畏的事迹，以及百年战争的场面。此间法、英两国之间发生的下层民众起义，如札克雷起义等也由于他的叙述而为人所知。

第二节　拜占庭史学

一、背景和特征

一件具有象征意义的事情发生在 360 年左右。最后一位反基督教的罗马帝国皇帝朱里安到希腊中部的特尔斐神庙求祈阿波罗的神托。阿波罗给予他的是一条悲哀的谶语："告诉那位皇帝，我的殿堂已经倒塌。光明之神不再有他的居室，也不再有他的占卜之海湾和预言之源泉，那里的水已经枯竭。"[①]当时的阿波罗庙宇实际尚未坍坏，但阿波罗的祭司们已经预感到古典宗教的末日。朱里安于 363 年死后，特尔斐的最后一个载于史册的预言应验了：基督教成为帝国的国教，包括古典宗教在内的所有异教的神殿被封闭。这一变革不仅发生在帝国西部，而且也发生在包括希腊在内的东罗马帝国。这一帝国的皇帝多是希腊族人。所以，当西罗马帝国灭亡之后，拜占庭帝

---

① 托马斯编：《古希腊文化传递的途径》（Thomas ed.，*Paths from Ancient Greece*），47 页，莱顿等地，1988。

国虽然是罗马帝国唯一正当的继承人，但拜占庭史学却不能简单视为古典史学的薪火相传。因为在4世纪末，罗马史学已经大体基督教化，古典史学的灵魂被阉割，神本史观取代人本史观，变为史学的指导思想。

然而，罗马帝国完整存在时期的基督教化与中世纪的基督教化在深度上有较大的区别，并非同古典传统的彻底决裂，以致每根筋脉都被切断了联系。传统具有巨大的历史惯性。罗马人，尤其是罗马知识贵族是经古典传统习惯熏陶出来的，已惯于依循传统生活和思考，况且世俗作品有神圣作品所不具备的美学魅力，所以在罗马帝国独尊基督教之后，古典文化在帝国仍有很大的活力，与基督教文化并存，并在一定程度上混合于宫廷、贵族家庭和下层社会之中。罗马人一方面祈祷上帝，诵读《圣经》，修造教堂；另一方面又阅读《荷马史诗》、柏拉图、李维等古典作家的作品，建筑古典式的宫廷、居室，没有完全数典忘祖。

395年，东、西罗马帝国正式分立，此后两国的不同遭遇成为历史连续发展和中断发展的典型，决定了包括史学在内的古典文化在两地的不同命运。西罗马帝国经过文化落后的蛮族的反复洗劫，遭受灭顶之灾。西欧大陆从此分崩离析，古典文化荡然无存，基督教文化以纯粹的形式垄断了西欧的意识形态，以教皇为首的教会成为与世俗君主同在的政治力量，甚至出现凌驾一切的趋势。

但是，拜占庭帝国却在欧洲的大动荡、大灾变中幸免于难，从而承继了罗马帝国已有的各种遗产。作为政治、经济、文化中心的城市在东部保存了下来，古典图书馆因此也安然无恙，成为储存古典文明成果的宝库。帝国政府出于培养文职管理人员的需要，一直在首都拨款资助古典教育，维持了一所学校，除了开设神学课程之外，还培养了少数古典修辞学和哲学教授，使古典史学、文学艺术、哲学等知识学科未变成绝学，并沿着渐变的道路成为以基督教文化为主体的三合一的拜占庭文化。当文艺复兴运动兴起之后和拜占庭帝国被土耳其灭掉之前，西欧人文主义学者从这里获得了大量的古典信息。

拜占庭政治制度的连续性保证了这一进程。以东正教为标志的基督教始终未能超越君士坦丁大帝设定的对罗马皇权的从属地位。依附于皇帝的拜占庭知识分子还创立了一种王权神圣不可侵犯的理论，始终是欧洲皇权合法性的主要理论基础。在这种背景下，皇帝对基督教和古典的双重爱好决定了古典文化虽被基督教所侵蚀排挤，但总能找到属于自己的一处位置。特别是在9—12世纪拜占庭帝国的繁荣时期，收集和阅读古典作品是知识分子博学的象征，连基督教僧侣人员也不例外，经常从古典作品中汲取可资其神学利用的学术营养。

作为拜占庭文化重要组成部分的史学，情况也是如此。尽管基督教思想成为史家撰史的指南，教会史和教会的编年史日益成为史学编纂的主要形式，但拜占庭史学仍具有自身的特点。从 5 世纪至 15 世纪帝国灭亡，拜占庭史家多系俗人，且多是朝中政要，同古典史家有相似的经历，这保证了拜占庭史学的题材较中世纪西欧史学要广泛，相对而言更多地注意俗人特别是世俗英雄而非仅仅是教会、圣徒的历史活动；也保证了拜占庭史学更多地关照近现代史，而非仅仅是从创世纪以来的圣史，更主动地从古典史学作品中汲取营养而非仅从《圣经》中获得材料和见识。

但在充分肯定拜占庭对保存古典文化的意义的同时，也须看到它毕竟是基督教国家，古典作品只在整个国家的教育和知识体系中占有一个很小的份额，而且随着时间的推移，所占的比重越来越小。社会知识的主要载体——书籍的绝大多数系神学著作。圣徒传记以及与此类似的作品，构成拜占庭知识体系的核心，是对事物价值评估的基本标准。无论对于拜占庭的僧侣还是俗人，古典的智慧是"外在的学问"，是学习基督教"内在的学问"的准备，实际是一种工具。整个中世纪拜占庭的意识形态领域本质上处在基督教为体，古典为用的状态。

此外，拜占庭帝国政府、东正教会使用的语言始终是希腊语，这使得文化教育的传授也使用希腊语，甚至人们的日常用语也使用希腊语。希腊语的流行造成古典作家的作品有社会的需求，也有收藏的必要。拜占庭图书馆内古典文献为数众多，现存古典文献多数是出自拜占庭图书馆的藏书。

二、过渡时期的拜占庭史学

5—6 世纪的拜占庭史学具有过渡的性质，古典史学在基督教史学侵蚀和专制君主干预的两面夹击下节节败退，日渐消亡，具有拜占庭地方特点的基督教史学获得了全胜。

拜占庭的第一位史家攸纳皮乌斯（Eunapius，约 345—420 年）系小亚细亚撒尔迪斯人，是反基督教的皇帝朱里安的坚决支持者，著有 14 卷编年史一部，记载了罗马帝国晚期(270—404)的历史，现有片段存世，且书名已失。他还著有 23 位哲学家和智者的传记，也基本遗失，因而对后世影响甚小。

稍晚的史家奥林比奥多路斯（Olympiodolus，约 380—425 年前后）为埃及行省底比斯人，也是异教徒，作 22 卷回忆录式的史著一部，包容 407—425 年罗马的史事，献给狄奥多西二世。如此卷帙浩繁却时间短暂，想见内容丰富充实，可惜也大部失传。仅存的片段证明他史识较低，史料粗糙，带有古典史家所批评的颂词的特点。

左西莫斯（Zosimus，约 490—510 年）是拜占庭最后一位异教古典史家，是以非基督教观点解释罗马帝国衰败的第一位也是最后一位拜占庭史家。他是希腊裔人，生年不详，死于 498 年以后，曾任帝国大臣，是朝臣中少有的非基督徒，著《新历史》一书计 4 卷，现只有残篇传世，具有强烈的反基督教倾向，表明 5 世纪末和 6 世纪初的拜占庭仍实行较宽松的宗教政策。《新历史》第一卷自奥古斯都写起，囊括公元头三个世纪的罗马史。卷 2 至卷 4 展开来叙述 4 世纪的帝国史事，侧重于 395 年到 410 年之间的重大事件，结束于罗马陷落于西哥特人之手。作者曾目睹西罗马帝国倾覆的历史剧变，因而试图揭示帝国没落的原因。他把败落的根由归咎于基督教，认为这是罗马抛弃罗马教的结果。这一指责并不新鲜，自从基督教成为国教以后，罗马每遇一次灾难都会有人提出同样的批评。但左西莫斯是在基督教大获全胜之后这样做的，其直言的勇气可嘉。作为史家，他感情过于外露，以至于陷入偏颇。比如他厌恶基督教，便在书中对扶持基督教的罗马皇帝君士坦丁和提奥多西一世取严厉批判态度，对背教的皇帝朱里安大加赞赏。事实上罗马的衰落和基督教无关。

三、基督教史学

左西莫斯之后的史家无不是上帝的信徒，但从职业类型和史作特征上可以分成世俗和僧侣两个方面军。世俗史家，尤其是 7 世纪以前的世俗史家，身上的古典色彩尚未脱净，在史作形式和内容上极力效法古典史家。对其中个别最优秀的人来说，上帝的位置和宙斯、朱庇特等神祇在部分较为迷信的古典史家心中的位置是相似的。这样的史家就是查士丁尼时代的普罗柯匹乌斯（Procopius，约 500—565 年）。

普罗柯匹乌斯生于巴勒斯坦恺撒里亚的希腊裔贵族家庭，早年生活不详，仅知他受过希腊古典教育，学过拉丁文，上过法律学校，一度成为修辞学教师。东罗马帝国皇

普罗柯匹乌斯

帝查士丁尼在位的头一年（527 年），他成为帝国军队统帅贝利撒留的幕僚，随军转战波斯、非洲和意大利，目击了一些重大的历史事件，如攻打北非汪达尔王国和意大利的东哥特王国，并随贝利撒留进占哥特人的首都拉温纳。但在贝利撒留二次进入意大利的战争行动中，普罗柯匹乌斯是缺席的，显然他已经离开了原主人。长期的军旅和政治生涯为普罗柯匹乌斯积累了丰富的直接、间接经验，具备了波里比乌斯所认为的优秀史家的基本条件。在公务之余他致力于写作，留给后人三部著作：《查世丁尼战争史》《秘史》和《论查世丁尼时代的建筑》。其中，《查世丁尼战争史》和《秘史》这两部出发点截然不同的史著奠定了他在中世纪史学史上最优秀史家的地位。

《查世丁尼战争史》以古典传统的记事为主，全书共 8 卷。卷 1 至卷 2 涉及拜占庭与波斯的第一次战争，卷 3 至卷 4 叙述与汪达尔人在非洲的争夺，卷 5 至卷 7 写同哥特人的战事，结束于 551 年。卷 8 为后来所作的补充，记写 551—553 年的事略，至拜占庭军队在宦官纳尔塞斯率领下粉碎东哥特王国的事略。全书主题围绕皇帝查世丁尼及其大将贝利撒留的东征西伐，但也不时走题，述及君士坦丁堡和帝国其他地区的事件，写法雷同于古典史著。比如在第 5 卷中就插入一段关于查世丁尼改变贸易政策，不再从印度购买生丝而引起中国育蚕法开始传入西方的重要历史记述。由于作者是书中大部分历史事件的参与者，对于那些他没有参与的事件也较后代人有更直接的感觉，并注意使用官方文件和前人作品，加之他继承古典传统，力求如实地记下他所经历的重大事件，因而关于史实的描述较为真实可信，特别是他对于自己直接参与的波斯战争、汪达尔战争、东哥特战争等事件的描述，可以作为一手史料看待，这是封闭在修道院内的基督教僧侣史家无法企及的。因此他的著作具有珍贵的史料意义。

然而，在涉及未直接参与的事件时，他患有中世纪史家的"流行病"——对史料缺乏考据辨伪意识。同时政治考量也影响到他的某些记载的真实性，尤其在价值陈述方面。作为屈居人下的一名官吏，在对事实进行评述时，特别是涉及当事的上级领导，如皇帝查世丁尼和贝利撒留的事情时，他不得不昧心地讲假话，唱赞歌，显示普罗柯匹乌斯的机智和小心。他把有关查世丁尼和贝利撒留的真实画像保存在另外一部代表作《秘史》当中。

《秘史》内容和《查世丁尼战争史》前 7 卷的内容在时间上相同，但前者集中于查世丁尼和贝利撒留的个人生活，对人对事的评价与后者大相径庭。《秘史》的书名在中世纪早期的辞书《苏达》中便有记载，书名为《未发表的作品》（*Anekdota*）。但它的抄本直到千年之后才于梵蒂冈图书馆被发现，并在1623 年得到出版，现存三万多个词。经近现代学者反复考证，确认为普罗柯匹乌斯的原作。这是一部秘而未宣的家传作品，原先在《查世丁尼战争史》中简直前不见古人、后不见来者，复兴罗马帝国的明君查世丁尼变成了残忍狡诈、专权无道的暴君、昏君和无耻小人；他的妻子，皇后泰奥多拉则脾气暴躁，庸俗不堪；而普罗柯匹乌斯的老领导贝利撒留及其妻安托尼娜也同样有一副丑陋的嘴脸。

　　在同一位作者笔下，对同一些历史人物的评价竟如此悬殊，这在西方史学史上是绝无仅有的现象，可谓史学史上的奇观。普罗柯匹乌斯并没有说明他为何要这样做，但显而易见是由于君主专制、言路堵塞的外因与普罗柯匹乌斯所具有的揭示真相的良知交互作用的结果。《查世丁尼战争史》因公开发表，首先需要适应当朝统治者的要求，在关键处只好言不由衷和肢解、曲解史料，甚至不惜肉麻奉承。而《秘史》的初衷不在于当世而在于后人，是为查世丁尼之后所置，因而能直陈胸臆，嬉笑怒骂，露出真正的普罗柯匹乌斯，为史学史平添了一件意味深长的趣事。至于《秘史》中那些具体形象的宫廷绯闻、丑事是否件件属实也未可知，因为普罗柯匹乌斯在书中有强烈义气行事的痕迹。但作者毕竟是能够目击和耳闻宫廷与豪门家族内情的人，因此《秘史》的一手史料价值不能低估。

　　教会史和基督教编年史发源于罗马帝国东部，因而在拜占庭有很深的影响。拜占庭分离后的第一位教会史作家是君士坦丁堡人苏格拉底斯（Socrates，约 380—450 年），他续写其前辈攸西比乌斯的《教会史》，自 305 年到439 年。第一位编年史作者是马拉拉斯（Malalas，约 491—578 年），也是希腊族人，但史才却远逊于苏格拉底斯，确切地说是只有著史的愿望，毫无治史的才能。他的《编年史》厚达 18 卷，却仅是《圣经》和地方编年史的杂凑，内容杂乱无章，错误百出，竟能出现众多关公战秦琼式的常识错误，如将希罗多德处理为波里比乌斯的晚辈，认为恺撒杀害了庞培等。其文字也俗不可耐，把史学一向讲究的书面语变为粗俗的民间口语。

　　继马拉拉斯之后的《巴斯卡尔编年史》秉承典型的基督教史书模式，从创世纪写到 629 年，与西部的编年史不同之处是予古希腊和罗马的历史以较大的份额。晚年基督教编年史基本依循这一路径，给予世俗史较多的注意，并且能够引用古典作家如希罗多德、狄奥·卡西乌斯等人的作品作为史料，反映古典史学的影响绵延未绝。拜占庭的基督教编年史的写作方法后来对东欧，特别是俄罗斯史学的形成和早期发展具有直接的范例作用。

在 9 世纪出现了一部最能反映古典文化意义的作品，即由两度担任拜占庭大教长的弗提乌斯（Photius，约 820—892 年）所编的《藏书集录》（Bibliotheca 或 Myriobiblion）一书。这是弗提乌斯为他的兄弟学习需要而作的读书指南，当中辑录了弗提乌斯阅读过的 280 部古代作家的作品名称和内容摘要，以及大量评注，可能是作者在巴格达驻节期间利用阿拔斯帝国的丰富藏书摘录的，其中主要是神学和古典历史著作，包括自赫卡泰乌斯以来的希腊、罗马史家的作品，另有许多涉及修辞学、哲学、文学和其他科学部门的古典作品。有 60 部失传的作品只因福基乌斯才被后人所知。由此可见，在拜占庭帝国，即使是基督最诚实的信徒和信徒们的领导，也把古典著作当作文化修养的参考读物。

至于拜占庭的世俗史学，7—9 世纪间因查士丁尼缔造的大帝国崩溃，其国土仅剩小亚细亚和巴尔干南部地区，社会动荡不安，文化活动萎缩，尤其是在乱世中易受打击的世俗文化奄奄一息，史学领域除有少数教会编年史问世外，俗人编纂的史著几乎绝迹。10—12 世纪拜占庭的形势好转，政治局势相对稳定，内忧外患减少，拜占庭文化在政府的扶持之下趋向复兴和相对繁荣，史作不断出现，内容则在基督教允许的范围内继续保留了古典史学的一些优良传统，形式和内容都比西欧的同行们灵活。如在君士坦丁七世在位期间（912—959 年），国家组织学者集体编写了一部大型历史丛书，收入波里比乌斯、狄奥多洛斯、狄奥尼修斯、狄奥·卡西乌斯等大批古典史家的作品片断，以及《拜占庭帝国史》等新著。君士坦丁还亲自撰写了一卷专述其祖父瓦西里一世的传记。但 10—12 世纪的编年史、传记、专史虽为数较多，等而上之者甚少，更谈不上惊世骇俗之作。

此间最值得一提的史家是一位女性——拜占庭皇帝阿列克西奥斯·康奈努斯的女儿安娜·康尼娜（Anna Comnena 或 Anna Komnene，1083—1153 年）。这是西方史学史上的第一位女史家，也是直到 19 世纪为止在西方史学史上留下明显个人印记的唯一的女史家，被现代学者称为她所处时代"最卓越的历史学家之一"。①

---

① 汤普逊：《历史著作史》，上卷，谢德风译，第一分册，444 页，北京，商务印书馆，1996。无独有偶，我国汉代史家班昭可谓与安娜相映生辉的两位农耕时代的史学女杰，这在男性长期统治的史学领域是极为罕见的亮点。

　　她生在君士坦丁堡皇宫的"紫色产房"①，为母后伊琳妮与她父亲所生的9个子女中的老大。作为长女，安娜·康尼娜的出生给父母带来了欢慰，她享受到隆重的出生庆典的殊荣。康尼娜贵为公主，从小聪慧机敏，喜读经史，善做文章，是封建男权时代少见的才女。她先学希腊文和四艺（算术、几何、天文学、音乐）基本功，再学修辞学、哲学、诗歌与历史等提高课程，阅读柏拉图、亚里士多德、托勒密等大学者的著作，偏好哲学反映出她的知识取向和智力水平。

　　还在襁褓之中，康尼娜便被父亲指定为前皇帝米哈伊尔七世之子君士坦丁·杜卡斯的妻子。这是一笔政治交易，因为杜卡斯被立为皇储，形式上与岳父阿列克西奥斯共治。康尼娜成人后顺利成婚，日子美满。但执掌实权的阿列克西奥斯有了自己的儿子后，决定废黜杜卡斯的皇位继承权，立自己的儿子为皇储。康尼娜经历了宫廷权力再分配的变迁之后，与丈夫隐居乡间庄园。杜卡斯于1097年早逝，给康尼娜留下了一生的忧伤。她遵父命又改嫁颇具文学素养的将军尼斯福鲁斯。后来她在遗嘱中自述她的再婚违背了自己的意愿，完全是为了取悦父母。② 后因她参与宫廷阴谋失败，被贬入修道院幽居。有了时间与忧思，康尼娜在其亡夫遗稿基础上发奋著史，完成了《阿列克西奥斯传》一部共15卷。由于书中的主人公是作者父亲，所述皆为她耳闻目睹的同代事，并且作者在写作中能够领悟与秉持古典史学的精髓——客观主义的求真精神，加之文字优美，富有表现力，具有女子特有的细腻，所以该书带有目击者和当事人的回忆录或实录的性质，可以作为有关1081—1118年年间拜占庭政治史的一手史料使用。康尼娜关于治史原则的一些论述在基督教史学思想泛滥的时代可谓振聋发聩，足令后来的读者击节而三叹，兹援引若干如下：

　　　　史学本质上必须以事实为基础。
　　　　一个人如果承担了历史学家的角色，就必须忘记友谊和仇恨。如果敌人的行为值得尊敬，他必须给予高度称赞；即使他最亲近的亲属

---

　　① 紫色是拜占庭皇帝专属颜色，紫色产房是供拜占庭皇后分娩的特殊房间。由于房间的专属性，"紫色产房"一度成为拜占庭皇族身份的一个称谓。
　　② 李秀玲：《安娜·科穆宁娜及其笔下的拜占庭帝国》，南开大学研究生院（博士论文），2008年5月，25页。尚未出版的李秀玲博士的论文对康尼娜（其译名为科穆宁娜）的史著进行了迄今国内最为详尽的研究。

犯了错误，他也必须进行谴责。因此历史学家既要规劝他的朋友也要赞颂他的敌人。

就我本人而言，我厌恶讲述谎言和编造历史，尽管我知道这种风气在嫉妒者和怀恨者中是普遍存在的。

对于事件的不同解释往往源自个人的情感，有些人出于同情，有些人充满仇恨，但双方都存在偏见，没有根据事情的是非曲直进行判断。我没有受到别人意见的影响……①

理性上的清醒认识与实践理性并不总是一致。在康尼娜的著作中，可以感受到作者对父亲的强烈个人情感影响了对阿列克西奥斯的客观评定。尽管她说自己不会掩饰父亲的缺陷，但在叙述中，阿列克西奥斯几近完人，集中了人类所具有的一切美德。此外，康尼娜不是一位深思熟虑、具有大聪明的历史家，因此纪实有余，分析不足。

拜占庭位于西欧和近东的交接点，是西欧抵御近东和中亚民族入侵的天然屏障，也是西欧向东方侵略的必经之地。因此与周边国家的关系十分微妙。中世纪历史上的十字军的多次远征均通过君士坦丁堡，因而成为拜占庭史家不可忽略的记载对象。康尼娜便生动地记下了第一次十字军穿过君士坦丁堡的情景。

拜占庭从复国到1453年亡于奥斯曼土耳其帝国的最后200年，是这个千年帝国的衰亡阶段。如人到晚年步履艰辛、体弱多病一样，拜占庭帝国受着历史上各个王国、帝国共患的末世病——经济危机、政治腐败、社会上下层矛盾尖锐、国防空虚、外患频仍。末世中的史学也呈衰颓之势，史著零落，十余名史作者多出自地方，与帝国境内政治割据、中央式微的情势相适应。由于史作有限，帝国历史的线索断断续续，但重大的事件和人物没有遗失。皇帝约翰·肯塔丘泽鲁斯(John Cantacuzenus，1341—1355年在位)的4卷本回忆录《历史》是关于其所处时代(1320—1356年)的珍贵史料。这本回忆录是作者在权力场中角逐最终失败后遁入修道院后所写，因而能以较为平静公允的心情处理其中的人事。和约翰六世同代的黑海地区赫拉克利亚人格雷哥拉斯(Gregoras，1295—1360年)是晚期拜占庭史学最突出的代表，也是当时最渊博的学者。他曾在宫廷担任档案保管人，熟读典籍。这使他有条件写出38卷本的《拜占庭史》，编年范围在1204—1359年

---

① 参见李秀玲：《安娜·科穆宁娜及其笔下的拜占庭帝国》。

之间，基本是作者经历的现当代史，内容集中于宗教事务与教派斗争，但也有十字军掠夺君士坦丁堡的记载。

1453 年 5 月 29 日，土耳其军队攻占君士坦丁堡，拜占庭史学受外力的作用而终结。残余的拜占庭学者带着知识和思想浮海西向，逃往能够接收他们的意大利，为已经在那里形成气势的文艺复兴运动之火增添一把薪柴，特别是用语言工具搭起一座拉丁人结识希腊著作的桥梁。西方史学的中心重又回到古典文明的故乡之一——意大利。

第五章　古典史学的复归——
文艺复兴时期的史学

概　述

　　文艺复兴(Renaissance)的法文原意为再生、重生，这一术语是对欧洲14—17世纪前半叶这个历史阶段的文化特征的高度概括。

　　欧洲社会到了14、15世纪，无论是社会生产还是意识形态都陷入了自身难以解脱的困境。封建农奴制严重束缚了生产者的积极性，社会经济在低水平上循环，已经没有发展的出路。封建领主、国王和教皇政权多元并立，严厉控制自己领地并互相争权夺利。基督教垄断着社会的精神生活，人性被过度压抑和扭曲，整个社会思想文化生活被严重窒息。就是中世纪唯一的学问——神学，也走入了死胡同。以经院哲学家为代表的知识分子用全部智力来证明不能证明的东西，从圣经中的既定教条演绎出一条条定理式的结论，把神学变成一个庞大、僵死的理论体系。社会全面停滞发展的现实迫使人们设法突破困境。这是一个自发的进程，起点恰在古罗马的摇篮和中世纪神权统治的中心意大利。

　　意大利在当时是东西方商贸交点之一，政治多元，封建统治相对薄弱，最早出现城市共和国以及与封建制方式不同的获取财富的新方式，因而也最早开始向以自由个体为社会基础的资本主义社会的转型过程。新生的资产阶级分子不满封建主的各种干预，渴望冲破束缚手脚的封建藩篱。他们在埋头用自己的生产方式一点一滴瓦解封建社会冻土的同时，还试图在意识形态领域为资本的顺利发展扫清思想障碍。意大利独特的历史条件，如丰富的古代遗存、独立的城市，辉煌的古典罗马与现代之间不可分割的联系纽带，为新兴的城市资产阶级提供了西欧其他地区所没有的思想寄托场所与表达出口。于是一大批在思维能力和性格方面多才多艺和学识渊博的巨人首先在工商业发达的城市国家佛罗伦萨应运而出，呼唤着人性和自由，很快便打破了中世纪的坚冰，在全欧洲掀起了一场声势浩大的反封建、反神学的思想解放运动。这一运动是在历史复原的旗帜下进行的，是典型的否定之否定，即以被基督教文化否定的古典文化否定基督教文化，使久已成为历史的古希腊、古罗马文化的精神和实体在死亡千年之后获得重生，并赋予其新的内容。所以历史学当然地成为这场运动不可或缺的重要组成部分。

最初的意大利人文主义者，不论是文学艺术家、哲学家还是历史家，都具有发掘祖先伟大遗产的直接冲动，像现代职业历史家一样对史料十分痴迷，狂热地搜寻古代的手稿、艺术品，并进一步整理、校勘、编辑、印刷、出版、临摹、复制、传播这些古典文化的成果。印刷术的应用为古典文化的传播创造了极为便利的条件。这不仅在西方史学史上，而且也在世界史学史上是一场前所未有的大规模收集、整理和研究国故的运动。正因为有了扎实的材料积累，所以人文主义的思想家、艺术家才能阅读、借鉴不同类型的古典著作和古典风格，培养起深厚的古典文学艺术和史学、哲学学养，为未来欧洲的文科教育奠定了不可缺少的古典学基础。

文艺复兴时期的史学乃至整个思想文化的最鲜明特征之一是古典人本史观的复归。尽管文艺复兴的巨子们无一不是基督徒，在整个文艺复兴期间，并没有人敢于像古典时代的无神论者一样同上帝和基督直接对抗，但上帝和人的位置已经发生了巨大的改变。人文主义者自觉不自觉地采取"阳奉阴违""偷梁换柱"的手法，把锋芒指向上帝在人间的一些具体代表，指向那些禁锢人性、排斥异端、强求一律的不合理学说和制度。过去那个全知全能、统辖一切的上帝和上帝之子基督因此被架空为庙堂中的高远偶像，变成古典的"宙斯"和"朱庇特"，对人事只有十分有限的干预能力。而原来小写的人却从上帝的羔羊、天生的罪人变为历史和现实的主体。弘扬人性，人的尊严、人的自由、人的情欲、人的道德、人的荣誉和功利重新成为历史著作的主题。在人本史观的支持下，文艺复兴时期的史家突破了基督教史学划定的历史演进模式，提出西方历史三个阶段(古代、中世纪、文艺复兴)划分的新方法，从而确定了迄今仍然有效的西方历史乃至世界历史的阶段划分形式。从以人本身为研究对象的意义上说，近现代西方史学乃是文艺复兴时期人文主义史学所开创的新过程的继续。

文艺复兴时期史学的特征之二是史家队伍的成分不同于基督教时期。由于长期思想控制放松之后释放出的人的活力，以及开明君主和教皇奖掖学术、附庸风雅的政策，大学教育的发展，社会上造成一种成名成家的气氛，追求知识、追求高雅、追求不朽、追求大写的人的价值成为时代的学风，因此文艺复兴时期史家的组成不同于古代和中世纪基督教史家。大批史家是凡夫俗子，多数依附于王公贵族，与古典史家有相似的从政从军的人生经验，有些人还是时代政治舞台上的风云人物。但也有李维式的民间知识分子。他们大多具有多方面的才能，高度的文化修养。一个史家，同时又可能是很有造诣的文学艺术家、哲学家、伦理学家、古物学家、科学家。历史撰述和研究的这种世俗化、平民化为历史学未来的专业化奠定了最初的基础。

文艺复兴时期史学的特征之三是对古典史学的崇尚。人文主义史学家始终是在与愚昧的中世纪比照的前提下去认识古典史学的伟大成就的，古典史学对他们如同是一块新大陆，一座灿烂的宝库。由于他们为发现的惊喜所左右，因此像大多数发现者的心情一样，起初对古典史家抱有理想主义的态度，亦步亦趋地效仿古典史著的形式，对古典史家提供的史料缺少分析和批判。这妨碍了他们对求真和发展的追求，特别是忽略了对古典史家已经记述过的古代历史的批评。人文主义大史家布鲁尼的认识很具代表性。他认为古典的历史已经被古人写过，现代历史家除了能作些概述和解释性脚注外，便无事可做了。但人文主义历史家在记述他们自己的历史时，能以古典史学的研究方法处理史料，叙述和评判史实；在收集古文物的过程中，发展古典史家开创的利用考古材料恢复历史真实的方法，为近代考古学、古文字学、版本目录学、校勘学、古历史地理学、古钱学、碑铭学等辅助学科置放了基石。

文艺复兴时期史学的特征之四是历史编写形式的多样化。由于城市共和国的独立，个人成名、成家意识和历史意识的增强，历史编纂队伍的扩大，文艺复兴时期史学的题材相当丰富多彩，风格千姿百态。其史作大体包括这样几种类型：按编年顺序叙述的国别史和世界通史、断代史、传记、专史、对古典作品的评注、古物研究与鉴赏、史学理论，尤其是有关史学任务的研究。在各种史作形式中，最通行的是地方编年史。城市共和国基于实行独立自主的内外政策、提高市民的向心力和凝聚力，对本国、本地区的历史都格外关注。意大利的佛罗伦萨、威尼斯、米兰、拿波里等国均有自己城市的编年史，为"佛罗伦萨人""威尼斯人""米兰人"群体树碑立传。此外，英国、法国、德国、波兰等东西欧国家也有类似的编年史问世。表面上看，它们与基督教编年史相似，并且利用了基督教史书提供的史料。

然而就它们的叙述风格、内容以及提出的任务而言则与基督教史学相去甚远，类似于古典的编年史作品。与人文主义的古典式史学并存，传统的基督教史学的教会史、年代记、编年史、圣徒传类史书还在继续编纂，但已经逐渐退居次要地位。文艺复兴时期的另一繁荣的史作形式是个人传记（包括自传），人们对这一形式的喜爱胜过古典时代，立传如同人们喜爱美术肖像画一样是社会的时尚。上至国王、教皇、贵族、将军，下至市民百姓，当然主要是有头有脸、有文化的银行家、商人和文学艺术家、律师、医生等自由职业者，都可能有立传的要求，从而留下了各色传记历史作品。但传记普及化也产生了消极结果，这就是弄虚作假、投立传者所好的颂词文学的流行。

　　人文主义史家在继承了古典史学的长处的同时，也继承了古典史学的局限。他们的题材集中于政治斗争史、战争史。人物的传记也主要介绍政治的成就和不足。但人文主义史家经历了古典史家所不曾经历过的更长的时段，并且具有基督教把历史和未来发展联系起来的以更长远的观点观察人类历史的训练，因而较古典史家有新的时代或阶段的认识，能看到古代和中世纪的显著区别，提出以发展的观点为核心的历史主义的思想。

第一节　意大利人文主义史学

一、人文主义史学的先驱

彼特拉克

　　意大利是文艺复兴的发源地，佛罗伦萨城是文艺复兴时期的"雅典"、新史学的温床。文艺复兴的前三杰之一弗朗西斯科·彼特拉克（Francesco Petrarca，1304—1374 年）既是诗人又是文艺复兴时期的第一位史学家。他率先揭开了古典史学复兴的序幕，确定了文艺复兴（14 世纪中叶—15 世纪）史学活动的基本内容之一，即广泛收集和整理古代的史料，积累古希腊和古罗马的知识，初步按古典史家的方法和形式撰写史作。

　　彼特拉克是阿莱左市一个商人兼公务员的儿子，早年随父母搬迁，从阿莱左到佛罗伦萨、阿维农、博罗尼亚等城市。他曾遵父命在蒙彼利埃大学学习法律，但他的学业兴趣却在写作和拉丁文学上。他的第一部较大部头的著作是拉丁文长诗《非洲》，歌颂攻灭迦太基的罗马统帅斯奇庇奥·阿夫里卡努斯，成为第一个开发并宣扬古典文化的人。以后他在欧洲各地旅行，广泛收集拉丁文和古希腊文著作，发现了人们从未知晓的西塞罗的书信集，他称之为《致阿提库姆》。他创造了一个概念——"黑暗时代"（Dark Ages），用来对中世纪拉丁文学进行评判。后来则被人文主义历史学家们推广为一个历史大阶段的概念，被广泛运用在欧洲历史的解释当中，成为对中世纪基督教文明的一个贬义词。① 他不仅写过不少诗歌、散文，也有初步的历史著作，开了人文主义史学风气之先。他认为罗马的历史应该是历史写作的主题，"如果不赞美罗马，那么整个历史还能有什么？"②他的传记体史作《论著名男子》依靠李维等拉丁史家提供的史料，在第 1 卷中描述了 36 位古典英雄人物的生平，其中大多数是罗马人，如罗慕洛、斯奇庇奥、恺撒等，此外还有亚历山大、汉尼拔等非罗马人，没有给圣徒留下一个位置。③ 虽然彼特拉克的史学功力尚很肤浅，没有史料的考证、史实的深刻分析评判，但这是在圣徒和帝王的传记统治西欧史坛千年之后第一部以古典世俗英雄豪杰为主人公的作品。然而，如果把彼特拉克崇尚古典与基督教对立起来就未免简单化了。他的宗教信仰并未因他对古典的钟情而改变，他曾说："我的心灵最深处是与基督在一起的。"④这一点与后期人文主义者的世俗主义倾向是有区别的。

薄伽丘

同彼特拉克一样，文艺复兴初期的人文主义史家乔万尼·薄伽丘（Giovanni Boccacco，1313—1375 年）也是商人的儿子。年幼时其生母过世，他的继母对他比较刻薄，使幼年的他少有家庭的温暖。后来他随父亲移居拿波里，先学商业，后说服父亲允许他学习法律。但他最喜爱的还是文学与古典文化。在拿波里他有幸结识贵族和出色的文人，这为他日后的文学创

① 现在国外史学界虽然仍使用"黑暗时代"这个术语，但主要是指史料的数量与前期相比过于稀少。

② 马克·吉尔德哈斯：《历史和历史学家：史学导论》（Mark T. Gilderhus, *History and Historians：A Historiographical Introduction*），27 页，普兰提斯霍尔出版公司，2002。

③ 第二卷则收入 12 位《圣经》中的人物，如亚当、挪亚等。

④ 克利斯特勒：《意大利文艺复兴时期的八个哲学家》，12 页，上海，上海译文出版社，1987。

作奠定了生活的基础。1341 年初，薄伽丘返回佛罗伦萨，参与城市的政治斗争，担任共和政府的财务官员并作为特使出访过教廷。1350 年他与彼特拉克结识，最终成为挚友。他是勤奋多产的作家，在他的众多作品中，有四部史学作品，即《异教诸神的谱系》《但丁传》《论著名女子》《著名男子的命运》。《论异教诸神的谱系》是他费时 20 多年研究包括古典神灵体系在内的非基督教崇拜的成果，共 15 卷，对古代神话源流进行了梳理。在收集和整理古希腊神话资料中，薄伽丘具有一个其他人文主义者不能比拟的优势，就是能够直接阅读古希腊文的著作。

他与彼特拉克均师从希腊人巴拉姆学习古希腊文。巴拉姆曾在拜占庭帝国的塞萨洛尼卡与君士坦丁堡研修过古希腊文，彼特拉克在阿维农拜巴拉姆为师，但学习效果不佳，没能掌握阅读能力。薄伽丘则是人文主义者中第一个初步驾驭了古希腊文工具的人。他不仅向巴拉姆学习，还在巴拉姆的学生皮拉图的指导下进修古希腊文。他的《但丁传》则开启了记述当代文化人物个人史的风气。

《论著名女子》是仿效彼特拉克《论著名男子》的产物，106 名传主中，古罗马女子占大多数。《著名男子的命运》一书则收入古希腊罗马名人、基督教名僧共 56 人。

二、第一位具有古典史学水准的史家布鲁尼

布鲁尼

列奥纳多·布鲁尼（Leonardo Bruni，又名 Leonardo Aretino，1369—1444 年）可以看作是文艺复兴运动时期第一位具备了古典治史水准的历史家。布鲁尼生于托斯卡纳区的阿莱左，后移居佛罗伦萨，曾是佛罗伦萨的文豪和最重要的政治领导人之一科卢奇奥·萨路塔提的学生。在求学过程中，古希腊语的学习对他的学术方向有着至关重要的作用。1397 年，佛罗伦萨政府邀请希腊学者克里索罗拉斯到其城市讲学，当时已经具有人文主义思想的布鲁尼决定中断法律学业转而师从克里索罗拉斯。他后来在回忆录中谈到他的这一选择时认为他的主要动机是倾慕古希腊人的学问，想借助语言工具直接阅读古希腊文著作。他认为"与荷马、柏拉图、德摩斯提尼和其他诗人、哲学家、演说家对话"，能够获得"绝妙的教育"，因为"迄今 700 年里，意大利竟无一人能识希腊文，而我们都同意我

们现有的全部知识体系是来自希腊人的"。① 他攻读了两年希腊文，从此使他有了在希腊、拉丁经典作品海洋中随意畅游的能力。他几乎读过所有著名的古希腊拉丁史作，翻译过许多古希腊历史、哲学、政治学作品，成为当时佛罗伦萨学识最渊博的人之一。这是他能取得卓越的史学成就的学力基础。同时，他富有政治经验，曾任罗马教皇英诺森七世的秘书 10 年（1405—1414 年）之久，并当选为佛罗伦萨市长（1427—1444 年）②，完全符合波里比乌斯对古代历史家的要求，即历史应由具有政治和军事经验的人来撰写。他著述甚多，在涉猎的每个领域都有出色建树，尤以史学见长，最具代表性的大作是 12 卷本《佛罗伦萨人民史》，此外有《反哥特人的意大利战争史》《亚里士多德传》《但丁传》《彼特拉克传》《薄伽丘传》《第一次布匿战争评述》《希腊史评述》《意大利史评述》等。

读他的每部著作都能感受到古典学术的深刻影响。以《佛罗伦萨人民史》为例，处处能看到刻意模仿的痕迹。在以卷为单位的结构布局和叙述风格上他的主要模仿对象是李维的《自建城以来史》和修昔底德的《伯罗奔尼撒战争史》，整个著作以时间为经，以事件为纬，集中于佛罗伦萨人整体的政治、军事活动，穿插戏剧性的长篇演说，连遣词用句都是公元前 1 世纪的拉丁词汇和雅致的行文风格。在表现形式上他也效仿他崇敬的其他古典史家。如他的前言酷似波里比乌斯《通史》的前言，而某些表述，像前言第一行以及论罗马腐败的观点又与撒路斯提乌斯《喀提林阴谋》中的有关处理极为相像。他在书中分析罗马共和制与君主专制对思想文化的积极和消极作用的语句和观点则颇像塔西陀。他对这样明白无忌的模仿有自己的解释，认为"模仿"是对新颖的一种推动，而不是障碍。

布鲁尼的模仿古风表明他对古典作家的高度仰慕，这是较容易做到的，因为在他的时代，崇古之风已经刮起，模仿古典已无须勇气。但写出可以称作具有个性、立意新颖的佳作，仅仅模仿就不够了。对人文主义史家来说，更重要的是对古典史学精神的把握。布鲁尼恰在这一点上做得较他的同代人更为出色，从而使他在史学史上刻下了更深的痕迹。

首先，他的史著是人本史观的产物。比如《佛罗伦萨人民史》就完全是佛罗伦萨人的历史。他模仿李维自罗马建城写起的做法，从罗马殖民者在

① 托马斯：《古希腊文化传递的途径》（C. G. Thomas, *Paths from Ancient Greece*），96 页、12 页，莱顿，1988。

② 1410—1411 年曾首次担任市长。

埃特鲁里亚地区的现佛罗伦萨建殖民点开始，写至 1402 年他所处的时代结束，围绕自由原则叙述佛罗伦萨形成和发展为地区强国的过程，与这一主题无关或少有关系的人物和事件，特别是基督教史学千篇一律的圣经史话，他坚决予以舍弃。在主题突出方面，他做得比古典作家还出色。作为人本主义者，他强调值得历史大书的主题是政治，而政治不断变化的直接原因在于人自身，在于个人的心灵，不在于上帝。他认为佛罗伦萨人成功崛起的根源是自由的共和制度的建立，由此才产生出佛罗伦萨人的美德、优雅的风格、勇气、勤奋和力量。罗马帝国的衰落及随后的长期黑暗恰恰由于自由的丧失，导致美德和伟大的失落。他甚至在一定程度上认为经济是人们行为的基础。他是人文主义史家中首先对经济给予特殊重视的人。他翻译的亚里士多德的《经济学》，现存有 219 个版本，可见该书在欧洲近代经济思想形成过程中的影响之大。他在《绪论》一书中对经济因素在社会生活中的重要作用给予高度的评价，直言不讳地宣扬财富的意义，赚钱致富合理合情。他说"财富的的确确有用，它既是拥有它的人的装饰，又是他们行善的手段"，"我们应尽可能体面地增加我们的财富，因为它是被哲学家归入好东西之列的，并被认为是与幸福有关的东西"。① 当时意大利社会拜金主义行为已经流行，不仅城市工商、金融业主追逐钱财，而且教会也不择手段地创收。但在理论上教会和封建统治者仍提倡清廉寡欲、安贫乐道、谨小慎微的固有道德。所以布鲁尼公然鼓吹发财有理便当然地引起了一些人的责难。他在给坎比阿托的信中对此驳道："我写财富有用是因为它使行善成为可能。基于同一理由，它有利于孩子，否则他们便会因贫穷而无法发现自身的天才。我的确没有看到我为什么要为这样写而感到有罪。假如我说应当为财富而追逐财富，因而要合法地获取它，那你可以正确地埋怨我。"②

其次，他把古典史学的求真求实精神运用到对佛罗伦萨史的研究当中，改变中世纪滥用历史的不良风气，对史料进行了认真的分析批判。以佛罗伦萨史为例，基督教编年史已有众多关于佛罗伦萨早期史的记载，如关于佛罗伦萨的起源以及后被托提拉摧毁，再后由查理曼重建等。布鲁尼对此逐一批驳，揭去了罩在佛罗伦萨史上的伪装，并力图予以新的解释。比如他认为基督教史家说该城系公元前 1 世纪的罗马统帅恺撒为反对马杰什人所

---

① 托马斯：《古希腊文化传递的途径》，101 页。
② 托马斯：《古希腊文化传递的途径》，101 页。

建，这一点没有任何史料根据。尤其使他不能苟同的是这种传说竟把城市的建立同独裁的奠基人恺撒联系起来。他根据零星史料推测佛罗伦萨是在罗马共和国灭掉迦太基和科林斯的公元前 2 世纪，即共和国的繁荣时期由一批罗马殖民者建立的，拉丁文佛罗伦萨原义（Florentia）就是繁荣。再如，他在翻译普鲁塔克的《名人传》时发现普鲁塔克对西塞罗的描述与他所知的史实不符，于是便根据撒路斯提乌斯的《喀提林阴谋》中关于西塞罗的记载和西塞罗本人的许多书信写了一部传记《新西塞罗》，较普鲁塔克的西塞罗传要更符合事实。他认为如果历史有用的话，那么它最重要的就是"真实"，发现真实是历史家的主要义务。① 由于重视求真，所以他尊敬的对象多是古典史学中以谨严、客观闻名的史家，而对西塞罗称希罗多德为"历史之父"则表示"困惑不解"。

再次，布鲁尼对古典史学关于史学的功能认识有深刻的理解，他之所以特别强调真实也同这种理解有关。他像修昔底德和波里比乌斯一样认为历史有实用意义，是人们日常行为的指南。他指出历史教会人们深谋远虑，通过阅读其他人在我们之前做了什么，可以在处理我们自己的事物时"更容易察觉我们应该避免什么和追求什么"。② 在《反哥特人的意大利战争史》一书前言中他对历史的价值有更明晰的阐释。他认为：

> 历史的巨大长处在于提供可作比较的活动及其后果的范例，以及在许多事物上提供指南。老人之所以被认为较年轻人聪明是因为他们看到了生活的更多方面；由于他们及他人经历了各种危险而变得更为谨慎。他们能够做出较好的判断，提出更合适的建议；他们知道那些最伟大的国王们的财富和帝国以及最强盛的共和国轻而易举地腐败的原因；他们理解为了一些无人能知道是否会持续到晚间的成功便得意扬扬、自命不凡是多么愚蠢。历史因此使我们更加聪明，更加谦虚。

布鲁尼在担任公职期间经常要思考历史经验，以便制定切实可行的政策。比如他自述在他考虑外交政策时，历史知识对他帮助甚大。修昔底德和色诺芬的作品中关于雅典和斯巴达因谋求希腊霸权而衰败的教训使他推

---

① 埃利克·科克兰：《意大利文艺复兴时期的史学家和历史学》(*Historians and Historiography in the Italian Renaisance*)，4 页，芝加哥，芝加哥大学出版社，1981。

② 埃利克·科克兰：《意大利文艺复兴时期的史学家和历史学》，4 页。

行一种有节制的外交。在他看来，正因为历史的实用意义，历史记录才必须真实，必须向人们提供真实可靠的经验教训，否则这些经验便是虚假的，历史也就失去了价值。

最后，布鲁尼是第一位在史书中按古典时代、中世纪和近代三个历史时期安排内容的历史家。中世纪（Middle Age）的分期概念虽然是由布鲁尼的同代人比昂多发明的，但在史学写作实践中应用这一概念的第一人却是布鲁尼。所以布鲁尼被誉为"第一位近代历史家"。[①] 在以后两个世纪的时间里，他的治史风格受到人文主义史家的广泛模仿。正是布鲁尼首次运用了对人文的研究（studia humanitatis），以便与对神学、玄学的研究相对立。人文主义者（humanists）这个概念即由此而来。

三、马基雅维利与他的《佛罗伦萨史》

马基雅维利（Niccolò di Bernardo dei Machiavelli，1469—1527 年）是继布鲁尼之后意大利文艺复兴运动中最出色的史家，同时也是出色的外交家、政治学家、诗人、音乐家和剧作家。在近代史学专业化之前，出色的史家通常都有一番曲折的经历，比如政治挫折、家庭变故之类。马基雅维利的生平再次证明了这一点，具有比较典型的意义。

他出身于佛罗伦萨城郊圣卡西亚诺村一个贫寒律师的家庭，天性聪颖，接受能力强，虽未受过系统教育，

马基雅维利

但因个人勤奋好学，掌握了丰富的古典哲学、史学、政治学、文学艺术知识。他的第一志向是从政，文化修养最初只是他从政的敲门砖。他曾认为"政治是他生活所爱，除此之外他不考虑任何别的东西"。[②] 而所处的时代也给他的政治野心创造了实现的机会。当时意大利分崩离析，外战和内乱频仍，外国势力（西班牙、法国、神圣罗马帝国）和教廷不断干涉意大利各城

---

① 布鲁尼：《佛罗伦萨人民史》（*History of the Florentine People*），前言，詹姆士·汉金斯、布拉德雷编译（James Hankins，D. J. W. Bradley），文艺复兴丛书本，哈佛大学出版社，2007。

② 盖依、彼得·韦克西勒、维克多主编：《历史家的著作选》（Gay，Peter Wexler，Victor，G. Editors，*Historians at Work*），第 2 卷，23 页，纽约，1972。

市国家内政，甚至实行直接统治。意大利各国之间以及各国社会内部的这一派与那一派之间也因利益关系而不断发生冲突。这是一个出英雄和奸雄的乱世，一个人事无常的年代，是类似马基雅维利这样具有政治抱负的人大显身手但同时也充满风险的时代。

1494 年，法国入侵意大利，执行投降政策的佛罗伦萨独裁统治者美第奇家族的比埃索被僧侣萨伏纳罗拉领导的起义推翻，共和国在佛罗伦萨得到复兴。马基雅维利在此期间积极介入政治活动，在共和政府中脱颖而出，1498 年担任最高行政机关"十人委员会"负责外交与防务的国务秘书，颇得"正义旗手"索德里尼的赏识。他多次衔命出使外国，曾因国家弱小在法国蒙受屈辱，因而产生改变意大利长期分裂状况、实现统一和强盛的愿望。1512 年，美第奇家族复辟，马基雅维利邀官不成，又因涉嫌谋反而一度被捕，获释后避居于城外自家的一块小地产上。他是功名利禄心重、不甘寂寞的人。尽管他在给友人的信中述说他天生应是书斋中人，并从与古人对话中得到欢愉，但他的行为证明他言不由衷。为寻求职位他几次上书表白并托人向美第奇家族疏通都未成功。心情的压抑促使他忧思和发愤，认真思考问题、研究问题。而思考研究问题必须摄取他人的营养，所以他认真研读修昔底德、波里比乌斯、撒路斯提乌斯、塔西陀、普鲁塔克、布鲁尼等前人的名作。在积累和借鉴的基础上，他把个人的心得凝聚于《君主论》《论提图斯·李维的前十卷书》和《佛罗伦萨史》等作品之中，从而成为影响深远的政治学家和历史家。

历史的偶然性成就了马基雅维利。如果他当初得到美第奇家族重用，必定迷醉于官场不能自拔，一辈子充当仰人鼻息的角色，在历史上将毫无位置可言。因为像他这样的官吏，各国何止千百个，在最好的情况下，也只是地方史中略带一笔的小人物。然而他本人至死也未意识到这一点。他的第一部著作也是他最出色的著作《君主论》（1513 年）原是献给美第奇家族的。但直到 7 年后，他欲为之效劳的佛罗伦萨独裁者才施舍给他一个史官之职。《佛罗伦萨史》正是他在担任这一低级官职时的产物。后来共和制复兴，他又想恢复过去的高级职务，但因一时站错队而未被重新起用，不久郁郁寡欢而死。

在马基雅维利的三部代表作当中，《君主论》是对意大利几百年正反面政治经验的理论总结。他肯定共和，但对意大利纷争不已的共和派深感失望，在书中把统一一盘散沙的意大利这一梦想寄托在一个有远见、懂法制、善于使用或玩弄权术的政治强人身上。在对腐败、混乱时代的社会权力的本质认识方面，没有人比马基雅维利的目光更为锐利。《君主论》告竣的同年，马基雅维利还完成一部读史随笔《论提图斯·李维的前十卷书》。马基雅维利单独挑出李维的前十卷并非偶然，因为李维前十卷叙述的是罗马从微不足道的小邦崛起为地区霸国的经过，借此为解决佛罗伦萨的现实危机提供参照。其政治思想深受波里比乌斯影响，认为政治制度的优劣是决定一国能否强盛的关键因素。但他并不是君主专制的无条件的拥护者。在《论提图斯·李维的前十卷书》中他能公允地指出罗马共和制较王政的优越之处，认为不同的政体均有它们的局限，适用于特定的条件。

古代史学以政治史为主题的特征最适合马基雅维利把他的政治思想具体化，所以他的《佛罗伦萨史》便成了他借以载道的工具。全书共 8 卷，自 4 世纪蛮族入侵、帝国迁都君士坦丁堡始，终于 1492 年佛罗伦萨统治者劳伦左·美第奇之死。卷一照例是全书大背景介绍，概述帝国消失以后意大利分崩离析，王公、教皇、军阀混战的线索，至 1423 年止。实际是整个中世纪的政治史纲。第 3 卷至第 8 卷构成该书的主体，是作者着意谈论的近现代史，也是最鲜明地表现个人思想的部分。从各卷的编年范围可以看出，马基雅维利并未严格遵照传统编年原则，而是服从自己所要说明的问题，所以卷与卷之间存在着时间上的错位。这是马基雅维利的独特所在。

《佛罗伦萨史》提出的任务除一般的记录重大功业外，更重要的是要寻找事物变化发展的原因，这就使人文主义史家的史学任务认识与古典史家达到了同一水平。马基雅维利在卷一第 7 章的结尾处指出："应该弄清楚的是，经过一千年的辛勤劳苦之后，佛罗伦萨竟然变得那么衰微屠弱，其原因究竟何在。"他对此的解答是，这完全是人为而不是神为的，人为也不是由于人的本性而是由于社会的存在。在这里马基雅维利与近代历史唯物主义的历史认识有着某些相通之处，达到古典史学认识在这个问题上的最高水平。他借一位爱国公民代表的嘴说："千万不要把过去这些动乱归罪于人们的天性恶劣，而应归之于时代……"

时代是怎样造成一个社会内部的动乱和人性的险恶呢？马基雅维利认为原因在于平民和贵族这两个基本阶级的斗争：

由于贵族企图发号施令，平民不愿服从，很自然地引起严重的互相敌对，这就是各城邦大部分纠纷产生的根源。由于两个阶级这种心意不同，干扰各共和国的所有其他祸患也无不由此产生。这个问题使意大利不能统一。①

马基雅维利的这种认识在古典学者那里，如在亚里士多德的《政治学》中可以遇到。其展开又与李维关于罗马早期平民和贵族斗争的记述如出一辙。但他在同古罗马相同事物的比较之下运用了符合时代的新材料。在马基雅维利看来，公民社会分裂为对立的两大派别是不争的事实，但在古罗马和现代因不同的历史条件和公民的不同行为却会产生不同的结果。例如古罗马共和早期的公民对抗以非暴力的方式、"靠制定新的法律来结束争吵；在佛罗伦萨则是在使许多优秀人物死亡和被放逐之后斗争才完结"、"罗马平民竭力争取的是和贵族共享最高职位，而佛罗伦萨平民奋斗的目标却是要把贵族全部排除出最高职位"等。他把佛罗伦萨社会看作漆黑一团，不同阶级和派别之间的互相仇视、倾轧、斗争均出自野心和贪欲，并无任何高尚目的可言：

> 各派领袖"用花言巧语把他们那卑鄙龌龊的阴谋诡计神圣化……他们所搞的一切法律与规章、战争与和平、条约与协定等，都不是为公共利益或城邦的共同荣誉；仅仅是为了他们一小撮的好处和便利……其结果必然是一派被赶走或派别被消灭之后，另一派又随即兴起。因为，一个城邦既然不是按照法律，而是按照派别的意图治理，那么，一旦一个派别处于统治一切的地位而又无人反对时，过不了多久它必然要分裂。②

马基雅维利极其深入地剖析了佛罗伦萨社会道德沦丧的全面情况，这使人想起修昔底德关于各城邦内部的党派之间、个人之间的争斗以及社会道德在战争中崩溃的论述。但马基雅维利不仅像古典史家一样列举问题，指出弊病所在，而且提出解决问题的途径，即建立一个好政府，压制野心，制定良好的法律。其主题的严肃性和目的性寄寓于此。于是，历史写作在这里便不再仅仅有前事不忘、后事之师的记录取鉴意义，而且具有表达史家个人政治要求的实用功能。《佛罗伦萨史》实际成为马基雅维利《君主论》一书的最好注释，为在意大利和佛罗伦萨实行君主集权的必要性和君主只

---

① 马基雅维利：《佛罗伦萨史》，1，7，北京，商务印书馆，1982。
② 马基雅维利：《佛罗伦萨史》，3，1。

要目标正确便可以不择手段的所谓合理性提供了材料依据。这难免使作者在选择史料上有意无意地偏重于主观意志。他的史料基本是前人作品或个人直接、间接经验，缺少档案史料以及对文字、口传史料的分析考据。用英国史家阿维斯的话说，马基雅维利"在美学上的考虑超过对科学的考虑"。① 他在《论提图斯·李维的前十卷书》提到认识历史真实的困难，因而他尖锐地批判了社会却未严格地批判史料。但他那简洁、质朴、流畅、透彻、犀利的文笔很大程度上掩盖了这方面的不足。

四、比昂多的历史分期与瓦拉的史料证伪

人文主义史家中第一个具有从大视角、长远发展的目光来纵向关照历史的是佛里城人弗拉维奥·比昂多（Flavio Bion-do，其拉丁名字是 Flavius Blondus，1392—1463 年）。

他是晚成的史家。早年受到良好的教育，1433 年迁居罗马，开始写作生涯。1444 年担任教廷秘书，教皇优格尼乌斯四世的大部分重要文件一度都出自他的手

比昂多的墓碑，位于罗马圣玛利亚教堂

笔。新教皇尼古拉五世解除了他的教廷职务后，他在意大利几个名城之间交替居住。佛罗伦萨的史学环境决定了他把余生的主要精力用于历史研究和写作。他阅读布鲁尼的著作，经常试写一些史作请布鲁尼批阅，从布鲁尼身上学到了指导他后来写作的一些基本原则，如历史的对象是人而非神的活动，主要是政治而非宗教活动，历史写作必须真实而非依靠想象等。

他的全部注意力集中于他心目中的伟大城市罗马。1446 年，他完成了第一部史著《复原的罗马》一书，这是一部现代意义的历史地理学和考古学著作。比昂多根据古典作家的记载和个人的直接观察，较详细介绍了有关古罗马地名、地形、建筑遗迹的知识。7 年后他又完成一部历史和地理字典《著名的罗马》。随后又用了 6 年时间作《胜利的罗马》一书，首次系统叙述了古罗马的过去，采用文字史料结合考古材料的方法，但对文字史料的批判

---

① 保尔·阿维斯：《近代史学思想的基础》（Paul Avis, *Foundations of Modern Historical Thought*），41 页，伦敦，1986。

不足。他的主要代表作是《罗马衰亡以来的千年史》，共计 31 卷，从西哥特人攻陷罗马的 410 年写至 1440 年。在比昂多看来，罗马陷落后的 1000 年是同前期不同的文化衰落阶段，自 1441 年开始的现代则是复兴的阶段。这种三段式和基督教史学流行的四段式分期有本质的区别。由哲罗姆等基督教史学的先驱制定的四阶段把罗马帝国视为继巴比伦、波斯、马其顿之后通向美好天国的最后阶段。中世纪的基督教史家结合自己面临的新课题把法兰克王国、拜占庭帝国、神圣罗马帝国处理为罗马帝国的继续，以便与末日来临前的最后阶段不致发生矛盾。比昂多却彻底打破基督教的分期法，认为西罗马帝国的灭亡便是古代的终结，此后约千年之久的时段与罗马帝国属于不同的两个时代。中世纪之后是又一个新生代。① 比昂多的新分期对西方史学具有深远意义。现代各国史学无论历史观有多大差异，在西方历史发展阶段的划分形式上却一致沿用了比昂多的做法，区别仅在于向一个形式内填充不同的内容。

比昂多既然注意到帝国的灭亡，就不能不说明灭亡的原因。在这一问题上他认为上帝的惩罚是亡国的重要原因，但不是唯一的原因。自恺撒肇始的独裁制度毁灭了自由的共和制是不容忽视的直接原因。比昂多这种人本和神本的双重史观特点与多数古典史家的情况相同。这也是文艺复兴时期人文主义史家的普遍特征，只是程度不同而已。

意大利文艺复兴时期在史料考据方面取得最大成就的史家是罗伦佐·瓦拉（Lorenzo Valla，约 1406—1457 年）。瓦拉的父亲是律师，祖籍为北意大利的皮亚琴察。他生在罗马，长在罗马，早期受教育在罗马。后到佛罗伦萨等城市游学，得到布鲁尼等大学者的指点，熟练掌握了古希腊文和拉丁文。1431 年他在帕维亚大学担任修辞学教职，成为古典文献学与语法的专家。1433 年，他凭借自己深厚的拉丁文学素养，尖锐批评 14 世纪的法学权威巴达罗·德·萨克索弗拉托的拉丁文拙劣，因而引起帕维亚大学一些教师的非议。于是他离开帕维亚大学，到米兰、热那亚等城市的大学中短期任职。1437 年始，他担任统治那不勒斯王国的阿拉贡王朝国王阿方索五世的秘书，深得国王赏识。大概因生活稳定和得到国王的庇护，他的重要作品都是在此期间写成的，比如为阿方索五世的父亲树碑立传的《斐迪南一

---

① 彼得拉克首先提出前基督教（古典时代）与基督教时代两段分期法，布鲁尼在此基础上增加了一个阶段，即文艺复兴的新阶段，以示与文化衰落的中间阶段有所不同。比昂尼论证了千年的文化衰落。这种三阶段分期法后来成了标准方法。

世时代的历史》、6 卷本的《论拉丁文的优雅》《关于君士坦丁的赠与辨伪》等。其间瓦拉还同众多文人打笔仗，树立了不少私敌，甚至因批判教会经典而得罪了教皇，但都化险为夷。

　　1448 年他执教于罗马大学，至 1457 年去世。

　　他在《斐迪南一世时代的历史》中表现出对历史的特殊敬意，提出了一些有关历史价值的新颖观点。在他看来，历史是各个学科中最艰苦的一个部门，因为历史学家需要具备多方面的才能和品性，如刻苦用功，敏锐的观察力，善于在比较中同中求异和异中求同，真实和客观地看待历史人物和他们的活动，能够控制个人的情感和兴趣等。但带给他最大史学荣誉的还是他对教廷世俗权力的重要文献依据《君士坦丁的赠与》进行的成功证伪。

　　8 世纪，法兰克国王丕平把在意大利中部夺取的一大块土地赠给教皇，教皇国便由此而建。教廷认为丕平的威望不足，就移花接木，把这件事记到基督教的大恩人罗马皇帝君士坦丁账上，于是编造出一个子虚乌有的文件，收在 9 世纪的《教令集》中，证明教皇国的土地早在君士坦丁在位的 4 世纪就正式赠与教皇塞尔威斯特一世了，所以罗马天主教会理所当然地在整个意大利甚至帝国西部享有教俗的特权地位。① 长期以来，教会都把这个伪造的文件奉为至宝。但自 12 世纪以来，间或有些教会内部的经院学者指出文件的虚假之处，只是未引起重大反响。瓦拉则以他娴熟的拉丁文功底和强烈的独立思考、大胆质疑精神，在 1439—1440 年间发表《关于君士坦丁的赠与辨伪》（"De falso credita et ementita Constantini Donatione declamatio"）一文，将文件所用的语言同 4 世纪和 7 世纪的拉丁文相比照，结合一些历史文献、法律文献和钱币方面的证据，令人信服地证实文件出自 7 世纪中叶。

　　这一证伪的出发点首先是为了主人阿方索五世的政治和外交诉求。文章发表时，阿拉贡王朝正与教皇国发生领土争端，揭露这件自 11 世纪以来就反复被教廷援引的重要文献是为了戳穿教皇国领土的非合法性。它一经发表便受到教廷的否认。但它在意大利思想界产生了重大后果②，不仅揭穿了一件宗教文献中的著名赝品，为以新教为代表的基督教内部的改革势力

---

　　① 　也不应因此否认君士坦丁曾馈赠给教会几个小地块，包括现在梵蒂冈的圣彼得大教堂所在地。

　　② 　瓦拉的证伪最初影响范围较小，仅限于少数僧侣贵族和知识分子。后来在新教与教廷的激烈斗争中被重新发表（1517 年），成为新教徒痛击教廷的有力武器，以证明教皇的伪善和骗术。

提供了反对教皇体制的有力武器，而且大大促进了业已形成的西方人文主义史家的历史批判意识，证明即使传统认为的第一手史料，也可能并非历史的真实。更重要的是他确立了一种科学的史料考据方法，即一定时期的史料同该时期的文化状况存在着必然的联系，通过文本的校勘与辨伪，可以复原历史的真相。他因此对基督教的经典进行过深入的历史文献学分析，如考据《新约》译本的真伪。他的考据工作一经展开，就不仅限于中古时期的基督教经典。他把批判的目光甚至转移到古典著作，分析西塞罗与昆体良拉丁文造诣的高低，并根据一定时期人们所用的术语、句型结构、思想认识的差异在李维的著作中找出了185处记载和传抄的错误，指出收西比乌斯捏造事实。可以说他是古典史料批判精神杰出的继承者和发展者，也是文艺复兴时期史料批判方向的开拓者。由于他的成功，古代亚历山大里亚学派创立的文献校勘研究方向在消失了千年之后获得重生，从而奠定了近代史学分支学科——文献校勘学的最初对象、任务和方法论基础，直接启蒙了后来理性主义史家的怀疑精神。

此外，他还对古希腊名著的翻译工作贡献颇大，晚年把希罗多德的《历史》与修昔底德的《伯罗奔尼撒战争史》译成拉丁文本，促成了两部史作在西欧的广泛传播。

第二节 欧洲其他国家的人文主义史学

意大利文艺复兴是一场反僵化传统的思想解放运动，在人本主义思想指导下产生的世俗的、现实主义的文学艺术作品，求真务实的历史、哲学、政治学等著作，不仅适合西方新生的资产阶级的需要，而且也对欧洲各国的封建王公贵族有难以抗拒的魅力。起码很少有人不愿阅读充满率真人性的小说、观看令人肝肠寸断的悲剧或赏心悦目的油画。因此文艺复兴之风一经吹过阿尔卑斯山，便顺利地抚遍欧洲大陆，唯一的差别只是因各国政治、经济、文化发展不平衡，以及在空间和信息传递方面的客观局限，造成风头到来的时间和风势的强弱程度不尽一致罢了。在资本主义得到初步发展和实现中央集权的法国、英国以及城市繁荣的尼德兰，人文主义新文化得到比较顺利的传播。在封建势力巩固、政治和经济相对落后的德国及东欧，对意大利文艺复兴的反应就比较小。对德国来说，时代的主题是基督教体制内的激烈改革和分离运动，冲淡了当地的文艺复兴。而且欧洲各地没有意大利独具的丰富的古典文化遗存，没有意大利人对古代罗马的辉煌难以阻断的情结，也没有深厚的古典异教文化传统，基督教的影响较深。因此文艺复兴时期的史学在欧洲各国的表现形式和规模一般都带有地方的色彩。

一、法国

法国所在地原是古罗马山外高卢行省中的一部分，与意大利仅隔一道阿尔卑斯山脉，是西欧最先被罗马征服、罗马化十分彻底的地区之一，因此与意大利半岛保持着非常密切的政治、经济、文化联系。14 世纪时，历任罗马教皇都由法国人充任，法国王室与意大利王公联姻，建立政治同盟也是常有的事。加之意大利文艺复兴运动的发源地与中心地区恰恰又位于靠近阿尔卑斯山的亚平宁半岛中北部，所以当人文主义者在阿尔卑斯山南奏起文艺复兴之歌，山北的法国人很自然地成为第一批意大利境外的欧洲听众。

文艺复兴运动掀起不久，法王查理五世（1364—1380 年在位）便随着复古的浪潮引进了一些古典艺术作品和典籍，对人文主义文化打开了一扇小门。进入 15 世纪，人文主义文学艺术的繁盛引起许多法国美术家到意大利求学。法王查理八世（1483—1498 年在位）对意大利进行的掠夺战争不自觉地起了这种文化交流的催化作用。在占领意大利期间，法王及其后继人欣赏意大利的新文化，邀请一些意大利人文主义学者到王宫中任职，把古典作品翻译成法文，其中包括不少历史著作，如修昔底德、色诺芬、狄奥·多洛斯的作品。法国贵族从此直接接触意大利文艺复兴的伟大成果，他们不仅请进来，也走出去，把子弟送往意大利留学，接受人文主义的新型教育，再把新思维、新方法、新书本、新知识带回本土，促进了法国文艺复兴的传播。新史学因此也随新文化的传播而发展起来。

科米纳

第一位法国人文主义史家是菲利普·德·科米纳（Philippe de Commines，约 1447—1511 年）。他出身领主家庭，拥有骑士身份。1453 年父亲去世后，幼小的科米纳虽继承了地产，但也承继了父亲的大笔债务。他的教父，勃艮第大公"好人菲利普"收留了他，并抚养他长大成人。1458 年他获得了骑士身份，成为勃艮第大公"勇敢者查理"的近臣。1472 年他因失宠而投奔欣赏他的法王路易十一，成为路易最信任的幕僚之一。之后又同路易闹翻复和好，担任王室幕僚至 1485 年，但已失去了法王的宠幸。他经历过宫廷生活的冷暖炎凉，甚至还经历过两年的牢狱之灾，积累起丰富的从政经验和历史素材。晚年他退居家乡的自家地产上，开始撰写《回忆录》，记述他在大公与法王麾下效力时的所见、所闻、所感。1490年，他恢复了宫廷幕僚的地位，服务于法王查理八世，同时对自己的回忆录笔耕不辍。1498年他的《回忆录》杀青，1524年在巴黎首次发行，共8卷。前6卷自作者参政写起，至路易十一辞世结束。后两卷记1497—1501年的史迹，涉及意大利战争，结束于法王查理八世之死。

科米纳在《回忆录》中意识到回顾往事难免有失真之误，所以他强调注重内容的实质，也就是对某些重大事件和君主们的应对行为所进行的分析评论，因此他的著作分析和议论的内容分量很大。由于他深谙宫廷和政治内情，了解最高层政治决策的过程和君主个人的心理动机，并具有穷根究底的求是才能，善于总结经验教训，避免为尊者亲者讳，这本书问世后便受到读者热烈欢迎，不仅为15世纪法国史提供了第一手史料，而且与马基雅维利的《君主论》并列成为西欧君主们的必读书。他也因此被誉为"第一位真正的近代作家"和"自古典时代以来第一位批判的、具有哲思能力的历史家"。①

科米纳身后的法国史家继续世俗政治史的写作，在15—16世纪期间陆续推出了一些编年史、地方史和回忆录著作。但同意大利史作相比，无论数量还是质量都显得不足。法国史学在这一时期对欧洲史学的贡献主要表现在某些史学分支学科的开创性工作上。

法国文学家纪尧姆·布代（Guillaume Bude，1467—1540年）是古典文化复兴的推波助澜者和严肃的考据家，做了不少富有成效的工作，为法国人本主义史学的建立做出了自己的贡献。他出生于巴黎，后在奥尔良大学攻读法学，一度十分潇洒不拘。24岁时幡然悔悟，决定埋头学习，在古希腊语和拉丁语方面狠下功夫，收效自然很大。后来他能够在文献考据方面做出出色成绩很大程度上仰仗他的这种古文基本功。

布　代

1514年，他发表了《论阿司和度量》一文，详细考据古罗马铸币和度量衡的状况，开创了法国史学分支学科钱币学的新方向，为

---

① http://en. wikipedia. ong/wiki/philip_de_Commines

自己赢得了声望。他继承瓦拉的考据方法，于 1508 年发表严密考证的大作《法学汇编注释》，指出过去对罗马法进行的解释不可信，误解了许多法学概念和时代条件。他利用自己在学界的影响，建议法王弗兰西斯一世在巴黎建立了一座新的教育机构——法兰西学院，以古典教育和人文研究为宗旨，设立了古希腊文、拉丁文、法文和哲学系列讲座，促进了法国的古典学研究。他还促成在枫丹白露宫设立图书馆一事，集中收藏古典作品。后来图书馆迁往巴黎，成为法国国家图书馆的前身。

斯卡利格

约瑟夫·尤斯图斯·斯卡利格（Joseph Justus Scaliger，1540—1609 年）则是近代史学的另一分支学科——年代学的奠基人。他是阿让生人，父亲是饱学的人文主义者。12 岁时，他同两个弟弟一道被父亲送到波尔多的吉耶纳学院上学。三年后因瘟疫的缘故，他们返回故里，在父亲的指导下继续学习。每天要听写 80～100 行诗句，并且要写一篇拉丁文作文。在这样的严格训练下，他不仅熟读典籍，精通古语言，还能进行史学考据辨伪。后来他到巴黎大学进修了 4 年，重点研读古希腊文和古希腊文献，并进一步学习希伯来文和阿拉伯文。他能够在史学考辨中游刃有余，取得显著成绩，扎实的古语言基本功是决定性因素之一。他的主要成果是论著《论年代学的订正》（1583 年）和 12 卷本的《希腊、拉丁铭文集》（1603 年）。前者是他对古代年代学的研究成果，扩大了有关古代史的研究对象，除了古希腊人、罗马人，还包括波斯人、巴比伦尼亚人、埃及人和希伯来人。

14—16 世纪法国人文主义史学的发展，特别是在基本技术领域——文献学、语言学、钱币学领域的进步，引起了法国史家对史学本身，主要是史学方法论的思考。政治学家和历史家让·波丹（Jean Bodin，1530—1596）是其中的佼佼者。他生活在宗教改革的年代，是法国加尔文教派的坚定支持者。他的代表作是政治学著作《论国家》和史学论文《理解历史的便捷方法》。后者是中世纪以来的第一部史学理论著作，与古代唯一的史学理论专论，即卢基阿努斯的《怎样撰写历史》的出发点不同，不是历史写作和研究的具体方法，而是历史爱好者入门的指南，讨论历史的一般价值、本质、形式类别、总体认识、历史分歧以

让·波丹

及阅读史书的方法之类本体、客体问题，体现了文艺复兴时期人文主义者对史学最深刻、最全面的反思。

波丹的讨论路线是从历史的价值开始的。他认为历史具有任何学科都难以比拟的实用价值，其最大的功效是教导人们如何做人。他的论文开头便说：

> 尽管历史有许多用最高贵、最适当的赞辞对之加以美化的颂扬者，但他们当中没有一个人的赞辞比得上说历史是"生活的老师"更真实和更贴切了。①

在波丹看来，哲学虽然也被一些人视为"生活的指南"，但它对逝去的事情沉默不语。而历史则不然，不仅可以用来解释现在，而且可以预测未来，人的整个一生都应该按历史的神圣法则来行事。在这种思想指导下，他认为历史有无尽的益处，其中"最大的益处就是至少能激励一些人崇尚美德，能使一些人惧怕作恶"，青史留名是对一个人"唯一真正的奖赏"。② 此外，历史还有美学意义，予人以"轻松和愉快"。之所以轻松是因为历史是常人之学，无须任何特殊技能的帮助便可以被人理解，目不识丁者也可听懂它。愉快则从阅读历史时获得的美好知识中油然而生。

波丹进而讨论历史的本质和形式。在这方面，他的认识别具一格。他认为：

> 历史是对事物的真实的叙述，它有三种形式：人类史、自然史、圣史。第一种涉及人类，第二种关乎自然，第三种涉及自然之父。第一种描述人的活动，同时指引他在社会中的生活；第二种解释隐藏在自然的各种原因，解释自开端以来这些原因的演化；最后一种除开一切其他因素只记录全能的上帝和不朽的灵魂的威力。③

这样，波丹就把历史学科的地位提升到统摄人类的所有知识学科的高度，从而把史学的研究对象也扩展到人们活动的一切领域。

由于历史的本质是对真实的叙述，因此波丹为史家设定的首要标准就

---

① 彼得·盖伊、卡瓦诺夫、杰拉尔德编：《历史家的著作选》，卷2，66页。
② 彼得·盖伊、卡瓦诺夫、杰拉尔德编：《历史家的著作选》，卷2，66页。
③ 彼得·盖伊、卡瓦诺夫、杰拉尔德编：《历史家的著作选》，卷2，71页。

是不能轻信，一个相信一切的史家不能算是理想的史家。他认为在判断一部史著是否可信时要根据该作品使用的史料，作者是否是所叙述的事件的当事人，是否熟谙政治和军事，有关他的民族属性如何。在波丹看来，波里比乌斯是古代最优秀的史家，符合所有上述条件。因为波里比乌斯是他笔下事件的目击者，广泛使用了文献材料，熟悉政治和军事事务，记述罗马史却又不是罗马人，所以易于做到不偏不倚。但他同时认为，波里比乌斯关于本民族和母邦城市的历史应另当别论，也不足为信，因为作者难免感情用事。他把修昔底德、色诺芬、塔西陀与波里比乌斯列为同一类的一流史家，认为狄奥尼修斯、普鲁塔克等在记述国内政治事务方面是值得信任的。恺撒等人对军事以及外交事务的描述可信性强，狄奥多洛斯、斯特拉波等人关于其他民族风俗习惯的记载真实可信。这样，波丹便与众不同，对古典史学采取了理性的批判态度。

波丹思想的火花还闪烁在对历史发展的动力和总体过程认识上。他明白地提出历史进步的观点，认为人类的历史主要来自人类自己的意志，而人类的意志是变幻不定的，所以每日都有新的法律、习惯、制度、风俗产生，同时也一般会产生新的错误，需要正确的指导。为此，他反对基督教静止的四帝国说以及赫西俄德今不如昔的历史倒退思想。在第 7 节中他雄辩地说明这些流行的看法不符合历史事实。古代的大帝国的数目绝不止四个，所谓罗马帝国的继续——神圣罗马帝国只占有原帝国的两个行省，而阿拉伯人占有的前罗马帝国的行省要比之多得多。后来居上的土耳其则夺取了罗马东部的行省，甚至连帝国首都之一君士坦丁堡都夺了过去，按四帝国的说法，他们更有权称之为第四个帝国的继续。他还援引实例指出人类在不断地进步，并非一代不如一代，仅印刷术一项发明就较远古所有的发明意义都大。因此在波丹看来，历史是一个不断进步的过程。在进步过程中，不能忽略自然地理环境的影响。他对这个问题进行了中世纪以来的第一次专门探讨，认为地理条件决定了一定民族的性格。他自己对人类史的分期便是建筑在自然条件基础上的。他的历史分期把传统关于人类史总长度的六千年分成三个等份，每个阶段含两千年。第一阶段是天性爱好沉思的南方民族(北非、西亚民族)阶段，产生出哲学和宗教。第二阶段由温带地区的民族(地中海区域民族)领风骚，建立了良好的政府和政治制度。第三阶段的主角是寒冷地带的北方民族(日耳曼民族)，他们是机械和战争艺术的发明人。波丹的分期有一定的经验事实作为依据，但幼稚和玄想之处显而易见，但他毕竟提出了中世纪以来的世俗历史发展模式，具有重大的启后作用。西方第一位严格意义上的历史哲学家维柯关于人类三个时代（神、英雄、人）的分法和 19 世纪德国哲学大师黑格尔的三段式（东方、希腊罗马、日耳曼）直接受到波丹分期的启发。启蒙时代法国著名学者孟德斯鸠和伏尔泰的地理环境决定论也受到波丹有关思想的直接影响。对于史学史来说，也许意义更大的是波丹从人的历史本身为人的历史规定一个统一发展模型的方法，与比昂多的三段式一道为西方思辨的历史哲学开辟了方向。

二、尼德兰与德国

伊拉斯谟

尼德兰（现荷兰、比利时）在文艺复兴时期是西欧政治和经济的先进地区之一，人文主义思潮很容易引起强烈反西班牙天主教君主统治者的尼德兰人的共鸣。罗道尔弗·阿格利科拉（Rodolfo Agricola，1442—1485 年）是尼德兰第一位人文主义者。他曾客居意大利，在那里学习了古希腊作家的作品，返国后便成为古典文化的热情推广者。他在公开的聚会上鼓动学习古典哲学和语言，在学校中开设古典文化讲座。杰出的哲学家人文主义学者伊拉斯谟（Erasmus，1466—1536）继续阿格利科拉的事业，对古典文化在尼德兰及东欧的传播做出了杰出的贡献。他翻译和出版大批希腊和拉丁文作品，如亚里士多德、托勒密、西塞罗、普林尼等人的著作，还用拉丁文编写出《古希腊语法》一书，类似的基础性工作一旦开始，便不间断地延续下去，发展开来，古典文化教育逐渐浸入尼德兰的学校，成为人文知识的重要源泉之一。特别是 1575 年建立的莱顿大学，是尼德兰古典文化研究和人才培养的中心。在此基础上，尼德兰的人文主义史学兴起。第一位史家是贾努斯·都萨（Janus Dousa，1545—

IANUS DOUSA ACADE-
MIÆ CURATOR ETC.

都萨

1604 年）。他参加尼德兰资产阶级革命，并受命担任新建立的莱顿大学图书馆长，其代表作《荷兰年代记》能够以求实的态度批判地利用史料。在他之后，以人文主义方法著史之风盛行，史家史作接二连三出现，尼德兰革命是热点题目。荷兰史家一般都能认识到史学真实难于再现，但史家需要遵循客观真实的原则，即便他们因革命的影响都具有鲜明的政治立场。16 世纪的历史家累德的话很有代表性。他说：

> 许多胡编乱写的人企图寻找被称为不偏不倚的光荣，但笔杆往往不能如意控制，以至偏颇时而出现。因此我要大胆宣布，我经常以自己的意见和行动支持站在宗教和自由一边的那一派；但我的笔杆子只支持真实情况，既不隐瞒敌人的优点，也不隐瞒朋友的缺点。①

古斯平尼安努斯

荷兰最著名的人文主义史家是彼得·克尔奈里松·赫夫特（Pieter Corneliszon Hooft，1581—1647年）。他学识渊博，多才多艺，文体优雅锐利，被荷兰人称作他们的塔西陀和彼特拉克，著有未完成大作《荷兰史》，凡 20 卷，是高质量的荷兰现代史。

德国的文艺复兴运动曾经有一个良好的开端。当意大利人文主义者拨动新文化的琴弦不久，毗邻的德国知识分子闻风而动，研究古典的风气很快弥漫在这个四分五裂的帝国的知识界和宫廷之中。15 世纪中叶以来，德国一些城市陆续建立大学，成为古典研究队伍的集中之地。德国人文主义者依循意大利、法国和尼德兰等国文艺复兴运动的相同道路，先是引进、翻译和出版古典著作，在寺庙中搜寻古代的抄本，订正、考据文本内容，研究古代语言、文法等。一部分德国史家开始以新的思路重构德国的过去。在 1500 年左右随侍于马克西米安一世身边的学者撰写出一批德国史作，如雅各·汪费林（Jacob Wimpheling，1450—1528 年）的《德国史纲》、约翰·古斯平尼安努斯（Johannes Cuspinianus，1473—1529 年）的传记体史作《罗马人的恺撒和皇帝》（至马克西米安止）等。至 1520 年，德国史学已具有明显的人文主义特点。然而，路德发起的宗教改革运动改变了史学发展的方向，整个德国知识界卷入剧烈的宗教论战。这是一场以坚持基督教信仰和神本史观为前提的教会内部正统与异端之间的思想政治斗争，虽然同文艺复兴运动一样为资本主义的发展开辟了道路，但它在表现形式上与以人本主义历史观为核心的文艺复兴运动有着巨大的差别。其结果导致德国史学仍然在中世纪基督教史学的框架内徘徊，文艺

---

① 汤普森：《历史著作史》，上卷，第 2 分册，谢德风译，李活校，829 页，北京，商务印书馆，1988。

复兴时期德国史学出现的所谓区别只是新教史学和旧教史学之分:一方把历史当作武器,击向罗马教会最薄弱的部位——对历史的长期伪造和整体的腐败,从而建立新教会史;另一方则要竭尽全力反驳新教史家的指控,证明教会的纯洁性。德国史学因此而争鸣繁荣,人们的历史意识虽得到加强,但史学思想没有质的飞跃。

三、英国

不列颠是罗马帝国西部最遥远的省份,也是罗马化最薄弱的地区之一。所以从血缘和情感上讲,古典文化对英国的意义同对母体意大利的意义是迥然有别的。意大利文艺复兴的浪潮波及英国的时间因而较法国、尼德兰、德国要晚半拍。在 1500 年都铎王朝初期,英国只有 5 个印刷所,知识分子的人数也很少。而同期在经济相对落后的德国就已有 51 个印刷所了。然而,都铎王朝的英国因已经结束了扫荡封建割据势力的"玫瑰战争",实现了中央集权,需要思想文化建设来巩固王权和教育国民,因而在国家的扶助和倡导之下,16 世纪上半叶发展出带有地方特色的人文主义新文化。到 16 世纪后半叶的伊丽莎白女王统治时期达到高度的繁荣。

莫 尔

英国人文主义者最活跃的场所是大学校园。在牛津大学和剑桥大学,古代希腊罗马的历史被当作学习古代作家作品的必要附注。不少意大利和荷兰的学者应邀在两所大学中任教。但英国文艺复兴运动的特点不在于搜寻、校勘、出版古典作品,歌颂古希腊罗马的辉煌,而在于探索英国自己的起源和发展。中世纪的寺院史走向末路,取而代之的是完全由世俗学者撰修的城市编年史等史作新形式。如阿落尔德的《伦敦编年史》、费边的《英格兰编年史》和《法兰西编年史》、莫尔的《国王理查三世史》等。其中,托马斯·莫尔(Thomas More,1478—1535 年)、威廉·坎顿(William Camden,1551—1623 年)和弗朗西斯·培根(Francis Bacon,1561—1626 年)成为英国人文主义史学的杰出代表。

托马斯·莫尔,兼具历史家、律师、政治家和政治思想家等身份。他出生在伦敦一个殷实家庭,父亲曾任高等法院的法官,这对莫尔后来的职业选择有很大影响。良好的家庭条件使莫尔受到良好的早期教育。他先在伦敦的圣安东尼学校读书,14 岁入牛津大学深造古典文学,掌握了当时最重要的语言工具拉丁文和古希腊文。柏拉图的《理想国》一书对莫尔影响颇大。在牛津两年后，他接受父亲的要求改学法律，毕业后成为律师，在诉讼业务中显露才能，在伦敦获得声望。1510 年，莫尔担任了伦敦司法长官，从此仕途顺风顺水，成为国王重臣，担任过枢密顾问官、副财务大臣、下院议长、兰开斯特公国首相、英国大法官等要职，可谓一人之下，万人之上。但伴君如伴虎，在发觉英王对自己的反感后他试图全身而退，但最终没能免祸，他因拒绝承认英王是英国教会的首脑而被处以死刑。

莫尔的史学代表作是《国王理查三世史》，作于 1513—1518 年，是一部未充分完成的传记体史著，对约克王朝的末代国王理查三世(1483—1485 年在位)的残暴形貌刻画得入木三分。原书用拉丁文撰写，莫尔后来又把它译成英文。这是近代第一部以英文散文文体撰写的史学著作，所以莫尔又有英国散文之父的美称。但莫尔因个人政治立场倾向于都铎王朝，对理查三世贬损过于明显，有攻击英王王权之嫌。而且，处在文艺复兴时期的莫尔同大多数人文主义史家一样，虽然脱离了教会编年史、年代记的写作套路，却没有意识到史学与文学的根本区别，往往用精心绘制的情节和生动对话来增强作品的戏剧性和可读性，从而损伤了史学所必需的真实性。莫尔对理查三世的历史画像成为莎士比亚的名剧《理查三世》的主要材料来源。

使莫尔在西方思想史上留下深刻印记的是他批判早期资本主义的作品《乌托邦》。这是近代第一部尖锐批判现实社会制度并精心设计出取而代之的空想社会主义制度的力作。该书分上下两部，上部实际上是英国当代社会史，再现了封建制解体和资本原始积累时期英国的社会现状，揭露劳动者与生产资料分离过程的残忍，莫尔称之为"羊吃人"。他在资本主义兴起之初就发现了它阴暗的一面，认为私有制是社会分化和由此产生的各种罪恶的源泉，提出解决这种困境的出路在于废止私有制，平均分配财产。他在该书第二部分借一位虚构的老水手希斯拉德之口，讲述了一个不被人知的公有制国家，成为近代社会主义理论的重要思想来源之一。《乌托邦》一书因为恰好发表在地理大发现的时代，因而许多读者都信以为真。

威廉·坎顿是英国文艺复兴时期最有成果的历史家之一。他生在伦敦一个生意人家庭，是第一位对不列颠岛进行地形学考察的人，第一位记述英格兰女王伊丽莎白一世统治的人。他的初等教育在教会学校完成，1566 年入牛津大学学习，养成对博物学的兴趣。1571 年他未拿到学位便返回伦敦，就业于威斯敏斯特学校，业余进行博物学考察和研究，走遍不列颠岛各地，记录地形和收集地方史材料。1586 年发表了有关不列颠岛的第一部

地形学与风物志的拉丁文本著作《不列颠尼亚》，以地
方行政区域划分——郡为单位，逐一加以描述。由于
运用了大量前人笔记、铭文、古物、口碑、地名沿革
之类资料，加之文字优美，该书长期作为牛津大学的
英国史地教科书使用。1610 年，该书的英文译本问世，
进一步扩大了它的影响。《不列颠尼亚》成就了坎顿的
名望，1593 年，他被任命为威斯敏斯特学校的校长。
但他的成就也引起了一些人的妒忌，如一个叫 R. 布鲁
克的学者批评他的描述错误并存在大量剽窃。坎顿成

威廉·坎顿

功地为自己进行了辩护。1607 年，坎顿决定撰写《伊丽莎白在位期间的英格
兰、爱尔兰各类事件史》，该书第一部于 1615 年发行，第二部杀青在 1617
年，1625 年在荷兰莱顿出版。尽管坎顿在这本书中强调上帝的重大作用，
并热烈赞美伊丽莎白女王统治的盛世与英国新教，但书中使用了大量档案
史料，依一个又一个事件展开叙述，是英国历史上第一部翔实记载伊丽莎
白女王一世统治的史著，因而成为后代英国史家关于伊丽莎白时代历史的
主要史料来源，至今仍是该时期英国史的重要参考书。

培　根

弗朗西斯·培根生在伦敦的大贵族家庭，父亲尼
克拉·培根爵士曾担任伊丽莎白一世统治时期的掌玺
大臣。母亲安·库克亦出自名门家庭。因身体不好，
培根的早期教育是在家庭里进行的。12 岁时入剑桥大
学三一学院，在那里遇到伊丽莎白女王，被女王称作
"小掌玺勋爵"。三年后，培根离开剑桥，先随英国驻
巴黎大使保莱特到法国驻节，目睹法国在亨利三世治
下的混乱形势，增长了政治见识。1579 年，培根父亲
猝死，未给他留下多少财产，他返回英国攻读法律，
21 岁成为律师。随后培根步入政坛，陆续当选为下院议员、国王顾问、大
法官，并册封爵位。但人在得意之时须做失意打算，由于被政敌控告收受
贿赂，培根于 1598 年被捕入狱，从此政治上一蹶不振。

官场失意后，培根专注于学术研究，其两部代表作《学术的进展》(1605
年)和《新工具》(1620 年)均是在此期间完成的。此外他还模仿莫尔的《乌托
邦》，写了一部空想社会主义的作品《新大西洋岛》，设想出一个依靠科学进
步而存在的理想国度。培根的学术成就主要表现在哲学上。他建立起以感
性经验为一切知识基础的原则，认为外部世界是客观存在，获得科学知识

的方法在于观察和实验，以及在此基础上的分析、比较和归纳、综合。因此人类的知识本身是通过科学方法获得的。"知识就是力量"这句名言概括了培根试图挣脱上帝、依赖科学知识来驾驭世界的基本立场，至今仍然具有重要的认识意义。

培根在谈论社会问题时不可避免地涉及历史问题，并写过一部篇幅不大的《国王亨利统治时期史》。但他是一位哲学家，治史功力无疑受到哲学的影响。一方面，他在哲学思考易于发挥力量的史学主体和客体的总体认识上独具慧眼，是一位卓有见识的抽象历史家；另一方面，他对需有专业技能的对历史本体的复制和评析上则流于空疏和主观，是一位不成功的具体历史家。他唯一的史作便是这种特点的最好例证。书中虽有出色的文笔、透彻的分析，并在当时引起轰动效应，但缺乏扎实的史料基础，"在自己的想象指挥下，按照哲学结构似乎提出的某些要求……以貌似精确史实的外表把他自己的意见和外加的材料塞了进去"，① 因而这本书并无多少史料价值。

培根对史学的贡献首先在于开创了近代哲学与史学主动渗透、结合的过程，把历史研究过程纳入经验归纳的过程，从而使史学进入了一般科学认识的领域，开始了史学科学化的进程，尽管他个人的实践是非常初步的，也是不很成功的。

因为对经验的重视，他在自己的知识体系认识中置历史于优先的地位。他将知识划分为诗歌、历史、哲学三大类别，由人具有的想象、记忆和理解三大能力所驾驭。主宰史学的是记忆，历史应该以收集、恢复经验的过去即具体的事实为其使命，以便为另外两个以想象和理解为特征的知识部门提供实验的原料，在学科认识的次序上史学优先。为此，他给历史家确定的任务是拯救"历史留下的各种残余"，即便"对事物的记忆淡薄了，几乎消失了，但敏锐和勤奋的人会以锲而不舍的韧性从谱系、编年史、名称、纪念物、铸币、相应的名字和风格、词源、谚语、传统、档案、工具以及散布在并非史书中的公共和私人的历史残片中，从所有这些东西或其中的部分东西中设法恢复时间洪流里的某种成分"。② 其次，他提出历史发展的进步思想，反对文艺复兴时期流行的崇古迷古风习。在《学术的促进》一书中，他第一个正确地揭示了文艺复兴运动复兴古典和宗教改革运动提倡原

①　《历史著作史》上卷，第二分册，881 页。
②　阿维斯：《近代历史思想的基础》，76 页。

始教会的实质均在于解决当代问题，如教会的腐败等。由于现实目的，那些尘封在图书馆的古书才重见天日。他在《新工具》一书中指出人们对于古的认识是很粗疏肤浅的，古老只有对自然世界而言才正确，它并不属于古人生活的世界早期。那早期对人来说虽较老，但对世界本身来说却较幼稚。我们有理由从我们的时代得到远多于从古代所得到的东西，因为我们所在的世界具有较高的年龄，所以堆积和贮藏着更多的实验和观察，更多的知识。① 因此，人们应该厚今薄古。由此可见，培根既是文艺复兴时代的最后一位哲学家和史学家，也是符合启蒙时代精神的西方第一位哲学家和史学家。

---

① 培根：《新工具》，61～62 页，北京，商务印书馆，1984。

第六章　启蒙时代的理性主义史学(17—18 世纪)

概　　述

　　文艺复兴时代标志着西方由封建社会向资本社会过渡的漫长、曲折过程的开端。作为经济领域平静演变的反映，它也是以和缓的、渐变的方式进行的。封建统治阶级起初容忍甚至欢迎可以满足他们物质和精神乃至政治需要的资本主义生产方式和人文主义的思想文化。① 然而，随着资产阶级队伍的壮大和思想的成熟，随着商品经济逐渐排挤自然经济、人性逐渐排挤神性、科学逐渐排挤愚昧，资本者们变得越来越自信，越来越不能忍耐束缚其手脚的封建家长的政治统治，要求自己掌握自己的命运，因此开始把触角深入封建统治最致命的部位——政权领域，鲜明地提出了废除贵族特权、以法治代替人治、使国家成为资本主义生产方式保护人和推动者的要求。由于政权是封建统治阶级的命根子，没有政权就意味着失去支配臣民和国家资源的基本条件，所以封建阶级当然要千方百计地维护自己的特权地位。一方志在必夺，一方志在必保，这样就使社会形态的过渡或转型进程出现了突变、突进的可能，产生了自下而上的革命和自上而下的改革并存的过渡道路。尼德兰革命和随之而来的英国革命在铁板一块的封建欧洲打开了两个巨大的缺口，证明革命道路的现实性。新生的资产阶级和垂死的封建阶级和平共处的时期彻底结束了，政治革命和政治改革的时代来临了。与这一基本的时代识别特征相适应，欧洲思想文化领域继温和的文艺复兴运动之后，出现了超越前者的思想文化运动，这就是启蒙运动。

---

　　① 　人文主义者甚至是君主专制的辩护士，比如波丹便认为君权神授，人民最大的义务是服从。

启蒙运动严格地说是从 17 世纪西欧兴起的理性思潮开始的。它的最大特点是不妥协的批判精神,用恩格斯的话说这是"非常革命的"。① 18 世纪出现的对这场后文艺复兴的思想解放运动的命名"启蒙"(Lumière,明亮、照耀之意)本身就意味着对黑暗、偏私、愚昧、特权和压迫的过去的彻底否定。在启蒙学者看来,那照亮黑暗、启迪人们心智的火炬便是理性。什么是理性? 就是以自己的理智而不是外界的权威来判断一切事物,只敬畏真实,而不信奉传统的偶像和教条。从运动的一开始,即从 17 世纪后半叶启蒙运动的先驱格劳秀斯、斯宾诺沙、笛卡儿、霍布斯等人开始,西方先进的知识分子便抛弃了人文主义者温良恭谨的外衣,破除迷信,解放思想,既不唯上帝,也不唯权威(包括古典和基督教权威),更不唯经书、古书,一切唯理性是从,把锋芒直指封建制度及其意识形态——基督教及其神学体系。"他们不承认任何外界的权威,不管这种权威是什么样的。宗教、自然观、社会、国家制度,一切都受到了最无情的批判;一切必须在理性的法庭面前为自己的存在作辩护或者放弃存在的权利。思维着的悟性成为衡量一切的唯一尺度。"②理性运用的结果就是产生出关于取代现存封建不理性社会的,以自由、平等、正义、人性为原则的理性王国的理论。

启蒙运动的第二个突出特点是尊重科学的精神。十七八世纪是自然科学取得巨大进步的时期,物理学、数学、天文学、地理学、解剖学、生物学均取得了突破性进展,哥白尼、开普勒、伽利略、牛顿……一个接一个科学巨人和科学发现的问世,从根本上推翻了中世纪的宇宙观和被奉为教条的亚里士多德的大部分物理学认识。自然科学的成就是启蒙思想家敢于倡导理性、大胆怀疑并批判包括古代在内的一切过去和现在的基本依据之一。他们直接把自然科学的方法移植于社会研究,产生出科学的、理性的规律意识。他们自称为社会领域中的"牛顿",认为社会像一架巨大的机器,他们的使命在于发现操纵这架机器的各种基本法则,用自然规律般的简洁语言和高度抽象来概括它们,使之指导人类社会的实践。由于人类可以用理性驾驭自己和自然,人类的进步便得到了可靠的保证。所以启蒙主义的世界观是高度乐观主义的、进步的世界观。当时的启蒙主义思想家,自认科学真理在手而充满信心,用笛卡儿和康德的豪言壮语就是:"给我物质,

---

① 《马克思恩格斯选集》,第 3 卷,56 页。
② 《马克思恩格斯选集》,第 3 卷,56 页。

我就用它造出一个宇宙来!"①

　　与时代的精神相适应,启蒙时代历史学的特征是与基督教史学的彻底决裂,历史研究范围的扩大,历史研究的深度加强,其表现如下:

　　(1)历史哲学的兴起。启蒙时代的学者同文艺复兴时代的相似处之一是多才多艺,许多人既是历史学家,同时也可能是政治学家、哲学家、经济学家、出版家等。他们对自己最喜用的一个识别符号是"哲学家"。在学术活动中,这些哲学家兼历史家们不像与之同代的纯历史家(如所谓"博学家")那样简单着眼于复制和考据过去的一个个断片,为今人增加事实知识,而是着眼于解释历史的总过程,从理性的哲学思辨、宏观的整体认识出发,力求从普遍的联系中、从过去的发展变化中发现历史运动的一般规律(较多的是以模式形式)。这种历史认识的目的方法虽然可以在以往史学中找到源头,但与过去古典史学的有限视野、基督教史学的纯粹主观臆断不可同日而语。由于史学和哲学的有机结合,历史学对真实的追求抵达了一个新的高度——寻找规律、公理、法则等普遍性,历史学因此具有了深刻的科学含义,用意大利历史家维柯的话来说就是"新科学"。后来的西方史学把这种在历史过程中寻找规律和构造模式的研究称作思辨的历史哲学,与后来被称为分析的或批判的历史哲学(专门对史学主体认识的本质、特点的研究)相对,组成历史哲学研究方向的两个方面。

　　但是,历史哲学的兴起同时也具有负面的影响。启蒙时期的历史哲学家由于研究课题过大,很难做到具体史实与一般原理的统一。他们往往把理性规律、原理、模式置于史实之上,不是论从史出,先广泛搜集史料,认真分析史料,进而归纳出符合历史实际的一般原理,而是带着一股凌驾一切的盛气,以论带史,普遍轻视史料的搜集、考据工作,仅仅把历史当作他们心中的哲学普遍原理的例证。在这一点上,启蒙时代的历史哲学的方法同基督教史学的以史注经的方法是相同的。因此历史哲学的兴起也开启了一个矛盾的过程,制造出否定自己的力量:既推动了西方史学的巨大进展,同时播下了近现代西方史学中普遍存在的滥造规律和模式弊病的种子,导致每个人似乎都可以根据自己的理解和少量的史料设计出包容世界历史总体和局部的各种大大小小的规律和模式,并因此展开无休无止的争论。这就使自启蒙时代出现的对史学科学性的质疑在 20 世纪得到了复兴,形成一股强大的力量。

---

　　①　康德:《宇宙发展史概论》,17 页,上海,上海人民出版社,1972。

（2）真正意义的世界史的出现。过去西方史学中的世界史实际是以地中海世界及其相邻地区为内容的区域史。随着地理大发现之后的世界一体化的客观趋势，以及宏观史学研究的兴起，历史编纂在空间上越出传统地域，开始把西方人目力所及的东亚和大洋彼岸、中南非洲也囊括到世界史体系之中，从而产生出真正意义上的世界历史。更具进步意义的是：启蒙史家一方面突破了古典史学的空间局限；另一方面自觉不自觉地接受了古典史学的优秀传统，在比较东西方民族的历史文化当中能够努力发现东西方历史文化的有机联系，承认自己与东方文化之间存在一定的继承关系，一般没有后期殖民主义者那种令人生厌的种族主义和西方优越的目光，更谈不上西方中心论。

（3）史学记述题材的扩大。西方史学早在古典时代就已在政治史、战争史、帝王将相史之类史学记述主流之外创造了社会文化史的题材，但这一方向没有发展开来。在中世纪则基本断了传人。文艺复兴运动使这一方向得以恢复，但非政治军事史题材仍在史学撰述体系中处于微不足道的从属地位。进入启蒙时代，这种现象开始有所改变，虽然君主和政治家、军事家以及有关的重大历史事件仍然是历史学家们最喜爱的对象，但社会经济、文化、法律、科学技术等人类史的其他组成部分也成为史家自觉考虑的对象，被纳入经常性的历史记述范围之内。特别是法国启蒙思想家伏尔泰所开创的社会文化史的新研究方向对西方史学有指导性的意义。

（4）历史发展进步观点的流行。这一时期的史家通常把观念形态的理性作为历史发展的基本动力，把历史视作理性与非理性的愚昧无知不断斗争的过程。在这些理性的崇拜者看来，人类可以通过理性发现自己的错误，改正错误，追求和实现自己的幸福，从而保证社会趋向完美。这是一种无止境的进步过程，除非自然本身所给予人们的局限——地球的存在出现了疑问，因此社会的改造、资本主义制度替代封建制度也就成了理性的要求、纯粹的历史必然。这种历史观与基督教史观虽同以心灵为基点，有相似的光明未来作为终点，同样倒立着观看世界，但二者却有层次上的巨大区别。理性是人对自然法则即真理的悟性，本质上是人的属性，是作为神本的客观唯心史观的对立物出现的，代表着历史认识的巨大进步。

（5）历史批判方法的深化。在理性法庭和发展进步的历史观的基础上，启蒙时代的历史家不再像文艺复兴时代的史家那样，仅把批判和考据的矛头对准基督教史学，而是向古典的权威发起了挑战，许多被认为经典的古典著作，如荷马史诗、罗马早期的历史记载等作品都遭受到严格的审查。

这种怀疑主义精神最终发展到对圣经的批判，揭露出圣经中的大量矛盾、重复、中断等内容，赋予这一神圣的"宝书"以历史的本性。在理性怀疑主义的激流中，史学本身也成为怀疑的对象，西方史学的主体认识进入前所未有的深化阶段。

（6）史料的继续积累。不仅古代的手稿得到进一步的发掘，而且因自文艺复兴运动开始的考古活动已具有作为史学的单独分支学科的意义。考古发掘遍及意大利、希腊、小亚细亚等古代文明地区。庞培城的发掘工作正是在这一时期启动的。随着史料的积累，史料整理、校勘、编辑、出版事业得到进一步发展。

（7）自文艺复兴时期开始的西方历史工作者职业化、平民化的趋势于启蒙时代继续加强。该时代尽管在各国国民教育的课程体系中尚未普遍设置历史课，但在个别大学中，如德国的哥廷根大学、英国的牛津大学与剑桥大学开设了历史讲座，为史学在19世纪的大学中获得历史系的"公民权"创造了组织、人员、学科体系的条件。此外，在欧洲各国的大学的已设专业中，一批史学家成为经常雇员，如在文科专业中教古希腊罗马史和世界史，在法律专业中教法律史，在神学专业中教教会史。同时，自17世纪中叶以后，各国纷纷建立以促进人文艺术学科发展的科学院、学会，历史学的课题在各科学院提出的研究项目单中占有重要的位置。因此从事历史研究和教学的人员构成发生根本性变化，大多数成员是缺少从政、从军经历的民间知识分子。他们终生在大学校园里、书斋中和适合他们研究讲学的场所研修史学学问，以史识为社会和政治服务，促进了历史认识的连续性、系统化，提高了历史学在社会学科中的地步，直接为19世纪中叶历史学的专业化创造了条件。

第一节　意大利与法国的史学

一、历史哲学之父——维柯

同文艺复兴时代领西方史学之先相比，意大利史学在启蒙运动时代总体上趋向衰落。原因主要在于意大利封建主阶级加强了政治和思想控制。16世纪中叶，极端保守的西班牙哈布斯堡王朝占领了意大利大部分地区，开始了西班牙对意大利长达150余年的黑暗统治。封建统治者的横征暴敛摧毁了意大利曾经蓬勃发展的城市手工业和商业，迫使大批工商业者外迁，

维 柯

城市因而衰落。由于西班牙是天主教的忠实卫道士，疯狂迫害与天主教教条不符的思想文化；同时，罗马教廷也随着宗教改革运动的深化而越趋保守，利用宗教法庭和耶稣会，极力镇压任何不利于己的思想活动，阻止人本主义和自然科学的进步；所以人本主义史学进一步发展的道路被堵塞，意大利史学逐渐地落后于曾经由它指导、帮助的其他西欧国家的史学，西方史学的中心也由意大利转向英国和法国。但是，总体的衰落并不排除局部进步的偶然性。在中部城市那不勒斯，产生出一位开创近代历史哲学新方向的杰出史家坚巴提斯塔·维柯（Giambattista Vico，1668—1744 年）。

维柯的一生是悲剧的一生。他出生于那不勒斯的小书商家庭，幼年就学于教会语法学校，但由于健康原因以及厌恶耶稣会士的教学，他中途辍学，基本靠自学成才。1686 年，他在意大利南部获得了一份家庭教师的工作，持续教书 9 年。后又在那不勒斯大学谋得修辞学讲师的职位。由于收入微薄，醉心于学术思考，维柯一生都处在贫困当中。末年（1734 年）虽被任命为那不勒斯国王查理三世的宫廷史官，但没有几年便因病辞世。他活着时是孤独的思想家，其作品多数没能出版，少数幸运得到出版的著作又受到社会的冷遇。在生命的最后一年，他情绪低落，有时待在房间黑暗的角落里沉默不语。具有宿命象征的是他的不幸一直伴随他死后。他的遗体因葬仪问题被耽误了 6 天才下葬，他的思想成就和在学术史中的地位则是在他去世近一个世纪后才得到正确评定的。

尽管维柯命运多舛，但他的历史思想却充满自信和乐观主义气息，体现了启蒙时代思想家们的普遍自信。它们集中在他的代表作《新科学》（全名为《关于各民族共同性的新科学的原则》，1725 年出版）中。此外也散见于《论意大利人的古代智慧》《维柯自传》等历史、法学、哲学著作之内。概括起来，他的史学成就主要表现在史学与哲学的有机结合上，使史学超越了事实的收集、整理和描述，以及对一定范围内的历史事物之间的因果关系进行解释的传统目标，朝着根据观察到的事实和认真的思辨抽象出人类历史总体规律的方向发展，这就使史学在更大的范围内注意深层的结构分析、各种关系的内在联系和矛盾、发展动力等一般性问题，将这门学科提升到所谓"新科学"的高度。

维柯有一个坚定的信仰，就是人可以认识自己。他在《新科学》中指出：

"以往哲学家们倾全力认识自然界，这个世界既然是由上帝创造的，那就只有上帝才能认识；同时，他们却忽视对民族世界的思考，这个世界既然是由人类创造的，那么人类就能认识他。"①这一认识是一千多年前希腊哲学命题"认识你自己"的发展，也是古代哲人苏格拉底认为只有人本身才是哲学认识对象的思想的翻版。只不过苏格拉底由哲学对自然的研究转向对伦理道德的研究，维柯则把哲学对自然的研究转向对历史的研究。这段话还对史学的认识论具有一定意义，是针对当时法国哲学家笛卡儿的历史不可知论而发的。因为在笛卡儿的知识理论中，自然科学被抬到怕人的地步，史学的研究对象因被认为是无法验证的过去，因此被排除于科学大门之外。维柯不同意笛卡儿的观点，并对笛卡儿的史学怀疑主义和不可知论予以有力批评。他把历史作为一个可认知的整体而与不可真正认知的自然整体区别开来。他的根据是人类史是由人们自己创造的，既然自己参与了整个创造过程，那么创造者就能够认识自己的历史。相反，自然史是由上帝创造的，是一种外在之物，人未参与其中，因此无法真正认识自然，最多是在实验室中得到模糊的关于自然的知识。所以他在《新科学》另外一处同样充满信心地指出："这个民族世界的确是由人类创造出来的，所以它的面貌必须在人类心智本身的变化中找出。如果谁创造历史也就由谁叙述历史，这种历史就是最确实可凭的了。这种情况正像几何学，几何学在用它的要素构成一种量的世界，或思索那个世界时，它就是在为它自己创造出那个量的世界。我们的新科学也是这样，它替自己创造出民族世界，但这一科学（比几何学）更为真实，因为它涉及人类的事务，比起点、线、面和形更为真实。"②这样，维柯便在人的思维和人的社会存在之间找到了同一性，当然这是以人的认识和自然之间无法实现同一为代价的。

在人类可以观照自己的历史、认识自己历史的基础上，维柯努力去实现这种认识，试图发现人类社会发展的本质和规律。他吸收古代的发展论和循环论思想，在史学史上第一个把历史看作一个以螺旋形式自低向高的、有规律的、开放的发展过程，是不以某个人的意志为转移的永恒的过程。在这一过程中会因各种原因不断出现民族发生、发展和衰亡的现象，但人类并不因此停止或改变自己的进步趋向。比如美洲印第安人的社会即便没有被欧洲人发现也会按人类固有的规律向前发展。各民族之间的冲突、交

---

① 维柯：《新科学》，朱光潜译，上册，154页，北京，商务印书馆，1986。

② 维柯：《新科学》，上册，164～165页。

往只是在延缓或促进这一进程上是有意义的。维柯突出这一辩证认识的理由在于人类的共性，即他所说的"民族共同性"。他认为人类本性是一致的，有共同的起源和共同的特征，有基本相似的社会结构和发展路线。如果没有这样的共性，人类是不可能长期存在下去的。维柯对此的说明是从地理大发现后才能具有的广阔比较研究角度进行的，这使他归纳出的认识一般具有更准确、更令人信服的特性。比如他举例："所有民族，无论是野蛮的还是文明的，尽管是各自独立创建起来的，彼此在时间和空间上都相隔甚远，但却都保持住了下列三种习俗：（1）都有某种宗教；（2）都举行隆重的结婚仪式；（3）都埋葬死者。"①这种一致性或统一性说明必有一个共同的真理基础，维柯用"天意"一词来规定，表明它是一种超人类能力之外的力量，其实是客观规律的力量。

当今西方史学在相对主义和后现代历史哲学的冲击下，否认历史规律的存在蔚然成风，但至今没有谁能够有力地证伪维柯的这三条举证，即为什么各个民族在不同的时期、不同的地点却好像有一种事先约定似地都拥有某种宗教、都举行隆重的结婚仪式和都埋葬死者。②

维柯不仅在人类社会的横切面上找到了统一性，而且在纵切面上也得出了相同的结论。他从自己的时代向上溯推，发现各民族的历史虽千差万别，但却有共同的发展道路。他从各种历史事物中抽取出社会管理制度作为共性的代表，依它们有序的变化把一切民族的历史划分为三个依次更替的阶段：神的时代，英雄时代，凡人时代。神的时代是人类史的开端，并不是神造或神作为实体统治的时代，而是"各异教民族相信他们在神的权力统治之下生活"，"因此神的指示'如预兆、神谕'是维系社会最古老的制度。英雄时代是贵族政体时期，英雄们自以为较平民优越。人的时代是人的理性时代，人们认识到彼此的平等"，因此建立了一种民主政体，后来又建立了一种君主政体，二者都是人道政权的不同形式……③三个阶段转换的动力是社会不同集团的斗争。人类在神的时代不得不为生存而竞争，结果胜利者为主，失败者为仆。双方的尖锐对立导致胜利的统治者"靠武器的力量"建立国家，即贵族政体。因此在维柯看来国家实际是社会矛盾不可调和的

---

① 维柯：《新科学》，上册，154～155 页。

② 只有"都埋葬死者"一条不算准确，也有不埋葬死者的民族，但都有制度化的处理死者的仪式。

③ 维柯：《新科学》，上册，28 页。

产物。这样神的时代也就转化为英雄时代。由于"在贵族政体下，贵族们总是使所有法律成为本阶层的独占品"，以便保护自身在经济和社会方面的特权地位，结果导致与人民的对立，社会矛盾斗争的尖锐化，贵族被迫让出政权及财产、宗教、婚姻的独占权，社会进入了凡人时代。在凡人时代内部又分成两个阶段，起初是民主政体，社会没有消除贫富差别和对立。穷人和富人的矛盾难以调和便发生新的阶级斗争，社会因此动荡不定，政治演变为无政府状态和无限制的自由，从而造成无限制的暴政。当社会权力在人民中间被分割成最小的单位时，"权力的整体就容易为一些号称拥护民众自由的人所接管，这样，专制权力就最后出现了"。① 但君主专制必然引起政治腐败和滥用权力，结果是社会的腐败。"如果人民腐化到听任成为自己无羁情欲的最低贱的奴隶(例如爱铺张浪费、妖冶、贪婪、嫉妒、骄横和虚荣等)，总是追求淫逸生活的乐趣，又陷入奴隶般的丑行之中(又变成说谎者、骗子、搬弄是非的小人、盗贼、懦夫和冒牌者)，天意这时就注定让这种人按各民族的部落自然法沦为奴隶，受制于比他们较优秀的民族。"② 维柯从这种阶段性的否定事实中抽象出两条定理，即他所说的"自然秩序的两大光辉原则"："首先，凡是不能自我统治的人就得由能统治他们的人去统治；其次，世界总是由本性上最适宜的人来统治。"③

　　同这种时代更迭的逻辑相适应，维柯赋予三个时代不同的特性：神的时代是野性的、富有创造精神的原始意志时代，因为一张白纸才会激活想象力、创造力。而凡人时代是完善的时代，理性已经形成，各种规范、教化也已完成，人们的创造力因此衰竭，耽于安逸享乐。为了摆脱这种停滞和僵死局面，历史便会重演相似的神、英雄和凡人三个阶段。全过程从具有创造力的原始阶段开始，至失去创造力的凡人时代结束。但这种重演不是循环复制，不是圆周运动，而是在新的基础上的形式重复。人类历史就是在这样的规律制约下不断迂回曲折地向前发展。

　　从维柯的历史发展思想中可以或明或暗地看到19世纪历史辩证发展规律的一些基本内核，如历史不是杂乱无章的孤立事件、人物、过程的堆积，而是一个互相联系的合乎规律的整体；历史发展运动过程中量的渐变和质的突变结合；对立统一和斗争的原则，每一过程内部都存在固有的矛盾性，

① 维柯：《新科学》，上册，606～607页。
② 维柯：《新科学》，下册，607页。
③ 维柯：《新科学》，下册，607页。

对立面的斗争推动社会历史的运动；否定之否定的螺旋运动路线。尤其难能可贵之处是维柯不仅看到不同社会阶级、等级、民族共同体之间对立斗争对历史辩证发展的决定作用，而且穷究到这些斗争的物质根源。例如平民与贵族的斗争是由于财产权，宗教和法律不过是贵族保护自己的经济私利和统治平民的武器等。这使他的辩证历史观带有了朴素唯物主义的成分。由于维柯在哲学与史学结合上的巨大贡献，西方史学通常把他誉为"近代历史哲学之父"。①

在对历史的具体认识上，维柯也有独到的贡献。他相信历史的可知性、发展变化性。他继承西方史学业已形成的史料考据传统，对古代的历史问题进行了独特的研究，提出了一些杰出的史学研究的原则。比如在分析前人记载时，一个史家应该时刻注意到人们喜好夸大过去成就的弊病，各民族都爱美化本民族的历史而以贬低他民族的历史为代价。历史家不应该把过去的人等同于现在的人，不应认为过去的人对他们自己的了解一定比现代的人对他们的了解多。历史研究不应把历史现代化，应照古代的原样去看待古代人。他把古代语言、诗歌、神话传说、法律习俗等事物置于一定的历史范围内加以考察，赋予它们史料学的意义。他认为某一民族不同时期的语言承载不同的历史信息，每个时代的人都以自己时代的语言和思想体系来描述思想、法律、政治等形形色色的活动，从不同的表达形式可以发现不同民族在一定时期的特征。但各民族的语言虽然形式有别，但实质是一致的，因为总会有通用于所有民族的内心语言，以一致的方式表示事物的本质。神话传说则是各民族最为古老的历史，反映古代社会的事实，但是以一种歪曲了的回忆形式反映的。只有把传说本身和创造传说的人的历史结合研究才能理解传说的意义。他对荷马史诗的考证是历史考证的典型范例。他第一个指出该史诗是在不同的时代由不同的作者编作层累而成，包含不同时代的历史内容。

由于时代的局限，维柯没有彻底挣脱宗教信仰，在三段式的初因问题上仍求助于神圣的天意。在人类的起源方面相信上帝造人和大洪水的神话等。他的模式也存在明显的主观成分。但这并不能遮盖其历史思想中的不少天才的闪光，为汤因比等许多思想家所借鉴。

---

① 阿维斯：《近代历史思想的基础：从马基雅维利到维柯》（Paul Avis, *Founctation of Modern Historical Thought：From Machiavelli to Vico*），136 页，伦敦，1986。

二、历史哲学家笛卡儿与考据家拜尔

笛卡儿

启蒙时代的法国理性史学走在西欧各国史学的前面。在理性地审视和批判过去方面，法国史家和思想家比其他国家的史家都要激越，理性史家的人数较其他国家为多。雷内·笛卡儿(René Descartes，1596—1650年)是法国理性时代的哲学家、数学家，近代科学思想的奠基人之一，也是西方近代历史哲学的先驱。

笛卡儿出生在都兰省的一个贵族家庭，父亲是高等法院的法官。少年时学习成绩优异，后来入法国中西部的波瓦第尔大学学习法律，20岁时获法学证书。他本来应该依从父亲的愿望从事律师职业，却出人意料地参加了雇佣兵。其所抱目的很单纯，就是为了观察外部世界和发现真理。退伍后他定居在资产阶级革命已经成功、环境相对自由的荷兰，专事学术研究，以避免在天主教占统治地位的法国可能招致的思想迫害。他潜心坐冷板凳得到了应有的回报：创建了解析几何学，第一个提出宇宙运动能量守恒的思想，坚决反对在中世纪占统治地位的经院哲学，提出理性的怀疑精神，倡导在接受任何思想观念前应经过系统怀疑的筛滤，不因袭成说，不迷信权威，一切以个人的理性思考为准绳：要想追求真理，我们必须在一生中尽可能地把所有的事物都来怀疑一次。①

他在自己的代表作《方法论》中论及人类知识分类的时候，展开过对历史知识性质、特点、在知识体系中的位置等史学本体问题的论述，成为近代史学怀疑主义思潮的第一位代表人物。正是在这个意义上，本来不是历史家的笛卡儿才被列入史学家行列。

笛卡儿否定历史具有科学性的基本理由在于真理应该是清晰明确的，科学不接受任何无法确证为真实的东西。而获得真实的方法应该是分析综合和演绎逻辑相结合的方法，要从分析对象的个别开始，由简单到复杂，个别到一般。在经分析综合得出的真实基础上再进一步演绎出真正的知识体系。适用于这种方法的知识学科在笛卡儿看来只属于哲学及其三个基本组成部分——数学、物理学和形而上学，其中数学是确定性知识的模板。历

---

① 笛卡儿：《哲学原理》，关文运译，1页，北京，商务印书馆，1958。

史由于是对过去经验的描述式的记载，因而不可避免地带有虚假成分，不具备真理性。而没有基本的真理性，也就无法演绎出真正的知识体系。他在《方法论》中指出：历史著述所说的事情并不是像它们实际发生的那样发生：

> 即使历史书籍是真实的，既不夸张又没有改变事物的价值，也还是略去了较卑下和很少尊严的那类情况，以便更值得读者去注意；因此，它们描述的那些事情从来都不是恰好像它们所描述的那样，而那些想要以它们为自己榜样的人，就都倾向于浪漫的骑士狂并思索着铺张扬厉的业绩了。①

所以笛卡儿倡导厚今薄古，反对人们过分注意过去而忽略了现在。

笛卡儿的理性怀疑主义在 17 世纪的西方哲学界形成了一支具有强大影响力的派别。史学和哲学被认为是两门截然分立的学科，史学涉及的只是个别经验，与哲学所要求的普遍和一般格格不入，因而是非科学的知识。这种观点同亚里士多德在《诗学》中的思想是一致的，是对史学客观发展实际的歪曲的反映，因而它当然地引起了一些具有高度哲学思维的历史家或具有深刻历史思维的哲学家的批评，维柯是其中的先行者，成功地赋予历史以哲学的普遍必然性，在以形象思维为主的传统史学中开辟出一块以逻辑思维为主的新园地。英国的哲学家兼历史家洛克、休谟等人则是后来者。在笛卡儿的母国法国，历史怀疑主义虽然适应启蒙学者批判过去和现实的需要而有着广泛影响，但法国启蒙学者怀疑古代却不否定史学本身，在高扬理性和批判历史与现实的过程中自然地突破了笛卡儿设置的严格学科界限，独立地开创出维柯式的用哲学精神反思历史，用历史事实证明哲学认识的道路。

哲学家、历史家拜尔（Pierre Bayle，1647—1706年）是法国启蒙运动的先驱之一。他的生平和思想典型地体现了后来法国启蒙思想家不妥协的战斗精神。

他出生在卡拉·勒·孔德村的一个新教徒家庭，父亲是他的启蒙老师。后来他进入图卢兹的一所耶稣会学院读书，改信罗马天主教（1669 年）。一年多以后他又回归新教卡尔文教，流亡日内瓦以躲避天主教会的迫害。在那里他熟悉了笛卡儿的学说。1674 年他返回法

拜 尔

---

① 柯林伍德：《历史的观念》，68 页，北京，中国社会科学出版社，1986。

国，在巴黎担任家庭教师。1675年成为色当新教大学的哲学教授。当时的法国与实施宗教自由政策的英国、荷兰不同，国内实行严格的思想管制，政权和神权结成牢固的同盟。由于法王提倡君权神授，反对宗教即是反对国王和国家，因此很少有人敢于对天主教提出怀疑。拜尔却对教会进行了尖锐批评，呼吁政教分离，结果6年后被逐出法国，移居荷兰鹿特丹。在定居荷兰期间，他与宗教决裂，在历史、宗教、道德伦理、政治等问题上发表激烈的反传统言论，名闻欧洲列国，并因此引起法王路易十四及法王的敌人英王威廉三世的共同敌视，但从另一方面讲这又扩大了拜尔的影响。

他独立撰写的《历史与批判词典》《关于孔德的思想》和主办的期刊《文坛新闻》成为法国启蒙运动的早期读物，贯穿着理性的批判精神。以1696年出版的《历史与批判词典》为例，这是近代最早的百科全书之一，汇集传统典籍中的各种矛盾，对每个术语的解释都力求从客观的角度出发，试图证明那些似乎真实的历史解释实际上是建筑在虚假材料基础上的虚构。他指出理性与基督教宣扬的神启和奇迹是格格不入的，基督教经典中含有太多的自相矛盾之处，完全是靠信仰和对怀疑者的迫害维持存在的。在对各个词条的解释当中，他力求客观公正。这使他成为近代西方世界客观中立的学术研究方法的先行者。他在《历史与批判词典》中就史学家应该秉持的这种方法进行了精彩的阐述：

> 历史学家应当仅仅注重真理的利益，为此，他应该抛弃受了伤害的怨恨，得到宠爱之后的回忆，甚至牺牲对国家的爱。他应当忘记自己属于某一个国家，忘记是在某一特殊信仰的抚育下长大，忘记自己财富的获得应归功于某个人，忘掉这些是自己的亲戚，那些是自己的朋友。

拜尔的这一认识并非全新认识，古典史家修昔底德、波里比乌斯、塔西陀、卢基阿努斯在约一千年以前都曾经提出过。但是在17世纪和18世纪之交重新对历史客观主义加以表述则有不同的意义。它表达了法国启蒙运动的一个基本思想，就是对过去所听、所学、所讲、所信的一切的怀疑，理性的法庭只相信得到验证的事实。由于这部著作充满理性的、客观的精神，独立后的美国总统托马斯·杰斐逊把《历史与批判词典》列入国会图书馆首批收藏的一百本名作之一。

三、孟德斯鸠的规律论与地理环境决定论

孟德斯鸠

启蒙学者孟德斯鸠（Montesquieu，1689—1755 年）是法国第一位实现史学与哲学以及其他学科（法学、政治学等）结合的思想家。他出身地方显贵之家，年轻时便发表过一篇史学论文《古罗马的宗教政策》以及若干科学论文，反映他对史学和学术研究的爱好。1716 年承袭伯父的爵位和家乡波尔多市议长职位，有从政经验，但对官场不感兴趣。1721 年发表文学作品《波斯人信札》表现出孟德斯鸠与一般贵族不同的气质——好学深思，勇于求知。后来他卖掉议长职位，专事著书立说。代表作有篇幅不长的史著《罗马盛衰原因论》和政治学著作《论法的精神》。

《罗马盛衰原因论》这一题目表明作者并不着眼于一般的史实叙述，而致力于原因的探讨，概括的目的压倒一切。由此造成所述问题的时间虽纵贯近两千年的罗马史，但篇幅却只有一本小册子大小。孟德斯鸠把罗马的兴盛主要归结于共和制度的建立，此外是平均地产的实施、领袖的贤明、公民道德的纯洁、安贫乐道的古老习俗、军制的优越等。罗马衰亡的关键原因则在于共和制度因统治范围的扩大而变为君主专制的必然性。他指出：

> 总而言之，这里就是罗马史的关键所在了：罗马人由于本身遵守的原则征服了所有的民族；可是当他们的目的一旦实现的时候，他们的共和国反而无法维持了。应当改变他们的统治制度，而在这新政府中所应用的、和先前的原则相矛盾的原则却把罗马的伟大搞垮了。①

在基本原因的解释上，孟德斯鸠的思路显然同撒路斯提乌斯、李维、塔西陀等古典史家是相似的，他在这部作品中不仅引用这些史家提供的史实和论点，而且广泛利用其他作家的有关材料，如波里比乌斯、西塞罗、普鲁塔克、阿庇安等，表明他对古代历史的熟悉。由于他论述的问题过大过多，仅专题便达 23 个，涉及的事件和人物更多，而篇幅却很有限，因此虽不乏精彩的议论，如财产和阶级斗争的关系，政治、法律制度演变对历

---

① 孟德斯鸠：《罗马盛衰原因论》，102 页，北京，商务印书馆，1962。

史演化的作用等，但整个著作的论据选择和结论的给定显得匆忙、空洞和杂乱，不能算是一部成熟的史著。对孟德斯鸠来说，成熟的作品是他毕生研究的最终成果《论法的精神》。

该书旨在阐明政治和法律的一般结构、本质特征、相互关系、演进过程等共性和特性，寻找永恒有效的一般规律，即左右人类历史的规律。他在序言中特别指出：

> 我首先研究了人；我相信，在这样无限参差驳杂的法律和风俗之中，人不是单纯地跟着幻想走的。我建立了一些原则。我看见了：个别的情况是服从这些原则的，仿佛是由原则引申而出的；所有各国的历史都不过是由这些原则而来的结果；每一个个别的法律都和另一个法律联系着，或是依赖于一个更具有一般性的法律。①

在孟德斯鸠的术语中，规律、原则、法并没有严格的界定，时常是互相替换使用的。规律具有普遍性、客观性，一切存在物，无论是物理的或智能的，都有它或他们自己的规律。但有趣的是孟德斯鸠把客观规律和人制定的法律混合起来统看作是规律，这样在他的意识中规律包括两个部分：一种规律是上帝制定的，还有一种是人制定的，虽然"这些规律在性质上也是不可变易的，但是智能的世界（人的世界——作者注）并不像物理的世界那样永恒不变地遵守自己的规律，这是因为个别的'智能的存在物'受到了本性的限制，因此就会犯错误；而且，从另一方面来说，独立行动就是他们的本性，所以他们并不永恒地遵守他们原始的规律；而且就是他们自己制定的规律，他们也并不老是遵守的"。② 孟德斯鸠按照自己的关于规律本质的含混理解给两类规律定名为自然法和人为法。自然法在时间上处于领先地位，和人类的原始时代相适应，包括四条具体规则：基于人类最初的软弱无知而形成的和平共处，基于生存需要而形成的寻找食物的要求，基于畏惧等原因而形成的相互亲爱，基于情感和知识的积累而形成的对社会生活的要求。由于有了社会，人失去了软弱的感觉，平等的意识随之消失，开始了社会斗争的新阶段，于是产生出调节不同关系的国际法、政治法、民法。

---

① 孟德斯鸠：《论法的精神》，上册，序，37 页，北京，商务印书馆，1982。
② 孟德斯鸠：《论法的精神》，上册，序，2~3 页。

孟德斯鸠把客观规律和人的有意识的活动结果混为一谈无疑是错误的，然而他的历史规律意识本身却闪现着思想的光辉。其表现首先在于不自觉地否定了笛卡儿的唯自然科学的历史怀疑精神，实际与维柯得出了相同的结论，即人类社会同样有规律可循，人类能够认识自己运动的规律。当然孟德斯鸠与维柯的不同点也是明显的，他不承认维柯的自然规律不可知论。其次孟德斯鸠提出了历史进步的思想。人类社会和社会斗争不是从来就有的，规律，至少是人为法也是历史发展的产物。

为了解决人为法与客观规律的矛盾，孟德斯鸠认为人为法的制定并不是纯粹主观臆造的产物，而是一种对客观现实的把握过程，"是从事物的性质推演出来的"，[1] 是建立在真实基础上的。因此法不是孤立的，总是同特定国家的政治、经济、自然条件、生活方式、宗教习俗等因素密切地联系在一起。在孟德斯鸠看来法与这些因素之间关系的总和就是"法的精神"。所以他的著作的绝大部分内容便在于讨论规律（法）和各种社会存在的互相作用关系。而欲说明这些关系，只有把说明的对象置于一定的历史范围之内，因此《论法的精神》的主题不是史学而是法哲学与政治学，但又不能不以历史来证明主题，这就使该书具有了鲜明的史学意义。

孟德斯鸠利用的史料规模极为庞大，其中大半出自古希腊和罗马史家、哲学家的作品，小半来自当时已知的世界不同地区和不同时代积累的有关知识，包括阿拉伯、印度、土耳其以及欧洲人刚有皮毛了解的中国、日本、美洲等国家和地区。这种重古代的做法并不是出于崇古好古，而是由于当时积累的不同时代的材料状况。比如，《论法的精神》讨论的重点是政体与法的关系，由于古希腊和罗马曾是政体的共时性实验场，各种政体应有尽有，并且古希腊罗马人对不同政体进行过深入、细致、全面地比较研究和理论总结，积累起其他时代、其他地区以及其他民族无可比拟的大量现成论据和论点。因此孟德斯鸠广泛运用古典史料就不足为奇了。

古典著作不仅是他的主要史料来源，而且是他的观点的重要借鉴。从他对历史上存在的政体的分类（共和、君主和专制三大类别）和不同政体的内在结构、运作规律的论述中可以看出柏拉图、亚里士多德、波里比乌斯的有关认识的强烈影响。他多次引用三人的论述，盛赞波里比乌斯等人的明哲。但孟德斯鸠并未成为古典学者的传声筒，在他论述的每个问题上都有自己的创造发展。例如他从 18 世纪的认识高度和广阔的视野去考察与法

---

[1] 孟德斯鸠：《论法的精神》，上册，37 页。

律主题最紧密相关的政体问题，不仅实例的列举超过古典思想家，且在认识的深度和广度上超过了古典作家。其中最令人耳目一新的是关于自然地理环境对一国法律、政体、社会制度、人民习俗、心理、性格影响的思想。

通常国内外学术界注意到了古代医学家希波克拉底和文艺复兴时期的史家波丹在这方面可能对孟德斯鸠产生的影响，但没有证据表明这一点。其实最可能对孟德斯鸠有启发的是亚里士多德的类似思想。在孟德斯鸠精读过的《政治学》一书第7卷第7章中，亚里士多德曾扼要论及地理环境与民族禀赋的直接关系，提出了一些基本原则。孟德斯鸠则用了1卷篇幅详细论证同一类问题，大大发展了亚里士多德的观点。但在某些基本思想上仍能看到借鉴的痕迹。例如，亚里士多德曾说：

> 寒冷地区的人民一般精神充足，富于热忱，欧罗巴民族尤甚……亚细亚的人民多擅长机巧，深于理解，但精神卑弱，热忱不足，因而他们常常屈从于人而为臣民，甚至沦为奴隶。唯独希腊各种姓，在地理位置上既处于两大陆之间，其秉性也兼有了两者的品质。①

而孟德斯鸠则认为"炎热的气候使人的力量和勇气委顿；而在寒冷的气候下，人的身体和精神有一定的力量使人能够从事长久的、艰苦的、宏伟的、勇敢的活动"。故热带民族常成为奴隶，寒冷气候的民族常能勇敢护卫自己的自由。② 此外土地贫瘠，人民强悍；土地肥沃富庶，人民柔弱、贪生；一国面积小宜于共和政体，面积大适于专制。所以奴隶思想始终在亚洲流行，欧洲人则始终崇尚自由和法制。③ 显然二者在气候和地理位置的认识上是基本相同或相似的，存在着一种师承关系。但孟德斯鸠较亚里士多德论述得更充分，并增加了土地面积的作用，独到性也显而易见。需要指出，孟德斯鸠的看法虽有较亚里士多德更多的实证材料支撑，但也经不住更大历史范围内的比较证伪，可以举出更多的实例来证实其荒谬之处。然而，如果去除地理环境决定的谬误，不能否认历史发展过程中作为客观存在的环境对一定民族政治体制、思想文化、生活方式的影响。而这正是过去历史家所忽视的地方。所以孟德斯鸠的解释也有不少合理之处。比如亚

---

① 亚里士多德：《政治学》，360～361页，北京，商务印书馆，1981。
② 孟德斯鸠：《论法的精神》，上册，278～279页。
③ 孟德斯鸠：《论法的精神》，上册，273页。

洲幅员辽阔，古代若不实行君主专制就会形成割据，国家便会崩溃之说就很有道理。饶有趣味的是，孟德斯鸠在后来的论述中又不自觉地修正了自己先前的武断结论，认为人类精神的形成受多种因素的综合作用，如"气候、宗教、法律、施政的准则、先例、风俗、习惯"，地理环境只是其中之一种。① 这反映了他的疏漏和思想的不稳定。

四、伏尔泰的历史批判与文化史研究

就史学专业修养和史识的敏锐程度而论，法国启蒙运动的大思想家伏尔泰（Voltaire，1694—1778 年）要较孟德斯鸠更强一些。伏尔泰生于巴黎一个富裕的法院公证人家庭，少年时已显露出对神学的叛逆精神，对流行文学有特殊的兴趣。因此青年时代的伏尔泰未从父命成为法官，而变为舞文弄墨、讽议时政的无业文人。因不满现实、批评宫廷的腐败以及与贵族的对立而两度入狱，后在英国度过三年的流亡生活，受到英国民主思想和经验哲学的影响，思想渐趋成熟。返回法国，勤于笔耕，涉猎文史哲。可能由于他有因言获罪、颠沛流离、经常受到迫害的痛苦经历，他对封建专制和教会的黑暗极为反感，比他的同代和前代的理性学者更尖锐地批判现存制度，歌颂理性，倡导信仰自由，赞美民主政治，因而在法国和欧洲引起广泛反响，成为启蒙运动的旗手。他著述极丰，题材广泛，主要有诗歌、戏剧和小说，其次为哲学、历史著作，是少见的通才。他最具代表的史作是《路易十四时代》和《历史哲学》，此外还有《查理十二世》《论各民族的风俗和精神》《彼得大帝统治时代的俄国史》等。

伏尔泰是最激进的启蒙时代进步史观的鼓吹者之一，是时代精神的鲜明体现者。他第一个造出了"历史哲学"的术语，从而高度概括了启蒙时代思想家对人类历史的全面观照、总结的工作。1765 年他写出篇名为《历史哲学》的论文，后来作为《论各民族的风俗和精神》一书导言。这个概念是用来启发他的情人夏德莱夫人的，意即应以哲学的睿智和高瞻观察历史。但他的文章题目虽大，却没提出一个完整的历史哲学系统或一个基本的框架。这篇文章实际是一篇历史批评论文，沿着人类历史的脉络边叙边议，妙语

伏尔泰

---

① 孟德斯鸠：《论法的精神》，上册，305 页。

连珠，其间贯穿着理性主义思想家共有的社会进步的思想——人类历史是在迷信和理性、愚昧和知识不断斗争中发展进步的。在这个思想指导下，他同维柯和孟德斯鸠等人肯定古代的做法不同，对 15 世纪末叶以前的古代史的可知性采取完全否定的态度，不止一次，也不止在《历史哲学》一文中指出写古代历史无非是写"人类的无知和愚昧"，"无非是用一千句谎言来装扮很少的真相"，"是我们在死人身上玩的一堆把戏"。① 这样伏尔泰便与笛卡儿的观点不谋而合，差别仅在于他以否定过去来称颂现在，并不否定史学本身。

当然他的认识并非全无道理。因为当时流行的基督教史作确实充满荒谬，把宗教的神话传说当作确定无疑的信史。伏尔泰要剥除这种伪历史的外衣，结果连同古代史的历史性也一道除掉了。他否定古代的理由并不新鲜，就是笛卡儿的不可知论。他认为神话传说经过编造、辗转传播，离真实越来越远，后人根本无法认识原先的真相。以古代波斯帝国的缔造者居鲁士的例子为证，希罗多德和色诺芬两人笔下出现了两个不同的居鲁士，哪个传说是真的根本无法分清，能确知的只是居鲁士曾是波斯人的一位先贤。

由于他不轻信古代，所以他即便是对《圣经》这样的庞然大物也敢于挑战。比如他尖锐地提出挪亚方舟如何能在十个月里及在第二年颗粒无收的情况下承载那么多人和动物？② 摩西如何率 60 万之众越过荒无人烟的沙漠，还打了 40 年的沙漠战？ 如果摩西神力无边，何以未过约旦河便命丧黄泉等。他的结论是"这个人的一生，从摇篮到坟墓，充满了荒诞的故事，一生行状有如古老的阿拉伯寓言和希腊神话的摹本"。③ 诸如此类的尖锐批评在今天看来并无高明之处，但在《圣经》被当作真理集萃的 18 世纪仅仅提出这一点就需要极大的勇气。

在《历史哲学》中，伏尔泰还分析了宗教迷信产生的原因。他把宗教和迷信分成两个不同的阶段，认为原始人对自然现象发生误解，于是便有了迷信。蒙昧无知是迷信产生的根源。因东西方各民族的原初时期都是无知愚昧的，所以迷信在人类史上具有普遍性。接着由迷信产生宗教的古星卜

---

① 　陈乐民：《伏尔泰的〈历史哲学〉》，载《世界历史》，1989 年，第 5 期；《历史和历史学家》，2 页。

② 　陈乐民：《历史和历史家》，35 页。

③ 　陈乐民：《伏尔泰的〈历史哲学〉》。

巫术，产生对神的崇拜。有了神的观念，就要选出一个主神，一些神的代言人，于是由宗教巫术又产生神权统治。这也是世界各民族的普遍现象。神权如果和政权结合在一起则产生最坏的暴政。"神权不仅统治了好长时期，而且把暴政扩展到人类之虚伪所臻的极致；神权统治愈是被视为神授，它就愈加残酷和腐败。"①这样，宗教便被置于普遍的历史过程之中，历史解释和哲学解释融合到了一起。

《论各民族的风俗和精神》展开了伏尔泰在《历史哲学》中的进步思想。但它的意义不只如此。这部书的注意力不是过去史学研究的中心——政治和战争，而是社会文化，且是世界各民族的文化，因而奠定了近代社会文化史研究方向的基础，扩大了西方宏观世界史认识的研究领域。

然而伏尔泰上述作品的缺陷也是明显的。理性的怀疑夹杂着不理性的意气，他的论述方法也不严谨。他因不相信古代的史料，一方面，很少运用史料支撑自己的论点；另一方面，却又无法逃避古代史料、单纯用理性去做出判断。因此他总是用个别的史料得出很大的结论。比如他对中国史仅知道一点皮毛，便把中国历史理想化，以为中国是由明智的君主和哲学家统治的国度，中国的史籍充满理性，没有迷信虚构，连中国的祖先崇拜也不是迷信而是仁道。所以《历史哲学》和《论各民族的风俗和精神》有精彩的思想，但并不是谨严的史学著作。他最好的史著是《路易十四时代》。

这本书的时空范围选择在 17 世纪后半叶的法国封建专制制度的繁荣时期，主题不同凡响，不是为一向在历史舞台上唱主角的帝王将相记功记德，而是要为一个时代的思想文化讴歌颂扬，用伏尔泰的话是：

> 本书拟叙述的，不仅是路易十四的一生，作者提出一个更加宏伟的目标。作者企图进行尝试，不为后代叙述某个个人的行动功业，而向他们描绘有史以来最开明的时代的精神面貌。②

这个尝试和《论各民族的风俗和精神》中的尝试是一致的，就是写伏尔泰所认识的时代的风貌，写集体的而不是某个人或某个事件的历史。伏尔泰这样做不是偶然的，而是同他一贯的历史观和反专制的政治观紧密相连。他是理性主义者，因此虽承认政治英雄的作用，但更推崇那些使人类摆脱

---

① 　陈乐民：《伏尔泰的〈历史哲学〉》。
② 　伏尔泰：《路易十四时代》，序言，5 页，北京，商务印书馆，1982。

愚昧状态的思想精英的历史作用，他把科学的发明、经济的进步、思想文化的发展看作是决定历史前进的根本动力。他在早年完成的《哲学通信》中就形成了这种轻政治英雄的思想。他提出科学家和政治家、军事家相比，更伟大的是科学家。比如牛顿就比恺撒、亚历山大、克伦威尔等人伟大得多。他的理由也很简单：

> 倘若伟大是指得天独厚、才智超群、明理诲人的话，像牛顿先生这样一个十个世纪以来杰出的人，才真正是伟大人物。①

以这样的标准，恺撒等人根本算不上什么杰出人物，因为他们靠暴力奴役人民不靠真理赢得人心，靠歪曲自然法而不是认识宇宙来进行统治。伏尔泰因此相当蔑视这样的以暴力获得声名的政治家和征服者，把他们看作是哪个时代也不缺少的"大名鼎鼎的坏蛋"。他的这种重科学家和思想家的历史观有英雄史观的变体之嫌，常常引起批评，但如果把科学当作生产力，把科学作为推动社会经济进步的决定力量的话，他的这种认识似乎又有些唯物史观的味道了。因为科学的任何一次发现都是由具体的人，即科学家进行的，谁能否认牛顿、伽利略、哥白尼、列文虎克、富兰克林等一大批近代伟大的科学家个人对历史的作用呢？当然在伏尔泰的伟大人物的名单上还包括伟大的文学家、艺术家、思想家，因为在他关于人类历史发展的总构想中他们同科学家一道是人类理性力量的代表。所以他的《路易十四时代》不是一个伟大国王个人的年代记，而是"最能为人类增光的那个时代的人类的智慧史"。② 书中高度评价路易十四时代是继伯里克利执政时期的希腊之后的第四个伟大时代。其伟大不只在政治，更重要的是在社会经济和文化。他重笔描述工商业、科学技术、文学艺术、思想道德、社会风俗等项成就，给予读者一个时代盛世的全景画面。并且由于这部著作是伏尔泰能够亲自触摸到的现代史，他曾费时 20 年收集史料，反复纂修，所以史料较他的其他史著翔实可靠，至今仍具有极为重要的史料价值。加之他在写作中运用哲学家的思考、文学家的笔触、历史家的求实精神，因而使这部著作成为启蒙时代的史学杰作，仅在问世 13 年里便再版了 16 次。

五、卢梭论私有制、阶级与国家的起源

在启蒙时代的杰出史著当中，不能忽略法国另一卓越的启蒙思想家卢梭（Rousseau，1712—1778 年）的名著《论人类不平等的起源和基础》。卢梭是平民的儿子，有比其他启蒙学者更坎坷、动荡、痛苦的生活经历，因而对封建社会的批判和对历史的反思也更为深刻，对社会改造的愿望也更为迫切。

卢梭

《论人类不平等的起源和基础》是卢梭响应第戎科学院的征文题目"人类不平等的起源是什么"和"人类的不平等是否为自然法认可"所作的论著，可以作为他的另一名著《社会契约论》的导言。征文题目本身证明社会平等这一资产阶级启蒙学者自 17 世纪以来便一直不断讨论的人权问题已成为 18 世纪的热点论题。由于这是一个历史问题，因此只能以史学的方式加以解决。擅长政治理论的卢梭因此便有了自己的史学代表作。

这不是一部匆忙的应景之作，虽然篇幅对这样重大的一个课题显得小了一些，但全书结构严整，思路明晰，字里行间闪烁着深思熟虑的火花。第一句便分量很重：

> 我觉得人类的各种知识中最有用而又最不完备的，就是关于"人"的知识。①

不平等的起源只是人类无穷尽地认识自己的一个问题，解答这个问题有很大的难度，因为 18 世纪积累的关于原始社会的知识还远不能给这个问题提供足够的材料基础。但卢梭在可能的情况下利用了当时可以得到的民族学和成文史材料，如非洲的黑人和美洲的印第安人以及古希腊罗马的史料。在材料发生空白的地方，他只好努力运用逻辑推理。他自己并不否认这一点，承认这是他隐居森林之中静思苦想的产物。然而这并不意味他的认识是纯粹依靠想象、凭空臆造出来的，他在森林中的思想活动其实是他对头脑中业已存储的有关这个课题的各种信息的分析、综合、归纳、演绎

① 卢梭：《论人类不平等的起源和基础》，62 页，北京，商务印书馆，1979。

的活动，得出许多新颖的结论，其中最精华的部分是关于人类历史辩证发展和社会不平等起源于私有财产的观点。

卢梭的历史观同样是启蒙时代发展进步的历史观。但他较其他启蒙学者对进步的认识更深刻复杂。在伏尔泰等人那里，历史进步是从黑暗的古代突变，跳跃到现代的一条上升直线，理性的善和非理性的恶绝对对立。在维柯那里，历史进步是一个无休止的螺旋。两种史观的共同点是对前一大阶段的完全否定。卢梭的进步史观则是把历史过程始终看作是矛盾的对立统一运动，对立面在一定条件下相互转化。其表现为人的每一次进步都伴随着自己的退步，每一次走向新的文明，便使自身的束缚和不平等加深一步，二者如影随形地紧密联系在一起。

卢梭认为，人类起初如动物一样处于自然状态，没有财产、没有社会、没有道德，繁衍后代也是自然的，总之具有简朴、单纯、孤独的个人生活方式。无论善恶和艰苦他们都意识不到，因为自然人并不会思考，"思考的状态是违反自然的一种状态，而沉思的人乃是一种变了质的动物"。① 所以人的不幸大多是由人自己造成的。人类在其初期阶段是充分自由的，实际是一种纯粹的动物状态。卢梭未能认识即便是动物也是不自由的。

发展的第二阶段，单个的人因共同需要结成社会，组成家庭和出现家庭区分，私有制随之而生，各种最初的利益冲突接踵而来。家庭社会促进了感情和观念的发展，如道德、义务、温柔、甜蜜等，出现对强人的尊重，最初的不平等不知不觉产生了。同时产生了它的对立面轻视。已建立的关系要求人们具有不同于自然状态的品质，但这是一个暂时的和谐时期，对互相侵害的严酷报复保证了和谐的存在。卢梭认为这是人类"最幸福""最持久"和"最适合于人类"的一个阶段。② 他把当时欧洲人发现的大多数原始民族作为这一论点的实证。

那么从第一阶段向第二阶段转换的动力是什么呢？卢梭认为是人本身固有的趋向于自我完善、社会美德以及天生的各种禀赋(生存竞争的能力等)的潜力与外界偶然因素(地理、气候、土壤、人的繁衍迁徙等)的结合。人类在与自然和社会的交往中，发明了工具，提高了智识，有了剩余物品和闲暇，也就是在改造自然的同时也改造了自己，包括种下了邪恶的种子。

第三阶段始于冶金术和农业的发明，一系列连锁反应因此发生：土地

① 卢梭：《论人类不平等的起源和基础》，79页。
② 卢梭：《论人类不平等的起源和基础》，120页。

私有权确立，人因自然能力的差异出现收入差距和贫富分化，当个人之间的私有财产发展到互相为邻时，人们便只有在损害他人的情况下才能扩大自己的财产，于是倾轧、冲突、统治、奴役应运而生，贪婪和损人利己之心成为人类的新品性。"在富人方面，他们一认识了统治的快乐，便立即鄙弃其他的一切快乐"；在穷人方面，则不得不从富人手里接受施舍或抢夺必需的生活资料。① 继之而来的是可怕的混乱，连绵的战争动乱，为了摆脱社会的毁灭，富人和穷人之间被迫订立契约，建立政治社会，实际也就是国家。

人类因此进入自身发展的第四阶段，即摆脱自然状态后最堕落的新阶段。富人提出的契约对穷人来说是个骗局。人民要政治领导人本是为了保护财产、自由和生命，但适得其反，政府异化为他们的统治者，最终发展到极端的形式——君主专制，社会的不平等也随之发展到顶点，从而为新的否定的到来准备了合理的条件。卢梭仿佛预感到即将到来的法国大革命一样理直气壮地指出被压迫者推翻暴君的合理性：

> 以绞杀或废除暴君为结局的起义行动，与暴君前一日任意处理臣民生命财产的行为同样合法。暴力支持他，暴力也推翻他。一切事物都是这样按照自然的顺序进行，无论这些短促而频繁的革命的结果如何，任何人都不能抱怨别人的不公正，他只能怨恨自己的过错或不幸。②

这是被压迫者造反有理的最有力的辩词。

这样，在卢梭看来，社会的不平等、家庭、私有制和国家乃至阶级斗争（虽然他用政府和贫富斗争来替代这两个术语）均不是从来就有的，而是同人类历史发展的一定阶段相联系的。社会的不平等和政治不平等归根结底来源于经济的不平等，当这种不平等抵达其发展的顶点后，在其内部伴生的否定的力量也达到顶点，新的变革也就出现了。这种变革不是什么"返回自然"，而是社会在专制政府解体之后，将在人民主权的基础上订立新的契约，使政府再次接近于它刚建立时的合法状态为止。后来卢梭在自己的《社会契约论》中详细展开了这一思想。经验的历史已经证明，人们可以挑

---

① 卢梭：《论人类不平等的起源和基础》，126 页。
② 卢梭：《论人类不平等的起源和基础》，146 页。

出卢梭解释体系中的许多漏洞,但不能否定卢梭关于人类历史辩证运动思想的真理性。

六、其他解释历史的努力

在启蒙时代的法国史学中,由于社会变革使命的沉重,类似孟德斯鸠、伏尔泰、卢梭这样探寻社会历史底蕴、归纳历史发展一般进程的尝试十分活跃,各种观点层出不穷。百科全书派成员、哲学家爱尔维修(Helvetius,1715—1771年)与维柯相似,试图构想出一种类似自然科学那样谨严精密的社会科学,包括历史科学。他关于利益的思想是他社会历史观中最有创见的一部分内容。他以人类的物质来解释人类社会的和智慧的发展,指出导致人们劳动的动力是生存所需的物质需要,即首先要有食物来解除饥饿。人的生产能力,如渔猎、农耕、手工技艺就在这样的内在力量驱动下发展起来。同样,人们的共同利益也是在这种生存的需要下产生出来,并导致人们结成社会。基于公共利益的需要又形成国家、法律,而利益的不同则在公民内部形成不同的等级集团。经济学家和历史家杜尔戈(Turgot,1727—1781年)在其《世界史论集》中也把整个世界历史纳入一个统一的、互相联系的整体之内,根据联系的不同性质划分成不同发展阶段,相信人类将趋于更加完美。他的好友,同样是百科全书派的著名启蒙新生代哲学家孔多塞(Condorcet,1743—1794年)则在大革命的暴风骤雨中草拟了《人类精神进步的历史概观》一文,试图为人类史做出精细的论定。他认识到历史发展的循序渐进性,也就是历史性,因此把历史分割成十个依次衔接的大阶段。如首先是原始渔猎阶段,家庭和语言产生。其次是畜牧业阶段,食物有剩余,不平等和奴隶制出现,文明开端。最后是农业阶段,土地私有制构成文明的基础。接替为希腊阶段,哲学和科学发展等。法国革命之后是第十阶段,即美好的理性国家阶段。划分的标准是知识的进步,划分的依据是欧洲的历史。

启蒙时期的理性史学并未排挤掉以考据史料和恢复史实为目标的传统史学。1701年巴黎建立"铭文与美术科学院",集中人力和物力对古代史料进行收集、整理,后来该院成为法国史料批判的中心。在史料批判基础上,法国史家编纂了一系列古代和近代的著作,如罗兰在18世纪上半叶所作的颇受好评的16卷本《罗马史》、博兰维尔的《法国旧制度史》等。

第二节　英国和德国的理性主义史学

一、英国史学

英国处于资本主义变革的前沿，同尼德兰一道是最早产生适应资产阶级发展需要的理性主义思潮的国度。著名思想家霍布斯、洛克是欧洲启蒙运动的先师。所以英国史学不可避免地要打上理性时代的深刻烙印。但与法国的情况不同，英国在 17 世纪解决了最尖锐的政权问题，因此英国理性主义史家不像法国的同行那样激越和锋芒毕露，一心以历史批判之"矢"去射现实社会之"的"；也不像法国的同行那样具有高屋建瓴、指点历史的气魄。由于他们肩头社会责任的压力较轻，便多了一些谨慎小心的学究气，在对历史更多地进行传统形式的描述和解释中，自然地输入理性时代的新内容。身兼哲学家、史学家、经济学家美誉的休谟是英国史家在这方面的典型。

休谟（D. Hume，1711—1776 年）生于苏格兰爱丁堡一个没落的贵族家庭，两岁时便失去父亲，早期教育是由其母承担的。12 岁入爱丁堡大学学法律，成绩优秀，曾写过一篇史学处女作《史论：骑士和现代荣誉感》，表明他治学的兴致所在。两年后他辍学，博览群书，自学法律、文学、历史，21 岁时便动笔写他的代表作《人性论》，26 岁完成。此后一发不可收拾，哲学、经济学、历史学、伦理学、政治学著作接二连三问世。他首先提出近代资产阶级哲学的不可知论的哲学，认为人除了自己的感觉经验，其余均为不可确知的东西，包括宗教，反映了他的理性精神。所以他被同代人评为怀疑论和无神论者。但在他所处的时代，学术界对他的哲学成就并没有多高的评价，倒是他的史学著作给他带来了声名。

他的论文《宗教的自然史》从历史根源上考察宗教的发生、演变，批评基督教的虚伪和荒唐，对人类具有有害的影响。他的最著名的史作是 4 卷（6 册）本的《英国史》。这是一部至当时为止最全面的英国通史，足足花去休谟10 年的写作时间。他在写法上独辟蹊径，采取时间倒溯方法，第 1 卷用两册的篇幅，先从斯图亚特和都铎王朝的国王们写起，然后转移到古代的事件——恺撒入侵和经略不列颠，直至都铎王朝的建立。第 2 卷（两册）述及都铎王朝史，第 3 卷是关于英国革命前约半个世纪的历史，第 4 卷是包含英国资产阶级革命过程的现代史，至光荣革命止。

休谟作为经验主义的怀疑论者，并不相信形而上学的普遍规律或宗教的教条，对古代，尤其是中世纪采取否定的态度，认为神话传说不可靠，中世纪是人类史上的黑暗时代，英国的盎格鲁—撒克逊时代不过是老鹰与乌鸦战斗的时代，历史是从具有实证材料的文艺复兴时代才真正开始的，只有现代的历史才有研究的价值。在这一点上他同伏尔泰是一致的。在叙述史实中，他像波里比乌斯一样特别重视因果关系，但他对因果关系的重要性有自己的哲学理解。在他的认知论中，除数学知识外，其余的知识都是建立在因果关系基础上的关于事实的知识，人通过因果关系得到感觉和间接的非确定性的知识。所以要了解过去就必须求得历史人物和事件之间的原因和结果的联系，史学家的重要职责就是寻求历史的原因。但他在解释因果关系时常常掺杂了个人的政治情感，比如支持托利派，反对辉格党，不顾舆论，为被革命处决的查理一世和他的宠臣斯特拉弗德辩护，因此在他的第 3 卷(先出的一卷)出版后陷入群起而攻之的窘境。他不得不精心修改随后的第 4 卷，对光荣革命和现行的君主立宪制大加赞赏，结果大受欢迎。这种观点的因时而变表明他对史学真实原则的不严肃的态度，这正是他的历史著作的突出弱点。后来他的第 1、2 卷问世，同样广受好评。如果这是指这部书的容量，指充满智慧的因果分析和脱离政治、战争史的唯一主题，指优美的风格，那么是正确的。但如果这是指严格扎实的史料基础，那就过誉了。西方史学史论普遍指出休谟在书中的史料硬伤，现代历史哲学家和评论家柯林伍德甚至认为《英国史》"是一部微不足道的和草草勾绘的著作"，并认为休谟的缺陷是整个理性主义史学共同弊病的表现，即是用狭隘的主观理性图解历史，史著成为论战和宣传的工具。① 柯林伍德的评语虽有些过重，但却击中了休谟等多数理性主义史学家的要害。然而英国 18 世纪优秀的理性主义史家吉本应是例外。

吉　本

爱德华·吉本(Edward Gibbon，1737—1794 年)是英国具有绅士风雅的知识分子典型。他生在伦敦附近普特尼镇的一个富有大地产者的家庭。成名后的吉本在自述中庆幸命运的眷顾：

　　绅士爱德华·吉本和朱迪恩·波汀结婚后的第一个孩子。我没有落到奴隶、野蛮人、农夫的命运；大自然的恩惠使我诞生在一个自由、文明的国度，科学与哲学

───────────

① 柯林伍德，《历史的观念》，88～89 页。

的时代，具有荣誉地位，体面地享有许多财富的家庭。①

  吉本是家中长子，且是唯一幸存的孩子。他的五个弟弟和一个妹妹都不幸夭折，他自己也体弱多病，母亲对他又颇为严厉，并没有给他的童年带来多少母爱和温馨。他在书本和学习中发现了乐趣，逐渐形成了内向默思、坚韧守恒的性格。他7岁开始学习拉丁文，9岁上小学。10岁时生母去世，他被送到姨母主持的寄宿学校——威斯敏斯特学校读书。那是他最感到人生快慰的时期之一：不仅学到了新知，养成了读书的习惯，而且初次体会到了什么是理性。他阅读了不少古希腊和古罗马史的著作。15岁时，父亲送他到牛津大学马格德林学院学习，但他不习惯学院的沉闷与宗教偏执的空气，一年多后便因故辍学，又从父命赴瑞士洛桑，在一位博学开放的新教牧师门下学习古典文献和法国近代启蒙思想家的著作，在5年研读期间掌握了扎实的治学基本功，培养出他日后显现出来的古典史家的文风和求真的精神。旅居瑞士期间他还拜见了伏尔泰，这对他历史思想的形成显然具有重要影响。他对基督教的深刻怀疑与伏尔泰激烈反宗教的思想似乎有着师承联系。他学成返英后曾一度处于闲适状态，以书为伴。后来参与政治，曾两度当选为国会下院议员。1761年，他撰写了处女作《论文学研究》，显露出古典历史与文字的功力。1764年，他出游意大利，在古罗马的废墟旁首次生出撰写罗马衰亡史的念头。1776年，他的《罗马帝国衰亡史》第1卷面世，立即引起轰动，短时间内便印行三次。书中触及敏感的基督教起源和传播的原因问题，吉本的立论与正统说法截然不同，引起教会激烈抨击。吉本发表《辩护词》一文据理还击，赢得广泛同情。1788年，集21章、两百多万词的《罗马帝国衰亡史》6卷全部出齐，一时好评如云，至今仍被列为古罗马史研究方向的基本参考书。一部两百多年的史作，能被尚新的现代人认可，必有其内在的原因。

  首先，他选择了一个难度很大的题目。《罗马帝国衰亡史》不是罗马盛世时期的历史，而是帝国没落及倾覆的历史。虽然吉本在叙述过程中经常追溯到共和末期甚至早期的历史，以便说明事件的原因，但这部大作的编年范围大体限于180—1453年君士坦丁堡陷落之间。这段漫长的断代史的史料东一鳞，西一爪，处处都是空白和宗教传说的陷阱，文艺复兴以来很少

---

  ① 爱德华·吉本：《吉本自传》，戴子钦译，17页，北京，生活·读书·新知三联书店，1989。

有人问津，即使是有义务撰写此段历史的意大利人文主义史家，也只是写了这段历史的一些皮毛。难得吉本能够将这段难写的历史连缀成篇，赋予实在的内容。恰恰在这一点上，他的著作不同凡响，长期影响后人，具有经久的参考价值。

其次，吉本的著作拥有明显的理性时代的特点，特别注意阐释事件的原因和价值，在许多地方，对原因的分析和价值的判断多于事实的陈述。但他不像理性思想家们通常所做的那样，全部目标在于论证自己的哲学模式，史实只是观点的工具，而且是寓论于史，论从史出，诗性的描述服从并基于史料的状态，因此他的风格更像是古典史学家修昔底德、波里比乌斯的叙述史，客观中立；同时又有塔西陀在表述上的典雅美妙，意味深长。他的著作可以说是近代叙述史的典范。比如他欣赏伏尔泰对宗教的批判，但他的整个著作又表明他实际并不同意对整个古代的否定。他不是非此即彼、偏执一端的两极论者，他熟练地对他笔下的人物和事物的因果关系进行具体的分析，把他或它们放到一定的历史情境之内，不简单肯定也不简单否定，一切从史料出发。例如，他对君主制和君主专制持基本否定态度，他用一段尖锐的嘲讽表达了这一基本认识：

> 在全世界流行的各种形式的政府中，似乎再没有比世袭君主制更容易遭人讥笑的了。父亲死后，整个国家便像一群牛一样，遗传给对人类以及对他自己还全然一无所知、处于襁褓之中的儿子，而这时最英勇的军人和最明智的政治家，全得放弃他们对帝国的自然权利，来到皇子的摇篮之前双膝跪下，严肃声称将对他绝对效忠。我们在讲述这一情景时谁能忍住不发出愤怒的苦笑？①

但在评析罗马帝国的君王时，他还是能够分出君主制下的好君主和坏君主，指出在君主专制的统治下，如果实行"仁政和明智的原则"，保持文官政府的形式，也可以产生合乎理性的自由生活。换句话说，君主制也并非一无是处，它的好坏取决于君主个人的德行。

即使是基督教，他也是把它作为研究对象，从历史过程中详细加以考察。他说：

---

① 爱德华·吉本：《罗马帝国衰亡史》，黄宜思、黄雨石译，上册，78页，北京，商务印书馆，1997。

　　　　我们的好奇心很自然地促使我们要对基督教信仰究竟是通过什么手段对世上所有已建立的宗教取得如此巨大的胜利的问题作一番研究。①

　　他对基督教起因的这种好奇心很容易使人想起波里比乌斯。他不满足于习见的解答，意即基督教教义的合理性与支配一切的神力。他愿意用理性的怀疑寻找另外的答案：

　　　　在这个世界上真理和理性是很难如此顺当便能为人所接受的，而上天的智慧也常常屈尊于人心中的情欲和人类的一般处境，作为执行其旨意的工具，因此我们似乎仍可以带着必须的恭顺，丢开基督教教会何以能发展的第一动因，大胆地问一问其次要原因究竟都有哪些。②

　　他给出了五个原因，并详细论证了基督教产生和传播的合理性以及罗马皇帝对它残酷镇压的可恶。他在分析西罗马帝国灭亡的原因时也加入了基督教的因素，认为中世纪是野蛮和迷信的胜利。这使他在谴责罗马教会从被压迫者的组织上升为统治者后用暴力维持其特权、由一个和平与单纯的思想体系蜕变为残忍暴戾的体系时，处在十分雄辩有力的地位。

　　史料翔实是他史作另一显而易见的长处。他在自己的写作过程中并未花大气力搜求新的史料，而是尽可能利用已有的各种文献和研究成果。他熟读所有古典作家的相关作品和奥古斯都以后诸帝的文字史料，还有十七八世纪教会史家和博学家（实为考据家）们的成果。他征引的史料数量惊人，并且一一注明出处。他的著作几乎每一页上都有大段大段的注释，有的多达半页，表明他的严谨求实。在史学尚未专业化的 18 世纪能做到这样扎实程度的人实在少见。他对历史学本质的深刻认知是他这样做的思想基础。他在书中说：

　　　　历史学的责任应是如实记录过去的史实以供后世借鉴，如果它曲意为暴君的行为开脱罪责，或者为迫害活动寻找借口，那它实际是自

---

① 爱德华·吉本：《罗马帝国衰亡史》，上册，234 页。
② 爱德华·吉本：《罗马帝国衰亡史》，上册，234 页。

取其辱。①

鉴于这种求真求实的坚定认识，他像古典史家一样，对于前人的记载，绝不盲目信任，均要经过一番个人的严格检验。譬如，他对塔西陀推崇备至，在述及罗马暴君尼禄对基督徒的残酷迫害时引用了塔西陀的记述，并对记述的真实性充分肯定。但他并不盲从塔西陀的记载，他还引用苏埃托尼乌斯的旁证对塔西陀的记载进行验证，然后比照塔西陀的文风与其他部分有无差别，以及查看塔西陀的记载中批评基督徒无恶不作和无能的文字是否遭到删改，最后确认记载准确无误。②

吉本精益求精的治学态度也是后世史家应该学习的地方。他的这部著作写作时间长达 20 年之久，其间几经删削修改。第 15、第 16 章原为一卷，竟在无外力作用下被吉本压缩成两章，可见其要求个人之严。他的著作之所以容量庞大却结构严谨，文字众多却精练精辟，每一页洋溢着塔西陀式的敏锐、智慧，充满深入的因果分析与耐人寻味的佳言名句，主要原因在于作者坐冷板凳的功夫，是长时间推敲琢磨的结果。他曾经设想使自己的这部著作达到老少咸宜、雅俗共赏的程度，既能摆在学者的书斋当中，也能放在仕女的梳妆台上。他的这个目的应该说是达到了。他把常人之学的传统叙述史推到了极致，也就是把艺术与史学（史料与史识）相对完美地结合在了一起。

《罗马帝国衰亡史》的主题仍拘守于传统政治、军事史，一些章扩及社会思想史，主要是宗教史问题，经济史不在视野之内，所以对许多历史原因的揭示只到社会思想或政治层面为止，显得力度不够。同代英国史家狄克森（Dickson）的两卷本专著《论古代的农业》（1764—1772 年出齐）一定程度上弥补了他的不足。

该书是西方史学史上第一部研究古代西欧农业的出色史著，研究的对象集中在古代农业技术、劳动力的构成，国家的农业政策，特别强调农业立法在罗马史中的重要意义。在研究方向上对英国史学有开拓影响。但真正为西方经济史研究方向奠定基础的是杰出的古典经济学派的创立者亚当·斯密（Adam Smith，1723—1790 年）。他不仅对资本主义生产方式进行了科学分析，率先系统阐述了劳动价值的理论，而且把经济研究和历史研

①　爱德华·吉本：《罗马帝国衰亡史》，上册，315 页。
②　爱德华·吉本：《罗马帝国衰亡史》，上册，318～323 页。

究密切联系在一起，认为人类社会生活方式的变化是由人们的生产活动的变化造成的。他认真研究了这些变化，以生活资料的获取方式为标准，设定出人类历史发展的四个阶段，即狩猎、游牧、农业和商业阶段。与启蒙时代其他分法的不同之处是亚当·斯密从经济学角度详细分析历史上不同的生产类型，资源状况，劳动规模、形式、来源，收入分配等问题。这种经济学与历史的结合在当时被称作政治经济学。①

二、德国的历史哲学与史学

启蒙时代的德国较英国和法国的资本主义发展晚了几拍，当它的西部邻国相继实现资产阶级革命或即将开始资产阶级革命时，德国仍是一个拥有几百个诸侯国、上千个骑士领地的封建割据国家，各小独立王国实行专制统治，资本主义在这种形势下发展式微，因此资产阶级十分弱小，在社会中只有微不足道的作用。所以当理性主义思想在 17 世纪末和 18 世纪的英国、荷兰、法国等国凯歌行进时，德国的学术文化却仍然笼罩在宗教的阴影下，史学也不例外。直至 18 世纪上半叶，德国史学仍被保守的基督教传统统治着，史作内容和格式平庸陈旧，思想迂腐不堪。18 世纪中叶以后，情况发生变化，一部分接受了法国启蒙思想影响的先进的德国知识分子求诉现实受阻，便把目光转向形而上的哲学和与现实存在距离的历史，形成两支日后对整个西方史学发展具有重大影响的研究队伍。一支站在史学建筑工地的顶端，像多数理性思想家一样讨论史学最一般的规律性认识问题，但又不像休谟、伏尔泰那样把哲学观点与具体的历史撰述相结合，而是单纯居高临下地俯瞰和解析历史整体，为意大利、法国、英国学者开辟的史学宏观研究进一步奠定了基础。另一支队伍位于史学工地的底部，扎扎实实地进行基础建设工作，由 1737 年建校的新哥廷根大学的高级历史课程的教师们组成。他们是第一批专业化的历史家，着眼于专业技术的研究和训练，如文献校勘、古文字学、钱币学、统计学等技能的归纳和传授。他们把文艺复兴时代产生的博学家的严格考据方法同历史撰写结合起来，从而开始使史学从根本上摆脱自古以来的由业余史家主宰的局面。这两支队伍互相没有联系，但共同的特点是眼界开阔。他们眼中的具体历史不是德意志本身的历史，而是欧洲和世界的历史，他们哲学讨论的对象是启蒙时代

---

① 伽丁内尔编：《今天的历史是什么?》，32 页，伦敦，1988。

的一般问题，对话的伙伴也是英国、法国与荷兰的同行。由于在压抑环境中他们更注意观点的圆熟严谨，加之他们都具有深厚的经院哲学的严密思维修养，因而历史哲学家和具体的历史家们对历史进行的批判研究就更为全面深沉和扎实，没有或较少情绪化、功利化的成分。他们以独特的抽象和具体的方式实现了启蒙所要求的批判现实的目标，使启蒙运动具有德国特色，为19世纪德国史学的巨大进步铺平了道路。

（一）莱布尼兹和莱辛的历史哲学

莱布尼兹

　　第一个对近代德国历史哲学给予重大影响的是哲学家莱布尼兹（Gottfriend Wilheim Von Leibniz，1646—1716年）。他出身德国莱比锡知识分子家庭，父亲是莱比锡大学的道德哲学教授。6岁时他父亲辞世，留给小莱布尼兹一大批书籍。他在11岁时已自学了拉丁文，并开始学习古希腊文。莱布尼兹在14岁时进入莱比锡大学，攻读哲学、逻辑学、法学、古典学等多门专业课程，20岁毕业之年发表了第一本哲学作品《论组合艺术》之后，他的写作便一发不可收拾，一生运用三种文字发表大量著述，其中约百分之四十用拉丁文，百分之三十五用法文，不到百分之二十五用德文。他的主要成就在于哲学，其次是需要高度逻辑思维的数学。① 他的著述甚多，哲学代表作是《单子论》《自然与圣宠的原理》，历史作品有史料集《不伦瑞克作家著作选》以及未完成的《归尔甫族起源考》。莱布尼兹的《单子论》虽讨论的是哲学或原始物理学问题，但因其认为世界具有统一性，个别反映一般，因此为历史的可知性以及后来德国史学高扬的历史主义旗帜奠定了理论基础。在他看来，世界由所谓单子构成，它们有层次的区别，有机地联系成一体。单子互不相同，各安其位，都有存在的合理性。一个单子的变化必然引起其他单子的变化。单子都有灵性，是造物主上帝的产物，与代表统一源的上帝直接联系。每个单子因此不仅反映多样化的个体本身，而且反映整个的、和谐自然的统一世界。这一理论在认识论和方法论上的意义在于人们可以通过对个体的研究而求得对整体的认识，必须在联系中才能认识个体和整体。反过来说，如若事先得知了反映整体的自然法则，就可以推论出每件过去和未来的事情。因

---

　　① 莱布尼兹是微积分的独立发明者之一，曾与牛顿有过一段关于发明优先权的公案。

此历史是可以认识的，在认识的时候不能割断历史，每一历史现象都有其存在的必然性、合理性。这样就为后期德国历史哲学家提供了正确的思想营养，使人常常能在哲学大师们的言论后面隐约见到莱布尼兹的影子。在具体的史学研究方面，莱布尼兹也在自己非怀疑思想的指导下得出了与他的前代人笛卡儿相左、与同代人维柯相同的结论，认为历史研究中不能低估神话传说的史料价值，这类材料中包含着真实的历史信息，历史家的任务在于像区分麦粒和秕糠一样对神话传说去伪存真，把真实挑选出来。

哥德尔德·埃夫雷·莱辛（Gotthold Ephraim Lessing，1729—1781 年）是真正从发展联系的目光深刻考察人类历史的第一位德国思想家。他长于文艺创作、批评和哲学，熟知宗教，他的作品因此题材极为广泛，显示出他多方面的才华。就其思想的自由和豁达而言，他是最接近法国启蒙思想家的德国人。他曾庄严宣告他对爱祖国毫无概念，他要做一名世界公民，也就是以理性和真理为基础，为了理性和真理必须超越各种局限，包括国家和民族。这使得他能更为客观地看待历史。比如他较他的前人和同代人都清晰地认识到应把被认识的事物置于一定的历史范围之内加以考察，把它的产生和消灭均同一定时期与一定的条件辩证地联系在一起。他曾在评论宗教问题时指出："对任何一种宗教都不能说它是与真理相符的或是谬误的。它之所以与真理相符，是因为它反映了人对自然宗教的需要，同时它之所以谬误，是因为它在一定的历史时期的高级阶段上已经不适应人类精神发展业已达到的水平。基督教仅仅是追求人道理想的人类道德进化的一个小阶段。"[①]在他的哲学论文《人类教育》中，他十分新颖地提出人类进步的过程是教育的过程，是永无终止的向善、向神性的靠拢，也就是趋向理想的王国的过程。他把这一过程分成三段，即幼年、少年、成年阶段，成年阶段是成熟阶段，属于未来。在这个阶段，人经过教育过程趋向完美，人们自觉行善，彼此的分歧和对立消失。但这个理想王国并不是封闭的终点，因为人类历史是没有终点的。在他的一些论文中，对历史的具体问题也有许多精彩的解释。例如在《拉奥孔，论诗歌与绘画的界线》一文中他不同意艺术史家温克尔曼的看法，认为希腊人与其说具有斯多葛式的平静个性，不如说具有积极进取、热爱自由的特性，他们是自由精神的创造者，而罗马奴隶起义的领袖斯巴达克思则是自由精神的最好体现者。他甚至计划为

---

① 张广智、张广勇：《史学，文化中的文化》，208 页，杭州，浙江人民出版社，1990。

斯巴达克思写一部悲剧，反映他对自由的渴望。

(二)温克尔曼的文化史研究

温克尔曼

18 世纪中叶，德国史学的主流——叙述史编纂逐渐从基督教史学传统的阴影中解放出来，汇入西方史学的新潮之中。但德国史家并不随波逐流，他们有大器晚成的特点，如同哲学家一样，很少有惊世骇俗的言论，而是一板一眼，在渐变中求得扎实的发展，正确处理了传统和创新的关系。普鲁士史学家温克尔曼（Winkelmann，1717—1768 年）是这一走向的先行者。他在古典艺术史和艺术哲学领域独树一帜，于 1754 年发表专著《绘画与雕塑中的对希腊作品的模仿思想》，提出希腊人具有纯粹艺术审美力，以及学习模仿希腊艺术是一切艺术创作的必要条件的论点。10 年后他又发表代表作《古代艺术史》，在史学和艺术界产生很大反响。他在书中收集了大量史料，分析了埃及、希腊、埃特鲁里亚和罗马不同时期的艺术作品，以及发展过程、彼此之间的联系，认为希腊艺术是艺术完善的形式，从而以实证材料支撑了他先前提出的观点。在讨论艺术史的过程中，他未停留在就事论事的传统写法之上，而是把艺术放到更大的背景之中，当作一定时期的社会政治、风俗、民族特征、宗教、哲学、文学、自然地理条件等综合因素的产物。比如希腊城邦的民主制和公民的自由、平静的个性，对社会福利关心和对个性发展的宽容等。他对希腊艺术从萌芽、发生、发展到衰亡的全过程的考察都同希腊的整体历史的发展变化联系在一起，这就使西方文化史的研究上升到近代的水平之上。所以国外史学界有人称他为"科学的艺术史之父"。①

(三)康德的历史哲学

在晚到的德国理性主义史学中，哲学家康德（Kant，1724—1804 年）是一位必提的大人物。他出自东普鲁士柯尼斯堡的一个马鞍匠家庭，在家乡大学毕业。以后一直在柯尼斯堡从事教学工作。先做贵族家庭教师，后在母校教书，讲授哲学、物理学、数学等课程，终生未娶，也未像一般学者

---

① 库基辛主编：《古典历史的编纂学》(Историография античной истории)，46 页，莫斯科，1980。

那样经常出外旅行或有过从政、从宗教的经历，成年后
连教堂都未进过一次，是一位排除一切干扰，专注于思
考、教学的民间职业学者。在他的时代，战争和革命震
撼着欧洲和美洲，但他最多只是心灵中的参与（如他对
法国大革命的同情），在喧嚣的世界面前始终保持着一
个哲人的自由和冷静。他可以说是启蒙理性原则最彻底
的实践者。他的著述繁富，集中于哲学和自然科学领
域，如《自然通史与天体论》《纯粹理性批判》《判断力批
判》《逻辑学》，等等。偶尔也论及历史，如集中论述的

康 德

代表作《世界公民观点之下的普遍历史观念》和《人类起源臆测》等。从研究
的重点和时间上讲，他在 1770 年晋升为教授以前，着重于自然科学的研究。
此后转而专注于哲学。他的细心思考和理性批判精神使他在自己论及的每
一个领域都有超出前人的贡献，史学也在其列，尽管他没写过任何一部关
于历史的具体描述。

在哲学史上，康德被视为过渡性的思想大师，他在自己的《纯粹理性批
判》中自比哥白尼，在批判莱布尼兹等人的形而上学问题上实现了一次革
命。① 这是一般西方思想史、哲学史都承认的。他批判启蒙时期的朴素唯物
论和坦率的怀疑论，提出主观唯心论的认识体系，注意人的主体认识能力，
但又承认客观世界的存在，一只脚搭在唯物论的边上，奠定了近代德国古
典哲学复杂性的基础。在史学史上，康德是历史哲学新方向上的一位承前
启后者。他承接了启蒙运动关于历史进步和历史规律的信念，关于进步在
对抗中实现的思想，发展了历史联系和不间断进步的认识，关于恶在历史
中的作用等观点，这些思想是同启蒙的主流思想（怀疑主义、经验主义、绝
对理性）对立的，为后来的德国历史哲学家所继承。

康德充满自信地认为人类的历史是一种无休无止、自低朝高的自我完
善过程，理由是人的历史"是由恶而开始的"，但"人具有一种自己创造自己
的特性，因为他有能力根据他自己所采取的目的来使自己完善化；他因此
可以作为天赋有理性能力的动物(animal rationa bile)而自己把自己造成为一
个理性的动物(animal rationale)"。② 人类据此不断进步，从坏逐步地发展

① 罗素：《西方哲学史》，下卷，250 页，北京，商务印书馆，1981。
② 康德：《历史理性批判文集》，68 页，北京，商务印书馆，1991；《实用人类
学》，232～233 页，重庆，重庆出版社，1987。

到好，每一代都为后一代作准备，把作为目标的理性建筑物越垒越高，但永远不会达到尽善尽美，否则人类也就不会再发展了。康德充分考虑到这种永恒的向善运动过程中的矛盾，因此并不认为运动是直线进行的。他指出人类的进步会出现进一步退两步的倒退和曲折现象，但这并不奇怪。

　　　　因为我们要探讨的乃是行为自由的生命，他们应该做什么确实是可以事先加以命令的，但是他们将要做什么却是无法事先加以预言的。当出现逆转时也不必悲观：如果它向后并且以加速度的堕落限于败坏，我们也无须沮丧，以为就不会遇到一个转折点(punctum flexus contrarii)了，到了那里凭借着我们人类的道德禀赋，它那行程就会再度转而向善的。①

　　这样，康德便把人类历史的发展完全看作是一个不以个别人的意志为转移的、朝着至善目标前进的自然过程，即便出现曲折也将得到自我调整。
　　他还认为在人类的历史活动中，看上去孤立的、偶然的、个别的因素起了决定作用，但实际上所谓孤立的、偶然的事件受着某种确定的自然法则的支配，整个"人类的历史大体上可以看作是大自然的一项隐蔽计划的实现"，② 换句话说就是自然规律的结果。这一点在他的著名论文《世界公民观点之下的普遍历史观念》中得到精辟论述。康德指出：

　　　　无论人们根据形而上学的观点，对于意志自由可以形成怎么样的一种概念，然而它那表现，即人类的行为，却正如任何别的自然事件一样，总是为普遍的自然律所决定的。历史学是从事于叙述这些表现的；不管它们的原因可能是多么的隐蔽，但历史学却能使人希望：当它考察人类意志自由的作用的整体时，它可以揭示出它们有一种合乎规律的进程，并且就以这种方式而把从个别主体上看来显得是杂乱无章的东西，在全体的物种上却能够认为是人类原始的禀赋之不断前进的、虽则是漫长的发展。因此，婚姻以及随之而来的出生和死亡——在这里人们的自由意志对于它们有着如此巨大的影响——看起来显得并没有任何规律可循……然而各大国有关这方面的年度报告却证明了

---

① 康德：《历史理性批判文集》，150 页。
② 康德：《历史理性批判文集》，15 页。

它们也是按照经常的自然律进行的……①

在康德看来，造成有规律的社会秩序的原因之一是社会中存在的对抗，这是自然用来发展人们一切自然禀赋的手段，是趋向完善的动力。这就给社会对抗的必然性、必要性作了有力的论证，使他的历史哲学具有新的、更深的内涵。当然，康德所说的对抗并不是指阶级斗争，而是泛指天然的人性。他说：

> 这里的对抗性一词，我指的是人类的不合群的社会性，也就是指人类进入社会的倾向，而这一倾向又是和一种经常威胁着要分裂社会的贯穿始终的阻力结合在一起的。而这种禀赋显然就存在于人性之中。人具有一种要使自己社会化的倾向；因为他要在这样的一种状态里才会感到自己不止是人而已，也就是说才感到他的自然禀赋得到了发展。然而他也具有一种强大的、要求自己单独化（孤立化）的倾向；因为他同时也发觉自己有着非社会的本性，想要一味按照自己的意思来摆布一切，并且因此之故就会处处都遇到阻力，正如他凭他自己本身就可以了解的那样，在他那方面他自己也是倾向于成为对别人的阻力的。可是，正是这种阻力才唤起了人类的全部能力，推动着他去克服自己的懒惰倾向，并且由于虚荣心、权力欲或贪婪心的驱使而要在他的同胞们——他既不能很好地容忍他们，可又不能脱离他们——中间为自己争得一席地位。于是就出现了由野蛮进入文化的真正的第一步，而文化本来就是人类的社会价值之所在；于是人类全部的才智就开始奠定了一种思想方式……②

这样，社会对抗就成为社会进步的必要条件，而人类道德标尺上属于恶的部分，如虚荣、贪婪、权力欲也对人类的进步具有了积极的作用。假如没有丑恶，没有对占有和权力之类的贪得无厌，人的自然天赋就无法发挥，社会将停留在实际上不可能实现的牧歌式的理想社会之中，永远被埋没在胚胎里。但自然规律却赋予人类对抗，这是不以人的意志为转移的。

在这种社会对抗合理性、必要性的认识的指导下，康德是史学史上少

---

① 康德：《历史理性批判文集》，1 页。
② 康德：《历史理性批判文集》，6～7 页。

见的对史学重要的记述对象——战争进行两分法的哲学家。他认为战争虽给人类带来可怕的痛苦，同时也有诸如促进民族融合、激发人完善自己的潜力等积极的意义。在康德的思想中能够看到由维柯和卢梭各自点燃的历史辩证思想的闪光。

康德的历史理论并不限于一般认识论，也涉及历史研究的具体方法。他是第一个将自然科学的假说方法明确用于历史研究的人。在康德之前，假说对于求实的史学是不可思议的，但假说对自然科学的意义已是不争的事实，康德的星云假说至今未失去价值。实际上在史学领域，人们因自己的研究对象属于无法经验的过去而不得不在历史研究时经常运用假说方法。康德则对这种做法的合理性给予了说明。他认为"在历史叙述的过程之中，为了弥补文献的不足而插入各种臆测，这是完全可以允许的；因为作为原因的前奏与作为影响的后果，对我们之发掘中间的环节可以提供一条相当可靠的线索，使历史的过渡得以为人理解"。[①] 所以他对史学的课题——人类起源进行了假设。同时他也认识到假说对史学的局限，认为不能单凭臆测建立起整个一部历史，否则就变成虚构了。他在人类起源问题上是以现存人类的特点为依托，用演绎法一环环推测。由于历史毕竟不同于自然，他的推测是不成功的。关于这个问题，当时法国生物学家拉马克已经提出了人猿同祖假说，并提供了解剖学方面的论证，对解决人类起源之谜予以哥白尼式的突破。康德看来对此并不了解。尽管如此，康德的假说方法无论正确与否，都提醒着人们对史学主体问题的注意。

(四)史学专业化的先驱哥廷根学派

哥廷根大学的历史家一直在踏踏实实地工作，为历史学的专业化、学院化做出了最大贡献。他们从英国、法国理性史学吸收了巨大的营养，自称是法国和英国的史家把他们从传统的历史撰述中唤醒，不再专注于狭窄的英雄和战争主题。但他们不是法英同行的简单模仿者，而是发展创造者。他们最大的功绩是把古典史学提倡的史料批判方法以及由博学家开辟的专业化的史料考据方法与历史的写作有机地结合起来，使历史研究成为一般需有严格专业技能训练的人才可从事的工作。

哥廷根大学历史讲座设立于 1757 年，与通常大学里的历史课有明显的差别，它不只给学生传授关于某段历史经过的知识，更重要的是它注重教

---

① 　康德：《历史理性批判文集》，59 页。

授学生如何研究和撰写历史，也就是一整套治史技术，这使史学具备了获得专业资格的条件。讲座强调史学基本功的训练，传输有关古文献学、古文字学、古钱币学、谱系学、纹章学的知识，并逐步引进新兴的统计学知识。历史家们强调历史的编纂应建立在坚实的史料基础之上，注意对政治史进行社会分析和经济分析，运用经过考据的实物和文字史料，包括有关人口、政府活动、法律、工商业等方面的统计数据。由于他们重视史料建设和治史技能的训练，所以他们对任何使历史服从某个哲学体系的要求表示拒绝，认为史学和自然科学有重大区别，要求不同的研究方法。在 18 世纪，史学在大学中尚不是一门独立的专业，除了哥廷根大学这一座孤岛外，在欧洲其他大学中，史学都只是辅助课程而非一门需要专门培训的学科部门，因此哥廷根学派对史学专业技能的开发与整理，对西方史学的专业化具有先导作用。确切地说，哥廷根大学开了史学专业化的风气之先。哥廷根学派的代表性史家是莫斯海姆、加特罗、施洛策尔等人。

施洛策尔

莫斯海姆（Mosheim，1693—1755 年）是过渡性人物，为哥廷根大学的第一任校长，其史学成果集中于教会史，有 85 本教会史著作，对传统基督教史学进行过有力批判。

加特罗（Gatterer，1727—1799 年）是哥廷根学派的佼佼者。他对历史研究发展贡献颇大，著有《世界历史简编》《当代世界史入门》《关于历史的计划和以此为基础编写的故事》，等等。他提倡史学题材的多样化，反对把历史变成国王传记和王朝更迭、战争冲突的年表。在《世界历史简编》中他试图从社会结构上理解过去，分析一定时期的社会构成，从发展联系中进行比较。他认识到历史学需要有同自然科学有别的证明方式，因为历史事件有它的特殊性。他在《当代世界史入门》一书中指出，虽然历史家也要同自然科学家一样在处理他的课题时先带着各种问题，以便建立"一个各种事件的体系"，但史学要求的假设却不像自然科学中那么有效，因为各种历史事件具有独特性，假设事实上对理解历史造成了障碍。①

施洛策尔（August Ludwig von Schlözer，1735—1809 年）是哥廷根学派

———————————————

① 伊格尔斯：《欧洲史学新方向》，赵世玲、赵世瑜译，15～16 页，北京，华夏出版社，1989。

中成果最为显著的史家。他出生在新教家庭，受此影响，先在威腾堡大学学习神学，后到哥廷根大学研习史学。毕业后赴瑞典担任家庭教师，同时继续文献学学习。在瑞典期间用瑞典文撰写了史学论文《远古贸易与航海历史概要》(1758 年)。1759 年他到母校哥廷根任教。8 年后作为俄国史专家穆勒的助手去圣彼得堡，从此确定了他终生的研究方向——俄国史。1767 年他返回哥廷根大学，教授《世界通史》《法国大革命》《荷兰革命》《在罗马尼亚的日耳曼人史》等课程，著有《世界通史》《俄国史》《统计学原理》等作品。其中，《世界通史》体现了欧洲学者在 18 世纪试图勾勒世界历史演进线索的一次尝试。作者把世界历史分成六大阶段：(1)原始世界(从创世纪到大洪水)；(2)黑暗时代(从大洪水到摩西以及文字史料的出现)；(3)前世界(至波斯帝国)；(4)旧世界(到 476 年罗马帝国灭亡)；(5)中世纪的世界(到 1492 年新大陆的发现)；(6)新世界(到施洛策尔所处的 18 世纪)。

这一分期虽然还没有挣脱《圣经》划定的世界历史的基本框架，但施洛策尔在叙述中已经提出了对文明创造的时间要早于传统所说的公元前 3987 年的怀疑，认为文明的创造可能要比传统时间(欧洲人的集体误识)早数万年。这是欧洲学者中第一个这样做的人，反映了理性的精神。

关于对史学本体的认识，施洛策尔也有一些独到的见解。他认为人类历史不能同自然史相提并论，因为人类历史是由具有自我意识的人本身创造的，而自然则不是。他在《关于世界历史的观点》一书中指出，假如所有的人在一种意义上全都成了"一种生物"，"那人也就天生不成其为人了"，人类恰恰是在历史中才获得了内容和特征。在他看来，地理、气候这样的自然力具有制约人的活动的作用，历史不能同自然科学完全脱离，但自然力反过来也受到人类事业的影响。就历史所反映的出自人类行动的各种有意或无意的目的和发展方向而言，史学都要求与抽象科学极不相同的研究方法。[1] 这样，施洛策尔就继续了维柯的看法，对启蒙时代流行的生搬自然科学方法的做法提出了正确的批评。

在历史编纂形式上他赞同波里比乌斯关于历史因果关系的看法，认为史书不应仅仅是史实的罗列，还应该说明人类的起源、进步、发展和衰亡的原因。在题材上他同意伏尔泰突破帝王将相史的做法，主张在历史撰述中利用统计学等其他学科的材料。在他的《世界通史》中他对此进行的尝试，力求从人类整体发展的视角出发，利用目力所及的知识，在均衡地叙述各

---

① 伊格尔斯：《欧洲史学新方向》，赵世玲、赵世瑜译，15~16 页。

个民族历史的同时，对物质文化的作用给予充分的肯定。如他认为腓尼基人开发玻璃和马铃薯被引入欧洲较德国和中国皇帝的名字更重要。

然而，哥廷根的史家也有明显的历史局限。他们提出了问题，也尝试解决问题。但他们在使历史撰述与他们所注意的经济、人口、地理等材料的结合上，效果并不理想。他们仍不能从他们所不赞同的旧式的政治史写作模式中跳出来，也仍然未加考据便使用他们所怀疑的神话传说材料，主要是圣经的材料。就这一点而言，他们又大大逊色于法国和英国的启蒙史家。

第七章　法国大革命至 19 世纪中叶的西方史学

概　述

　　从伟大的法国资产阶级革命至 19 世纪中叶是欧洲历史上前所未有的社会大变动时期。正像法国激进的启蒙运动属于欧洲一样，法国大革命的风暴也震撼了封建阶级占统治地位的欧洲大陆，为革命时期和革命之后的一切社会思潮打上了时代的烙印——无论是革命和反革命的、激进和保守的、启蒙和浪漫的。

　　法国大革命时期是理性主义思想发展的最高峰，理性王国的末日审判。启蒙学者的社会改造思想在革命中得到检验，几乎每一项革命的基本原则都来自启蒙的思想宝库，充分显示出先进的思想一旦和实践密切结合所产生的巨大物质力量。但理性思潮的高峰同时也是行将退潮的开端。革命与反革命的反复较量，革命阵营内部的自残，内战和外战的恐怖、残酷，惊骇了欧洲的资产阶级知识界。自由、平等、博爱、和谐和普遍幸福的理性王国变为仇恨、杀戮、掠夺、监禁、欺骗、恐惧、贫穷流行的世界，这是大多数崇尚理性原则的欧洲知识分子始料未及的。他们眼看着那些投身革命的著名理性思想家们也在炫目的革命烈火中不理性起来。比如在这方面具有象征意义的是孔多塞在巴黎芬多姆广场焚烧贵族文献的群众大会上的发言："今天，理性焚毁了表明一个等级的虚荣的无数卷册。其他残余还留在各公私图书馆里。它们必须一起毁灭。"①理性在这里成为同过去的一切彻底决裂的理由，这是启蒙时代非历史的怀疑论在客观历史实践中必然的结果，理想和现实出现巨大的反差。如果从法国革命之中和之后的现实再展

---

① 古奇：《十九世纪历史学和历史学家》，上册，151 页，北京，商务印书馆，1989。

望到已经先一步革命成功的英国和荷兰，情况也同理性社会的距离相去极远：贫富的鸿沟和尖锐的对立，新统治者的残忍贪婪和自私。于是，多数知识分子对革命的最初欢乐感消失了，代之以对理性思想的反思和批判。作为理性主义思潮的一种抵制和反作用——浪漫主义思潮便先在文学艺术界，继而在其他思想文化领域传播开来，成为 19 世纪上半叶最有影响的思想流派之一。

浪漫主义并不是一个严格的概念，只是 19 世纪前半叶形形色色的、彼此近似的、反理性主义思潮的一个代名词。其内涵相当复杂，不仅各国有不同的浪漫主义，一国内部的浪漫主义也是千姿百态、因人而异的，但共同的特征是反对启蒙运动的简单化和一般化倾向，尊崇特殊性和个性，视原则、普遍理性为空洞和束缚。这是欧洲思想史上又一次小规模的否定之否定。价值评估似乎又颠倒了回来：理性主义认为对的，浪漫主义则多半认为是错的，比如对中世纪的肯定。有关的极端的例子可以举建筑艺术的评判规则。自文艺复兴以来就把哥特式视为与古典规范不相合的错误形式，吉本曾认为威尼斯圣马可广场上的哥特式大教堂是他"见过的最糟糕的建筑"。但到了浪漫主义时期，该教堂却被人们誉为最优美的创造，成为新建筑的模仿对象。但是，这种价值评估朝反方向的摆动并不能看作是摆回原位，回到文艺复兴前的中世纪状态。它乃是西方文化在文艺复兴确定的人本基点上的一次对先前存在形式的自我突破，是一种趋向完善、美好过程中的一个必要环节。在浪漫主义潮流冲击下，西方史学也染上了浓重的时代色彩，以致西方史学史一般都将这一时期的史学贴上浪漫主义的标签。

但是与文学艺术领域中的鲜明反差不同，所谓浪漫主义史学与理性主义史学的差异无论是就表现还是实质来说都不明显，它仍然依赖于启蒙时代所建立起的整个理性主义史学的大厦，只是在局部作了一些改装和修缮。其中最重要和最显著的修改部分是对中世纪较为客观的肯定，对中世纪史的认真研究。其次是在处理古代史料方面抛弃了过去轻视甚而无视神话传说的做法，肯定了它们具有真实意义，同时批评了一般启蒙史家轻视史料建设的空疏学风。而在史学研究的其他方面，浪漫主义史学继承了理性主义史学思想的大部分成果，如历史进步、历史规律性发展等意识。因此所谓浪漫主义时期的西方史学是对启蒙史学的一种扬弃，原来的东西既被否定，又被保存，转移到新的发展阶段，如同启蒙史学是对文艺复兴史学的扬弃一样。

大体说来，在目前考察的时期里，西方史学大体有如下一些特征：

（1）历史哲学作为交叉学科的新方向进一步朝着完善、严密的方面发展，历史主义思想和历史辩证法得到深刻阐明和论证，这尤其体现在德国古典哲学的杰出代表赫尔德、黑格尔的历史哲学体系当中。就历史哲学的成就而言，如果说启蒙时代是法国的时代，那么 19 世纪上半期乃至整个 19 世纪都可以说是德国的时代。

（2）历史学史料的积累以前所未有的速度增长。考古学在 18 世纪末和 19 世纪上半期开始进入自己发展的黄金世纪，其势一直延续到 19 世纪末和 20 世纪初。当时的欧洲各国考古学家的足迹不仅遍及意大利、希腊，而且远及欧洲以外的广大地区，特别是传统与欧洲保持密切联系的近东地区。大批古代实物史料和文字史料被发现并得到整理、发表，在学术界流转，揭开了一个崭新的古代世界，极大地改变了西方史学对过去的许多错误观念。在史料积累基础上发展起来的古文字学、碑铭学、钱币学、纸草学成为史学不可缺少的基础辅助学科。古代埃及文的释读是该时代史学最激动人心的成就之一，并因此产生了第一个关于东方史的史学研究分支学科——埃及学。此外，西亚古代的楔形文学研究也在这个时代酝酿着突破。

（3）历史学专业化的进程已基本完成，历史研究在欧洲各大学校园内受到尊敬，普遍具有常设的教学人员，历史学讲座实际具有专业性教育的职能。德国柏林大学设立的史学研讨班为历史摆脱哲学和神学学科的附庸地位、成为独立的学科奠定了基础。为专业化所必需的史学方法体系成熟，由哥廷根学派开端的德国新史学在总结史学具体研究法的工作中具有不可磨灭的功绩。由于史学理论方法的条理化、系统化、技能化，过去那种单靠个人的才气、聪明、文学功底和历史感悟便可成为名史家的现象基本消失，专业和业余历史工作者之间在治史功力、研究课题、成果表达方式上出现差别。史学成为以大学为研究基地的专业史家统治的领域。

（4）研究方向、课题、观点、风格多样化的局面开始形成。由于史学的专业化导致史家的人数增多，研究队伍的集中，研究时间、条件有了保证，知识的连续性得到加强，史作的数量成倍增长。每个有独立思考能力的史家都谋求推陈出新，史学研究达到空前的深度和广度。过去受到轻视的中世纪史得到广泛的注意，成为不少史作的主题。古典史学注重当代史研究的传统得到发扬，英国、法国、美国的资产阶级革命史均有及时的撰述。古典世界的历史始终对西方史学具有难以阻挡的魅力。古代和近代东方的历史，如埃及、西亚、印度、中国、日本、东南亚等地区和国家的历史也激起西方史家的热情。统一的世界史编纂在继续进行。经济史、政治史、思想文化史题材在同期的史学中得到较为广泛的反映。阶级斗争和阶级分析以及经济、社会、心理分析等方法以更明确的方式被提了出来。由于拿破仑战争的驱动，与强调普遍性的理性主义史学相对的各国民族主义史学兴起，各民族的历史和文化，尤其是民族精神得到研究。撰写风格日益多样，在传统叙述风格的范围内出现文学化和理论化两种不同的倾向。史学专题论文、论著成为新的历史研究的表现形式。

由于意大利的长期分裂，整个思想文化一蹶不振；俄国、美国等国家的史学还处于童年期的模仿阶段，因此这一时期领导西方史学潮流的仍是德、法、英三国史家，其中德国史学崛起成为西方史学发展的中心是这一时期最令人注目的事件。

第一节　崛起的德国历史哲学与史学

德国史学经过启蒙时代的充分准备和稳步发展，以及在法国革命以后得到普鲁士国王的大力支持扶助，在 19 世纪上半叶开始取代法国的位置，跃进至西方史学大军的最前列。反映时代的史学思想、观点和方法基本是由德国学者提出来的。这些成果如果从史学知识的类别上划分，仍然可以分作启蒙时代便已形成的两大类，即跨史学与哲学的历史哲学和已经专业化、学院化了的纯史学本身。二者保持了先前平行的特点，尽管后者为前者提供了铸造历史模式的原料，前者有形无形地影响后者治史的观点，促使专业内涵的外延，但二者仍然没有能够有机地融合。特别是纯史学本身，由于继承哥廷根学派以实证为立论根基的特征，本能地排斥高谈阔论的历史哲学。这种队伍的分野标志着史学宏观和微观研究法的形成。

一、历史哲学的发展

（一）赫尔德的社会进化思想

赫尔德（Herder，1744—1803 年）虽是康德的同代人，但他的哲学思想属于后启蒙时代。他生在一个教会学校的普通教师之家，宗教对他有着深刻的影响。在柯尼斯堡大学读书期间他曾受教于康德，康德指导他读过卢梭的《爱弥儿》、孟德斯鸠的《论法的精神》等名著，给了他系统的理性主义观点的熏陶。他还深入研读过休谟、斯宾诺莎、莱辛、温克尔曼等人的著作，同狄德罗有过直接交往。他熟读歌德、席勒、格林的作品，所以在他的哲学、历史、美学、文艺思想中可以看到这些启蒙大师和思想家、文学家的身影。但他不是读书不化、消极地接受他人思想的学者。他在每一个领域的认识都有自己的新意，特别是在历史哲学方面。他后来的职业虽是牧师，但却最关心历史。他很早就产生了要做"历史学的牛顿"的志向，并在 1769 年的日记中表示要写一部"文明通史"。① 他的主要著作是 4 卷本的《人类历史哲学的思想》，另有《论语言的起源》《另一种

赫尔德

历史哲学》《〈纯粹理性批判〉的总批判》等多部著作，在深入批评理性主义史学思想的缺陷基础上建立起自己的解释体系。因此他通常被西方史学和哲学史当作浪漫主义的最早代表之一，并因此同老师康德分道扬镳。

他是第一个在严格意义上使用"历史哲学"概念的人。维柯发明了它的内容，但没有给它以恰当的概念。伏尔泰发明了合适的概念，却没有给它以适宜的内容。赫尔德补做了维柯和伏尔泰没做的事，使历史哲学的形式和内容成为有机的统一体，这种继承和发展的关系也适用于解释他的历史哲学。

他的历史哲学具有理性主义历史观的明显痕迹，如他的历史进步的思想，历史有规律发展和历史发展统一性的观点。但他的历史哲学又是从批判理性主义史学的主流思想，即伏尔泰、休谟代表的否认启蒙以前的历史价值以及杜尔戈、孔多塞、康德过分强调统一性而图解历史的方法开始的。他认为历史是一个循序渐进的过程，不是简单地由黑暗到光明的挣脱、飞跃的过程。每个时代都有独立的价值，是前一个时代的继续、后一个时代的准备。他尖锐批评启蒙学者解释进步过程的片面性，指出他们过分注意抽象概念而忽视生动多样的具体存在。他举出孟德斯鸠对历史的三分法的例子为证，认为那是"三个多么可怜的概括啊！……各个时代的历史以及那世代延续、构成上帝的生动伟大杰作的各个民族的历史化为了废墟，被匀称地分作三堆，即便它不乏珍贵的、有价值的材料"。② 他还指出理性思想家为了证实自己的抽象观点而对历史采取实用主义的方法，不惜"修改

---

① 马尼卡斯：《社会科学的历史和哲学》（*History and Philosophy of Social Science*），74 页，纽约，1987。

② 马尼卡斯：《社会科学的历史和哲学》，76 页。

或编造事实，贬低或视而不见那些不符合它的事实……几句话就代替了几本著作，启蒙代替了幸福，他们就是如此发明出那个'关于世界在总进步中得到改善'的虚构"。①

赫尔德把自己的历史哲学的起点安放在自然界，因为他认为人类的起源和发展是大自然起源和发展的一部分，用他的话说就是"人类作为一切元素和实体的儿子"，②是大自然的产物。这一结论在他这个神职人员嘴里说出很有些背教的味道。但他在这里只相信自己的理性，认为在一个人如果正视客观现实，如地球的圆形，"有谁还会去皈依哲学上的和宗教上的信仰，或者是意识一种空前而神圣的热忱而为了它去杀人呢?"③所以他的历史哲学的开端完全排除了圣经的那套神话传说，依循时间顺序先从人类的母亲太阳系和地球的起源谈起。路线是从太阳系到地球，从地球到矿石、到结晶体，再从结晶体到金属，从金属到植物，从植物到动物，从动物再到人。

这是一条很长，也很复杂的进化线路，每一站到下一站的动力在于自然界内在的创造力。赫尔德必须解决它的动力问题。他用自然界固有的力的作用来解释，似乎有牛顿力学的启示。在他看来，宇宙中凡有运动的地方就有力，力永远不会枯竭，力的作用产生新质。比如地球上的空气、水和各种原质的相互作用、撞击产生大地、矿石、结晶体，然后矿石、结晶体的作用产生最初的生命。起初是贝壳类，继之是植物，再后是动物，然后是人。在进化过程中，每一种先前的物质或生命是后来的母体，如动物从植物母体脱胎而来，人类又从动物母体脱胎而来。④在每一次进化当中，新的生命总是母体的完善，汇集了先前物种的所有特征。如植物的完善是动物，动物的完善是人。人是自然界发展的极致，所以人集中了各个物种的全部特征，人同自然万物均有或多或少、或远或近的联系，差别仅在进

---

① 马尼卡斯:《社会科学的历史和哲学》，75 页。
② 康德:《历史理性批判文集》，34 页。
③ 康德:《历史理性批判文集》，34 页。
④ 赫尔德的进化论思想是吸收了启蒙时代关于人类起源学说的最新成就的结果。18世纪的法国博学家布丰（1707—1788 年）首先提出人猿共祖论。狄德罗提出人与动物之间物种转化可能性问题。卢梭甚至视人与猿为同类。康德则提出最初的进化论，认为人出自四足动物。德国胚胎学家沃尔夫从胚胎学角度揭示物种可变。几乎与赫尔德的著作同时发表的歌德的著作《以骨学为根据的比较解剖学概论》一书论证了人和动物解剖学上的类似处。由于生物学的进展关系到人类的起点，因此对史学有极为重大的意义。

化层次上的不同。例如，植物和人看上去相去甚远，但植物的开花、结果同人的两性活动在性质上是相同的。总之，联系具有普遍性。但是，在人类出现后，下一步的演变有了新的内容。在前纯粹是自然运动，每一阶段都不是前一阶段的主观目的。而人是自然创造的一种有理性的生命，人作为一种有精神的力量可以不断发展自身，这就使发展带有了目的性。

赫尔德关于人是自然界的"儿子"的思想以及自然进化的理论是天才的科学假设，今天已证明了它们思路的正确性。但他在处理人的精神的起源时便陷入难以自圆其说的困境。一方面，他觉得理性是随着体质的进步而产生的，"在理论上和实践上，理性都不是别的，只不过是某种获得物罢了，是人类按照自身的机体与生存方式而被塑造出来的那些观念与力量所学会的比例和方向"。① 比如人的羞耻感是随着直立行走发展起来的，爱情、母爱、同情心这类人性也是直立结构派生出的人道的萌芽。另一方面，他又认为精神是人身之外、按照精神法则独立存在的一种实体。它作为一种与自然的有机力不同的精神力作用于人，比如依据正义和自由原则塑造人的良好品格，赋予人以人道，宗教是最高的人道。于是，人成了自然界和精神世界之间的联系者，而由自发转发自觉的关节点——直立行走的推动力则变成了上帝，"上帝矗立起来人类"。② 这种超验的精神世界的思想显然直接成为德国古典哲学的最后一位大师黑格尔的绝对观念论的来源。

赫尔德的生物进化的模式是他的人类社会进步说的原型。这是一个不断增长人道或人性的过程。但这种过程既不是启蒙思想家那种理性自黑暗中的突如其来，也不是康德的那种有一个处于遥远彼岸、可望又不可及的终极的至善目标。他的进步的目的就在过程之中，在于人类自身。他认为："一个东西如果不单纯是一种手段的话，它的目的必须在于它自身之中。如果被创造出来，目的只是为了像磁铁指向北方一样，用永远是徒劳的努力来追求我们之外的、我们永不能达到的完整性的话，那么我们就不仅要为我们自己，而且也为我们的本质感到难过……"③ 所以他的人类历史发展的线路也同自然发展线路一样处处突出人作为主体的作用。

他的人类史的起点是自然史的终点。人作为同一个物种分散到世界各地的自然地理环境之中，这导致人的多样化：为适应特定的自然地理环境

① 康德：《历史理性批判文集》，37 页。
② 康德：《历史理性批判文集》，38 页。
③ 韩震：《历史哲学导论》，170 页，济南，山东人民出版社，1992。

而形成各自独具的生活方式、风俗习惯、娱乐、艺术、语言等思想文化，即独特的民族特征。但推动发展变化的不仅是自然地理条件，还有人对自然的反作用。人的特性使他为自身发展而不断学习、创造、发明，推动发展的球滚滚向前。所以当民族一旦形成，便像自然进化的情况一样，成为更高的族类的母体。每一个民族都会分离出新的族类，依此类推，人类在日益多样、千变万化的前提下不断进步。各个时代有各个时代的特点和独到的价值、基调和色彩；不同时代的各民族有各民族的精神，以区别于他时代和他民族。在这个意义上，各民族是平等的。东方是文明的发源地，最早产生了农耕、畜牧业和手工业以及各种语言、文字、科学、艺术等人道的文化成分。但希腊、罗马因地利和创造力旺盛的缘故后来居上，突出地显示了历史的进展。如同人是自然界的最高发展一样，欧洲的民族在人道的发展中也达到了各民族的最高点。是否这种领先如同人在自然进化过程中的情况一样，一劳永逸、不可改变了呢？赫尔德并没有说。他的《人类历史哲学思想》原打算写到作者所处的时代，写到法国大革命，并顺便对未来做出推测。但他只写到14世纪便告中断。从他在自己著作中表现出的各民族平等、反对殖民战争的人道主义立场以及他对处于落后状态的部分斯拉夫民族所寄予的厚望来看，他的思想似乎倾向于可变一边。

同康德相比，赫尔德的思想体系显得松散，存在着他所批评的启蒙史家结论大而史料基础脆弱的缺点，逻辑推理也不很严密。但他的历史主义[①]和特殊性与统一性相结合的观点，他对历史主体的认识，使他把启蒙时代母体中诞生出的历史哲学向前推进了一大步。

(二) 柏林大学的建立与黑格尔的历史哲学

在德国史学的崛起中，柏林大学的建立具有决定意义。它创造出良好的治学环境，集中了一批最优秀的教授队伍，培养出大批的史学人才，给19世纪和20世纪的整个西方史学留下了深刻印记。其刻痕之深只要举一个例子就够了，即一个世纪以来，几乎所有最重大的西方史学热点问题都和这个大学的史家和思想家们的开创劳动有关。

柏林大学是在民族危机的背景下建立的。1806年，拿破仑在耶拿歼灭普鲁士军主力，占领普京柏林，迫使普鲁士投降，签订丧权辱国的《提尔

---

① 历史主义概念内涵广泛，这里仅指对历史发展的过程性、连续性、多样性和客观性的认识。

西特条约》。德国被迫于战后实行一系列变法图强的举措，发展教育是改革最重要的内容之一。当时的德国教育部长洪堡向普鲁士王建议，德国必须以知识力量来弥补在物质力量方面的损失。普王接受了这个具有历史远见的建议，并发表"我们必须以智力来弥补物力的损失"的著名宣言，决定建立以研究和培养新型人才为基础的柏林大学，荟萃德国知识精英，重塑德国的精神，取代偏重狭窄的技术训练的旧式学校。1810 年，柏林大学正式开学，延揽到一批欧洲著名的学者，建校初期的历史学家中包括彪炳史学史的尼布尔、博克等人，稍后则有至今仍有重大影响的科学派史学的宗师兰克。黑格尔也是该校聘任的名教授之一。

　　格奥尔格·威廉·弗里德里希·黑格尔（Georg Wilhelm Friedrich Hegel，1770—1831 年）出生在德国符腾堡公国的斯图加特城，父亲是当地的小税务官，母亲是律师的女儿。黑格尔受到良好的早期教育，养成酷爱读书的好习惯。18 岁时，他进入图宾根大学攻读哲学和神学，深受启蒙思想影响，政治上反对君主专制，思想上反对宗教，曾把二者比作"一丘之貉"，认为"宗教所教导的就是专制主义所向往的。这就是，蔑视人类，不让人类改善自己的处境，不让它凭自己的力量完成其自身"。[①] 他甚至期望在德国出现一场革命。

黑格尔

　　大学毕业后他先在波恩一个贵族家庭担任家庭教师三年，又去法兰克福一个葡萄酒商人家任教三年。此间他撰写了一系列论基督教的文章，但均未发表。1801 年他在耶拿大学获得一个无薪水的教职，发表了第一部著作《费希特与谢林哲学体系之间的差异》，开始了职业的学术生涯，并最终在耶拿大学拿到带薪教职。当拿破仑在 1806 年 6 月于耶拿城外大败普鲁士军时，他抱着理性的心情肯定法皇是欧洲封建秩序的摧毁者，德国未来发展的开路人。他认为德国要振兴便只有以法国为师，建立能够确保公民自由的代议制政府，并深信学生终将超越先生。1807 年，他发表第一部自成体系的哲学著作《精神现象学》，书中已显示出他的深沉的历史辩证精神，而任何思想的深刻都必然同历史的思考联系在一起。

　　譬如，在概述第一节"主奴关系之前的人际关系"中，他指出史前社会的出路在于建立主奴关系，这种对立统一的关系不是从来就有的，也不

---

　　① 　黑格尔：《黑格尔通信百封》，43 页，上海，上海人民出版社，1981。

是永远不变的。

1814 年，随着封建秩序的复辟，他在政治上趋于保守，主张通过自上而下的改良道路实现资产阶级的政治统治，这也符合年轻时容易激进和年长时易于沉稳和更理性的一般趋向。但他终生保持了他年轻时对自由、理性的信念，对宗教的批判态度。他心中的"上帝"实际上是自由的代名词，"除了理性外更没有什么现实的东西，理性是绝对的力量"。[①] 这段时间他发表了两部分量很重的哲学著作《逻辑学》和《法哲学原理》，确立起自己的学术地位。因此，他在 1818 年应邀至新建不久的柏林大学任教，开设过逻辑学、法哲学、心理学、历史哲学、美学、宗教哲学、哲学史等课程，深受学生欢迎。1830 年，他升任柏林大学校长，次年在任上罹患霍乱去世。[②]

德国古典哲学自康德开端，经赫尔德、席勒、费希特、谢林，到黑格尔予以全面继承、发展，达到顶点。西方历史哲学由维柯开端，经启蒙思想家康德、赫尔德等人，至黑格尔全面继承、发展，也达到前所未有的高峰。尽管他在世时以及去世后都遭到一些思想家的严厉批评，比如尼采；尽管他的文字表达晦涩难懂，他的作品属于最难阅读和理解的作品之列，但就黑格尔超卓的历史感、透彻的历史分析和高度综合的能力而言，至今仍极少有人可与之相比。

黑格尔的哲学体系实际上是众多过程连接的整体，每一部分都浸透着深沉的历史精神。这突出表现在他总是把分析的对象置放在一定的历史范围之内，总是从历史发生、发展、衰亡的变化角度出发，从过程中加以考察。即便是对他创造的那个神秘的、唯一绝对的存在物——"绝对理念"，他也把它分解为一个不断通过自然、人类社会而实现自己的过程。只是在绝对理念的归宿上，他陷入自相矛盾，违背了自己的辩证法。在他的客观唯心主义的庞大结构中，专门讨论历史问题的历史哲学从属于精神哲学，也就是他重视的对"人"的认识。与精神哲学并列的还有逻辑学和自然哲学。精神哲学下辖历史哲学、法哲学、宗教哲学、美学等。[③] 可以说是无所

---

① 黑格尔：《历史哲学》，58 页，北京，生活·读书·新知三联书店，1956；《哲学史讲演录》，第 4 卷，294 页，北京，商务印书馆，1978。

② 也可能因肠胃疾病去世。

③ 19 世纪大部分时期，欧洲学界尚未把哲学同其他学科分离开来。哲学仍然具有古希腊哲学概念本身所具有的"爱智"的内涵，因此关于自然和社会的学科通常都要冠以"数学哲学""生物哲学""法哲学""历史哲学"等名称，表示均是爱智的产物。19 世纪末叶以降，哲学逐渐与其他学科分离，成为独立的训练思维能力的学科。

不包的人学。历史哲学在精神哲学中是同法哲学相连的,因为当他的法哲学进展到国际法阶段,就进入了世界范围,也就是世界历史的大舞台。在这里是他的最高裁判官世界精神直接主管的地盘。《历史哲学》一书集中了他的关于世界历史的思想。此外他还有另一部直接涉及历史问题的著作《哲学讲演录》,这两部书都是他的弟子在老师过世后根据笔记整理成书的,虽不能说完全是黑格尔的原心原迹,但基本内容属于黑格尔是不会错的。

在《历史哲学》中,黑格尔的一个根本思想是历史遵循不以人的意志为转移的客观规律发展,尽管这种规律是来自外界的世界精神或绝对理念。显然他的根本思想同启蒙思想家以及康德、赫尔德是相同的。在这个前提下,他是在批判地考察以往史学认识的基础上开始自己历史哲学的精神之旅的。这符合他关于世界历史是受理念支配的根本认识。

他把史学意义上的历史分成三种类别,即原始的历史,反思的历史,哲学的历史。

以希罗多德、修昔底德等叙述史为代表的历史属于原始的历史。之所以原始是因为这种历史(史学)是一种很肤浅的关于事实的知识,时空范围狭小,史家局限于在自己的头脑中复制业已发生的变化,没有反思。写这种历史的史家把自己的目的当作历史的目的,认识不到历史事物之间的内在联系。其价值是史家为所述历史的目击或参与者,可以为后世留下相对清晰准确的记录,生动的参与感和描述也给人乐趣,使人多闻博识。

反思的历史是原始历史的发展,有了精神的升华,放弃对事实的个别描述,删除多数历史事件和人物的行为,用抽象的观念来压缩叙述,由思想来概括一切。这样便可以增大内涵,透过表面线索,摸到指导历史的内在精神的脉搏,实为规律,这就接近了哲学的历史。

哲学的历史是更高程度的,最完善的历史,这是对历史所进行的哲学层面的考察,旨在认识具有普遍意义的、决定着历史进程的理性。只有认识推动、指导历史的理性,才能真正认识历史。黑格尔在这里所指出的理性不是个别人头脑中产生的单独的抽象,而是指"万物的无限的内容,是万物的精华和真相",[①] 实际是历史最一般的运动规律。

黑格尔对史学的这种分类法具有明显的误区,比如他归类为原始的历史的史作,没有一个仅仅限于对个别事件的简单描述,都是"原始的历史"和"反思的历史"的结合,部分还包括"哲学的历史"的萌芽形式。黑格

---

① 黑格尔:《历史哲学》,47 页。

尔未免过于简单化了史学形式的差别。此外，他的具有普遍规律意义的理性是处于历史之外而不是之中的力量，历史演化完全取决于这位精神上帝的裁决，这就使人类的历史活动成了理性奴隶，反映了鲜明的客观唯心主义的历史观。

但他在讨论历史的不同形式时，却能对史学本体和客体认识进行较广泛的哲学层面上的反思，提出许多真知灼见或发人思考的问题，这是其他历史哲学家所不及的，也是为埋头史料堆中的职业史家所忽视的。例如他继承启蒙时代产生的规律意识，认为历史是一个合乎规律的过程。他的历史哲学的基本观点就是"'理性'是世界的主宰，世界历史因此是一种合理的过程"。[①] 在这一基本观点指导下，他才提出了一个对历史认识很有价值的命题："凡是现实的都是合理的，凡是合理的都是现实的。"[②] 这一命题并非要为一切现存事物进行辩护，相反，它意在说明现实在起源、发展、灭亡的过程中受着规律的支配。现实仅在它们产生、存在的必然性限度内是合理的，如果出现否定它们的力量，那也不是不合理，同样有着必然的原因。这就提醒史学在研究一切值得研究的历史过程时应该注意揭示历史存在的合理原因是什么，去认识黑格尔心目中的那个绝对理性所起的作用，向所谓"哲学的历史"迈进。从这里便引出黑格尔对史学的另一条启示：史学的任务不能局限于考证史料的真伪和在史料基础上的简单描述。

在黑格尔的时代，西方近代和现代史学史上具有举足轻重地位的科学主义或客观主义的史学批判方法体系已在柏林大学历史学教授尼布尔和兰克的努力下建立起来，显现着巨大的发展潜力。但与尼布尔同校的黑格尔却从这一方法刚一形成便认识到它的最大局限，发现了历史认识的相对性，即再深入的客观批判也不能根除主观。他认为历史家总是在一定思维模式的束缚下观察事实材料，尽管他们自以为具有纯粹客观的态度。由于史家思想中或多或少的先验局限，史家撰写历史时很难摆脱主观性，混淆不同时代、不同民族特定的思想精神，用自己时代的精神去改铸其他时代，或用实用的目的来再现历史，使过去的史迹不属于过去而属于现在。至于批判的历史方法，虽在分辨史料真伪等方面有积极意义，但以批判代替了对历史本身的研究，不是真正的历史方法。而且史料批判、考据并不像批判

---

① 黑格尔：《历史哲学》，47 页。

② 《马克思恩格斯选集》，第 4 卷，211 页。

者所期待的那样会消除主观，在批判中史家仍在用主观的幻想代替历史记录。① 史学界本身在反思兰克的科学化的史学观时意识到这一点已是半个多世纪以后的事了。

黑格尔像其他历史哲学家一样，对世界历史的哲学研究必然要产生一个自己的关于历史行程的图表。他把历史分成三大阶段：古代东方阶段，古希腊罗马阶段，日耳曼阶段。贯穿三大阶段的线索是自由意识的发展。所以古代东方阶段是专制君主一个人的自由的阶段，希腊罗马阶段是公民社会部分人的自由，日耳曼阶段则是意识到普遍自由的阶段。黑格尔的这种历史模式本身并没有多少新奇之处，但他在其巨大的模式内部进行构建组合的过程中提出了众多对后代历史认识具有直接影响的观点、范畴和公式，这主要表现在以下一些方面。

他把辩证法应用于历史研究，成为迄19世纪中叶为止在表述和运用历史辩证法方面最成功的思想家。他认为趋向自由的历史是理性或世界精神实现自己的过程，这一总过程的每个阶段都存在着自我否定的因素，它们是历史从一个阶段向另一个阶段过渡的牵引力量。由于历史不断自我否定，按照理性的意志不断推陈出新，因此它不是循环往复发展，而是自低向高的永动过程。恩格斯对黑格尔的这一辩证法曾有高度的评价：

　　　它永远结束了以为人的思维和行动的一切结果具有最终性质的看法。哲学所应当认识的真理，在黑格尔看来，不再是一堆现成的、一经发现就只要熟读死记的教条了；现在，真理是包含在认识过程本身中，包含在科学的长期的历史发展中，而科学从认识的较低阶段上升到较高阶段，愈升愈高，但是永远不能通过所谓绝对真理的发现而达到这样一点，在这一点上它再也不能前进一步了，除了袖手一旁惊愕地望着这个已经获得的绝对真理出神，就再也无事可做了……完美的社会、完美的"国家"是只有在幻想中才能存在的东西；反之，历史上的依次更替的一切社会制度都只是人类社会由低级到高级的无穷发展过程中的一些暂时阶段。②

黑格尔的历史辩证法还具体体现在他把他所持的二律背反的普遍律成

---

① 黑格尔：《历史哲学》，45页、48～49页。
② 《马克思恩格斯选集》，第4卷，212～213页。

功地用来解释历史现象。其中包括偶然性和必然性、善与恶、量变与质变、个人与时代、必然和自由、可能性与现实性、同与异等范畴。如他承认偶然因素在历史中的作用，但认为必然性是由偶然性开辟道路的，偶然性是必然性的表象，蕴含着必然性。所以每一个看上去偶然的现象或存在的后面，都有其存在的必然原因。他指出：

> "精神"在本性上不是给偶然事故任意摆布的，它却是万物的绝对的决定者；它全然不被偶然事故所动摇，而且它还利用它们、支配它们。①

再如他认为历史的规律发展体现在不断从不自由向自由的迈进上。这种思想直接影响了马克思主义关于人类史是从必然王国向自由王国的过渡、不断摆脱自然和社会必然性束缚的历史观。他关于比较方法在于同中求异、异中求同的论述也十分精彩。他认为能看出两个明显差异的事物，如一支笔和一头骆驼，并不算聪明。能看出两个明显相似的事物，如橡树和槐树，也不能算有比较能力，只有在不同中看出相同、从相同中看出不同才符合比较的要求，这样的比较也才有意义。

黑格尔的目光试图扫描客观世界的每一个角落，但体系大免不了漏洞多，很难保证自始至终概念的一致性、论断的准确性、结构的浑然一体性。要寻找其中的缺陷是很容易的。而他本人却并未意识到这一点，始终具有一种历史真谛发现人的高傲。这一点十分类似启蒙思想家。所以他的历史思想对后世的积极和消极影响同样是巨大的。

他的世界历史三段式的划分是一个脱离历史实际的公式化典型。他的西方历史中心论则是另一个相当有害的流行观点，在相当长的时间里指导了西方世界史的编纂。他不是西方优先论的第一个提出者，但是第一个详细的论证者。他的基本依据是西方地理条件的特殊性。他认为地理环境是民族精神的"主要的，而且必要的基础"。② 这话大体不错。他把世界地理环境分作三种类型：干旱的高原（草原和平原）地带，大河流域，沿海地区。不同的地理舞台孕育出不同的生活和生产方式、性格特征，甚至政治制度和民族发展潜力的差异。如高原人的游牧生活、粗犷性格、家长制的

① 黑格尔：《历史哲学》，95 页。
② 黑格尔：《历史哲学》，123 页。

社会，大河流域人的农耕方式、软弱保守的品格、对土地的依赖和君主专制的横行，沿海地区人对航海和工商业的偏爱，冒险探奇和崇尚自由民主的天性等，希腊罗马人是沿海民族的代表，而大河流域人的代表则是古埃及、两河流域、中国、印度人，高原人的代表是蒙古人等。这就以表面的特殊性歪曲了历史的本质。只要举出古罗马人是地道的农业民族就足以推翻黑格尔的评判了。何况古希腊人也以农为本，个别工商业较发达的城邦也始终以农业为立国的基础。更荒唐的是，黑格尔划定了东方一些民族的历史发展的可能限度。如认为处于寒带和热带的民族属于世界历史之外，因为那里的酷热和严寒不宜理性精神的生存，所以非洲的黑人不属于世界历史。他知道亚洲和北非在世界历史中的先行地位，但从真正的历史中排除了游牧民族。而其他亚洲古老民族也没产生世界精神，只为政治原则和宗教原则的发展奠定了基础。譬如古代中国所在的东亚便从来没有参加到世界历史（实际是欧洲史）的行程之中，因为"在他们（中国人——作者注）看来，海只是陆地的中断，陆地的无限；他们和海不发生积极的关系"。他十分无知和轻蔑地说，对于中国的历史，"我们用不着深入考究，因为这种历史本身既然没表现出有何进展，只会阻碍我们历史的进步"。①这样，启蒙学者那种希罗多德式的宽阔目光在 19 世纪的黑格尔那里不见了，代之以中世纪基督教的褊狭，傲视世界、唯欧洲才是世界精神的落脚地。黑格尔把自己的感情差不多都给了欧洲，从而在欧洲思想史中树立了一种解释的样板，再附之以近代东方落后的事实，遂成为 19 世纪和 20 世纪上半叶西方史学中一个主要的反历史主义的认识。历史主义大师却反历史，这也意味着理论和实践难于同一的辩证关系。

值得一提的是，黑格尔虽有深沉的历史感，但对史学的不敬在历史上也是相当出名的。他从历史发展变化的基本立场出发，根本否定历史认识的现实价值，也就是取鉴经世、道德教育的功能，实际等于否定了非哲学的专业史学存在的合理性。他有一段被后世史学怀疑论者经常援引或模仿的论述：

> 人们惯以历史上经验的教训，特别介绍给各君主、各政治家、各民族国家。但是经验和历史所昭示我们的，却是各民族和各政府没有从历史方面学到什么，也没有依据历史上演绎出来的法则行事。每个

---

① 黑格尔：《历史哲学》，123～147 页，161～163 页。

时代都有它特殊的环境，都具有一种个别的情况，使它的举动行事，不得不全由自己来考虑、自己来决定。当重大事变纷乘交迫的时候，一般的笼统的法则，毫无裨益。①

他忘记了一个起码的常识：人们在非重大事变的时候也并不自觉地按一般的历史法则行事，而多半是凭经验办事的。但经验本身的属性是历史，他们即便要突破历史经验也要在历史经验的基础上才能进行。

无论如何，如果去除黑格尔历史哲学的唯心主义的外壳和众多认识上的偏执之处，内里仍是一个巨大的思想宝库。他是前马克思、恩格斯时期西方历史哲学的最高发展，也构成了马克思主义的历史哲学——历史唯物主义体系的直接理论前提。

二、专业化史学

德国专业化的史学没有理会来自黑格尔的哲学干预，在自己的领域取得了同德国历史哲学同样巨大的成就，为法国革命和 19 世纪中叶之间的西方史学盖上了自己的烙印。其主要表现是历史批判法的完善及其自然结果——兰克客观主义史学思想的形成。这一成果可以看作是 19 世纪中叶以前西方史学对启蒙史学的最大超越。

对史料进行批判和考据，去伪存真，是西方史学自形成以来的传统，一直是评判史家治史成就高低的首选标准。这一点古典史学家就已经深刻意识到了，并提出了基本原则，积累了初步的理论和丰富的实践经验。文艺复兴运动以后，史料的批判考据方法得到重视，不同门类的研究史料的专门性辅助学科随着古代、中古史料数量的增多而逐渐分立，如版本目录学、碑铭学等。但在历史编纂中系统地利用辅助学科的材料和总结文字史料的考证方法的工作一直少有人做。如果一部史著的史料翔实可靠，那一般是作者个人自学形成的功力的结果。启蒙时代否定古代记载可信性的过度怀疑主义思潮阻碍了历史批判方法在历史撰述中的应用和发展，神话传说和基督教史家的作品被基本排除于可资利用的史料之外。而在那些未受怀疑主义影响的史家那里，古代、中世的典籍又经常被信以为真，不加批判地大量征用，史学始终缺少一个赖以成为大学独立专业的周密的史料批

---

① 黑格尔：《历史哲学》，44 页。

判方法论基础。但是在 19 世纪初，德国专业史家沃尔夫和尼布尔等人的成功实践改善了传统历史批判方法，使从属于哲学和神学的历史学最终成为独立的学科。

（一）考据家沃尔夫

沃尔夫（Friedrich August Wolf，1759—1824 年）生于汉诺威的一个小村庄埃罗德，父亲是乡村小学校长。小沃尔夫先上当地的语法学校，受到古希腊文、拉丁文教育，同时还初步学习了法文、意大利文和西班牙文，为考据家所必需的语言基本功打下了基础。18 岁时他进入哥廷根大学，关于他的专业选择有个有趣的故事。他入学时填写的专业是文献学（philology），哥廷根大学当时还没有这个专业。这一趣闻反映青年沃尔夫个人既定的治学方向。他在学校图书馆里苦心研读，分

沃尔夫

析古典文献，特别是荷马史诗。他在 24 岁时因编辑出版柏拉图的《会饮篇》而声名鹊起，被哈勒的普鲁士大学聘为教授，从事古典语言学教学和典籍研究。

自启蒙时代以来，理性之光照亮了西方史学批判考据的道路，至 18 世纪末叶，文献考据已成为显学。沃尔夫继续哥廷根学派开创的文献学研究方向，在古典文献的研究中取得里程碑式的成果。1795 年他发表《荷马史诗导论》，成功地提供了一个批判古代文本及其内容的范例，在欧洲学术界引起轰动。《荷马史诗》在西方是家喻户晓的第一部成文作品，荷马的作者地位一直没有动摇。但是沃尔夫运用自己丰富的版本校勘、古代语言学和历史知识，推翻了两部史诗出自同一作者的传统说法，证明它们的作者是多个佚名游吟诗人，也就是民间艺人，其中若干首可能出自荷马之手。由分散的诗歌形成统一文字形式的史诗则是在雅典的毕士特拉妥统治时期。沃尔夫的功绩不仅在于揭示了史诗作者之谜，更重要的是他赋予史诗以历史性。他分析出史诗内容属于不同历史时期，每个层次都在一定程度上反映了该时期的历史真实情况。

（二）客观主义史学的先驱尼布尔

尼布尔

在 19 世纪早期的德国乃至西方史学中，尼布尔（Barthold Georg Niebuhr，1776—1831 年）的名声较沃尔夫还要大，与他的柏林大学同事、被西方史学誉为历史科学之父的兰克可以相提并论。他同兰克一道规定了西方 19 世纪客观主义史学的基本面貌。

尼布尔生在丹麦首都哥本哈根，与多数西方杰出史家一样，早年受到良好的教育。他的父亲是欧洲最著名的旅行探险家之一，对楔形文字的破译做出了重要贡献。少年尼布尔对历史充满兴趣，学习刻苦认真，加上天资聪颖，18 岁时已能使用 18 种印欧语系的语言，包括古希腊文和拉丁文，还学会了希伯来文和阿拉伯文，从而奠定了日后史学研究最重要的能力之一——语言技能和文献学基础。19 岁时他便立下研究历史的志向：

> 如果我的名字得以流传下去，它将作为历史家与政治家，作为古典学家与语言学家而流传下去。①

他在基尔大学中途辍学，担任丹麦财政部长的私人秘书。1798 年他辞去这一职务，赴英国旅行，在爱丁堡从事农业研究。次年返回丹麦，曾任丹麦国家银行行长，后任普鲁士国家银行行长等政府要职。1810 年他去新建的柏林大学任教，教授罗马史，后来他的主要学术旨趣便集中在这个领域。1824 年，他又任教于波恩大学，其前担任过普鲁士驻罗马大使，并在驻节期间于意大利发现、整理出版了西塞罗和李维的著作残篇。在波恩大学他度过了余生，教授课程包括古代史、法国大革命史、民族学、地理学等课程，修订了他在柏林大学讲授古罗马式课程的讲稿基础上所写的代表作《罗马史》头两卷，并撰写了第 3 卷。

尼布尔的《罗马史》是一部古罗马断代史，内容从史料最为薄弱的罗马建城开始，到第二次布匿战争为止，是罗马共和国的早期史。怀疑主义者曾认为古罗马史家关于这段历史的记载是完全不可信的。尼布尔为此进行了大量的史料考据工作，提出了一条至今有效的史料认识原则，就是没

---

① 古奇：《十九世纪历史学与历史学家》，上册，94 页，北京，商务印书馆，1989。

有一条史料不在一定程度上载有历史的真实信息，即使是晚后的传说，也有某些真实成分。史学家的任务在于把传说和真实区别开来。维柯在尼布尔之前曾提出过神话传说具有历史信息的思想，但一则他没有在历史研究中深入实践这一思想，二则他的思想并未对西方启蒙史学普遍对古代的怀疑有什么震动。尼布尔则完成了维柯未竟的事业。他为自己提出了一项非常艰巨且很难实现的任务，并取得了明显的成功。他的办法是在已有的各种残存材料中寻找可能反映历史真实的蛛丝马迹，如到歌颂英雄的残诗、宴饮诗或挽歌的残片，罗马城劫后残存的个别文献材料之中去寻找，在一个词句、隐语和一处缺漏中推敲内涵的意义，然后用判断、推理的线穿起一个个残缺不全的史实，形成一些完整的历史画面。在他看来，史家的使命有两个：一是分析或批判，即由现存史料中分析或考据出真实的内涵；二是综合，在经过检验的史料基础上重构历史真实过程。[1] 在此基础上，提出了历史学家所应具备的职业道德：

> 在放下笔时，我们必须能够在上帝面前说，"我没有故意地或未经认真查核而写了任何不真实的事情"。[2]

尼布尔深知仅从断简残篇中搜寻史迹对他综合罗马早期史的巨大任务来说是远不够的。他因此利用了历史比较方法。他认为不同的民族有共同的发展阶段，这是比较的基础。罗马的王政时期与希腊的荷马时代因处于同一阶段而具有可比性，因此他利用荷马史诗的材料。在实物和文字史料均缺乏的情况下，他认为史家可以应用逻辑推理进行假设。他所恢复的罗马早期史的完整图景虽还是很粗糙的，但毕竟撕开了笼罩罗马古代的黑暗，正确地勾画出一条罗马早期历史发展的路线，指明了认识一切古代史的正确途径。他在古罗马人口、平民的起源、贵族和平民的关系等问题上所做的贡献得到了广泛的承认。他的历史批判方法得到许多西方史家的认同，并被运用于他们自己的研究之中。但他的批判方法的弱点也受到一些史家的批评，特别是关于在重构历史时运用推测的方法。尼布尔的方法不久得到兰克的发展。

---

[1]　库基辛主编：《古典历史的编纂学》，58 页。
[2]　古奇：《十九世纪历史学与历史学家》，上册，98~99 页。

（三）西方碑铭学的确立人——博克

　　博克（Brook，1785—1867年）是为19世纪德国史学争得盛誉的另一位古典学家。他生在德国西南部的卡尔斯鲁厄市，在那里读完中学，1803年进入哈勒大学神学专业学习，沃尔夫是他的老师之一，影响了他的学术方向，即由神学转为古典文献学研究。毕业后他成为海德堡大学教师，后提升为教授。1811年他到柏林洪堡大学工作，担任修辞学和古典文献学教授。1814年当选为柏林科学院院士。他发展了沃尔夫的文献学思想，认为文献学并非只注重一字一辩的考据，它还是有关古代历史和哲学的完整的知识学科。在1850年召开的德国文献学家大会的开幕式发言中，他把文献学定义为对整个生活的历史建构，包括对各种文化形式和一个民族所有实用的和精神活动的产物的建构。他自己也是这样身体力行的。他在整理和分析铭文史料的基础上撰写了《雅典国家经济》一书，开辟了希腊史研究的新领域。在构建雅典经济的过程中，他对文献、铭文、钱币等各种实物和文字史料进行比较，对雅典居民的人数、个人财产的规模、奴隶的数量、手工业状况、农产品价格、借贷的利率等问题提供了前所未有的实证解答，证明考据方法与历史撰述之间的有效结合。他编辑出版了篇幅庞大的4卷集《希腊铭文集成》（1828—1877年出齐，他在世时完成了前两卷）。为了编辑这个重要资料库，他群策群力，利用自己的学生作为助手，邀请欧洲各国的世家与古文字学家合作攻关，这就改变了史学研究两千年一以贯之的个体劳动特点。这部资料集的出版标志古代史的特殊辅助学科碑铭学的真正确立。[1] 由于它内容丰富扎实，注释详尽，至今仍旧是研究古典历史的基本史料来源之一。它的命运证明，历史叙述和历史思想的生命是相对短暂的，许多在史学史上做出重要贡献的历史大作虽保存在图书馆的书架上，但已被后代大多数史家所冷落或遗忘，人们至多只记得他们的名字和笼统的成果。正可谓江山代有才人出，各领风骚十几年。而那些默默从事基础工作的人，比如从事史料收集、整理、注释、翻译、编辑和出版工作的人，他们的成果却往往有着更为长久的生命力。

---

　　① 参见阿甫基耶夫等编：《古希腊史》（Под Авдиева，Бокшаниа и Пикуса：История Древнеий Греции），397页，莫斯科，1972。

（四）客观主义史学的一代宗师兰克与史学专业化的完成

兰克

兰克（Leopold von Ranke，1795—1886 年）在西方近代史学中的地位同黑格尔在德国古典哲学发展史上的地位一样，是一位发展趋向的终结者。他是为自哥廷根学派开始的德国史学专业化进程写下最后一个句号的人。专业化意味专业研究任务的明确和与之配套的专业技能、方法的完善，这就是沿用自然科学研究所秉持的客观中立的基本职业道德、成熟的史料考据方法与依赖第一手史料的基本治史原则。完成这一总结使命的兰克因而在西方史学中被誉为"历史科学之父"。①

兰克是一位长寿的史家，属于整个 19 世纪。但他提出并形成后来被人广泛称道的历史科学的思想则是在 19 世纪的前半叶。他出生在现今德国图林根州的恩斯特鲁特的一个殷实的律师家庭，很小就喜欢古希腊文和拉丁文。1814 年他进入莱比锡大学就读路德宗的神学和古典语言学，大量时间用来阅读古典和近代史家与思想家的作品，如修昔底德、李维、狄奥尼修斯、歌德、尼布尔、康德、费希特、谢林等人的作品，尤其是修昔底德的《伯罗奔尼撒战争史》。修昔底德罕见的客观主义治史精神无疑对他影响甚大。不过在大学期间他还未确定自己的史学专业方向，当他的教师问他是否想研究历史时，他的答复是否定的。大学毕业后，兰克在一所中等学校教授古典学达 7 年之久，他的学术方向转移到历史学正是在教书期间完成的。他的转向比较容易，因为古典学本身所要求的语言和文献基本功恰恰是历史学研究所必需的基本技能准备。而兰克所处的时代，也是历史学大发展的时代。

随着资本主义的发展，启蒙思想的传播，欧洲各国之间的全面竞争，欧洲各国统治者普遍意识到人才培养的重要性。普鲁士国王早在 1763 便率先颁布了义务教育法令，规定对 5～13 岁的孩子实行强制性的义务教育。法国大革命爆发后，迫于革命和竞争的压力，普鲁士国王于 1794 年又将所有学校，包括大学改制为公立学校。19 世纪初，德国被拿破仑占领，试图东

---

① 高顿：《社会科学的历史和哲学》（S. Gordon, *The History and Philosophy of Social Sciences*），118 页，威里—布莱克威尔出版公司，1991。

山再起的普鲁士政府进一步加强民族教育工作，在大专院校和中小学中普遍设置了德国历史和外国历史课程，灌输忠君、爱国、爱教的思想。1812年又在普鲁士王国的所有学校中推行期末考试制度。这一举国教育体制被德国其他邦广泛接受并加以推广，随后又传播到奥地利和欧洲其他国家。这些决策改变了历史学在教育中的地位，史学成为大中小学的必修课程，因此专业化地培养大批能够贯彻历史教育思想的教师就成为全民族的任务，在大中小学执教的历史教师于是成为职业历史家，这是西方史学历史上的一次重大转型，从业余的常人之学转化为必须经过长期训练才能掌握的专家之学，而著书立说也就成为在大学任教的基本条件之一。另外，也不能忽略另一个史学专业化的客观条件，就是公共档案馆在 19 世纪初的设立。比如 1838 年，英国在国内设立公共档案处，供国民查询阅览。随后这种国家保存史料的公共事业单位在欧洲各地建立，从而对史学进行自然科学式的研究创造了极为重要的条件。史学家们开始倚重于原始的档案文献，逐渐摆脱了对古典历史文学著作的过分依赖。

1824 年，29 岁的兰克发表了他的处女作《1494—1514 年的拉丁和条顿民族史》，一时声名鹊起，并因此在翌年应聘为柏林大学近代史课程的教师，成为专业史家，研究领域集中在宗教改革以后的欧洲近代史。1871 年他自柏林大学退休后仍笔耕不辍，直至去世前仍在赶写六卷本的大作《世界历史》。近半个世纪教书育人和 60 余年研究著述，他的学生遍及欧美，尤其在德国，他的门生几乎占据每一所大学的讲台，形成了一支"兰克军团"。兰克的著作多达 60 卷①，几乎为欧洲的各个近代民族都写了一部历史，如《罗曼与日耳曼民族史》《十六、十七世纪南欧各民族史》《塞尔维亚革命史》《十六、十七世纪英国史》《普鲁士史》，以及《教皇史》《腓特烈大帝传》等不同类型的史作。可以毫不夸张地说，近代史学史上没有人在把历史学转变为历史学专业方面比兰克做得更多。

在他的处女作中，他提出自己的基本治史思想，这就是被当作史家金科玉律的"如实直书"的治史原则。如果仅从字面看，兰克的"如实直书"和摈弃情感的治史原则没有什么区别，早在古典时代，修昔底德、波里比乌斯、塔西陀、卢基阿努斯就以不同的方式提出并实践过，而且求真求实本来就是克丽奥诞生以来西方史学的生命和灵魂。但如果深入了解兰克"如实直书"的内涵，就会发觉他的求真思想与古典史家有很大不同。他在

---

① 一说 54 卷，见布雷萨克：《古代、中世纪和近现代史学史》，233 页。

该书序言中对此做了说明：

> 历史被指定来评判过去，指导我们的时代，以利于未来。可是本书并不希冀完成如此崇高的任务。它仅仅想要如实直书而已。①

与以往的史学价值评估不同，兰克认为史学不能充当过去的判官，因此也无所谓指导现在和预测未来这样的宏大目标。② 在兰克眼里，史学应该脱离一切实用性的社会价值，如自然科学家一样，仅仅追求过去的真实。这是一个从未有人说过的史学新原则，显然对流行的史学实用主义和以有限的史料构造巨大模式的学风的一种悖论。在兰克所在的时代，历史哲学方兴未艾，黑格尔在其《历史哲学》中已对尼布尔、博克等人运用考据来寻求历史真相的方法进行了批评。但是他的"反思的历史"和"哲学的历史"优先的说法也同样遭到柏林大学史学家们的集体拒绝。③ 兰克的这一表述使他在进入柏林大学之后很自然地站在强调历史过程多样化的史学家一边。他否认启蒙时代以来的进步史观，特别是黑格尔的人类社会向绝对精神不断迈进的说法，认为各个历史时期没有高下之分，只有差异之别，后人不见得比前人强，比如柏拉图只有一个，"柏拉图之后不可能再有一位柏拉图"。④在这种突出个别的思想指导下，他坚决反对维柯以来的思辨的历史哲学试图归纳人类史规律的做法。

> 我对"主导思想"的理解是：这是在每个世纪中占统治地位的一些倾向。然而这些倾向只能被加以描述，它们归根结底不可能被归纳成一种概念。⑤

这样一来，兰克的观点就与亚里士多德和笛卡儿所持史学是叙述个别

---

① 马克·T. 基尔德胡斯：《历史与历史学家》（Mark T. Gilderhus, *History and Historians*），44 页，新泽西，1987。如实直书的德文及英文译文是"wie es eigentlich gewesen"（show what actually happened）。

② 对"如实直书"也有另一种解释。

③ 莫米格里阿诺：《史学研究》（A. D. Momigliano, *Studies in Historiography*），伦德莱斯，105 页，1969。

④ http：//www. geschichte. hu—berlin. de/galerie/texte/rankee. htm

⑤ http：//www. geschichte. hu—berlin. de/galerie/texte/rankee. htm

事实的经验学科的论点不谋而合。笛卡儿以此来否定史学的科学性，而兰克则用求证个别历史真实的技艺为史学争取科学的地位。

兰克不仅提出了原则，而且一生都在真诚地落实这一原则。他的政治立场保守，反对革命，赞同渐进改革。但他不是在自己的众多著作中公开推销自己的政治观点或道德准则，而是靠摆事实来说明问题。他虽没有摆脱，实际也不可能摆脱价值评判，但他的确是近代最接近于修昔底德客观精神的史家之一。

为了实现如实直书的原则，他把研究重心放在提取原始证据和分析证据的工作上，确立了一套寻找和考据史料的正确方法，其中最重要的一点就是注意收集第一手史料，即与事件同步的历史记录。对史家编纂的二手史料采取批判吸收的态度，因为在他看来一切史著都是值得怀疑的。在分析批判史料的真伪时，应对史料出处进行考察，了解史料提供者的个人性格、人品学风、治史能力等主观因素。

他在原始资料中特别看重档案文献，而19世纪30年代各国政府部分开放国家档案文献的政策对他的历史研究提供了方便。在写作《宗教改革时期的德意志史》的过程中他查阅了从1414—1613年共计96卷的德国旧档，并到布鲁塞尔查找查理五世的大批信件，到巴黎查阅西班牙人的档案并利用了许多意大利人的材料。他从故纸堆中发掘出大批珍贵的历史信息，这使他兴奋地预言：

> 我看到这样一个时期正在到来，那就是，我们在编写近代史时，甚至不再依靠当代历史家的记载（除非是他们提供了原始知识的地方）……我们将依靠目击者的叙述和原始的文献资料。[1]

在他之后，能否利用包括档案在内的各种原始材料已成为各国史家评价一部史作的优劣的主要标准。

在《教皇史》的写作中，他的客观态度得到更加突出的体现。他在动笔前查阅了大量收藏于威尼斯、罗马的公共和私人手中的档案文献，书中负载的丰富可靠的材料使得后人对这个课题的研究只能算作续貂而已。他的难为又能为之处还在于他冷静地处理宗教改革的对立面教皇的历史。尽管他是路德教徒，却在书中并未有意避开一些教皇的值得称许之处，也没

---

[1]　古奇：《十九世纪历史学与历史学家》，上册，193页。

对路德一味评功摆好。他像一位眼光敏锐的画家，用清晰流畅的线条极为准确地刻画一个个曾经罩着灵光或被泼了污水的人物。因此这部书在天主教国家和新教国家得到同样的欢迎，也得到了同样的批评。

在考据史家提供的二手史料方面，他也取得了成功。他挑出马基雅维利的《佛罗伦萨史》的许多不实之处，查清中世纪的另一位意大利名史家奎恰迪尼的 20 卷本《意大利史》是一部充满抄袭伪造的徒有虚名之作。他的这种严格批判方法与尼布尔有师承关系，因此他曾把尼布尔的塑像摆放在他书斋最显著的位置。

兰克的巨大影响不只在于他的大量著作和思想，而且因他在培养专业史学人才方面所创造的"习明纳尔"（Seminar 专题研讨班）形式。1833 年，他在自己家中召集一些有志于成为职业历史工作者的得意门生进行专题研讨。他允许学员自由选择课题，他只保留建议的权力，然后学生经过课下的一定准备，将个人的看法提交研讨班供大家讨论批评，他也发表个人意见。这个研讨班直接间接培养出 100 多名历史工作者，包括来自欧美的学生，其中部分后来成为著名的历史家，他们是传播兰克史学思想的基本成员，组成了最初的兰克学派。这种启发式的教学方式由于它的有效性、灵活性，很快被欧洲其他国家的大学所采纳，进而传入英国和美国，成为各专业培养研究生的固定形式。在兰克 200 周年诞辰时，洪堡大学（原柏林大学）举行了这位先贤的纪念会，将他誉为现代德国历史科学的奠基人，认为他对学生严格训练的方法在今天仍然具有充分的活力。

如若除去兰克对史学社会功能的不切实际的认识，他很像是一位古典史学优秀传统的继承者。他不像德、法、英的浪漫主义史学流派的代表们注意凡人琐事、民俗民情，文辞华而不实。他的历史描述对象是传统的伟大事件和著名的人物，文体平直、朴实、精练，立论执中持平。在这些点上他是一位近代的修昔底德。但后人并不一定处处超越前人。他不及修昔底德之处也是明显的。他虽然从人本的立场出发叙述历史的全部过程，但作为有神论者他最终把历史发展的内在逻辑和其中蕴含的意义看作是上帝的安排。他的客观主义的执着虽然真诚，但他的著作相对修昔底德的著作而言仍有较多的政治的、感情的色彩。他主观上希望取消造成曲解历史的最大动因——史学的社会功能，把史学变为单纯的人类经验的集锦，变为供好古的人们回味赏玩和其他学科取证的对象，这就实际上等于取消了史学的存在价值和科学属性。当然他自己也没能彻底贯彻自己的思想，在他漫长的一生中多次用自己的历史才能为德国政府服务。

然而，兰克史学思想的矛盾在 19 世纪还未明显暴露，他的史学批判方法和客观主义治史原则是西方人理性认识过去的巨大进步。他如塔西陀一样提出了一个试图反映史学本质的最高目标。这个目标尽管高不可攀，但任何一位历史工作者都不能因为无法抵达顶峰便放弃求真的原则和史料批判的方法而滥造历史。比如在 1831 年，思想保守的兰克受命于普鲁士政府，负责创刊并主编《历史—政治期刊》，反对自由主义思潮，相继发表论文指出上帝赋予每个国家以特殊的道德品性，个人应当努力落实其国家的思想。他鼓动读者忠于普鲁士国家，拒斥仅仅适于法国而不适于普鲁士的革命思想。①

第二节　英国浪漫主义史学

18 世纪末和 19 世纪最初几十年英国史学的发展与国内的政治和经济形势以及法国大革命有密切的关联。资产阶级君主立宪政体的稳固确立，议会内激烈的辉格党与托利党的斗争，积极的海外扩张与工业革命带动的经济繁荣，暴风骤雨般的法国大革命对英国思想界的冲击，使这一时期的历史编纂具有鲜明的时代特点。英国史家较其他国家的史家更多地注意经济史问题、政体与党派斗争问题、东方殖民地国家和地区的历史。历史家往往带着社会政治的使命感和个人的政治立场选择和研讨历史课题，将个人的价值评估融入历史撰述当中，把历史领域当作政治角逐的另一个场所，因而英国这一时期史家的通病是对史料缺少严格缜密的考证。加之英国史学专业化的进程十分缓慢，个别院校设立的历史课只是古典文学语言的辅助课，教师不稳定，课时也很少，因此英国这一时期的史学仍由业余史家所控制，史学方法基本上停留在启蒙时代的水平之上，而史学成就又逊于启蒙时代的史家，能和休谟、吉本比肩的史家只是凤毛麟角。至于有些史家在史学史上留下了必要的痕迹，那不是因为他们写下了内容翔实的史作，而是因为他们独特的撰述风格、新颖的选题和别具一格的个别历史解释。

---

① http：//www. geschichte. hu—berlin. de/galerie/texte/rankee. htm

一、古希腊史专家格罗特

1830 年在父亲过世后，格罗特成为银行经理。
1832 年他当选为自由党议员。他的经历类似于波里比
乌斯对史家的要求，有丰富的经营与从政经验。也因
为在议会摸爬滚打，他在担任议员的 9 年时间里注意
研究古希腊历史与哲学，利用历史来寄托自己对现实
民主的希望。1841 年他退出政坛，一边从事银行业，
一边写作，1846 年出版自己的代表作《希腊史》头两
卷，1856 年出齐 12 卷。该书成为 19 世纪和 20 世纪初
叶的古希腊史权威之作。在英国和欧美广受欢迎。《希

格罗特

腊史》告竣之后，格罗特立即着手撰写有关柏拉图和亚里士多德的著作，
1865 年出版三卷本《柏拉图与苏格拉底的同仁》一书，但直到他去世，也
未完成研究亚里士多德的工作。他的史学成就主要在于他的《希腊史》。

一部史书的优劣首先看史料的占有、考据、取舍运用的状况。在这里
最容易发现一个史家基本功力的高低。格罗特在写作《希腊史》之前就认
定要写一部真实的历史。1826 年，他曾著文批评密特福德歪曲事实，其著
作充满谬误，指出：

> 一个历史家如果在转述具体史实上尚且如此脱离根据，那么他在
> 任何一般性的论断方面便更加不会有多大信实可凭。如果希腊历史将
> 来被人以认真信实的态度重写之后，我们敢于断言，这位作者的声誉
> 必将一落千丈。[1]

20 年后，他的《希腊史》第 1、第 2 卷问世，表明他基本实现了他的
决心。

在格罗特写作《希腊史》的时候，德国历史批判方法已经随着尼布尔
等人的著作传入英国，在牛津大学和剑桥大学的史学小圈子里，人们在
1815 年以后已经在谈论重写古代历史问题，只是还没来得及实行。格罗特
熟悉尼布尔考证神话传说的方法，但在《希腊史》中并不想模仿尼布尔，

---

[1] 古奇：《十九世纪历史学与历史学家》，下册，508 页。

他信不过尼布尔的大胆假设。况且围绕希腊荷马史诗的作者、年代、层累的内容问题，文学和历史界内部正争得不可开交。

他也未集中力量收集、利用铭文、钱币、纸草等第一手材料，因为当时可资利用的考古材料一则有限，二则与希腊初期的历史无关。他书中的史料几乎全部是来自古希腊史家、哲学家、演说家等人的作品。他对此进行了广泛的阅读、分析和比较，从中选出比较准确的记载，连接成完整的历史过程。比如关于雅典民主的立法、司法和政府机关的运作机制的报道，在格罗特时代因亚里士多德的《雅典政制》大纸草尚未发现，均散见于各个作家的记述中。格罗特将它们一一搜罗，加以筛选，恢复成详细的过程，构成他的《希腊史》的中心内容。后来《雅典政制》发现之后，证明他的重建基本可靠。他对史实的认真态度也反映在他对《希腊史》的起点的处理上。由于最早的文字材料荷马史诗不足凭信，他把希腊历史起点定位在有案可查的第一届奥林匹亚赛会举行之年，即公元前776年。

他是抱着古为今用的动机写希腊史的。他力图证明，希腊高度发展的思想文化以及各种对欧洲文化产生重大作用的价值观念正是在民主制度的基础上得以出现的。所以他的《希腊史》在内容上过于偏重雅典史，以雅典一邦历史演变为中心，将整个希腊史分成六个阶段，一直写至雅典摆脱马其顿统治，获得暂时独立为止。雅典中心论当然不只是由于格罗特的政治倾向，也因古希腊史的文字史料大多集中于雅典，古希腊大多数杰出知识分子要么是雅典公民，要么是长期在雅典居住讲学的外邦移民。但他对雅典民主的感情肯定是主要原因。他在书中满怀深情地赞美雅典民主政府是世界上曾出现过的最好的政府，而使雅典民主政治得到繁荣的卓越政治家伯里克利则是无与伦比的完人。因为他过于明显的现实目的，他在书中经常从古代史转入近代英国史，在二者之间进行横向比较，然后再返回古代。他对民主的钟爱使他把僭主制贬得一文不值，与伯里克利对立的贵族领袖客蒙成了惯于寻欢作乐、人无常性、缺文少才的酒色之徒，这就走了极端。所以他的批评者认为他笔下的希腊人是披着古代服装的英国人。如果就他解释的现代化而言，这一批评有一定道理。不过格罗特的《希腊史》史料硬伤毕竟很少，他也没有因自己对民主的偏爱而影响了起码的判断力。他没放过雅典民主的一些缺陷，如批评公民大会通过灾难性的西西里远征，谴责公民易受蛊惑家煽动误杀得胜的将领的悲剧，等等。

在解释历史的原因时，格罗特显示了自己的分析能力。他的金融工作和参政经验肯定对他有很大帮助。他在分析政治事件发展的因果关系时能联系经济和社会背景，能看到雅典社会内部的各派政治冲突和斗争促进民主政治的发展。他长于具体分析，弱于抽象综合，在史学思想方面没能有所建树。因此他是一位杰出的叙述史家。他的《希腊史》对研究古希腊史的人来说，至今仍没有失去参考意义。

二、开拓史学研究新方向的特纳与哈兰

英国古代史以及整个欧洲中世纪史在启蒙时期受到轻慢，在浪漫主义盛行时期受到重视。首开研究盎格鲁—撒克逊史新园地的是律师出身的历史家沙龙·特纳（Sharon Turner，1768—1847年）。特纳的父亲威廉是约克郡人，婚后移居伦敦生活。特纳是家里的长子，儿时开始在私立学校受教育，15岁时离开学校就业律师，业余兴趣在盎格鲁—撒克逊人历史。为了研究这一题目，他学习了冰岛语言和盎格鲁—撒克逊语。他还利用居家邻近大英博物馆的有利条件，经常到大英博物馆图书馆收集英国史史料，成为第一个仔细考察盎格鲁—撒克逊人迁徙的学者。1799—1805年，他的研究成果4卷本的《盎格鲁—撒克逊人史》陆续出版，首次把模糊不清的英国早期史连接成一条比较清晰的线索。但由于他是业余史家，在处理文学与历史的关系方面显得生涩，试图模仿吉本的笔法却又未有吉本的造诣，导致文风造作与叙述层次上的混乱。特纳的史学贡献在于选题和史料收集上的突破，因为他利用了大量曾经被人遗忘了的、收藏在大英博物馆的档案史料。限于当时的认知，特纳提出盎格鲁—撒克逊人的祖先是希罗多德《历史》中记载的游牧民族西徐亚人的假设。

在《盎格鲁—撒克逊人史》之后，特纳还撰写了《中世纪英国史》以及《英国近代史》，但不如他的第一部史著出名。

亨利·哈兰（Henry Hallam，1777—1859年）的两卷本《中世纪欧洲史要》（1818年）是英国第一部研究中世纪欧洲史的著作，也是哈兰的处女作。19世纪的史学领域，到处都是空白，哈兰选择了地区史课题。他出自名门，父亲是温莎教士会成员和布里斯托教长。他先后在伊顿公学以及牛津大学接受教育，毕业后先成自由职业者，后担任小官吏，政治上倾向于辉格党，积极参与废奴主义运动。1818年，他发表了第一部史著《中世

亨利·哈兰

纪欧洲史要》，时年 41 岁，是一位晚成的史家。他本人并不喜欢中世纪，但却第一个写了他不喜欢的那段历史。该书编年自法兰克王国建立到法王查理八世征伐意大利为止，叙述按国家顺序，其中法国、意大利、西班牙的历史比较详细。他对古代史料疏于搜寻，因此史料匮乏的 12 世纪一百年的历史一带而过。书内的主题不只是国王和战争，还有国家制度、语言、文学、教会等社会文化史和政治制度史的内容。处女作出版后，哈兰的写作热情一发不可收拾。9 年后出版《英格兰宪政史》，随后出版《15、16、17世纪欧洲文学导论》。这三部著作奠定了哈兰在英国史学界举足轻重的位置，其中《15、16、17 世纪欧洲文学导论》直到 20 世纪仍然是该课题的基本读物。《英格兰宪政史》则对英国现行政治制度做了令人信服的历史论证。哈兰认为英国始终是王权有限的君主制国家，长期以来国王和国会和平共处，只因斯图亚特王朝的国王破坏了这种关系，才导致英国革命，最终又使两个权力代表的关系趋于和谐。这本书得到英王的赏识，曾在较长一段时间作为英国大学的政治学教材。

三、伯克的法国大革命批判

伯克

埃德蒙德·伯克（Edmund Burke，1729—1797 年）是政治家和政治理论家，他对他所处时代的最重大历史事件法国大革命进行了同步的批判性的历史评价，这使他成为后来赞同渐进改革、反对激进革命的人所倚重的保守主义思想家，因此也成为近代西方史学史不能不提的一位历史批评家。

伯克生于爱尔兰都柏林一个富裕的律师家庭。15 岁入都柏林三一学院读书，在校时组建辩论俱乐部，显示了组织和演说才能。该俱乐部同学生的历史俱乐部合并，成为延续至今的英国高校最早的学生社团——历史学会。后来他被父亲送到伦敦研读法律，但他本人对法律不感兴趣，中途退学去欧洲大陆广泛游历，并试图通过写作自食其力。他发表了一些很有见地的时评与哲学作品，如论人类崇高和美的思想起源之类，引起法国著名启蒙学者狄德罗和德国哲学家康德的注意。约在 1758 年，伯克受聘为英国爱尔兰事务大臣汉密尔顿的私人秘书，之后成为英国首相的私人秘书。这使他能够以更广阔的视角看待政治事务。1765 年，他当选为英国下院议员，开启了作为辉格党政治家的生涯。

在议会中，他的政治立场鲜明，坚决反对不受限制的王权和行政权力，提出民主政治在任何时候都应有一个讲原则的反对党，以预防独裁和某些政党派别的滥权。他作为自由主义思想家，也坚决反对天主教会在爱尔兰对新教徒的迫害。在美国独立战争中，伯克的立场与英国政府相左，他支持美国殖民地的独立诉求。但对那个时代的另一革命主题法国大革命持批判态度，成为英国最先在理性上批评法国大革命的政治家和思想家。

1789 年，巴黎民众攻陷巴士底狱不久，一位年轻的法国贵族德邦在英国见到伯克，希望他对法国革命进行评论。伯克事后给德邦写了两封信，阐述了自己的看法。其中第二封信篇幅很长，在 1790 年 11 月 1 日公开发表，这就是著名的《法国革命的反思》一文。在这篇文章中，伯克预测法国革命的结局是一场灾难，因为这场革命建立在抽象的观念基础之上。它表现为指导革命的政治理想过于粗糙笼统，忽略了人性与社会的复杂性，因此其建立一个理想的新社会的要求缺乏现实可行的方案。他因此批评法国启蒙学者的思想，例如孔多塞所持的政治观点可以看作是一种与数学类似的严格推演的体系，并认为这是不切实际的。

他还指出，靠疾风骤雨式的革命来实现粗糙的革命理想是徒劳的，因为一个良好的社会是由世代形成的传统塑造而成的，不可能一蹴而就。传统一旦被破坏便不可能修复，若要依靠人们心中有限的理性和意志取代传统，只会导致无政府状态。所以他预言革命的结局将是灾难、恐怖和暴政，造成崇尚暴力和派系倾轧的军队。然后一位"受欢迎的将军"将获得士兵的效忠，他将成为"你们的议会主宰，你们整个共和国的主宰"。①伯克的这一预言在他于1797 年去世前已被雅各宾专政的恐怖所证实，在他去世两年后则被拿破仑的雾月政变进一步证实。有鉴于此，伯克把法国革命定性为一次反传统、反权威的暴动，一次与人类社会的复杂现实脱节的实验。

在革命如火如荼、卢梭造反有理的思想深入人心的时代，伯克泼出的冷水自然会引起广泛的不满。一些曾经对他的言论表示欣赏和赞同的革命家和思想家，如辉格党政治家福克斯、美国政治家托马斯·杰斐逊等人指

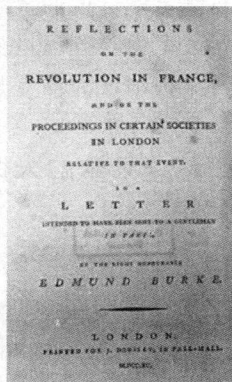

《法国革命的反思》
初版封面

① http：//en. wikipedia. org/wiki/Reflections _ on _ the _ Revolution _ in _ France

斥他为反革命和民主的敌人，马克思也给予他严厉的批判。福克斯还因此中断了两人间的友谊，美国激进革命者潘恩则专门写了一本小册子回应他。伯克不为所动，坚定地反驳支持法国革命的部分辉格党人。

毋庸置疑，伯克的保守思想有它的合理性。就历史上的革命的直接后果而言，特别是在一个幅员较为辽阔、人口比较众多的大国当中，革命爆发后出现的局面往往是王纲解钮、天下大乱、玉石俱焚、血流成河。从天下大乱到天下大治，整个社会付出的生命、物质和社会价值观的代价肯定是非常巨大的。伯克正是意识到这种昂贵的代价，所以才极力主张渐进改良的道路。

然而，伯克的看法也有不切实际的一面，因为革命和改良道路的选择并不总是由某些理性的个人在密室里策划出来的。当腐朽的统治者抱残守缺，拒绝自上而下的改良或改良出现危机时，自下而上的、自发的"暴民"革命就有可能通过哪怕是一个偶然的火星而被引爆，结果是感性的暴力战胜理性的妥协，成为社会的基本诉求方向。从历史长时段来看，大乱是完全有可能达到大治的，尼德兰革命、英国革命、法国革命、美国革命等近代流血的革命运动最终还是实现了革命的初衷，只是经历了一个起伏不定的长期过程。① 但伯克能够在法国革命刚刚爆发不久、人们充满激情的时代便提出了另外一条非革命的历史道路，为人类社会的政治和社会进步提供了一种可行的选择，这种反潮流的精神是难能可贵的。正是在这个意义上，他得到了后世众多思想家的推崇和借鉴，如现代自由保守主义者海耶克、波普尔等，他的《法国革命的反思》成为思想史上的经典，他本人也被学界认定为是英语世界现代保守主义的奠基人之一，近代英国卓越的历史家阿克顿则认为伯克是三位最伟大的自由主义者之一。②

四、卡莱尔的人民史观与英雄史观

法国大革命这一重大历史事件始终是 19 世纪西方史学讨论的主题之一。

---

① 笔者认为，西方近代革命或近代化过程的终结是在第二次世界大战之后，尤其是 20 世纪六七十年代以后，经济和社会关系自我调节或经外力作用而自我调节到稳定状态，同时形成了配套的价值体系，西方社会因此进入了所谓的"发达社会"阶段，启蒙时代提出的那些粗糙的、笼统的自由、平等、博爱、民主的目标基本实现。

② http：//en. wikipedia. org/wiki/Reflections_on_the_Revolution_in_France. 另外两位是格拉斯敦与麦考雷。

1815 年，波旁王朝复辟后，英国史学界继续对革命进行反思，问世的相关著作中最引人注目的是卡莱尔的《法国革命史》。托马斯·卡莱尔（Thomas Carlyle，1795—1881 年）的历史观具有戏剧性的变化。他从倡导人民史观开始，到论证英雄史观结束。这种思想的变迁是同他个人的经历密切联系在一起的。

卡莱尔出生在苏格兰南部的农村，父亲是村里的石匠。他的早期教育是在位于苏格兰西南部的安南学校得到的。后来他入爱丁堡大学读书，曾因家庭生活拮据而一度中断学业。1819 年，他重回学校刻苦攻读，尤其对德国文学和哲学作品感兴趣。1821 年大学毕业后他专注于写作。他起初试图创作小说，但很不成功。后他翻译歌德的作品，写了一些有关德国文学的文章。1830 年他发表了第一篇史学论文《论历史》，提出了人民创造历史的新史观。这一史观的提出与他个人的家庭背景及曾经卑微的社会地位密切相关。他对传统史学模式下轻视劳动人民历史作用的做法提出强烈质疑：

> 在第一个统帅军队翻越阿尔卑斯山并取得康奈和特拉门湖战役胜利的人①，与那第一个为自己铸造了一把铁铲的无名穷人之间，哪一个该是更伟大的创举呢？哪一个在人类史上更重要呢？当橡树倒下时，整个森林都会有它的回声；而一百粒橡子却被某一阵不受注意的微风无声无息地植种在地上。会战和战乱在一个时间会震撼每个人的耳房，使人惊心动魄，欣喜若狂，却就像酒馆里的喧嚷，转瞬即逝。②

在同一篇文章中他还力透纸背地指出：

> 自古以来，经常有人指出，史家每每过于偏爱论述元老院、战场，甚至国王厅室而忘记了远离这些场所之外的思想与行动的洪流奔腾不止。就在那成百上千个流域里面，一个蓬蓬勃勃的世界正在经历着盛衰枯荣，与某次战役的胜负全然无干。③

---

① 指第二次布匿战争期间迦太基人的统帅汉尼拔，他在康奈和特拉门湖战役中痛歼罗马军团，打出了西方军事史上的杰出战例。

② 布雷萨克：《古代、中世纪和近现代史学史》，253、254 页。

③ 古奇：《十九世纪历史学与历史学家》，下册，525 页。

　　这两段话至少有两点值得玩味：第一，伟大的英雄和辉煌的业绩是历史的一部分，但不是主要的部分。在以往历史家们钟爱的英雄世界之外，还有一个沸腾的劳动人民的世界，缺少这一部分人的历史是不完整的历史。第二，在历史作用的价值评估中，促进生产发展的无名氏比指挥千军万马的英雄更重要、更伟大，因为前者的历史影响更深远。在这里，卡莱尔显然是一个为普通农民和工人争取历史权的代表。但是，7 年之后，当他发表成名之作《法国革命史》时，他的这种思想的闪光却黯淡了。待到已是著名史家而不是地方上的小学教师的卡莱尔在 14 年后写出《论英雄、英雄崇拜和历史上的英雄业绩》一书时，连那一点摇动不定的黯淡火光也彻底熄灭了，他对劳动人民的观点同他批评的传统史学的观点完全一致。他也成了传统史学阵营中真正的一员。

　　1837 年，卡莱尔的史学代表作，三卷本的《法国革命史》出版发行。这是一部充满激情的作品，其价值在于它的表达形式。

　　在史学专业化日益深入，由常人之学日益变成缺乏水分的植物标本，变成非常人的专业学科之时，卡莱尔反其道而行之，使用他擅长刻画人物和场景的文学笔法，以火热的情感，绘制出一幅伟大革命的全景画。这幅画上没有经济和政治制度，没有理性主义的原则，只有一群从不同角度参与革命的人，他们的纲领和阴谋、恐惧和勇气、软弱和冷酷、演说和战斗等构成了画面的基本内容。画面的细部栩栩如生，所描绘的形象饱满到用针扎便会出血一般。这不是一部寻常意义上的历史著作，而是一部长篇历史报告文学作品，是叙述史形式的极端。它赢得广大读者的原因正在这里。

　　关于法国大革命的动因和评价，卡莱尔也有自己的见解。他在撰写过程前后，读过不少德国哲学和文学著作，对历史有一定的哲学思考能力。他认为革命是为了求得千百万贫苦劳动群众的正义的斗争。在这里，启蒙思想家的抽象正义有了具体的内容。卡莱尔认为这样的革命是不会轻易发生的，只有到了生活所创造的社会秩序和形式被破坏，与社会公众的愿望、习惯发生严重错位的时候才会爆发。因此他把合理性赋予了革命，把它看作是"对恶魔及其所作所为的一次卓越反抗"，是因社会痛苦和压迫而引起的疯狂。① 这种群众中固有的无政府力量会摧毁垂死的制度，直到被新的秩序所制伏，如拿破仑的统治。他把英雄看作是群众运动的结果，把群众看作是成就英雄的工具，是决定革命结局的英雄和奴隶共同创造了历史。

---

　　① 　古奇：《十九世纪历史学与历史学家》，下册，529 页。

　　然而《法国革命史》的长处并不能遮掩它的致命弱点，这就是对史学著作来说最不能容忍的硬伤——不尊重史实。作为一名民间的历史爱好者，他缺少必要的资料条件，只能从公开发表的新闻报道、记载和回忆录中寻找素材，没有也不可能去查阅档案，尤其是法国档案。既然条件有限，他本应尽量占有更多的公开信息，在考据现有材料上多下功夫。但他没有做，又导致他的著作中充溢着对事实有意无意的歪曲。所以他的著作虽然轰动一时，不乏精辟的评论，使他叩开了通向史学殿堂的大门，但也在史学史上成为粗糙、随意的典例。

　　成名之后的卡莱尔仍然倾心于当代史。在短短 7 年里他相继问世《宪章运动》《过去和现在》《论英雄、英雄崇拜和历史上的英雄业绩》等著作。《过去和现在》一书比较 12 世纪的过去和 19 世纪的现在，说明生产的发展、财富的激增与英国工人阶级的可怕痛苦成了反比。他带着一丝无奈，愤怒谴责工业资本主义的罪恶，指出贫富冲突的必然性。他幻想出现真正的贵族和英雄改良政府，建立组织化的社会，使社会步调一致，“迈着整齐的步伐前进”。恩格斯曾在该书发表的次年（1844 年）撰写专文予以评述，称赞它是当时英国“唯一能够动人心弦、描绘人的关系”的一本书。① 同时恩格斯也批评了卡莱尔在书中流露的英雄崇拜的思想。

　　卡莱尔英雄史观在《论英雄、英雄崇拜和历史上的英雄业绩》一书中得到充分展开。

　　如果说卡莱尔在《论历史》中提出了人民史观与社会史的新思路，那么他的《论英雄、英雄崇拜和历史上的英雄业绩》则是传统英雄史观的复归。在这部讲演集中，他选取了历史上的“神明英雄”奥丁、“先知英雄”穆罕默德、“诗人英雄”但丁与莎士比亚、“教士英雄”马丁·路德、“文人英雄”约翰逊与卢梭以及彭斯、“帝王英雄”克伦威尔与拿破仑作为案例，详细阐释了他的英雄史观。这时的卡莱尔似乎成为俯视芸芸众生的智者先知，劳动人民成为英雄们实现伟大目标的工具。他提出了一个英雄史观的基本依据，就是历史的精华是由伟人们创造的：

　　　　世界历史就是人类在这个世界上所取得的种种成就的历史，实质上也就是在世界上活动的伟人的历史。他们是民众的领袖，而且是伟大的领袖，凡是一切普通人殚精竭智要做或想要得到的一切事物都由

---

　① 《马克思恩格斯全集》，第 1 卷，626～655 页。

他们去规范和塑造，从广义上说，他们也就是创造者。我们所见到的世界上存在的一切成就，本是来到世上的伟人的内在思想转化为外部物质的结果，也是他们思想的实际体现和具体化。可以恰当地认为，整个世界历史的精华，就是伟人的历史。①

由于人类的一切成就、历史精华或精英文化是由少数伟人、精英创造出来的，所以在卡莱尔看来，人类历史贯穿着对伟人的崇拜，"社会是建立在英雄崇拜的基础之上的"就是理所当然的了。

社会中到处都有一种对英雄分等级的崇拜——也就是对真正伟大和贤明人物的敬仰和服从。这并不是毫无根据的胡言乱语。我认为，实情确是如此……无论何时何地，只要有人类存在，像"黄金"般的英雄崇拜就会存在。②

当然，卡莱尔的说法并非没有一定道理，因为人的智力以及运用智力于社会实践中的能力无疑是有差别的，发明创新并因而推动人类政治史、经济史、思想文化史演进的人总是少数。比如尝试打造第一件旧石器和后来想到先打制后磨制加工技术的人，不会是史前人类的大众，而只能是一两个聪明人。发明作物栽培技术并引起农业革命以及整个社会变迁的人也不可能是广大劳动人民，只能是个别劳动人民中的有心人。在近现代的三次工业革命中，个人创新发明的作用更为突出。现实生活中常能看到，一个好的企业管理者可以拯救十几万人的企业，一个好的统帅可以抵上千军万马。正因为如此，诸如卡莱尔这样的英雄史观有史以来便绵延不绝。

卡莱尔把世界历史仅仅归结为杰出人物创造的"种种成就的历史""伟人的历史"显然说过了头。事实上，非杰出人物也同样是世界历史的创造者，与杰出者的区别只是在于创造成就的大小与显露与否。虽然历史舞台上的主角是帝王将相、才子佳人，他们是史书记载中的明星，但在台面之下支撑舞台的广大人民群众，包括妇女的历史作用也不应忽略，他们在历史中所起的或大或小的作用只是被集体概念（人民、平民、暴民、奴隶等）所覆盖，史家对这一群体是只见森林，不见树木，忽略了每一个生命都是

---

① 卡莱尔：《论英雄、英雄崇拜和历史上的英雄业绩》，1页。
② 卡莱尔：《论英雄、英雄崇拜和历史上的英雄业绩》，13页。

创造历史的个体。

以政治英雄为例，他们的业绩总是同人民群众的创造密切联系在一起的。如果没有群众的追随，没有借助于群众的能量，即使是五百年一遇的天才，其雄图大略无比伟大、正确，也没有丝毫实现的可能。再以文化英雄为例，一个杰出作曲家的作品常常要建立在民间音乐家的作品基础之上。所以在许多历史场合，英雄不仅是群众的引领者，还可能反过来是群众的追随者，被动地被群众运动的巨大力量推上舞台的中央。所以，英雄和群众之间有一种不可分离的历史辩证关系，二者是世界历史的共同创造者。至于各自所起的历史推动作用，那要具体历史具体分析，不能笼统模糊地一概而论。发现群众的历史作用，正是近代西方史学的一项重要成果。卡莱尔原本是这项成果的发明人，只是从卑微到显贵之后，未能对自己的人民史观一以贯之罢了。

在英雄崇拜的基础上，卡莱尔于 1848 年革命后发表《近期文集》（1850）一书，左右开弓，既指责民主制是一种荒诞可笑的理想，又批评世袭贵族制不合时宜，政府只能由那些最有才能的人来治理。卡莱尔同古代思想家一样看到了民主的固有缺陷，也同古代思想家一样，无法找到一种适当的替代之路。这反映了人类本身面临的无法解脱的矛盾：人类用任何方式（宗教、法治、教育等）都无法改变半是野兽、半是天使的人性矛盾。所以任何体制都不可避免地具有局限，既不能消灭人类的自然本质——欲望和本能，也无法充分保障人的社会本质——义务和责任。不同政体的好坏优劣因此只在于量的差异，而非质的鸿沟。卡莱尔把希望寄托于全能的英雄无异于寄托于超人或神灵，除了给自命为天才、能人的野心家提供了理论借口外，并没有多少实际的意义。

五、麦考雷《英国史》的得失

托马斯·巴宾顿·麦考雷（Thomas Babington Macaulay，1800—1859年）在英国史学史上是与卡莱尔齐名的同代史家。虽然麦考雷与卡莱尔一样是苏格兰人，但出身相去甚远。麦考雷的父亲是英国显贵，曾任非洲殖民地总督。麦考雷少年早慧，博闻强记，8 岁开始写诗作史，被人誉为神童。及长，在剑桥大学三一学院读法学专业，但兴趣却在文史，写得一手好文章和诗歌，并因此在校期间多次获奖。他后来写出文情并茂的代表作《英国史》并非偶然。大学毕业后他从事律师职业，但闲暇不忘写作。1825

麦考雷

年，他在辉格党人的期刊《爱丁堡评论》上发表论诗人弥尔顿的论文，声名鹊起。同时他积极参与政治活动，1830年当选为下院议员，积极推动辉格党提倡的议会改革。1834年他前往印度，担任印度最高委员会委员。在印度4年期间，他编制了印度刑法、民法等基本法，按英式标准改革了印度教育制度，在印度高等教育中推行英语教学，以维护殖民统治。1835年他产生撰写英国史的念头，在返回英国之后的第一年（1839年）动笔开写。同年他被任命为陆军大臣，力主发动第一次鸦片战争。1841年卸职之后一边从事政治一边写作，连续出版《古罗马诗集》和三卷本的《文集》。1842年，他从贵族立场出发反对普选法案。1847年竞选爱丁堡议员落败，继续埋头撰写《英国史》（原名是《自詹姆士二世即位以来的英国史》），其中头两卷于1848年12月出版，受到读者广泛欢迎，4个月卖出13 000部，当时只有狄更斯和斯科特两位作家在受读者欢迎的程度上可与之相比。1852年，麦考雷重新当选为爱丁堡选区的议员，但他因健康原因很少参与政治活动而致力于完成《英国史》。1855年11月该书三、四卷面世，同样广受好评，10周内卖出26 000部。《英国史》的最后一卷是在他去世两年后出版的（1861年）。全书各卷出齐后很快被译成德文、法文、波兰文、丹麦文、瑞典文、意大利文、荷兰文、西班牙文、匈牙利文、俄文、波斯米亚文和波斯文本，一时洛阳纸贵，仅在英国一地便在20年里售出14万部，获得的稿费创了文学史上的记录。麦考雷的成功表明，叙述史作同其他畅销书一样在近现代能够拥有广泛的读者群。

麦考雷才高气傲，对传统史学很有些不屑一顾。他曾批评几乎所有的古典和近代著名史家，如认为希罗多德是传奇家，修昔底德肤浅，普鲁塔克幼稚，波里比乌斯枯燥，塔西陀不足凭信，近代史家偏见，等等。因此他试图写一部综合前辈所有优点、摈弃前辈所有缺点的《英国史》。不仅要叙述政府的历史，还要叙述百姓的过去，文化艺术的进步，宗教和社会习俗，要文情并茂，雅俗共赏。具有诗人气质的他对表述形式特别关注，曾发表过十分辛辣的评论，称事实"仅仅是历史的渣滓"，写历史的人"可怜地忽略了讲述艺术"，所以那些很有才能的人撰写的各类关于帝国的史书才立在图书馆的书架上无人阅读。他要写一部"在几天之内替代了年轻淑女们桌几上的最新时髦小说"①的史著。为此他在写作上投入大量时间和精力，先对古代史轻描淡写之后很快转入近代，重点描述自 1685 年詹姆斯二世即位至 1702 年威廉三世逝世 17 年间的史事。如此短的时段、大的篇幅自然给了麦考雷浓墨重笔、深入刻画人物和事件的空间。《英国史》之所以受到评论界与读者的交口称赞，主要原因便在于事件和人物的描述具体生动，文笔考究晓畅，每段表述似乎都经过一番深思熟虑，精雕细刻，有意识地搭配上一两句意味深长的格言警语，显示作者由小见大、见微知著的概括能力。此外，书的选题贴近时代，书的思路明晰透彻，贯穿理性时代，也是辉格党人持有的十分乐观的历史进步思想，认为自詹姆斯二世即位以来，英国走上了物质和道德、智识不断进步的道路，这种进步是同新产业方法的应用密切联系在一起的。他因此特别欣赏那些推动宪政、反对君主和教会专制的历史活动与人物，这一处理方法也为该书增色不少。可以说《英国史》是近代以来英国传统叙述史问题的典范。

然而，麦考雷的《英国史》也有明显的弱点。由于作者是辉格党人，往往不由自主或有意识地利用历史来说明自己的政治主张，把历史上的成绩归于辉格党，失误属于托利党，失去了古典史学和近代史学一贯坚持的客观性。加之麦考雷过分注意可读性，强调史作的文学艺术效果，很容易忽略对史实的认真细致考证。当德国批判历史方法成为英国史家的共识时，麦考雷这种轻率处理史料的做法以及偏颇的政治立场便暴露无遗，批评也因此纷至沓来。在众多的批评者中包括马克思和兰克。麦考雷的《英国史》也逐渐失去了学术意义。他的成功和失败在西方史学史上留下了具有启发意义的正反面经验。

第三节　法国史学

从攻占巴士底狱到拿破仑独裁政权的建立，短短 10 年时间整个法国经历了革命暴风雨的洗礼。各个阶级、阶层的成员主动或被动地加入剧烈的政治大革命洪流当中，偌大的法国放不下一张平静的书桌，因此法国史学在革命中处于停滞状态。革命初期的理想主义激情使人们相信必须和传统彻底决裂，砸碎一切反映旧制度的象征。因此大批档案文献在群众的欢呼声中被销毁，大批珍贵的历史文物遭到破坏，伯克的预言在被压迫者的

———————————

① 　古奇：《十九世纪历史学与历史学家》，下册，493 页。

盛大节日中得到了证实。乱世和个人才能成就了拿破仑的功业，这位独裁者结束了无政府状态，并因对收集、保存、记载和研究历史的远见卓识而促进了法国史学的进步。他下令由专人和专门机构管理各地的档案文献，提出应在大学中开设古今系列历史讲座的设想。作为具有创造历史意识的政治家和军事家，他还在南征北战当中，常常要求一些学者随军考察，其中包括史学家和考古学家。这些学者不仅记载皇帝和法军的行动，而且调查各地人文、自然地理情况，不仅为西方史学宝库积累了珍贵史料，而且提供了学科突破的动力。其中最显著的成果就是埃及学的建立。

1798 年，拿破仑率军侵入埃及，目的是开辟殖民地，占领并控制通向远东的主要通道。随他一路远征的还有一支由 167 位学者[1]组成的考察队，负责对埃及地理、动植物资源、古代遗址进行详尽调查。这是至当时为止，由国家组织的对古代遗址进行大规模科学考察的首次尝试。

德 农

考察队员在三年期间（1798—1801 年）调查了以大金字塔和卡尔纳克、卢克索神庙为代表的古埃及建筑遗址，并在开罗一座宫殿中成立了法兰西埃及研究所。这一研究所一直持续到现在，成为法国学者研究古埃及的前哨阵地。考察队绘制出第一张精确的埃及地图，记录了大量古建筑遗址。作为考察成果的主要体现，考察队员之一乔马德（Jomard，1777—1862 年）主编了 24 卷本的《埃及描述》（1809—1830 年陆续出版）一书。[2] 这是欧洲第一部对古埃及进行全面解说的著作。考察队员之一古物学家巴隆·维旺特·德农（Baron Vivant Denon）为该书绘制了 150 幅精致的插图，类似今天的彩色照片，再现了某些最重要的古建筑和古物的风貌，形象地描绘出考察队员们在埃及的工作状况。[3] 由于这部书的出版，欧洲学者可以在图书馆内阅读和研究古埃及的古物和铭文，而不必再吃力地从古典著作的只言片语中钩沉索隐了。

1812 年，德农的回忆录体作品《游历上下埃及》出版，很快被译成英

---

① 法军士兵戏称这些学者为"毛驴"，因他们身背各种考察用的装备，如驴负重。

② 另有一说为 36 卷本，见希里尔·阿尔德雷德：《埃及人》（Cyril Aldred, *The Egyptians*, Thames and Hudson, Revised edition），1984，16 页。

③ 但某些画面有些失真，如考察队员丈量狮身人面像的生动画面就对石雕作了一些夸张，可能当时只有素描草图，后来凭记忆作的画。

文和德文，在欧洲引起广泛的反响，吸引了众多欧洲人到埃及去探险或从事古埃及史研究，所以乔马德和德农可以看作是埃及学的奠基人之一。对此，拿破仑的政策功不可没。

为了论证自己统治的合理性与合法性，拿破仑还曾提出他不需要哲学和宗教史，而需要以史实为基础的历史的思想，他关于历史研究的重点应放在现当代史的看法也很有见地，反映政治家对历史的深刻认识。他曾说："人们常常说，历史只有在事件发生后好久才能编写，我不以为然。人们写一年前的事情能够同写百年前的事情一样。也许更容易写得确切。因为读者可以按照自己所知道的做出判断。"① 但拿破仑对历史家写作内容的严厉控制影响了法国史学的复兴。在他统治期间，除了古埃及史研究有巨大的进展之外，其他领域只有少量史作问世，而且内容都和当代保持一定距离，如米肖的《十字军史》、达鲁的《威尼斯史》等。个别涉及当代史之处，总能闻到一股取悦皇上的霉腐气。

波旁王朝于 1815 年复辟之后，思想控制有所放松，浪漫主义史学在理性主义史学基础上发展起来。它修正了理性主义史学的非历史与重抽象理念的不足，但继承和发展了理性主义历史进步思想，自由、平等的思想，创造出不同的风格。例如，注重以文学描述的方法细致刻画历史事件和人物，特别是人民群众；以分析社会结构和政治演变的关系、以阶级斗争为主线解释历史进步的方法；扎扎实实进行实证研究的考据和复原历史的方法。西方史学史上的突出成果同这个时期法国史家的名字联系在一起。

一、破解古埃及之谜——商博良的发现

古埃及象形文字和西亚楔形文字的破译，以及因而产生历史学与考古学的综合学科埃及学与亚述学，属于 19 世纪西方史学最为显著的成就之列。这两门学科的确立表明历史学同样是一门充满挑战性的和激动人心的创新学科，是技术含量极高的专业。

破译古埃及象形文字得益于法国古文字学家和历史家商博良（Jean-Francois Champollion，1790—1832 年）的贡献。

商博良

---

① 古奇：《十九世纪历史学与历史学家》，下册，297 页。

　　在西方史学史上，像商博良这样大器早成的学者可以说是仅见的一位。他的成功雄辩地证明：天才必须和勤奋紧密结合才能取得石破天惊的学术成就。商博良生在法国南部一座小城的书商家庭，从小对语言有一种超常的悟性。4 岁时他便在母亲的帮助下学会了法文的读写。9 岁能够阅读古希腊文和拉丁文。11 岁接触古埃及原始纸草文献，立志解读象形文字。14 岁进入中学读书，初中毕业时完成他的代表作之一《法老统治下的埃及史》第 1 卷《古埃及的地理学》。17 岁在格勒诺布尔科学院作学术报告，并因出色的表现被吸收为这所地方科学院的院士。后来他去巴黎大学进修，收集史料。24 岁时正式出版《法老统治下的埃及史》头两卷。由于古埃及文尚未被破译，他的处女作的史料基础还十分单薄。1821 年他开始全力进行罗塞塔石碑铭文的释读工作。

　　罗塞塔石碑（Rosetta Stela）约高 118 厘米，宽 77 厘米，厚 30 厘米，重 726 公斤①，是拿破仑远征军在埃及亚历山大里亚城附近罗塞塔镇修筑工事时发现的一块黑色玄武岩石碑，上面刻写着三种不同的文字（古希腊文、古埃及象形文、古埃及世俗体文）。发现石碑的法国军人中有位叫玻查德（Boussard 或 Bouchard）的军官认为石碑具有重要价值，遂将它运往开罗。当时在开罗的一位法国将军能识古希腊文，率先译出石碑上的古希腊文本，知道这是希腊人统治埃及期间（公元前 196 年），孟斐斯的祭司赞美国王托勒密五世的政绩并授予他圣荣的铭文，而另外两种古埃及文本显然表达的是同一内容。这一发现为破译象形文提供了极为有利的参照条件，因为欧洲知识界早已知道古埃及的象形文字，但苦于摸不着门径，解读工作一筹莫展。罗塞塔石碑为破译提供了绝好的机会。

　　石碑的石膏模被送到巴黎，随即引起学术界的巨大兴趣。② 法国学者德萨希（Sylvestre de Sacy）辨认出世俗体文本中的一些名字，其中包括国王托勒密的名字。瑞典外交官阿克布拉德（Okerblad）对石碑上的希腊文和世俗体铭文进行比较，识别出世俗体文本中的所有专用名字以及其他一些词汇。但他误以为埃及象形文同古希腊文一样是字母文字，而世俗体文本上

---

　　① 关于石碑的尺寸，不同著作有不同说法。此说法取自 1999 年出版的《古埃及考古学百科全书》（*Encyclopedia of the Archaeology of Ancient Egypt*，Routledge），686 页。

　　② 但罗塞塔石碑本身却同法国考察队收集到的所有其他文物一道，于 1802 年落入击败法军并占领埃及的英国军队手中。英王乔治三世当年便将石碑送给大英博物馆，现为该馆收藏的珍品之一。

的字符数量明显少于古希腊文本，这一现象使他大惑不解。在他稍后，英国物理学家托马斯·扬（Thomas Young，1773—1829 年）研究了世俗体文本，释读出许多词汇，发现象形文不是字母文字，并发现用狭长的椭圆圈住的一些符号是国王的名称。他对照希腊文本内容，识别出两个古埃及国王托勒密（Ptolemi）和拜兰尼斯（Berenice）的名字，从而把古埃及文的释读向前推进了一大步。但他无法解释不同文本上的国王名的符号数量为何存在明显差别。完成最终突破任务的正是让-弗朗索瓦·商博良。

商博良在 1808 年开始着手解读罗塞塔石碑上的象形文字，至破译成功，共用了 14 年的时间。其间他曾到巴黎大学求学，从语言学家萨西研究象形文字。后来证明，他掌握的近东语言（希伯来文、晚期埃及的科普特文等）的基本功是他能够破译象形文字的关键。因为他在分析曾使其他学者为难的三种文本的一些关键词时，依据自己的语言知识判定，古埃及文本中的一些词之所以较古希腊文本中的对应词的构成部分为少，是因为古埃及文同科普特文以及与科普特文相近的阿拉伯文一样，元音通常是忽略不写的。他经过缜密分析还发现，古代埃及共有三种文字系统（象形文、僧侣体文和世俗体文），三者大同小异。他利用托马斯·扬的成果，从分析法老托勒密和女王克里奥帕特拉的象形文名字入手（这两个名字圈有椭圆

巴黎拉雪兹公墓中的商博良墓，墓碑为古埃及方尖碑造型

轮廓），借助希腊文本的对应部分很容易便被识别出来。他把这两个名字同其他由椭圆形轮廓环绕的国王名字以及科普特文中的类似词的表音符号加以比较，认出其中所有象形文字的表音符号，这样便破解了象形文字的构词方式和发音规则。但托勒密和克里奥帕特拉系晚期埃及统治者，对于早期埃及人是否也使用相同的符号这一点，起初还是悬案。

1822 年 9 月 14 日，商博良在研究一块新发现的更古老的埃及铭文（阿布·辛比尔铭文）过程中，发现一个由椭圆圈住的国王名。他用自己的构词和发音方法读出这是著名法老拉美西斯（Ramesses）的名字。[①] 这表明早期埃及人也使用相同的象形文符号，古埃及象形文因此得到了破译。这是

———————

① 希罗多德的书中曾提到过这个比希腊人统治时期早一千年的埃及新王国时期的国王。

欧洲人首次破译业已失传的古代非印欧语系的语言，也是欧洲学术界自罗马时代以来，第一次掌握了进入古埃及悠久文明史大门的钥匙，对整个东方史研究的重新认识具有革命性意义，表明历史学研究充满了挑战与发现，13 天后，商博良在巴黎铭文与纯文学学院（Academie royale des Inscriptions et Belles-Lettres）的一次会议上宣读了自己的成果报告。

1824 年，商博良又发表了《象形文字系统精解》一书，其成果和学术地位得到法国知识界的承认。1826 年他被任命为即将开放的罗浮宫埃及古文物藏品厅的负责人。1828 年，他同意大利学者罗西里尼率领一支考察队赴埃及工作一年，收集了大量象形文史料，并在回国后发表《埃及、努比亚古代遗址》一书，进一步推动了埃及学的研究。1831 年，他成为巴黎法兰西学院埃及史和埃及考古学教授。他的名著《埃及语法》和《埃及学辞典》是在他去世后出版的。

商博良的成果表明，古希腊罗马远不是成文史的起点，这就打破了黑格尔等西方学者的欧洲中心论赖以存在的依据之一，即东方只有较早的文明，却没有历史意识。商博良的成果还标志着综合历史学与考古学的一门新的分支学科——埃及学（Egyptology）的诞生，从此欧美等史学发达国家的大学中便形成了一支颇具实力和影响的埃及学研究队伍，至今仍具活力。

二、运用阶级分析方法治史的梯叶里

梯叶里（Jacques Nicolas Augustin Thierry，1795—1856 年）是法国浪漫主义史学的代表人物。他出身平民之家，15 岁时因阅读一本感人的史作而立志史学。在巴黎高等师范学院毕业后曾任著名空想社会主义思想家圣西门的秘书。圣西门关于法国大革命是阶级斗争的观点对他有直接影响，他的出身和经历也使他容易接受反封建的和社会民主的思想。他自己是反复辟的七月革命的积极参与者。所以他的历史著作在解释社会冲突时贯穿着一个基本思想，这就是被统治阶级和统治阶级的斗争。同样的原因使他容易发现传统史学的弊端。在早期写的历史论文中他已表示与卡莱尔相同的观点，认为"我们从现代作家那里看到的法国革命史既不是这个国家真正的历史，也不是人民史或民族史……我们没有公民的历史，没有臣民的历史和人民的历史"。[①] 他发誓要为法国树起一面史学改革的旗帜。

---

① 加尔金主编：《欧美近代现代史学史》，上册，54 页，合肥，安徽教育出版社，1986。

他的主要代表作《诺曼人征服英国史》《墨洛温王朝的历史》《第三等级的形成和发展史》及论文集《历史研究十年》的确很有新意。《诺曼人征服英国史》（1825 年）是他的第一部史著。选题本身是对启蒙史学忽视中世纪传统的突破。在书中他首次提出一切历史为两大社会集团不断斗争的观点。据他自述，他的这一思想出自休谟的启发。当他阅读休谟作品时突然产生了一个念头，"我合上书的时候竟惊叫起来，'这一切出自征服，征服是一切的底蕴'"。① 也就是历史中的阶级斗争的根源。在梯叶里看来，一个民族征服另一个民族的结果造成征服者和被征服者、统治者和被统治者的斗争。盎格鲁—撒克逊人对诺曼人的反抗可以解释英国史中的几乎一切问题，如罗宾汉的传说、反征服的游击战争、宗教斗争，等等。他把盎格鲁-撒克逊人看作类似于法国第三等级的集团，而诺曼人则类同于法国的贵族。他在书中同情和支持被征服者，毫不讳言自己在处理历史问题时有一种对被征服者的偏爱。

《墨洛温王朝的历史》是他的中世纪史研究的另一部佳作，贯通全书的解释要领仍然是被征服民族和征服民族之间的矛盾以及进而造成的社会阶级的矛盾。日耳曼人征服了法国人的祖先高卢—罗马人。于是征服民族和被征服民族发生冲突，后来高卢—罗马人逐渐变为没有特权的平民第三等级，和征服者转变成的贵族相对立。这种民族与阶级对立斗争的解释未免简单化了历史，但却提出了一向被忽视的阶级斗争的历史作用问题，揭开了始终处于模糊不清状态的墨洛温王朝史的内幕。

《第三等级的形成和发展史》的方向便独具特色，不仅符合他撰写人民史的初衷，而且也是他的阶级斗争史观的深化。梯叶里别具一格的解释和清澈流畅的文体使他的史作受到广泛欢迎，他对史料的认真态度也给他的史作增加了力度。马克思曾高度评价他把历史的基本线索归结为阶级斗争的方法，称他为法国历史编纂学中的"'阶级斗争'之父"。② 并在致魏德迈的信中说明发现阶级的存在和阶级斗争的功劳并不属于他，而属于资产阶级历史家和经济学家。③ 梯叶里应是其中之一。这当然是指近代阶级和阶级斗争理论而言。如果要寻找这一思想的源头，还是应上溯到古典时代。

---

① 布雷萨克：《古代、中世纪和近现代史学史》，240 页。
② 《马克思恩格斯全集》，第 28 卷，381 页。
③ 《马克思恩格斯选集》，第 4 卷，332～333 页。

梯叶里的阶级斗争史观以及重视社会结构与政治之间联系的方法在复辟时期的史家基佐、米涅、梯也尔等人的著作中得到继续，从而形成了一个小规模的史学流派——政治学派。

三、历史家兼政治家基佐

基佐（François Pierre Guillaume Guizot，1787—1874 年）是 19 世纪中期法国的著名政治家与历史家。他生逢大革命如火如荼时期的资产者家庭，具有戏剧性的人生经历。1794 年，他的家庭受到革命雷霆的沉重打击，父亲被革命政府处决，母亲只好带他避难至瑞士。他的教育基本是在瑞士获得的，母亲在这方面居功至伟。她对儿子的教育悉心备至，甚至安排基佐去学习细木工技术。基佐少年时制作的一张桌子至今仍然存留于世，成为重要文物。1805 年，基佐返国后在巴黎担任家庭教师，业余舞文弄墨，向杂志投稿，逐渐成名。他的文章题材多样，包括法语同义词研究，关于美术、历史、政治的评论，还把吉本的代表作译成法文。1812 年，他成为索邦大学现代史主讲，并在拿破仑统治垮台后，被波旁王朝任用为内务部官员。拿破仑短暂复辟后，基佐立即辞职，勤奋著书立说，在不到 10 年时间里相继写出《法国史研究》《英国革命史》《欧洲文明史》《法国文明史》4 部著作。同时，他也观察形势，适时介入政治，跑到路易十八所待的根特城为波旁王朝出谋划策，建议实行君主立宪制，并因此在后来共和制重建后经常受到政敌的攻击，贬称其为"根特人"。

波旁王朝被再次推翻后，基佐跻身代表金融资产阶级政府的核心领导机关，曾担任过法务大臣、外交大臣、内政大臣、教育大臣，还担任首相计 8 年之久。在近代史上，由历史学家担任国家行政领导人时间如此之长的可谓绝无仅有。由于熟谙历史学，他在从政期间对法国的史学发展出力甚大。他创立了法国历史学学会，在教育部中设立指导法国档案整理的中心机构，恢复在拿破仑执政时期撤销的国家道德和政治科学院，重视法国史研究的基础建设，集中著名史家整理、编辑大型法国史史料集《法兰西史料汇编》，自 1838 年起陆续出版 290 余卷。这些业绩较他的著作对法国史学的积极影响更为深远。

四、法国叙述史学的代表——米什莱

米什莱（Jules Michelet，1798—1874 年）是法国的"卡莱尔""麦考雷"，19 世纪充满热情和诗性的浪漫主义表述方法在法国的最杰出代表。他是巴黎一个印刷工匠家庭的独生子，母亲早亡，父亲节衣缩食供他读书。他也很懂事，一边学习，一边帮父亲打理印刷生意。这种半工半读的生活并没有对他的学习有多少影响，他聪明勤奋，中学和大学的成绩均很优异。毕业后先在洛林学院任教，后翻译维柯的《新科学》使他一举成名，受邀在巴黎高等师范学院担任历史和哲学课程的讲师。他与社会下层的血缘联系使他很容易对维柯的人民性产生共鸣，洋溢的才气又使他的作品和讲授极具魅力。

米什莱

1827 年，就在他的《新科学》译本发表的同年，他出版了第一部史作《近代史纲》。这是一部纵览 15 世纪到法国大革命的欧洲近代发展史的纲要性教材，初次显示了他的治史才能：思路清晰，原始材料运用得当，观点新颖，文笔洗练生动。次年他去德国旅游，尼布尔的《罗马史》正好评如云，他受触动而动笔撰写《罗马史》，三年后两卷本《罗马史》问世，从上古写至恺撒之死，仍然是一部大纲式的著作，材料范围括及上古罗马的古文物，如徽章、语言、地形学、铭文等，在许多具体人物和事件的评价和表达风格上具有他第一部史作的特点。他的代表作是 17 卷本《法国史》和 7 卷本《法国革命史》两部巨著。此外他还有众多论著，如《世界史导论》《论僧侣》《论人民》《路德回忆录》《法国法律的起源》《十九世纪史》，等等。

米什莱是一个有相当个性的多产史家。他的历史观虽同样是理性的进步史观，但具有个人的鲜明特点，这就是斗争的哲学。在历史写作的成熟期完成的两卷本《世界史导论》中他指出："斗争随着世界的出现而开始，并且只有在世界消亡之时才会终止，那就是人类对自然、精神对物质、自由对命运的斗争。历史只不过是这种无休止的斗争的记录。"[①] 这是斗争时代的人所能获得的关于人类历史全部内容的高度抽象的认识。

---

① 古奇：《十九世纪历史学与历史学家》，上册，320 页。

他的历史著作的着眼点和表现形式对史学的启示也许更大，这就是历史应当再现社会的全部生活而不只是一个角落，历史著作有一种美文学的写法，一种更接近于人本身需要的表达方式。《法国史》和《法国革命史》是体现他这方面特点的杰作，其中《法国史》前6卷则是他风格的最完美表现形式。这6卷书作于他事业比较成功的1838—1843年，这使他能用一种平和公允的心境从事写作，目的是要撰写一部重现"整个过去的生活"、整个法兰西民族的历史。所以他把重心放在占民族人口绝大多数的人民整体的身上，国王虽被提及，但处于不足道的地位。书中细致地描写法兰西民族的起源，其祖先克尔特人和日耳曼人的不同特征，法国自然地理条件对法兰西民族的历史影响。他不像一般史家笼统地写影响、写特征，而是具体分析地理条件如何制约法国政治行政的分区，每个省份的地貌、气候与当地人民独特的生活习俗的关系以及每个地区的居民对整个法兰西民族多样性和统一性的贡献。他运用大量的史料，包括民谣、诗歌、风俗等再现中世纪法国农民的日常生活的细节，歌颂人民的美好品德。他的如诗如画的笔触把读者带到法国人民的生活和历史当中，轻松地在一个个省份、一个个事件之间穿行，而不仅仅驻足在国王的宫室之内。由于他有兼任国家档案局历史部门负责人之便，能够接触许多难得的法国档案材料，所以他笔下的历史人物和事件有充分的史料依托，饱满生动。关于英法百年战争期间农村少女贞德的爱国主义义举的描写尤其感人，人民的伟大崇高与贵族的丑恶形成鲜明对照。他把笔触还伸向艺术和宗教领域，浓淡适度地描画出法国民族文化的精妙之处，在《法国史》前6卷中他是位民族精神的卓越画家。

然而《法国史》只写到中世纪便被突如其来的政治斗争所打断。1843年，法国耶稣会企图借国王与之勾结之机控制大学教育，米什莱所在的法兰西学院表示坚决反对。他和同事基内共同开设"耶稣会徒"的课程，维护思想自由，抨击宗教邪说，被支持他们的学生奉为捍卫自由的旗手，被教会视为不共戴天的敌人。由于他激烈的反教会思想和行动，举荐他担任国家档案局部门负责人的基佐停止了他的课程。他的历史思想以及政治思想由此发生明显改变。他承认过去对基督教怀有不切实际的理想认识，因此对他自己的历史解释予以重新定位。在新作《法国革命史》（1847—1853年出齐7卷）中，历史成为打击反人民、反民族势力的投枪和匕首，法国大革命在书中被看作是正义的复活，理念对暴力的反抗，是人民怒火在几个世纪的压迫下的爆发，是一个新法国和新欧洲的先声。对于雅各宾恐怖专政他虽然予以批评，但他认为专政的敌人也同样应受到谴责。整个《法国革命史》是一部以人民为主角的法国大革命的颂诗，是革命有理的辩护词。因此米什莱当之无愧地被称作法国的第一位人民历史家。

米什莱的激越和热情难免导致史料处理和事实评价上的某些偏颇。但这一缺点不能掩盖这部书的真诚和基本内容的准确。米什莱是最早利用重要档案文献研究革命史的史家之一。他在书中采用了后来在巴黎公社运动中被焚毁的巴黎市府的记录，以及旺代叛乱的档案材料，此外还有革命时代的其他史料，包括目击者和参与者的口传。这些材料通过他的熟练构织连接，配以震撼人心的文字，极其生动地再现了整个革命的详细经过，质量胜过卡莱尔的《法国革命史》。

路易·波拿巴政变夺权之后，米什莱因拒绝宣誓效忠而失去教授职位，在档案局的职务也被撤销。他迁居乡村继续他的《法国史》后 11 卷的写作，从文艺复兴写到法国大革命，坚持反基督教和反专制的思想，文采依旧斐然夺目，对贫苦大众的同情一如以往，但史料缺乏，只限于现成的史作和回忆录。这大大减弱了后 11 卷的史学价值。即令如此，米什莱仍然是法国 19 世纪最优秀的史家之一，他的人民史的方向为法国 20 世纪社会史的兴起奠定了新的基础。

第八章　马克思唯物主义历史观的产生与
马克思主义史学的早期发展

概　述

在近代思想史上，很少有一种思想学说像马克思主义一样对世界历史有那么深刻广泛的影响，很少有一种思想学说像马克思主义一样能在一百余年时间里转化为改造社会的巨大物质力量。

马克思主义理论体系的历史哲学是历史唯物主义，这是马克思关于社会发展最一般规律的认识，是 19 世纪西方历史哲学发展的最高成就。它的出现是德国思想家马克思和恩格斯的个人探索与 19 世纪的历史条件相结合的产物。

从古典时代以来，西方不同国家的思想家就多次试图探讨历史发展的规律问题（尽管他们还没有规律概念），并提出了自己的认识模式，从不同的侧面，在一定程度上或多或少地发现了左右人类社会运动的部分"秘密"。这已在本书中分别介绍过了。这种尝试在资本主义发生以后达到空前的规模。像维柯和黑格尔这样的在思想史上留下印记的大思想家只是一些为社会和历史承认的探索者，更多的人则无声无息地消失在探索的道路之上。

造成近代人对社会发展规律的认识热情的原因主要有两个：一个是资本主义生产方式进入历史以后，人类社会发展的速度明显加快，客观历史进步的趋势和历史进步的阶段性日益明朗化。这就为人类对之的认识提供了更大的可能性。另一个是自然科学规律认识的出现和认识方法的完善，鼓舞和推动人们对社会历史发展规律的研究。事实上，早期的自然科学家有许多同时也是社会规律的研究者，如笛卡儿、康德、赫尔德等。在历史唯物论产生以前，西方历史哲学家和具有宏观思想能力的历史家至少在一个问题上基本达到共识，即人类社会是一个有规律的、自低向高的发展过程。至于能否认识规律、规律的一般和特殊表现形式则人言言殊。马克思主义的历史唯物主义正是在这样的背景下，在西方众多现成思想成果的基础上建立起来的。其中具有最直接的继承和发展关系的是德国的古典哲学、英国的政治经济学、法国的空想社会主义和史学中的阶级斗争理论。

第一节　马克思主义唯物史观的形成

作为一种历史现象，马克思与恩格斯的历史唯物主义思想的形成同样有一个过程。

卡尔·马克思（Karl Marx，1818—1883 年）生于普鲁士王国的小城特里尔，双亲都是犹太人。马克思父亲亨利·马克思的家族成员中有许多是犹太教拉比。但在 1815 年，当特里尔所在的莱茵河地带并入普鲁士后，马克思的父亲为了保持他的律师地位，带着整个家庭皈依了基督教新教。马克思很爱他的父亲，直到晚年还保存着父亲的照片，喜欢回忆和谈论他的生平。亨利·马克思有 9 个孩子，卡尔·马克思是幸存的大儿子，寄托着亨利的希望。1835 年，他送儿子到柏林大学读书，为

青年马克思

他选择的专业是自己熟悉的法学。但在父亲去世后，马克思放弃法学，改

马克思

学哲学，获得哲学博士学位。这一点符合犹太人长于思虑人类大问题、终极问题的民族特征。在大学学习期间，他是黑格尔的崇拜者，加入青年黑格尔派左翼，同时大量阅读古典和近代历史著作，并尝试把塔西陀的《日耳曼尼亚志》从拉丁文译为德文，表明青年马克思获得了良好的古典史学学养。这种哲学与历史学的结合成为后来马克思主义学说的最显著特征之一。1844 年，马克思的志同道合者，年轻的恩格斯在评论他与马克思的思想特征时曾对此说明：

历史就是我们的一切，我们比任何一个哲学学派，甚至比黑格尔，

都更重视历史。①

恩格斯（Friedrich Engels，1820—1895 年）生于普
鲁士王国莱茵省巴门市的一个纺织资本家家庭，他是家
中长子，深受父亲重视，所以恩格斯高中未毕业便遵父
命从事无薪给的商务工作，作为就业前的实习。但年轻
的恩格斯对知识的追求如饥似渴，业余大量阅读，尤其
是读黑格尔的哲学著述，并开始尝试写作。1841 年，他
加入普鲁士的炮兵部队，这使他终生都对军事学兴趣盎
然。服役期间他利用机会到柏林旁听一些大学课程，与
青年黑格尔派建立了联系。他后来总结自己的思想发展

恩格斯

历程，认为他从德国哲学中受益匪浅。1842 年，恩格斯赴英国曼彻斯特的
一家纺织公司工作，他父亲是该公司的合伙人。在伦敦他见到马克思，但
彼此印象不深。在曼彻斯特期间，他考察了英国工人阶级生活与工作状况，
为他的第一部著作《英国工人阶级状况》（1845 年）准备了充分的资料。
1844 年，恩格斯在返回德国的路上途经巴黎，与有过信件往来的马克思第
二次会面。两个年轻人在巴黎咖啡馆中相谈甚欢，成为终生的密友和同志。
冠以"马克思"头衔的马克思主义及其哲学历史唯物主义和辩证唯物主义
是由两人共同创立的。

马克思获得博士学位后本想在大学谋职，但他的非正统观点使他无法
如愿，于是他进入报业，担任小报《莱茵报》主编（1841 年）。在主编报纸
过程中，年轻的马克思显示出出众的分析和论辩才能，同时对改造现实世
界予以深入思考。他认为唯心主义无法说明现实社会的物质关系，因此同
青年黑格尔派分手，接受了费尔巴哈的《关于哲学改造的临时纲要》一书
的唯物主义观点，实现了重大的思想转变。但他不满费尔巴哈书斋中的唯
物主义，希望在历史、现实与唯物主义之间架起桥梁。他于 1843 年之后，
也就是 25 岁之后一直从事的便是这种理论的构建工作。此间他返回书房，
广泛研读与思考。他认识到以往历史哲学家的缺陷是缺乏足够的经验的历
史知识的支撑。为此他曾说："如果人们要像黑格尔那样第一次为全部历史
和现代世界创造一个全面的结构，那么没有广泛的实证知识，没有对经验

———————————

① 《马克思恩格斯全集》，第 1 卷，650 页。

位于伦敦海格特公墓的马克思墓。墓座上镌刻着马克思恩格斯的名言："全世界无产者联合起来！"以及："哲学家们仅仅以不同的方式解释世界，然而问题在于改变世界。"

历史的探究（哪怕是一些片断的探究），没有巨大的精力和远见，是不可能的。"① 这一审慎看法出自二十几岁的年轻人之口，显示出了马克思学术修养的成熟。

1843 年，马克思旅居巴黎，研究法国大革命史，准备撰写一部法国国民议会史。他一度倾心尽力搜集材料，主要是现成史家的作品，如梯叶里、基佐、米涅等人的著作，从而获得了关于阶级和阶级斗争的知识。他同样没有停留在法国政治学派史家对阶级和阶级斗争的既定解释（征服论、人性论）上，转而从经济关系中去寻求答案。因此他在 1844 年 4 月放弃对法国国民议会史的写作，开始研究政治经济学。这样，黑格尔的辩证法、费尔巴哈的唯物主义、法国史家的阶级斗争思想，在经济学当中汇合起来，一个历史发展的新解释便初步形成了。1845 年春，马克思与恩格斯在布鲁塞尔重新会见时谈及这一新解释的概貌，并以文字形式第一次抽象地记述在个人的笔记本中，即后来所见的《关于费尔巴哈的提纲》。当时他仅 27 岁，恩格斯尚不足 25 岁。两人合著的《德意志意识形态》（1845—1846 年）一书则对唯物史观进行了第一次公开表述：

> 这种历史观就在于：从直接生活的物质生产出发来考察现实的生产过程，并把与该生产方式相联系的、它所产生的交往形式，即各个不同阶段上的市民社会，理解为整个历史的基础；然后必须在国家生活的范围内描述市民社会的活动，同时从市民社会出发来阐明各种不同的理论产物和意识形式，如宗教、哲学、道德等，并在这个基础上追溯它们产生的过程……这种历史观和唯心主义历史观不同，它不是在每个时代中寻找某种范畴，而是始终站在现实历史的基础上，不是从观念出发来解释实践，而是从物质实践出发来解释观念的东西。②

---

① 《马克思恩格斯全集》，第 3 卷，190 页。
② 《马克思恩格斯选集》，第 1 卷，43 页，北京，人民出版社，1972。

但是，这个表述并不是很完善的，因为它虽然把唯物主义运用于历史，在社会史中分出物质关系和意识关系两部分，并指出物质关系的出发点的位置，但对这些关系是如何互相发生作用的，并没有能用定理式的语言加以高度概括。这一不足后来在《哲学的贫困》《共产党宣言》中得到了充实。但在这时，它仍然是一种仅有少量经验历史依据的科学假设。至 19 世纪五六十年代，马克思着手对社会经济形态课题进行广泛深入的重要研究，这就使他的假设落实到经济学和历史学的基础之上。此间发表的《〈政治经济学批判〉序言》是他对历史唯物主义原理的标准阐述，即：

> 我所得到的，并且一经得到就用于指导我的研究工作的总的结果，可以简要地表述如下：人们在自己生活的社会生产中发生一定的、必然的、不以他们的意志为转移的关系，即同他们的物质生产力的一定发展阶段相适合的生产关系。这些生产关系的总和构成社会的经济结构，即有法律的和政治的上层建筑竖立其上并有一定的社会意识形式与之相适应的现实基础。物质生活的生产方式制约着整个社会生活、政治生活和精神生活的过程。不是人们的意识决定人们的存在，相反，是人们的社会存在决定人们的意识。社会的物质生产力发展到一定阶段，便同它们一直在其中活动的现存生产关系或财产关系（这只是生产关系的法律用语）发生矛盾。于是这些关系便由生产力的发展形式变成生产力的桎梏。那时社会革命的时代就到来了。随着经济基础的变更，全部庞大的上层建筑也或慢或快地发生变革。在考察这些变革时，必须时刻把下面两者区别开来：一种是生产的经济条件方面所发生的物质的、可以用自然科学的精确性指明的变革；一种是人们借以意识到这个冲突并力求把它克服的那些法律的、政治的、宗教的、艺术的或哲学的，简言之，意识形态的形式。我们判断一个人不能以他对自己的看法为根据；同样，我们判断这样一个变革时代也不能以它的意识为根据；相反，这个意识必须从物质生活的矛盾中，从社会生产力和生产关系之间的现存冲突去解释。①

当《资本论》问世时，马克思的历史唯物主义最终变为具有较充分的证据支持的、完整的理论体系。

---

① 《马克思恩格斯选集》，第 2 卷，82～83 页。

历史唯物主义的概念最初见于 1859 年恩格斯的《卡尔·马克思〈政治经济学批判〉》一文，恩格斯称马克思与他的新历史观为"唯物主义历史观"。后来恩格斯在 1890 年给施密特的信中使用了"历史唯物主义"的称呼。而在《社会主义从空想到科学的发展》一书英文版导言中正式将他与马克思的历史观定名为"历史唯物主义"。这一名称一直沿用至今。

历史唯物主义与先前和同代的历史观之间最大的不同之处是唯物地解释人类历史。非唯物主义历史观虽然承认人类历史发展服从于一定的统一规律，是一个自低向高、由简单到复杂的运动过程，或曰进步史观，但它们一般把社会历史运动的终极原因或归结于社会外部的因素，如上帝、命运、绝对理念等想象中的力量；或归结于社会内部的因素，如理性、人性等社会意识。而历史唯物主义则把历史的发展视为不以人的意志为转移的自然过程，这一自然的、规律的过程归根到底是由"社会的物质生产力"所制约的。这是唯物史观的核心原理。

对于历史唯物主义的实质内容，国内外学界存在着不同看法。一般认为包含着多条原理性解释。① 对此，只要认真分析唯物史观创立者马克思、恩格斯的有关论述，就比较容易看出唯物史观其实只有一条核心原理。

马克思恩格斯在他们的众多著述中②，或简单或详细地阐释过这一新的历史观，相对比较系统的论述最早是在《德意志意识形态》（1845—1846）中，但定理式的、最完整的陈述则是在《〈政治经济学批判〉序言》（1859）一文表达出来的，这是包括西方学者在内的马克思主义研究者的普遍共识。此外，恩格斯曾有过指示性的说明，认为他的《反杜林论》《路德维希·费尔巴哈和德国古典哲学的终结》两部书"……对历史唯物主义作了就我所知是目前最为详尽的阐述"。③其中《反杜林论》一书实际上是恩格斯和马

---

① 如我国学者蒋大椿先生归纳了六条"唯物史观的理论核心及其最基本原理"：(1) 人类社会及其历史是客观存在的。(2) 人类社会历史按照不以人的意志为转移的客观必然规律向前发展，其基本规律表现为生产力决定生产关系，生产关系对生产力具有反作用；经济基础决定上层建筑，上层建筑对经济基础具有反作用。(3) 社会存在决定社会意识，社会意识对社会存在具有反作用。(4) 五种社会经济形态普遍性。(5) 生产斗争、阶级斗争、科学实验是推动历史发展的动力。(6) 人民群众是历史创造者亦承认杰出个人历史作用的观点。

② 如在《1844 年经济学—哲学手稿》《神圣家族》《德意志意识形态》《哲学的贫困》《共产党宣言》《〈政治经济学批判〉序言》《反杜林论》《路德维希·费尔巴哈和德国古典哲学的终结》等作品中都有过相关陈述。

③ 《马克思恩格斯选集》，第 4 卷，479 页。

克思两人思想的结晶，因为马克思参与了其中一章的写作，并通读过全书。

由于这些著述的篇幅都比较大，核心原理往往同相当广泛的论证结合在一起，有时会使读者难以把握要领，因此在寻找马克思恩格斯基本思想或核心原理的时候，更应该重视那些出自马克思恩格斯手笔的相关小文章。那里面常常包含着淹没在长篇大论中的作者最精华的思想，比如对唯物史观的高度概括。实际上没有哪个文本解读者比马克思恩格斯本人更能准确地把握他们历史观的精髓了。

在这方面，恩格斯的《在马克思墓前的讲话》（1883 年 3 月 17 日）一文应该属于最值得重视的一篇作品，这是因为民间葬礼仪式短暂，现场发表的纪念演说必须言简意赅，必须对逝者生平业绩加以高度简化。为马克思做这种盖棺定论工作的最适当人选当然非恩格斯莫属。讲话虽短，却极其精彩，总结了马克思的历史功绩及他的为人。就功绩而言，恩格斯归纳出两大贡献，即唯物史观和剩余价值论：

> 正像达尔文发现有机界的发展规律一样，马克思发现了人类历史的发展规律，即历来为繁茂芜杂的意识形态所掩盖着的一个简单事实：人们首先必须吃、喝、住、穿，然后才能从事政治、科学、艺术、宗教等；所以，直接物质的生活资料的生产，因而一个民族或一个时代的一定的经济发展阶段，便构成为基础，人们的国家制度、法的观点、艺术以至宗教观念，就是从这个基础上发展起来的，因而，也必须由这个基础来解释，而不是像过去那样做得相反。
>
> 不仅如此。马克思还发现了现代资本主义生产方式和它所产生的资产阶级社会的特殊运动规律。由于剩余价值的发现，这里就豁然开朗了。①

《在马克思墓前的讲话》提到"直接物质的生活资料的生产"具有决定作用这一点，可以用来辨识《〈政治经济学批判〉序言》中所表述的核心原理的位置，也就是"社会的物质生产力"的决定作用。在这个核心原理之后，依次是其他对应关系，如生产关系要适应生产力的发展需求，生产关系的总和构成经济基础，经济基础决定上层建筑。

恩格斯在晚年《致约·布洛赫（1890 年 9 月 21—22 日）》的信中，再

---

① 《马克思恩格斯选集》，第 3 卷，574 页。

次就唯物史观的核心原理做了高度概括，他说：

>　……根据唯物史观，历史过程中的决定性因素归根到底是现实生活的生产和再生产。无论马克思或我都没有肯定过比这更多的东西。①

请注意"没有肯定过比这更多的东西"。

也是在这封信中，恩格斯请布洛赫根据马克思原著而不是二手材料来"研究这个理论"，他特别提示布洛赫说：

>　马克思所写的文章，没有一篇不是由这个理论起了作用的。②

这个理论就是：

>　历史过程中的决定性因素归根到底是现实生活的生产和再生产。③

恩格斯还在同一封信中就人们对唯物史观的质疑进行了反驳，其最终落脚点仍然是他抽取出来的唯物史观的核心原理，而不是其他原理：

>　这里表现出这一切因素间的交互作用，而在这种交互作用中归根到底是经济运动作为必然的东西通过无穷无尽的偶然事件（即这样一些事物，它们的内部联系是如此疏远或者是如此难于确定，以致我们可以忘掉这种联系，认为这种联系并不存在）向前发展。④

>　我们自己创造着我们的历史，但是第一，我们是在十分确定的前提和条件下进行创造的。其中经济的前提和条件归根到底是决定性的。⑤

---

①　《马克思恩格斯选集》，第 4 卷，477 页。
②　《马克思恩格斯选集》，第 4 卷，479 页。
③　《马克思恩格斯选集》，第 4 卷，477 页。
④　《马克思恩格斯选集》，第 4 卷，477 页。
⑤　《马克思恩格斯选集》，第 4 卷，477～478 页。

恩格斯对上述核心原理的遣词用句虽然或多或少有些差别，同马克思在《〈政治经济学批判〉序言》中的表述也没有达到纹丝不差的契合程度，但有一点是毫无疑问的，就是恩格斯眼里的核心原理只有一条，即"物质生产"或"经济前提和条件"或"经济运动"是社会生活和人类历史的基础。

在这一核心原理之外，紧密联系的是一系列外延的支援理论系统，如社会经济形态的理论，阶级、阶级斗争和党派的理论，国家的理论，社会意识的理论，社会革命的理论等大大小小互相联系的理论，其中最重要的是社会形态的理论。相对核心理论而言，这是一个关于世界历史发展的具体的认识体系。马克思在核心理论的基础上，根据已掌握的欧洲史以及一定量的亚洲史的材料为人类史的纵向发展划分了若干个自然段落：

> 大体说来，亚细亚的、古代的、封建的和现代资产阶级的生产方式可以看做是社会经济形态演进的几个时代。①

每个社会经济形态都有自己特殊的经济基础和与之相适应的上层建筑，每个社会经济形态都具有具体的历史的性质。

由于是具体的历史解释，马克思在归纳时特别小心，避免对社会形态的序列做出不留余地的结论，因此他使用了"大体说来"这样不确定的用语。在后来的《资本论》中他则进一步表明了自己的谨慎：

> 这里只能谈谈显著的一般的特征，因为社会史上的各个时代，正如地球史上的各个时代一样，是不能划出抽象的严格的界限的。②

但从核心理论外延出的社会形态依次更迭演进的认识是确定无疑的。19世纪70年代以后，随着西方史学和民族学对原始社会和奴隶制问题研究的深入，马克思和恩格斯有了原始社会经济形态内部结构的清晰概念，恩格斯在《家庭、私有制和国家的起源》中又明确把奴隶制作为文明时代三大奴役阶段序列的第一种形式，这就为现今马克思主义史学中五种社会经济形态模式画出了一张完整的草图，并由列宁在《论国家》的演说词中最终加以固定。

---

① 《马克思恩格斯选集》，第2卷，83页。
② 《马克思恩格斯全集》，第23卷，408页。

需要指出，马克思和恩格斯和以往的历史哲学家、思想家不同，他们不是书斋里的学者，从一开始就明确要把自己的历史哲学变为"改变世界"的武器，所以他们制定自己的社会形态模式时也不是仅仅在于正确地认识、解释过去，而主要在于证明现存资本主义社会的暂时性，以及共产主义社会取代现行社会的必然性。关键不在于某一个形态（如后来明确化的奴隶占有制社会经济形态）是否确实在历史上存在过，而在于所有这些形态都和生产发展的一定历史阶段相联系，都曾因，也将因生产力的不断进步而被新的、更高级的形态所替代，这才是马克思历史唯物主义的精髓。

第二节　历史唯物主义对史学研究的意义 与马克思主义史学的诞生

历史唯物主义对史学研究具有方向和方法的指导意义。

第一，历史唯物主义把历史看作是一个客观的、自然的、规律的过程，是一个个不断生成、发展、灭亡的"过程的集合体"，[①] 那么在历史研究中，无论是对长时期还是短时期的研究，都应首先从客观的事实出发，即从可靠的史料出发，重构过程的画面并进行各种价值的评估，直至抽象出规律或确定与某种规律的关系。在历史领域中绝不应让客观的、自然的、规律的历史过程服从于主观意志。

第二，既然历史是一个客观的、不断有规律发展变动的过程，那么在研究历史时必须把研究对象置于受一定规律制约的历史过程或范围之内加以考察。过程意味着联系，意味着局限，规律意味不以人的意志为转移。当然，这不等于排除了人的主观能动性和创造性发挥的余地。实际每一代人都在给自己提出新的任务，都不断创造自己的历史。但是每一代人创造余地是有限的，他们对自然史和社会史的认识始终是有限的，因为他们"并不是随心所欲地创造，并不是在他们自己选定的条件下创造，而是在直接碰到的、既定的、从过去承继下来的条件下创造"。[②] 因此他们在创造历史的同时又受到历史的严格制约，对于思想意识也是如此。恩格斯对此精辟指出：

---

① 《马克思恩格斯选集》，第 4 卷，240 页。
② 《马克思恩格斯选集》，第 1 卷，603 页。

如果人们在研究工作中始终从这个观点出发，那么关于最终解决和永恒真理的要求就永远不会提出了；人们就始终会意识到他们所获得的一切知识必然具有局限性，意识到他们在获得知识时所处的环境对这些知识的制约性……今天被认为是合乎真理的认识都有它隐蔽着的、以后会显露出来的错误的方面，同样，今天已经被认为是错误的认识也有它合乎真理的方面，因而它从前才能被认为是合乎真理的；被断定为必然的东西，是由纯粹的偶然性构成的，而所谓偶然的东西，是一种有必然性隐藏在里面的形式，如此等等。①

因此在历史研究中，切忌绝对否定或绝对肯定、一棍子打死的形而上学方法，应当注意寻找历史人物、事物发生、发展、消亡过程中每一环节出现的原因，即合理性和不合理性。

第三，历史唯物主义认为物质生产是社会生活的基础，在生产过程中人们与自然及自身结成生产力关系和生产关系，其中生产力是内容，生产关系是形式，二者不可分割地联系在一起。生产力是相对积极的因素，它的每一次大的进步都引起生产关系的变革，带动上层建筑的变革。因此历史研究不再仅仅像传统史学那样主要着眼于政治、军事、外交的题目，而也应注意物质生产的历史，特别要从生产力和生产关系矛盾运动的角度寻找历史变动的根源，并在此基础上去解释包括上层建筑的整个社会经济形态的历史。这样一来，过去一般被颠倒认识的社会历史现象，如社会存在与社会意识之间的关系便按照它们的原状得到了认识。于是一定的意识成为一定的存在的反映，一定的理论以一定的社会需要为基础，任何时代占统治地位的思想都是统治阶级的思想，一定的道德与一定的社会经济状况相适应，一切宗教都是支配人们日常生活的外部力量在被支配者头脑中的反映，等等。

第四，在历史唯物主义理论体系当中，阶级和阶级斗争的理论是重要的组成部分。按照这一理论，阶级关系隶属于生产关系，同任何社会现象一样，它也是一个历史现象，随着生产力发展到一定历史阶段，作为新生产关系的一部分出现的。各阶级根据它们对生产资料的关系以及取得社会分配的方式和数量加以区别。所有社会成员都具有一定的阶级地位，社会结构因此是以阶级结构的形式出现的。由于不同的阶级拥有不同的经济利

---

① 《马克思恩格斯选集》，第 4 卷，240 页。

益，因此历史上的阶级社会始终存在各个阶级之间的错综复杂的斗争，这被马克思和恩格斯归纳为有文字的"一切社会的历史都是阶级斗争的历史"。① 因为国家和各种思想意识都是经济基础之上的上层建筑，所以一切阶级斗争又都是政治斗争，阶级社会中的一切思想斗争也同样具有阶级斗争的性质。这些斗争是文明社会演进的内在动力。其对历史的推动作用特别明显地表现在一种过时的社会经济形态被另一种新兴的社会经济形态所代替的时候，在这时它是历史前进的火车头和杠杆。因此历史唯物主义比任何同时代的历史思想都自觉地强调阶级和阶级斗争的动力作用。在历史研究中，阶级分析方法是理解文明社会各种问题，包括政治、意识形态领域中的斗争的一把钥匙，一把剥离社会肌体的极其锋利的解剖刀。恩格斯正是在这个意义上称阶级斗争的规律"对于历史，同能量转化定律对于自然科学具有同样的意义"。②

第五，历史唯物主义在解释历史运动时虽然赋予生产力以第一位的、终极的意义，但并不否定生产关系和上层建筑之间的双向作用。马克思和恩格斯是德国古典哲学的精华辩证法的最杰出的继承者和发展者，他们的历史唯物主义认识不只是唯物的，而且是辩证的，充满了质与量的互相转化、否定之否定、统一性和多样性、必然性和偶然性之类对立统一的原则，如在处理政治、意识形态对基础的反作用，在基础和上层建筑内部各种成分的互相作用，人民和个人在历史中的作用等问题方面都是在历史中运用辩证法的卓越范例。因此不能像西方许多学者那样把历史唯物主义庸俗化、简单化，仿佛历史唯物主义是经济唯一决定论。恩格斯曾对此写道：

> 根据唯物史观，历史过程中的决定性因素归根到底是现实生活的生产和再生产。无论马克思或我都从来没有肯定过比这更多的东西。如果有人在这里加以歪曲，说经济因素是唯一决定性的因素，那么他就是把这个命题变成毫无内容的、抽象的、荒诞无稽的空话。③

需要指出，历史唯物主义对历史研究的指导意义是方向的意义，绝不是教条意义，不能替代对客观历史的具体研究。在马克思主义学派的发展

---

① 《马克思恩格斯选集》，第 1 卷，250 页。
② 《马克思恩格斯选集》，第 1 卷，602 页。
③ 《马克思恩格斯选集》，第 4 卷，477 页。

史上，有相当一段时间，马克思主义被当作神圣的教条，终极的真理，历史唯物主义则是这种绝对真理的核心组成部分。这种认识是世界马克思主义者思想尚不成熟的产物，它不仅严重束缚了马克思主义的理论创新，而且严重阻碍了各国马克思主义者的社会主义革命和建设的实践，对国际共产主义运动造成了巨大危害。

这就提出了一个根本性的理论问题：各国马克思主义者在理论创新的时候能不能突破或允不允许超越马克思主义的基本原理？随着我国改革开放事业的蓬勃发展与中国共产党人对包括唯物史观在内的马克思主义的理论创新，这实际上已经成为不成问题的问题。

其实，马克思主义奠基人对这一问题的答复是非常肯定的，他们坚决否定存在任何最终的、绝对的、神圣的真理。他们的否定具有十分有力的根据。

首先，是人类经验的积累无论在量和质方面都微不足道，我们只不过处于人类的婴儿阶段，满打满算才 200 万岁，文明社会的历史才 5 000～6 000 年，和将来人类经历的时间相比（人类有几十亿年的历史不敢说，因为不知可能发生什么天灾人祸。但未来还有几千万年或几亿年的日子也许不算乐观），人类迄今创造的历史仅仅是整个人类史上极其短暂的一瞬间，我们还只是一些不懂事的毛孩子。用恩格斯的话说"整个人类历史还多么年轻，硬说我们现在的观点具有某种绝对的意义，那是多么可笑"。①

正因为如此，马克思和恩格斯曾多次指出他们不愿"竖起任何教条主义的旗帜"，他们的理论"是发展的理论"，"如果不把唯物主义方法当作历史的指南，而把它当作现成的公式，按照它来剪裁各种历史事实，那么它就会转变为自己的对立物"，如果把历史唯物主义的普遍原理应用于历史任何时期，那就会像在数学中"比解一个最简单的方程式更容易了"。②

其次，科学发展史也告诉我们突破任何一种理论解释都是可以的，因为所谓原理无非是一种运用归纳和演绎方法产生出来的最一般的、基本的认识，是具体人的思维的产物。人的局限性决定了原理性认识的局限性，所以任何原理或规律性认识都不是完美无缺、绝对有效的，任何科学的理论因此都必须是发展的、开放的，否则就变成了宗教。

---

① 马克思恩格斯说了许多有关真理相对性的话语，这里只取《马克思恩格斯选集》第 3 卷 154 页上比较典型的一段。

② 《马克思恩格斯选集》，第 4 卷，460、472、477 页等。

　　在自然科学和技术领域，理论的发展固然可以体现为对基本原理的不断修补和完善，但更多的却表现在对基本原理的突破上。正因为如此，这一领域的人们不会提出坚持或捍卫某种现成的理论，相反却欢迎对现有理论的不断修正，欢迎推翻现有理论的不断尝试。社会科学虽然有它的特殊性，但既然是科学，并且大家都认识到它需要创新，那就应该允许对基本原理的超越。

　　事实上我国社会主义改革开放事业的蓬勃发展，已经突破了许多根本性的原则，尤其是在经济领域。因为在这个领域，空洞的原则是填不饱肚子的，所以原则往往在这里要让位于实践。比如说，社会主义市场经济的实践符合传统马克思主义政治经济学理论的哪条原理呢？但它符合马克思主义活的灵魂——实事求是，符合唯物史观的社会存在决定社会意识的原理，符合生产关系要适应生产力发展的需求的原理，也符合理论思维必须与时俱进的科学精神。

　　既然自然科学的定律不能替代具体思考，那么在历史学中也不能用现成的原理取代研究者在正确方向上进一步的研究。否则，任何人只要会背几条公式或规律就可以成为数学家和历史学家了。

　　马克思、恩格斯不仅是革命性的历史哲学家，也是杰出的历史家。在创立和完善自己的历史哲学的过程中曾经对具体的历史课题进行过一些开创性的专门研究，写出《1848 年至 1850 年的法兰西阶级斗争》《路易·波拿巴的雾月十八日》《德国农民战争》《家庭、私有制和国家的起源》等一大批史作，标志着马克思主义史学的诞生。随着马克思主义的传播，到 19 世纪末叶，以历史唯物主义为指导的马克思主义史学在西方出现了少量著作，如德国史家梅林的《莱辛传》《中世纪以来的德国史》，但已被专业史家控制的西方史学界对历史唯物主义采取漠视态度，历史唯物主义初期的微弱声音也是造成漠视的原因之一。马克思、恩格斯过世后，在马克思主义旗帜下的工人运动已形成规模，马克思主义政党在 19 世纪末纷纷建立，各国马克思主义者忙于阶级斗争的实践，很少有暇注意史学实践。这种情况并不奇怪。从史学史的经验看，认真的历史反思一般总是发生在历史的大转折之后。因此历史唯物主义史学的真正发展是在 20 世纪的伟大十月社会主义革命之后。

第九章　19 世纪后半叶和第一次世界大战之前的西方史学

概　述

19 世纪下半叶，科学技术的进步如脱缰之驹，速度日益加快。欧美工业资本主义蓬勃发展，英国、法国、德国、美国、俄国、意大利的工业革命已完成或基本完成。19 世纪末以电气为标志的第二次工业革命已经叩开了 20 世纪的大门。资本主义经济制度和资产阶级政治上的统治已在世界牢固确立，资本主义世界市场也已广泛形成。伴随资本主义的发展和繁荣，资本主义社会内部固有的否定力量也以前所未有的规模发展壮大起来，世界性经济危机的魔鬼已从瓶中放出，有规律地施展着魔力，各资本主义国家之间、各国资产阶级和无产阶级之间、殖民主义和被压迫民族之间的矛盾在激化，马克思主义与各国工人运动的有机结合，国际共产主义运动成为任何资产阶级政府都不能忽视的力量。物质生产领域和政治的上层建筑中的巨大发展变化必然要影响西方的意识形态领域，包括影响史学的学科发展。史学的理论方法、选题、复原解释、专业队伍建设、材料的积累、成果的发表等方面的进步为西方史学史上前所未有，西方史学进入了自己发展的黄金时代。

法国哲学家孔德在 19 世纪中叶创立的实证主义思潮是对这一时期西方史学影响最大的哲学思潮。以往历史哲学和专业史学的研究对象虽同是历史，但侧重点的距离过于遥远，二者未能像历史和文学那样达到有机结合，而且历史哲学家和专业历史家有时还互相排斥。但实证主义却顺利地与史学联姻，实际上成为专业史学方法的理论基础。究其原因，主要在于：（1）实证主义对只重演绎逻辑的形而上学，包括黑格尔等人的历史哲学来说是一个逆向运动，也对立于在欧洲思想文化中已领风骚几十年的浪漫主义。其方法运行的路线与史学的一贯研究法是吻合的，即从个别到一般，从分析到综合。这特别适合业已在各国大学中牢牢扎下根来的客观主义历史批判方法在理论上的需要。严格说，历史批判方法就是经验实证的方法，二者没有质的区别，只有量的差异。（2）实证主义与自然科学的方法一致，要求确定性的知识和结论，在经验知识基础上进一步归纳出规律，这符合历史学希望扫除传统纪实文学的残余，适应科学化的进步要求，并补充兰克实证方法的不足，为史学正式成为高等教育中的必要专业提供了进一步的保证。

西方史学的全面专业化过程于 19 世纪 80 年代已在欧美各主要国家中完成。各国大学的数量增加，独立的、培养史学人才的德式研究生班普遍建立。如 1868 年，法国建立高等实验研究院，下设数学和物理学、化学、生物学、历史和语言学四个系，教学完全采取德国的研究班的样式而非在教室讲授。在美国，约翰·霍普金斯大学于 70 年代率先引进史学专业研究班，很快为其他大学所效仿。德国的史学专业培养方式从欧洲传布到北美，标志历史学专业在西方国家高等教育中的普遍胜利。在中等教育中，历史课过去同在大学中的情况一样仅是辅助课程和非必修课。19 世纪末，法、美等国家在中学教育中提高了历史教学的地位，历史成为国民教育的必修科目之一，相应的需要培养更多的专门人才，因此学习史学专业的人数增多，各校历史专业的课程也随之增加，专业史家的队伍成倍地扩大。随着专业研究的深入，历史信息量的膨胀，过去史家可以成为通才的现象不复再现。史学研究的分工越来越细，一位史家往往终生集中于一个时段和一个国度，甚至一个国度中的一个专题。

研究工作的活跃，促进了各国国内、国际学术交流的频繁。为此，德国最早成立全国性的德国历史和古代研究学会总会（1852 年），至 20 世纪初，欧美各国均建立自己的全国历史学会。此外，一些具有相同研究方向和专题（如某个事件、人物的研究）的史家们也组织起来，致使小型的学会、研究会林立，一个国家有几十个学会并不少见。史学的组织化是专业化的必然结果，相应的，反映各国史家成果的全国性、地方性、专业性的史学刊物林林总总，各尽其妙。

史料建设为各国政府和专业史学所高度重视。由于实证主义史学的发展，史学的专业化、学术化，对事实依据的重视达到空前水平。史学各分支学科均极为重视史料的搜集、积累、整理、刊行工作。国家作为民族共同体的代表，历史意识加强，对图书馆、资料室、博物馆、档案馆和大型史料集的建设予以支持。这些单位和大学一道成为史料搜集、整理和储存工作的中心。新史料的整理、发掘和公布往往推翻过去的认识，迫使历史家对材料进行新的归纳，提出新的解释。在观念更新方面，古代史研究领域是个典型。生物学、考古学和人类学、民族学提供的新材料根本改变了人们对成文史以前的早期人类史的认识。由达尔文充分论证的进化论和人类起源于某种古猿的科学假设及 19 世纪后半叶发现的爪哇猿人头骨化石为人类史的起点提供了实证。特洛伊和迈锡尼文明的出土更改了关于欧洲文明起源的认识。楔形文字的破译揭开了一个崭新的东方世界史。在史料整理的实践中，史学的辅助学科碑铭学、考据学、纸草学、钱币学、校勘学、版本目录学等得到进一步发展。到 19 世纪末，欧美各大学的史学专业中已将辅助学科作为常设的课程。

历史编纂集体化和史学认识多样化的局面广泛表现。大型通史和国别史、专史的问世和国内、国际史学流派纷呈是多样化的集中表现。史学分工的细密化，史料信息的爆炸式增长使得过去行之有效的个体研究的形式远远不能满足需要。一位史家精通近代就不能精通古代，精通古代某个国家便不能精通一个地区，甚至精通某个国家的一个局部就难以精通这个国家的历史情况也出现了。因此一部能够反映历史全貌的通史、国别史、专史、断代史著作已非单个史家可以完成，集体协作方式应运而生。法国史家在 19 世纪末和 20 世纪初完成的 12 卷本《世界通史》和 20 世纪初英国史家集体编写的《剑桥近代史》为这种方式树立了典范。同时，资本主义在科学技术、经济政治和思想文化的发展为史学反思提供了广阔的课题范围，史学专业化为这种反思提供了研究队伍和成果发表的场合。一国或几国的史家围绕一个或几个热点课题（如法国大革命、政治制度、废奴运动、经济发展等）可以展开热烈的学术争论，并在此基础上根据研究方向的差异、对同一个课题的解释的不同、所运用的具体方法上的区别、政治立场的分歧等原因分成形形色色的学术派别，如文化史学派、经济史学派、制度史学派、普鲁士学派、剑桥学派、牛津学派、边疆学派、俄罗斯学派、进化学派、斯拉夫学派，等等，每一派别内部还可细分出更小派别。但各个学派都没有根本脱离历史实证的方法，都力图以确凿的史料为立论的依据，他们实际是实证主义史学根基上衍生出的不同分支，尽管许多派别批评实证主义和兰克方法。

史学自身的反省深化。史学在深入研究客观历史的同时，也开始对史学的主观世界进行深入的分析和探讨。史学专业化促进了专业研究法的总结，法国史家朗格罗瓦、德国史家伯因汉等人分别撰写的《历史研究导论》《历史方法教程》对实证主义史学方法进行了总结，规定出一系列史学研究的操作过程，如发现文献、清理分类、严格考据、确定史料的纯度和价值、连接史实，等等。这些书成为训练专业史学人才的教材。史学专业化和历史批判及实证方法的确立使史学在西方学科体系中上升为社会科学的一个部门，史学家大多信心十足地认为史学类似于精确的自然科学。但在一些关心史学但又并不参加专业史学实践的哲学家那里以及个别专业史家那里也引起否定的批评。19世纪末以相对主义认识为核心的分析的历史哲学的兴起是这种否定力量的表现。德国历史哲学家狄尔泰、文德尔班、李凯尔特是新反思的先锋。他们研究史学主体的局限性，讨论诸如历史的性质、是否科学、认识历史真实和规律的可能性，等等，对确信史实和历史科学的实证主义史学提出了有力的怀疑。这是西方史学史上的又一个螺旋往复，预示史学新发展的开端。当再一个否定出现时，20世纪西方史学的基本面貌也就被基本决定了下来。

第一节　德国的专业史学

德国史学在19世纪和20世纪初因方法的严谨、队伍的雄壮、成果的突出仍然走在欧美各国的前列。

一、德国的兰克学派

兰克高寿，他的史学实践活动延长到19世纪80年代，培养出一批又一批弟子，他的史学思想和方法也随之传到德国各大学和国外大学，成为19世纪西方史学最有影响的人物。直接由兰克耳提面命，传带出的史家多有所成，有的是德国、法国、英国、美国的大史家。由他们二传、三传的学生则更多。这些学生大多严格恪守教师的治史原则和方法，以客观求实的态度对待自己的研究对象，因此形成了一支颇具规模的学派队伍，当然他们之间也存在着差别，共性并不能掩盖个性。至于人数更多的接受了兰克基本思想方法的各国史家则可视作广义的兰克学派成员。即使自我标榜脱离兰克门户的学生，也实际上仍然在很大程度上运用兰克的实证方法，因为这种方法实在是史学千百年来赖以独立存在的基本方法。兰克在德国的直接门生中，成就最大也最受他本人喜爱的是魏茨、吉泽布雷希特等人。

魏 茨

魏茨（Georg Waitz，1813—1886 年）生在什勒斯维
格公爵领地（跨当时德国北部与丹麦南部交界地区）弗
兰斯堡市，在故乡城市的古典学校接受早期教育后，他
先在基尔大学学习法律，1833 年转到柏林大学读书，受
兰克影响转学历史，主攻德国中世纪史，颇得导师赏识。
大学时期的这一专业转向决定了他终生的研究方向。三
年后魏茨在兰克的研究班毕业，先去汉诺威担任《德国
史料集纂》主编伯茨的助手，显示了个人才华与治学品
性。1842 年受聘为基尔大学历史学教授，主讲"中世纪
德意志的史学"，并从事他的代表作之一《德意志宪政史》的写作。宪政建
设与法学密切相关，魏茨由于具有法学基础，又经过兰克史料考证方法的
熏陶，这使他的这部 8 卷本大作的内容翔实可靠，第 1 卷问世后变成为公认
的权威之作。在基尔大学期间他积极参与政治活动，因主张德意志统一而
被当局逐出学校，1847 年转投哥廷根大学任教。但因 1848 年革命引起德国
剧烈的政治和社会动荡，魏茨热衷于政治，积极支持德国统一事业，放弃
了教学和写作事业。1849 年秋，他脱离政坛，返回哥廷根大学执教，他开
办的史学研究班比在世的兰克的研究班还出名，他的讲堂总是人满为患，
法国著名史家莫诺就出自他的门下。执教之余，他继续参与国家项目《德
国史料集纂》的编辑和《德意志宪政史》的撰写工作。1875 年他移居柏林，
接替伯茨的主编职务，全力投入搜集、整理、编辑史料的事业之中。

魏茨被西方史学界普遍认为是兰克思想方法的主要继承人，他的著作
注重史料的考据与列举，不注意意义、道德是非的评析与规律、法则的抽
象。他在教学中特别强调对史料的考据，对制度的考据，即重视传授治史
的基本技术，而不重视历史哲理与表述艺术。他的批评者恰恰抓住这一点，
说他的教学从不超越对资料进行技术性研究的水平。但他认为哲学思考和
艺术感是无法言传的。

兰克学派的另一主力是威廉·冯·吉泽布雷希特（Wilhelm von Giese-
brecht，1814—1889 年）。他的代表作是 5 卷本的《德意志皇朝时代史》，叙
述到"红胡子"统治时代为止，是部未完成的著作。他虽具有兰克对史料
的认真考据态度，但并不赞同导师对史学的纯客观的原则。他提倡史学的
社会功能，他的《德意志皇朝时代史》就是为德意志民族统一的目标而作，
希望读者懂得他们祖先的品德如何创造了伟大的业绩。所以他改变兰克实
际上无法做到的对历史不加价值品评的做法，为德意志皇权的合理性进行

了历史的辩护。但他的研究方法却始终是导师式的，充满精致的考证，细密的注释。这些注释被专业学者认为比他著作的正文还宝贵。而且他具有兰克的其他门生所欠缺的文采，这使他的著作赢得了更多的读者，并因史料批判精神和爱国主义的结合而受到兰克的称赞。他在为兰克去世所写的悼词中曾在颂赞恩师的同时提到自己对导师的一点遗憾，即兰克因作品中缺少道德情感而降低了个人的声望，而历史著作的大多数读者是希望从史作中寻找道德鼓励的。这个评判对兰克应该说相当贴切，但也反衬出兰克的清高脱俗，不同凡响。在动荡的19世纪和20世纪初，一个史家要达到兰克的理想境界是很难的，兰克本人清醒地理解这一点，所以他从来没有批评过他的一些学生积极干预社会和政治的实用行为。也因此在客观主义史学的故乡德国同时又产生出近代史学史上为资产阶级政治服务、与社会政治斗争相结合的典型——普鲁士学派。

二、普鲁士学派

普鲁士学派产生于19世纪中叶，是应德意志统一的民族主义要求和对外扩张的沙文主义要求而产生的一个有相当规模的史学派别。其成员都是大学历史学教授，在课堂上和书本中大力鼓吹由普鲁士统一德国、建立德意志帝国的必要，深得普鲁士军国主义统治者的赏识和支持。

达尔曼

历史家兼政治家达尔曼（Friedrich Christoph Dahlmann，1785—1860年）是普鲁士学派的奠基人。他生于北德的维斯马市，其父曾任这个港口城市的市长，希望他学习神学。但他却钟情于古典文献学。1802年他进入哥本哈根大学读书，4年后毕业，翻译了一些希腊悲喜剧作品，同时关注近代文学和哲学。当时欧洲动荡形势与普鲁士在拿破仑战争中的败绩使他成为炽热的爱国者。1811年，他成为哥本哈根大学的讲师，讲授课程《古代文献与历史》。后到基尔大学任教，在1815年获得教授职称，并开始涉足政治。1829年他执教于哥廷根大学，1842年又到波恩大学任教，其教授职由普鲁士国王威廉四世亲自任命。1848年革命爆发后，他当选为设在法兰克福的国民议会议员，成为议会宪法委员会的领导成员。积极的政治参与使达尔曼的史作具有借历史评说现实的特征，在代表作《英国革命史》《法国革命史》中，他表达了他的基本政治思想，即一切政治都由实际存在过的人们创造，因此对之只能历史地加以研究。在政治道路的取向上，他认为必须避免出现来自君主专制和群众两个方面的政治胜利。所以他拥护君主立宪和德国统一，认为这可以保证德国不致受到革命的威胁。这显然表达了当时德国资产阶级对革命风潮的恐惧和对普鲁士君主的期待。

　　使政治色彩浓厚的普鲁士学派获得国际声誉的主将之一是德罗伊森（Johann Gustav Droysen，1808—1884年）。他生在德国东北部与波兰交界处的特雷普托夫，父亲是军队牧师。儿时的德罗伊森目睹拿破仑战争的残酷和法军的占领，这对他后来出于爱国主义思想力挺普鲁士王国统一的政治倾向有很大关系。他受教于柏林大学，喜读哲学、希腊史和语言学著作，曾把埃斯库罗斯和阿里斯托芬的剧本翻译成漂亮的德文，显示了出众的才华和治史基本功。他的博士论文《亚历山大传》史料

德罗伊森

翔实，评析精准，颇受老师好评。该论文后来以专著形式发表，成为他的代表作之一。1829年，德罗伊森大学毕业后先在柏林一所中学工作，同时兼课于弗里德里克·威廉大学，起初为无薪给教员，后成为无薪给教授。此间他继续亚历山大东征及其政治遗产的研究，写出名著《希腊化时代史》（1836—1843）。该书相继被译成法文和英文。在书中，他首创"希腊化"术语，认为公元前4世纪末至公元前2世纪是希腊政治与文化在东方广泛传播的时期。这一概念沿用至今，成为一个历史时代的标志。1840年，德罗伊森被聘为基尔大学历史学教授，很快便参与捍卫地方利益的政治活动，反映在社会变革的时代欧洲史学家往往成为政治弄潮儿的时代特征。1848年，他当选为法兰克福议会议员，担任宪法起草委员会的秘书。积极的政治参与使他的学术兴趣转向现代史，著有《民族解放战争时期的历史》，宣扬自由与统一，肯定法国大革命和美国独立战争。1851年，他转而到耶拿大学任教，开始撰写《普鲁士政治史》一书，至死笔耕不辍，耗时30余年，共14卷，最后一卷在他辞世后出版。书中援引大量普鲁士档案文献材料，在同类著作中史料最为丰富，但该书观点却是现代化的。在书中，普鲁士被看作是德意志民族的化身，德国统一则是历史的必然。大普鲁士主义和德国民族主义在他的书中得到宣扬，日耳曼人自古以来就是欧洲的救星。这本书尽管史实严谨，但观点轻率，成了资料库与民族主义宣传的混合物。他对这种历史与现实的结合有自己的看法。他虽是柏林大学的学生，却从

未听过兰克的课程，对于兰克的史学是科学这一信念很不以为然。在他于1858年完稿的《历史知识理论》一书中，他指出：

> 我们所要处理的过去人们的种种作为，与我们今日理解的不一样。那些作为在当时出现的姿态，与在我们历史研究中出现的姿态完全不同。那些作为，只有我们的历史眼光掌握处理它们的时候，才变成为历史；它的本身并不是就是历史，而是在我们的眼光下，经由我们的眼光后，才变成为历史。①

也就是说，史家在研究历史时不可能排除自我的介入。他还进一步提出对史学认识的怀疑论甚至虚无论："历史与我们对它的认识之间可谓有天壤之别"，"历史认识不是'自在的历史映象'，而是我们的'代言者'"。这种批评虽然具有合理成分，但他似乎在为自己的史学为现实服务的实用主义做法进行理论辩解，所以他才会进一步说："历史本身不是光明与真理，但它是对它们的搜寻，是关于它们的说教，是对它们的贡献。"② 他的看法可以说代表了普鲁士学派对史学任务的一般认识。

普鲁士学派的另一主将是特雷契克（Treitschke，1834—1896年）。这位后来者把史学为政治服务推到了极端。他16岁时就产生应由普鲁士统一德国的理想。一生为此奔走呼号。他聪明热情，波恩大学毕业后25岁便任莱比锡大学教授，宣讲德意志史，深得学生欢迎。他的作品只有一个论调，就是德国应该成为一个国家，提倡普鲁士武力统一全德。在统一成功之后，他又呼吁建立限制民主的强有力的国家，建立不依靠政党多数的政府，训练国民，鼓吹强权政治，直至晚年宣扬战争有理，成为容克地主和大资产阶级的代言人。他对兰克客观主义史学予以直截了当的抨击，认为它"同真正的历史感背道而驰"。他的著作《论文集》《十九世纪德国史》浸透着民族主义精神，表现出对普鲁士以外的民族的偏见和不理解。法国、英国、俄国、奥地利、比利时等国或国家的统治者都被他激烈地攻击过。当然并不是每一次攻击都是偏见的结果。他愤怒谴责英帝国对中国的侵略，称之为一手拿圣经、一手拿鸦片烟枪去征服他国的贪婪的伪君子。他个人也意

---

① 德罗伊森：《历史知识理论》，胡昌智译，20页，北京，北京大学出版社，2006。
② 陆象淦：《现代历史科学》，98～99页，重庆，重庆出版社，1991；古奇：《十九世纪历史学与历史学家》，上册，264页。

识到情绪化对治史的消极影响，所以曾剖析自己太易激动，身上的爱国成分超过教授成分千倍，不足为一个历史家。但由于他热烈的民族主义情绪，加之笔锋锐利华美，风格如麦考莱，可读性极强，因此他的著作广受欢迎。

普鲁士学派中也有一些是兰克的学生，虽然积极参与社会斗争，但保持着从兰克那里学来的治史技能，注意档案材料、原始材料的批判应用，成果颇有分量和影响。如兰克的得意门生聚贝尔（Sybel，1817—1895 年）就是其中之一。

聚贝尔是杜塞尔多夫人，父亲是地方政府官员，被册封为贵族。聚贝尔的初等教育在当地学校，高等教育在柏林大学，是兰克的得意门生。但他对导师单纯的治史目的不以为然，在博士考试时他便开始表示对导师"如实直书"原则的不同见解，认为撰史不带感情是错误的观念。他的处女作《第一次十字军史》利用兰克给他的"解剖刀"，分解中世纪编年史家提供的史料，至今仍是关于这一历史事件的代表之作。兰克阅后欣慰地指出他为有这样的学生而骄傲，聚贝尔也对导师保持了

聚贝尔

终身的尊重。工作后他专治导师擅长的中世纪史，但 1848 年革命前后他改变了研究方向，并在学术观点上与导师分手，成为普鲁士学派的中坚。1875 年，俾斯麦任命他为普鲁士档案馆馆长。他的新方向的代表作是《法国革命时期史》，是钻研法国、德国、奥地利、英国档案馆的产物，就史实而言，为法国大革命的情状提供了一幅相对真实的画面。这是他的这部书具有国际影响并在史学史上占一席之地的主要原因。这一成就当然得益于他在兰克处学来的技能。但在解释上他却戴着保守的普鲁士大资产阶级的有色眼镜，只注意法国大革命中群众运动的过激、狂热和混乱，对革命的真正原因和积极意义几乎毫无所见。他的目的在于向德国和世界提供一个历史经验，即革命是有害的，秩序、统一是有益的，德国绝不应效仿法国，而应建立集中统一的民族国家。他后来主办《历史杂志》，在发刊词中表达了政治上的中庸立场，既反对封建主义和天主教的世俗权力，也反对革命。他的政治努力得到俾斯麦的赞誉和感谢。在担任普鲁士档案馆馆长期间，他主持出版《档案摘录》大型丛书，做了不少诸如此类的推进史学的工作。他的最后一部大作是 7 卷本《威廉一世建立德意志帝国史》，于 1894 年出齐，表现出他的惊人的史料功夫和同样惊人的党派解释的褊狭。

三、德国经济学派

经济史研究是随着资本主义工商业的发展逐步加深的，至 19 世纪初已从其他历史的陪衬变为叙述的主题。英国学者麦克佛森的《商业、工业、渔业和航海年鉴》（1805 年）、德国学者修尔曼的《中世纪德意志财政史》（1805年）都是领先之作。但在 19 世纪中期以前，经济史还未形成规模研究，与政治史、军事史、革命史等热门方向还不能相比。19 世纪下半叶，经济史研究的群体先在德国出现，随后在西欧其他国家史学中扩展，成为历史学的一个重要分支。它是资本主义经济在日常经济生活中占据主导地位的产物，反映了近代科学的交叉和结合的趋势。经济学派共同的研究对象是经济发展的过程，注意运用经济学理论和统计材料来恢复解释特定的经济史实，重点在于定性分析。经济史家为自己提出的任务是多种多样的，从重拟历史上的经济结构、生产力的总体状况和设计经济发展模式，到恢复劳动力、人口、土地、财产、资本、生产过程、交换、分配等状况，应有尽有。尽管西方经济史学家一般不愿承认，但历史唯物主义对这一方向的形成和发展无疑予以直接间接的推动，西方经济史思想的许多观点和处理方法在一定程度上是从历史唯物主义和马克思主义的政治经济学中借用过来的。

经济史学派的创始人一般认为是德国史家威廉·乔治·弗雷德里克·罗赫（Wilhelm Georg Friedrich Roscher，1817—1894 年）。他生于汉诺威，分别在名校哥廷根大学与柏林大学接受教育。1842 年，他发表了出色的历史与文献学著作《修昔底德生平与著述的注释》，次年又写出篇幅不大的《用历史方法研究的经济学基础》一书，被认为是德国经济学派的开端。在这本小书中他提出经济学不能满足于抽象的议论，必须用历史来加以说明，也就是经济学需要具有历史基础的支持。换句话说，

罗　赫

经济发展的规律必须通过历史考证的方法才能发现。由于这些学术成果，他于 1844 年获得哥廷根大学教职，4 年后又到莱比锡大学工作。在这一方法的引导下，他穷 40 年研究，写出 5 卷本大作《国民经济体系》（1854—1894 年），详细分析了历史不同阶段的经济类型，如农业、工商业、财政收支状况与国家的关系，描绘出一条经济发展的历史线索。他用生物生灭荣枯的循环来处理社会经济的变化，把经济演进分为青春期、成熟期和年迈

衰亡期三个阶段，其形式同波里比乌斯的政体循环论一致。

德国经济史学派的主将是施莫勒尔（Gustav von Schmoller, 1838—1917年）。他出生在北德的海尔布隆市的一个公务员家庭，毕业于图宾根大学。毕业后一直在大学教书，先后担任哈勒大学、斯特拉斯堡大学和柏林大学教授，长期从事经济史研究，比罗赫做的范围更广更细。他成功地运用了实证主义史学方法，广泛搜集涉及经济的各种史料，特别是档案文献史料，在此基础上建立自己的经济史内容。他的代表作《斯特拉斯堡织工基尔特研究》一书是用史学方法研究近代经济史的范例。他还写有许多专著，但今天已经过时，比如《重商制度的重要意义》等。他创立了德国经济学联合会，并长期担任会长。这个学会今天依然存在。

在近代德国经济史家中，对经济史和西方史编纂思想具有很大影响的学者是卡尔·威廉·布赫（Carl Wilhelm Bücher, 1847—1930年）。他出身农民家庭，在波恩大学接受历史与古典学教育，1870年获博士学位。后到中学教书，又改行为记者，最终定职在大学教书。先在巴伐利亚的一所地方大学，继之应邀任教于立陶宛塔尔图大学，讲授人种志、地理学、统计学课程。1883年转赴瑞士巴塞尔大学教授经济学和统计学，与布克哈特关系甚笃。在巴塞尔大学，他开设了自己创设的"报纸学"课程，并写了一系列经济史的著述。1892年，他受邀到莱比锡大学工作，一直到1916年。这是他学术成果最多的时期。他的代表作《国民经济的产生》一书（1893年）正是在莱比锡大学任教时写出的，被译成多国文字，影响深远。布赫在书中提出了一个经济形态演进的三段式：（1）无商品交换的封闭的家庭经济阶段；（2）直接交换的城市经济时期；（3）国民经济阶段。三段分别与古典时代、中世纪封建时代和近代资本主义时代相适应。在这一基本思想指导下，他认为古希腊罗马的城市有别于中古城市，仅是消费中心，而非生产中心。这就确定了古代西方经济的纯粹自然经济性质。当时德国著名古史专家迈尔发表《古典世界的经济发展》一文予以批驳，认为古希腊罗马经济与近代资本主义经济相同，指出古代存在工商业的事实，认为资本在经济中具有极重要的作用。古希腊罗马的经济发展也经过自己的古代、中世纪和近代资本主义阶段。而古代资本主义的衰落导致原始经济关系的回复。这就确定了古代经济的商品经济性质。布赫的模式和随之而来的反评肇始了延续到20世纪80年代的关于西方经济史定性问题的争论。从一开始，争论就朝着迈尔一方倾斜，主因在于布赫的观点过于绝对，再加上迈尔以今套古的新方法很具吸引力，因而得到多数介入争论的德国名史家的支持和发展，如伯洛克、鲍尔曼等人，从而被西方史学界广泛接受，在 20 世纪 60 年代前成为占优势的经济史认识，直至 60 年代以后才被推翻，布赫的自然经济的论点被有条件地重新加以肯定。

四、兰普雷希特的新方法

兰普雷希特

19 世纪末叶，德国史家卡尔·哥塔德·兰普雷希特（Karl Gotthard Lamprecht，1856—1915 年）提出研究心理因素在历史中的作用，首次引起德国史学界乃至西方史学界关于历史性质、方法与目的的热切争论，他本人也因而成为颇受争议的人物。

兰普雷希特为萨克森省埃森市人，父亲是路德教牧师。自 1874 年起，他先后在哥廷根大学、莱比锡大学和慕尼黑大学研读历史、政治学和经济学。这种多学科的知识背景是他进入学界后提出交叉学科研究方法的基础。1878 年，他在莱比锡大学完成博士论文《十一世纪的法国经济》的写作，1879 年在慕尼黑大学获得博士学位。毕业后他先当了一年家庭教师，随后在波恩大学谋得一个教职，并在 5 年后成为助教。1886 年他的第一部史学专著《中世纪德国的经济生活》（共 3 卷）出版。由于这部史著史料充实，内容包括中世纪德国社会经济生活的各个方面，对德国农民战争原因的经济解释和中世纪城市商业的起源说明富有新意，因而得到史学界的推许，奠定了他经济史家的地位。1890 年，兰普雷希特受聘为马尔堡大学教授，但不久便至莱比锡大学执教。他在该校建立了一个世界史与文化史中心，专事历史比较研究。

19 世纪末叶的德国史学界，学术思想空前活跃，争鸣此起彼伏。1888 年，客观主义史家舍菲的《历史的固有范围》一书为传统史学研究的对象政治史进行了辩护，批评日益发展的经济史、文化史、法律史等新的研究方向，特别是提出"历史不是饲养槽"的名句，引起有关历史研究性质、目的等重大本体论的争论。兰普雷希特在 1891—1897 年出版的 21 卷大作《德国史》的头 6 卷以及《文化史方法》和《历史是什么》等小册子中积极介入了这场论争，并成为争论的主要人物。他赞同历史题材的多样化，针对兰克史学的视野局限，即着眼于收集和研究政治史的个别史实、个别人物，而不注意普遍的联系，忽视社会集体的作用，因而无法发现引起历史变动的真正原因，认为历史学应该注意人类社会的全部生活，如同自然科学一样，在历史研究中努力寻找普遍适用的基本因果律（causal laws）。他认为自己找到了这样的基本规律，在自己的《德国史》中把注意力集中于德意志民族的整体之上，借用心理学理论，提出了一个过去很少有人提到的历史动力来源，即社会心理的形成与变化。

在他看来，这种心理的力量出自一个民族集体而非杰出的个人，因此个人并不能决定社会，社会反而能限制个人。历史家笔下的历史因此应当成为集体的心理学，也就是说，历史家应当成为历史的心理医生。一个史家一旦发现特定时期的某个民族的思想与行为类型，就获得了解释整个社会及其经济活动、日常生活、艺术、思想和政治的关键。他认为艺术对于揭示这种思想和行为类型最具意义，一种思想和行为类型在新的阶段并不会消失，而是同新的思想和行为类型混合在一起，这导致历史演进的复杂性。

他认为自己找到了德国历史发展的钥匙，因此把德国史分成几个互相联系的集体心理或时代精神阶段，如史前时期至公元 10 世纪的象征主义阶段，中世纪前期的类型主义阶段，中世纪后期的因袭主义阶段，16 至 18 世纪上半叶的个人主义阶段，工业革命时期的主观主义阶段，作者所处时期的敏感或精神紧张阶段。每个阶段与经济发展的一定历史阶段相适应。比如象征主义时期对应渔猎时期，等等。

理性时代至 19 世纪末是模仿自然科学的西方史学力求发现人类历史规律的时代，可以说是规律崇拜的时代。兰普雷希特把社会心理作为解释整个历史演化的基本力量的做法正是这种规律崇拜的众多表现之一。在历史哲学方面，他的说法实际上并没有什么新意，不像这时的威廉·狄尔泰、马克斯·韦伯等人发现历史规律与自然规律存在着明显区别。他的新处理方法企图借用当时方兴的心理学研究法，突破以兰克的客观主义考据学派和舍菲坚持的政治史为本为代表的传统取向，无疑具有积极的意义。正是在这个意义上，兰普雷希特得到了经济史家施莫勒尔、社会史家桑巴特、文化史家布雷塞格的支持。然而，兰普雷希特的社会心理说是经不起考辨的假设，很难得到确证。兰普雷希特本人又是颇为自负、喜发大话的学者，这对于以实证为学科特征的史学是很难接受的，如同兰克为代表的专业史学家不能接受黑格尔的大而全的宏论一样。所以坚持用史料说话的德国史学界主流很快抛弃了兰普雷希特的论题，并把他作为游谈无根的负面例子加以批判，致使德国史学界在 20 世纪大多数时间里始终拒绝用交叉学科方法研究社会史。

兰普雷希特及其学生并不认同被德国史学界边缘化的命运，他用个人资金在莱比锡大学创立"文化与普世史研究所"（Institut für Kultur-und Universalgeschichte），宣传自己的学术观点，对世界文化与历史进行多学科方法的研究。他和自己的拥戴者编写了数十部总名为《兰普雷希特对文化史和普世史的贡献》的文化史著作，由于粗制滥造而声名狼藉。但他在法国和美国却因方法之新而得到一时的赏识。

五、世纪之交的大史家蒙森

蒙　森

无论就学问还是人品来说，在尼布尔、兰克之后，蒙森（Christian Matthias Theodor Mommsen，1817—1903年）都是19世纪众多德国专业史家中最杰出的一位。他像近代大多数史家一样出身平民，是下层牧师的儿子。他的父母充当了他的早期教育老师，后来他进入奥尔顿的一所古典中学读书，打下了古希腊文和拉丁文的良好基础。中学毕业后他因家境贫寒，无法支付进入名牌大学读书的费用，只好在1838—1843年就学于费用较低的基尔大学，主攻专业是法学，这一专业训练使他在日后治史过程中对罗马法的课题始终保持了浓厚兴趣。

在校期间他听过德罗伊森的古代史课，但据他自述，他当时对将来要做什么实际上尚不确定。由于此间基尔大学受丹麦统治，所以蒙森在先后获得硕士与博士学位之后，于1844年拿到丹麦政府的一笔奖学金，有幸去法国和意大利考察、收集与研究古罗马铭文达3年之久（1844—1847年）。他大部分时间逗留在罗马，逐渐积累了7000件铭文摹本。这次游学经历奠定了他终生重视拉丁铭文的收集、整理、出版的工作基础。他产生了按照文献学方法编纂拉丁铭文集的想法。

1848年革命期间，蒙森的故乡什勒斯威格地区虽是丹麦属地，他却认为他自己是德意志人，因此政治上热情支持德国统一，希望德国能够建立君主立宪制政府。这年年末，他获得莱比锡大学的民法课教职。1850年，他应邀为一套丛书撰写罗马史的内容，这一看上去似乎偶然的机会成为他后来专治罗马史的学术取向的开端。同年他的《意大利南方方言》专著出版。1851年他因对萨克森的新宪法表示抗议，被解除莱比锡大学教职，一年后又执教于慕尼黑大学。同年他发表史料集《那不勒斯王国铭文集》。
1853 年，蒙森关于进行古代铭文收集、整理和结集出版的建议得到普鲁士
柏林科学院的批准，次年被任命为铭文集的主编。他悉心负责这项具有长
远意义的史学基本建设，派出人员赴古罗马帝国的统治区，从欧洲到北非、
西亚广泛查找。他为这项工作规定的原则是在可能的范围内察看载有铭文
的实物，无实物的须核查铭文的出处与原始摹本，确定日期和注释，提示
恢复缺漏残篇的方法。这是一项规模庞大的项目，耗费了他大半生的时间。

　　1854 年，他再次变动工作，转至普鲁士的布雷斯劳大学教罗马法。
1856 年，他自莱比锡大学任教时便开始动笔的代表作《罗马史》前 3 卷①出
版，次年成为普鲁士的柏林科学院院士，专事史学研究。他断断续续地撰
写自己的《罗马史》，但第 4 卷"革命"即共和国的灭亡卷始终没有完成，
因为德国统一后的政治同他的民主政治理想并不吻合。现实中的专制与官
僚主义使他转向自由派立场，而罗马共和末期的历史已经对此无任何帮助。
他把有限的时间用来撰述第 5 卷（1885 年出版），即从奥古斯都到戴克里先
的行省的历史。蒙森把这一卷定名为"军事君主国的确立"。这段历史有些
类似史料稀缺的罗马早期史，特别是 3 世纪的危机以后的史料很是贫乏。但
蒙森发挥自己的特长，尽可能地利用铭文来填补文献史料的不足。晚年的
他已经没有了年轻时那样浓烈的感情成分，全卷笔调的平静、持论的公允、
史料的翔实都是近代史家中罕见的，当然依然保持了前 3 卷的博学与优雅。

　　蒙森不同凡响的史学成就还体现在他主编的《拉丁铭文集成》巨作上。
1861 年，他被聘为柏林大学哲学学院教授，主讲罗马史与碑铭学课程，在
研讨班中引导学生参与了自 1853 年便开始的《拉丁铭文集成》的编纂工作。
1863 年该书第 1 卷问世，辑录了远古与共和时期的铭文。从第 2 卷开始，
蒙森按行省对铭文分类，全书共计 16 卷，他去世前已编就 15 卷，仅余 1 卷
未能完成。他是这部皇皇巨制实至名归的主编，而非挂名主编。15 卷中，
他个人独自编写 5 卷，剩余 10 卷虽由其他学者编录与注释，但经过他的认
真审核。这是西方史学史上第一部拉丁铭文的鸿篇巨制，收录铭文多达 15
万份，至今仍是研究古罗马史社会经济史、政治制度史、法律史的基本史

---

　　① 卷一为"废除君主制之前的时期"，卷二是"从废除罗马君主制到统一意大
利"，卷三是"从统一意大利到征服迦太基和希腊列国"，结束于公元前 46 年的塔索斯
会战。

料来源之一。

蒙森晚年专注于古文献和法学研究，最后撰写的两部书是《狄奥多西法典》（1898 年）和《罗马刑法》（1899 年），这也是他众多罗马法研究成果中的最后两项，这同他的法学教育背景密切相关，因此他又被称作法学家。累计起来，他发表的著作与论文总数在 1500 部（篇）以上，包括年代学、罗马货币史、罗马法、罗马政体等多方面的选题，可谓著作等身，创造了学术超人的奇迹。难能可贵的是他的著述多却不滥，其中大多数论题是开创性的，即使是别人做过的题目，如罗马史，他仍能在广博、扎实的史料基础上给出新的解释。例如，蒙森的代表作《罗马史》前 3 卷包括从开端到恺撒之死的王政与共和国史，以共和国史为主，即罗马史中最具戏剧性的一长段史事。这段历史由于史料相对较多，历来为罗马史研究者所重视。蒙森在此书中采用了尼布尔的严格的史料考据方法，但在处理史料贫乏的早期史时，他则与尼布尔有所不同。尼布尔的考据集中在神话传说之类前人传下来的文字史料上，蒙森则着眼于考古发现的一手史料即古代文物，因此蒙森的罗马早期史比尼布尔的早期史要可靠一些。

在历史的叙述上，蒙森的方法也与尼布尔以及兰克相异，他不像尼布尔把历史写成学术论文，历史的线索不时被大段的议论所打断。他也不像兰克停留在叙述之上不再前进。他不仅叙述，而且进行适当的解释，围绕社会政治史中心，附之社会经济史、文化史的内容，史料充实而不烦琐，条理清晰而不单调，议论自然高卓却又深入浅出，文字绚丽多彩却又平易近人，为罗马共和制时期的历史提供了一幅完整的画面。由于蒙森的生花妙笔，画面上的人物充实饱满，特别是蒙森欣赏的恺撒，被浓墨重彩成容光焕发、主宰乾坤的大英雄，读者在阅读时仿佛能听到这位统帅在政治角逐场上的吃力喘息声。他的书是结合近代史学实证方法的叙述史的典范，面世后得到普通读者和专业史家的共同欢迎，迅速被译成多国文字，至今仍是古罗马史研究者的必要参考书。1902 年，蒙森因《罗马史》出色的文学表现力而荣膺诺贝尔文学奖。他是第一位也是唯一一位问鼎此殊荣的专业历史家，同时也是第一位获得诺贝尔文学奖的德国作家。诺贝尔奖的颁奖词这样评价他："今世最伟大的历史写作艺术的巨匠，这特别体现在他的不朽著作《罗马史》上。"他的成就说明，史学的专业化和科学化同史学的文学表现手段并不矛盾。

蒙森成果的这种质与量的统一在西方史学史上可以说很少有人与之比

肩。之所以如此,除了天赋之外,惊人的勤奋、求知欲和执着恐怕是更重要的原因。蒙森每天清晨 5 点起床,开始案头工作,几十年如一日。他像书痴,无论去什么地方都要携带书本,随时阅读,甚至在街头漫步也常常手不释卷。这样的冷板凳功夫使蒙森不仅精通古典语言、文献、史学、法学、文学、考古学等多学科知识,而且熟谙英文、法文、意大利文,可以信手拈来莎士比亚的戏文,诗歌创作也很了得。直到晚年,蒙森仍然保持着旺盛的求知欲,试图挑战颇具难度的纸草学。蒙森的治学经验再次证明每一位学术圣人都是天才与勤奋的结合者。

当然,金无足赤,人无完人,蒙森的著作也受到一些合理的批评。比如他的《罗马史》前 3 卷出版之后,有人正确地指出蒙森把过多的感情色彩糅进了历史,尤其是在第 3 卷中,蒙森具有明显的影射与言志的诉求,反映他在 19 世纪 50 年代渴望德国在普鲁士的强有力领导下统一起来并建立民主的君主立宪制政治主张。在书中他试图证明罗马曾经存在一种民主与君主制的混合政体,恺撒是这一政体的体现者,是腐败的罗马国家的救主,而其他共和末期的政治家、军事家,如庞培、西塞罗,在恺撒面前不过是一些庸人而已。①

蒙森如同 19 世纪许多德国史家一样,不只是杰出的教授,而且也是政治运动的积极分子。1849 年 5 月,他参加萨克森地区的起义,险些被捕入狱。他先后担任过普鲁士议会和德意志帝国国会的议员(分别在 1873—1879 年与 1881—1884 年间),在议会中致力于解决德国的科学与教育政策问题。统一之后,他不满官僚专权,对俾斯麦多有批评,致使这位铁血宰相扬言要对他实行法律制裁。1879 年,他的同事特雷契克鼓吹反犹排犹主义,蒙森于 1881 年发表时评小册子,强烈表达了反对意见,呼吁德国人应该宽容与博爱,认为德意志帝国的犹太成分不是有害而是有益的。他在德国著名人士反对排犹的联合声明上签名,把迫害犹太人视为德国的耻辱。但他也不能超越自身认识的局限,反对德国犹太人的文化自成一体,提倡同化政策。

需要特别提一下蒙森的家庭。他在 1854 年与书商的女儿玛丽·芮莫尔结婚,夫妻相濡以沫,白头到老,共生养了 16 个儿女。私人生活也非常人所及。

---

① 蒙森:《罗马史》(前 3 卷),李稼平等译,北京,商务印书馆,2004。

六、施里曼的考古发现

在推动 19 世纪史学大发展的各种动力中，考古学的辉煌成就是不容忽视的一个方面。由于历史认识的成长特别需要实证材料的营养，每一次重要的新材料的发现都会给人们的历史认识带来巨大的冲击，带来新的课题，迫使史学工作者重新研究，甚至重新定向，彻底推翻过去的认识。德国业余考古学家施里曼（Schlieman，1822—1890 年）便是一位给史学带来新思考的人，是古代史中迈锡尼学的奠基人。他的一生富有传奇色彩。小时候他是荷马迷，10 岁就写过一篇关于特洛伊战争的文章。因家境贫寒，他 14 岁开始工作，但对古希腊传说的兴趣从未衰减。后因经营金融业积累起一笔可观的财产，于是携带妻子，倾其所有，赴小亚细亚去实现久蓄于心的发现特洛伊的梦想，揭开了著名的荷马考古的帷幕。而当时批判史学普遍认为荷马史诗是不可信的。格罗特的《希腊史》因此把希腊史的起点置于公元前 776 年。施里曼根据史诗的线索，勘定特洛伊城遗址的位置，经过连续 3 年的艰苦发掘，终于如愿以偿。这一发现轰动了世界，为传说的史料价值重新定义。由于土耳其政府的干预，施里曼离开特洛伊，转往南希腊，继续寻找荷马史诗中阿加门农的迈锡尼，又做出惊人的发现，不仅掘出迈锡尼城堡，而且发现了国王的陵墓和大批金器。接着他又掘出了史诗中的提林斯城等遗址。他的发现把欧洲文明的时间推前了五六百年，成为考古史上的传奇人物。

施里曼

第二节　法国史学的发展

一、实证主义史学的兴起

实证主义史学是西方史学专业化、科学化的趋势在法国史学中的体现，与兰克的客观主义史学派别标签实际上是可以互换的。

法国实证主义史学理论的基础是由 19 世纪的西方实证主义的创立者、法国哲学家兼社会学家奥古斯特·孔德（Auguste Comte，1798—1857 年）奠定的。孔德生于法国西南部城市蒙彼利埃的一个税务官员家庭，适逢大革命思潮澎湃之时，因此从小到大追求自由民主。16 岁赴著名的巴黎综合工科学校学习，后因学校被波旁王朝关闭而返回故乡城市的医学学校继续求学。1817 年，他返回巴黎，做过一段时间的数学家教后，应聘成为空想社会主义思想家圣西门的秘书。他的这种理工科教育背景影响了他日后提出的实证主义方法论。

在辅佐圣西门期间，孔德参与了许多刊物的编辑出版工作，自己也经常发表文章。1824 年，他因思想分歧与圣西门分手，成为依靠赞助的自由职业者，致力于实证哲学的研究。1830 年，他的《实证哲学教程》第 1卷出版，起初并没有引起人们的注意。但在第二帝国时期，他的实证哲学引起广泛兴趣。1842 年，《实证哲学教程》最后一卷（第 4 卷）出版，首次提出"社会学"概念并构想出社会学的架构。实证哲学一时成为法国学术界的主导思想，并传入英国、德国等国家，影响到人文学科的各个方面。

孔 德

实证主义的产生是法国革命的直接产物，思想界需要对各种混乱的思想观念进行重组，以便取代浪漫主义那种思想上的无政府状态。从间接的原因看则是自然科学进步的结果，是科学实验和抽象规律的研究目的和方法对人文学科的冲击。换句话说，是人文学科不满思辨哲学的无所不知又无所知以及对自身科学化、确定化的渴望所致。孔德是应时代需要而生的代言人。他在《实证哲学教程》一书中表达的基本思想是人不能获得绝对的知识，因此应放弃对诸如宇宙起源之类绝对观念的探索，放弃对现象的内在原因的探讨，而应把思想集中于现象的规律的研究，即对现象之间"顺序性和相似性的固定不变联系"的研究。在孔德看来，规律不是事物本质固有的，而是各种事物外部相似性和顺序性的表现。因此实证研究方法要求观察和推理的结合，首先确定经验的事实，然后从可见的、确定的经验事实推论出事物之间的表面联系，也就是孔德理解的规律。这种方法特别强调确凿的事实，从理论来源上可以远溯至牛顿的实验哲学和理性主义思想家的经验主义、规律论那里。在 19 世纪中叶的特定条件下由孔德重新加工、填充一些新内容，并赋之一个明确概念就有了新的价值。孔德在《实证哲学教程》中对科学的各门学科进行了分类，从最抽象的数学开始，经过天文学、物理学、化学、生物学，最后是社会学。社会学一词是由孔德首先使用的。他用它来涵盖有关社会的各个学科，如历史学、政治学、经济学、伦理学，等等，后来他把伦理学又分了出去。他在自然科学和社会科学之间画了一个等号。孔德不是逻辑严密的哲学家，所以他的思想中存在众多内在矛盾。他要求一切从实证出发，但他自己却犯了与他所批评的思辨哲学家们同样的毛病，任意切割人类的历史，把思想史分成神学、形而上学、实证三大段，把社会史分成军事、过渡和工业三大段，两种方法互相照应。尽管没有人认真看待他的这种具体的历史认识，但他的以观察到的事实为依据的知识才是真实的知识的基本思想以及规律意识，却符合史学的需要，因此为史学家自觉不自觉地吸收，形成实证主义史学。

（一）科学实证主义史家泰纳

　　希泼莱特·阿多夫·泰纳（Hippolyte Adolphe Taine，1828—1893 年）不是专业史家而是旧式杂家，爱好广泛，聪明过人。他既写各种评论，又写历史，还进行理论探索，是法国自然主义思潮和社会学实证主义的主要理论代表。他生于法国沃泽尔斯，无论在普通教育还是在法国最好的高校巴黎高师读书时均成绩优异，获得过众多奖项。教师对他的评价是头脑敏锐，接受力和个人判断力极强，特别喜欢公式和定义。也就是说少年和青年时代的泰纳就喜欢理论概括，这是他接

泰　纳

受并极力运用实证主义方法的知识基础。他研究过社会学、医药和解剖学，培养出精细观察的能力。1853 年，泰纳获巴黎大学博士学位，其后主要以写作为生。由于他所信赖的基本理论方法是实证主义，所以他认为各门人文社会学科都同自然科学一样是科学。例如，他把他最感兴趣的文学看作是可以用实证方法研究的部门，他为此发明了三个判断和解释研究对象的基本参数：民族、环境（背景）与时刻。他认为文学作品是作者所处环境或背景的产物，分析环境即可对文学作品加以完美的理解。民族则是一种集体文化结构，它支配着每一个具体的个人，而不管其认识或同意与否。在泰纳看来，在这种集体化的民族内部，个体间的不同之处在于时刻，即对特定个人思想结构加以扭曲或发展的特定情势，时刻乃是该个体所积累的经验。三种因素如果共同作用即产生了各种文明。

　　泰纳的这一思想有存在决定论以及把事物置于一定的历史范围之内加以考察的合理成分，只是过分绝对化和简单化了，这就走向了科学的反面。

毕竟人不完全是民族、环境、时刻的被动的客体，还是具有主观能动性的主体。

基于科学实证主义的认识，他在他的《英国文学史》导论中曾说："历史是一个机械学的问题，唯一的差别是不能以同样的方法来测量，或同样精确地下定义。"他在一封信中还说："史学是一种类似生理学和动物学而不似几何学的科学。我的这种思想，从孟德斯鸠以来就已摆在地上了，我只是把他拾起来而已。"①泰纳的这个评论是正确的，启蒙时代以来的规律崇拜论无疑是泰纳的史学、文学等学科科学化的先驱。换句话说，泰纳的科学实证主义不过是整个19世纪西方历史哲学与史学所特有的科学自信的一种体现。

泰纳的另一部代表史作《现代法国的起源》（1876—1885年）对法国大革命持否定态度，是英国史家伯克的法国大革命批判的和声。认为法国大革命把政权从贵族手中转移交给启蒙精英，这导致自由的更加缺乏。尽管泰纳强调实证，但他在这部著作中使用的史料却不足凭信。作者无保留地信任当事人的回忆录和当时的新闻报道，对大量档案史料缺乏检验，断章取义，凡对革命不利的只言片语也被他用作证据。他还尝试利用他的心理学知识来分析革命中的人们心理，用生物学方法来分析社会制度的演变。读他的法国大革命史会得到与读米什莱的法国大革命史截然相反的印象，前者使人感到革命的恐怖，后者使人感到革命的伟大。

泰纳应用其他学科方法研究历史的尝试是大胆的、有启发性的，但他的史学实践却是不成功的。他的例子表明如果没有扎实的史学专业技能和敬业精神，即便一个人有少见的天赋，也不能成为卓越的史家。他的例子也证明，史学研究方法不是万能的，即便借用了自然科学的方法。这是因为一则方法要靠人来运用，二则史家研究的对象与自然科学家的研究对象有本质区别。史学的研究对象是有思想的人的行为，对其的客观认识，包括对人类社会规律的认识，这需要一套与自然科学有所不同的方法逻辑。

（二）历史科学的捍卫者与实践者——古朗治

与泰纳相比，努玛·戴尼斯·福斯特尔·德·古朗治（Numa Denis Fustel de Coulanges，1830—1889年）是体现实证主义治史效能与局限的杰出专业史家。他是巴黎人，父亲是海军军官。他在巴黎中学毕业后入法国

---

① 古奇：《十九世纪历史学与历史学家》，上册，405页。

最著名的高校之一巴黎高等师范学院就读，此后他的整个学术生涯基本都
与这所学校联系在一起。在巴黎高师他打下了古典文字和文学的基础，毕
业后直接去法国设在雅典的法兰西学院工作，[①] 参与和
领导了法国考古队在爱琴海岛屿开俄斯的发掘。1855年
返国，先后在亚眠学院和圣路易斯学院任教，此间完成
并向巴黎高等师范学院提交了博士学位论文《论波里比
乌斯》，获得博士学位。

古朗治

　　1860—1870年，他受聘担任斯特拉斯堡大学中世纪
史和近代史讲座教授。1864年，他发表代表作《古代城
市》，因立论新颖、史料丰富而大获成功。他在书中正
确指出不应把古代现代化，用现代的认识去套古代。他
还认为，在古希腊和罗马的社会、政治产生与演化中，宗教具有决定性的
作用。古代宗教的衰亡与古代社会制度的衰亡相伴相随，中古新的社会制
度则是基督教全面胜利的产物。

　　1870年，古朗治先后被聘为巴黎高师和巴黎大学的教授。同年夏季爆
发普法战争，法国战败，割地赔款。古朗治决定转向研究古代日耳曼人的
入侵问题，古为今用。他于1872年发表否定日耳曼人5世纪入侵对法国历
史有正面影响的论文《5世纪日耳曼侵略的性质与后果》，提出日耳曼人入
侵除了带来混乱便没有什么积极作用。至于中世纪的封建领地则是民族差
别消失之后才形成的。这一论点或多或少地带有民族情绪，但不能否认作
者坚实的史料考据工夫。古朗治还与德国大史家蒙森就当时法德之间争议
的领土问题即阿尔萨斯—诺林地区的归属进行论战。三年后他在自己的新
作《法国古代政治制度史》第1卷中重申先前的看法，断言封建制起源于罗
马帝国没落的时代，法国的历史传统来自罗马，与德国迥然不同。该书原
本计划写4卷，但因第1卷面世后引起很多来自德国与本国学界的批评，迫
使他把精力放在修改第1卷的内容上。他认真细致地考察了大量与法国古代
相关的史料，由于史料充裕，他把原来的1卷扩充成了3卷，分别为《罗马
高卢》《日耳曼人的入侵和帝国的倾覆》与《法兰克王国》。再加上原定终
止于加洛林王朝的3卷，共计6卷，于他去世后的1892年出齐。尽管他仍

---

　　① 欧美十多个国家自19世纪以来在希腊首都雅典分别设立研究古希腊历史与文化
的机构，如雅典英国学院、雅典美国学院等，至今仍是希腊考古、历史与文化教学、研
究与资料中心。

然为法国历史辩解，低估日耳曼人入侵的作用，但他绝不凭空表达自己的观点。他以自己占有的丰富史料再次论证了自己先前提出的基本看法，即西欧封建制并非来自日耳曼人入侵，而是来自古罗马早已产生的大地产。他认为日耳曼人入侵没有给高卢带来任何新的事物，因此也没有造成多大的影响。没有日耳曼人的入侵，罗马自身也会逐渐过渡到欧洲封建主义时代。在此基础上，他还指出作为欧洲封建制基本组成部分的封臣制与效忠制度乃是从罗马古老的保护制演化而来，与日耳曼人毫无关联。日耳曼人入侵是缓慢的、渐进的，他们进入帝国之后，帝国的农村组织结构与生活方式并没有被破坏，而是依然保留原貌。日耳曼人的农村公社对罗马社会经济制度实际上没有什么影响，被影响的反而是日耳曼人，他们的农村公社制在定居帝国领土上之后，逐渐被罗马的庄园制所取代。

古朗治坚定地认为历史学是一门科学，坚信通过历史家去粗取精、去伪存真的努力，可以求得历史的真相。为此，他强调史料，尤其是一手史料对史学的决定意义。他认为对一切现成的历史认识，即使是被人们广泛认同的认识，都应首先持怀疑态度。史家在研究任何历史问题时必须阅读古代记载的原文，"一个人唯有耐心地研究每个时代自身所遗留下来的文献才能在这件事（指重建那个时代的历史——作者注）上有成功的希望"。①后人的研究虽有价值，但易引人入歧途。史学是对古文献的解释，需要有古代语言的基本功和客观精神，应以古人那样看待过去的事情，忘记自己的政治立场。他在确定史料的真伪上很下功夫，但并不停留在揭示具体历史事物的真实上，而是如实证主义所要求的进一步解释和概括史实。他曾说他为了一天的综合而需要几年的分析。这虽然有夸张之嫌，但显示他极端重视实证的第一步工作。同时他需要综合、归纳或概括，把实证从个别推到一般，也就是摆脱单一的描述，上升为科学。他深信史学是一门客观的科学，完全可以像自然科学一样来进行研究，触及已经消失的过去的真相。由于要表现出自然科学般的精确，他的讲课和他的著作一样逻辑严密，线索清晰，学生非常欣赏。有一次，学生为他的精彩讲话而鼓掌。他自信地说："请不要为我鼓掌，不是我在向你们讲话，而是历史通过我的口在讲话。"②

---

① 斯通：《历史的多样性：从伏尔泰至现在》（Stern, *Varieties of History：From Voltaire to the Present*），188 页，纽约，1956。

② 古奇：《十九世纪历史学与历史学家》，上册，363 页。

于是，在这位实证主义的史家眼里，他的研究成果就等同于客观历史本身。这种认识同兰克的"如实直书"的信念是完全一致的，即认为通过严格的考据，可以达到认识与认识对象的同一。在史学的功能认识上，古朗治原则上反对德国普鲁士学派把学术当作政治工具的做法，有条件地坚持学问无祖国。条件是在政治需要的情况下，如在法国民族危机期间，为了保卫自己，应该用历史为自己和自己的民族辩护。

（三）法国实证史学的成熟

在法国史家中，莫诺是公开打起实证主义旗帜的人。他于巴黎高等师范学院毕业后到德国留学，受客观主义史学影响较深，但也不满客观主义史学目的的局限。客观主义史学本来与实证主义是相通的，所以他很自然地接受了实证主义哲学。1876年，他与同人模仿德国的史学刊物《历史杂志》形式办起法国的《历史评论》，在卷首中明确宣示要用实证主义改革历史学，认为历史学应当作为建立在科学方法上的实证史学来发展，历史学家应当专注于发现史实，抛弃一切哲学和政治论争。莫诺声明"我们不打任何旗号"。所以任何争论性的文章均不予发表，只发表那些言之有据的文章。莫诺本人在创刊号上发表的论文是《十六世纪以来法国历史研究的进步》。他批评历史写作的两个不良倾向：文学化和概念。前者因过去的史家多是业余作者，他们缺乏科学传统或有政治、宗教热情的偏激，以为重要的是文章风格和想象而非史实。在他的实证尺子的衡量下，即便是当时法国最著名的一些史家，如基佐、梯也尔等人也不过如此。但他同时也批评一些史家的历史著作枯燥无味，满足于细枝末节的推敲，对文学表述形式不屑一顾。他认为《历史评论》应避免这种两种状态，取超脱的态度刊登各家论点，不卷入各种政治宗教派别，来稿必须言之有据。他秉持实证主义的严肃精神，相继写出《都尔主教格利高里》《加洛林王朝史料的批判研究》等著作和论文，提出了不少引人入胜的史学论点，如关于历史研究的对象问题和个人与群众在历史进程中的作用问题的论述。他批评史家过分注重人类活动的那些灿烂伟大的历史事变和人物，却忽视政治和经济制度的运动，"不愿说明经济条件和社会制度伟大而缓慢的运动，其实，这种运动正是人类发展中真正引人注目和非暂时性的部分。这一部分在某种程度上可以归结为规律，并在相当程度上能加以确切分析。当然，重要事变和重要人物之所以重要，正是因为两者是这个发展的各个环节的符号和象征。至于大多数所谓历史事变，则它们对于真正的历史而言，正如波浪对于涨潮和退潮的深邃经常的运动一样：海面上波浪一发生，一时光彩灿烂夺目，随后一触着沙岸，就被击碎而不留下任何痕迹"。①

实证主义史学以切实的精神在法国史学中确立了领导地位，并在1898年产生了法国第一部总结实证史学研究法的著作《史学研究法导论》，作者为著名史家朗格罗瓦（Langlois，1863—1929年）和瑟诺博斯（Seignobos，1854—1942年）。这部著作类似伯因汉的《史学方法论》，是一部训练法国历史专业学生技能的教科书，出版后在高校中广泛应用，并传播到国外，在西方史学教育中具有深远的影响。作者在书中确定了一系列重要的方法论概念和范畴，如怎样才能认识过去，什么是史料，什么是历史事实，在历史写作中怎样组织史实等。全书分三部分，分别叙述史料初步的收集和确定过程，分析和综合史料的过程，包括如何进行收集、鉴定、注释、编目等具体方法，以及相应的一系列辅助学科（如碑铭学、考据学、年代学等）的知识。作者重点论述了对史料的分析方法，因为他们认为历史信息来自史料，没有史料就没有历史。他们给史料的定义是"过去的人们留下的思想与活动的痕迹"。② 由于客观历史无法通过经验观察，因此作者认为只有从可见的历史痕迹中分析出客观的史实。史料有实物和文字两种。文字史料中的信息不等于历史本身，只是一种有条件的印象的反映。史家分析史料的主要任务便是查清史料和史实之间的关系，澄清史料形成的原因。这需要两道程序：首先是外证，收集和鉴别可靠的文本，确定文本的来源、作者、产生时代。其次是内证，推究文本作者起草文本的动机、处境等因素。史家只有在经过认真的分析并确定了史料的真实性之后才进入综合阶段，即把散乱的史料按时间、地点、逻辑的关系等联结成某个历史过程。作者没有涉及把单个的过程互相联系起来的方法，也就是发现共性或特性并最终上升到规律的方法。因此这实际是对实证主义史学方法的一个方面，即兰克实证方法的总结。

实证主义史学研究法在大学的普及证明，各国史学家无论是否名义上承认兰克史学或法国实证主义史学，都把求诸史实和适当解释（提取规律、定理或发现因果关系）的一般科学任务看作是自己的基本任务。而实证的

---

① 普列汉诺夫：《普列汉诺夫哲学著作选集》，第2卷，350页，北京，生活·读书·新知三联书店，1961。

② 迈杜舍夫斯卡娅：《现代外国史学导论》，76页。《史学研究法导论》的中译本书名为《史学原论》，由商务印书馆于1933年出版。

方法，尤其是史料研究法也因此成为各国史学的正宗方法。所以，如果从广义上讲，即从对史学科学性的认同和研究方法的共性（就恢复史实和概括而言）上讲，19 世纪乃至 20 世纪西方的专业史学就是实证主义史学，也可以称之为学院派、科学派史学。至于不同专业史家、学派在史学目的论、功能论、具体方法和解释上的分歧，即便有时形同水火，如史料实证对寻求规律的排斥，那都不能算是根本原则的对立。

随着实证主义史学的发展成熟，西方史学进入黄金时期，法国史学是西方专业史学的生力军。在古代和中世纪史研究中，法国的总体水平（人才和成果）并不亚于德国。除古朗治、莫诺这样的实证主义史家外，还有许多并未傍依某一学派门户的古史专家，如研究古典史的杜律伊、勒南、基诺，研究埃及学的马里埃特、鲁热、马伯乐，研究中世纪史的基什拉、德利斯尔、阿诺托、拉维斯等，他们都是自己时代在本专业内的一流代表人物。他们的贡献不在于提出一般意义的史学思想方法，而在于具体的研究，成果体现于材料、题目、具体解释的新颖。如勒南（E. Renan，1828—1892 年）名噪一时的《基督教起源史》《耶稣传》，是 19 世纪研究基督教史的力作。

在众多古代和中世纪史专家中，杜律伊（V. Durvuy，1811—1894 年）是具有特殊贡献的一位。他在普及历史教育和促进整个法国国民教育事业方面比近代任何史家都做得多。他系工人家庭出身，生平具有戏剧性。师院毕业后他到一所贵族中学教书，业余埋头于撰写教材和参考读物，如罗马史、希腊史、地理等课本，因内容深入浅出、文字活泼生动，在法国中学教育中极富影响。后来有人评他的书培养了几代法国人。在撰写教材的同时，他根据古代文献编写 8 卷本《罗马史》。先出版的头两卷很受读者欢迎，显示作者的治史功力。由于专注于写作和教学，他对政治十分无知，但政治却意外地找到了他的头上。1859 年的一天，已成为皇帝的路易·波拿巴因欣赏杜律伊的《罗马史》，特意召见他入宫。交谈中问他想担任什么职务，杜律伊说愿当总学监。但遭到教育部长的反对，无果而终。不过杜律伊已经给新政权留下深刻印象。两年后，法国与教廷发生领土争执，杜律伊奉命撰写一部介绍背景、宣传法国立场的历史小册子，从此平步青云，直到担任国民教育部长（1863—1870 年）。他在任上进行了一系列教育改革，改善了整个法国的普通和高等教育状况。

在他上任初期，法国大多数村庄没有小学，上千个郡没有女子学校，大批从事普通教育的教师收入微薄，特别是女教师，连退休金福利都不能保证。杜律伊争取到法皇的支持，从其他开支中挤出用于改革的经费，在全国六千多所郡立学校实行免费教育，新建两千多所校舍，规定图书馆为学校的必要教学设施，纠正了女教师无退休金的不合理制度，提高了低收入教师的工资。法国普通学校在校学生人数因此增加了 23 万多人。对高等教育，他改革了课程设置结构，建立起两所高等研究院，极大地促进了自然和社会科学研究和人才的培养。著名的高等实验研究院是其中之一，历史学和语言学与物理、化学、生物学在这所研究院中并立，这对法国史学发展具有很大意义。

由于法国大革命期间废除了大学建制，仅保留了学院形式，因此整个教育质量受到局限。① 在国家另立的高等师范学院中，历史课程的层次较低。尽管大部分法国著名的史家均出自师院，但专业技能训练的不足是明显的缺陷。杜律伊所设立的史学专业使这一缺陷在一定程度上得到改善。高等实验研究院史学专业的培养方式效仿德国研讨班，以指导性的研究问题为主，培养出许多著名的史家，并带动了其他院校的史学教学和科研。杜律伊自己并未放弃历史研究，他不仅在 1872 年出齐了《罗马史》整个 8 卷，而且写出两卷本的《希腊史》。在书中高度评价雅典立法家梭伦，歌颂雅典民主制的著名政治家伯里克利的功绩，反映他的资产阶级民主主义思想。

近代资产阶级革命，特别是法国大革命，在 19 世纪后期和 20 世纪初仍然是法国史学研究的热点之一。在第二帝国被推翻前，共和主义者需要用肯定革命来说明共和制的必要，保皇党人需要否定革命来论证帝制的合理。第三共和国的建立无疑客观上推动了这一方向的工作。共和国认为自己是法国大革命的继承者，因此把建国的历史推至 1789 年 7 月 14 日，即攻占巴士底狱日，而不是推翻第二帝国的 1870 年 9 月 4 日。革命歌曲马赛曲则被定为国歌。法国革命史的研究因此获得了十分有利的社会政治条件，在深度和广度方面获得了明显的进步，革命史的研究从此真正建立在原始档案文献的基础之上，出现多种研究专题，如吉伦特派统治、雅各宾专政、拿破仑一世和三世、革命时期的战争、社会与经济，等等。在这一方向上，巴黎大学教授奥拉尔（Aulard，1848—1928 年）成就最大。他是革命的热情歌者，把整个学术生涯献给革命史研究，进行了巨大的有关史料建设工作。如他主编出 26 卷《救国委员会法令汇编》、6 卷《雅各宾俱乐部的历史文献汇编》、5 卷《热月政变后的巴黎》、4 卷《执政府时期的巴黎》等大型

---

① 法国大学建制在 1896 年得以恢复。

史料集。1881年，他创办学术杂志《法国革命》。7年后组织成立全国性的革命史学会。他个人的代表史作是积20多年治史经验而成的《法国革命政治史》（1902年），以充分的、新颖的史料叙述大革命的过程，就它的评价提出了一些与以往不同的看法，如认为革命初期提出的要求非常温和，甚至没有推翻君主制的要求。雅各宾专政的恐怖行动有其必然性，是为了保卫革命和拯救祖国。大屠杀不是政府的举措，而是巴黎群众在面临危机时本能的反应。他对革命采取充分肯定的立场，认为革命的真正英雄和动力是人民。他看到资产阶级与人民群众在革命要求上的分歧，并把同情寄予了后者。

第三节　英国史学的进步

由于史学困扰于党派斗争，加之教会长期对精神生活和大学教育的干预，英国史学专业化的进展迟于法国、德国。牛津与剑桥大学的历史讲座长期只有古代史课程，近代史讲座形同虚设。当西欧大陆已经接受专业化的兰克研究形式时，英国的历史教学仍然作为其他专业的附属品，传授的只是一般历史知识，而非专业技能。史学队伍的主体是传统的业余史家。尽管偶尔会冒出一位杰出人物，但整体的落后是显而易见的事实。所以英国史家把创造新的史学思想和方法的荣誉完全让给了德国和法国的同行。

这种情况在19世纪60年代逐渐发生了改变。达尔文、赫胥黎为代表的进化论思想在传播过程中对教会在大学的思想统治予以沉重打击，新的思想观念在校园内到处扎根。英国新一代史家日益不满传统史学的局限，认识到史学专业化和科学化的必要，兰克的客观主义史学和法国严格意义的实证主义史学逐渐被英国史学界所吸收，在大学教员内形成了具有英国特色的学院派的专业史学流派，有直接取实证标志的，有以所在院校为名的，如牛津学派、剑桥学派，也有以研究方向为名的制度学派和经济学派。各派中都产生出一些与德、法大史家在学术建树上难分伯仲的人物。

一、实证主义史学流派

第一位自觉运用实证主义方法的英国史家是亨利·托马斯·巴克尔（Henry Thomas Buckle，1821—1862年）。他生于伦敦富商之家，因身体羸弱，未能入学受教。所幸其母卓有才识，使他从小受家学熏陶。由于他天

资聪颖，刻苦好学，因此成长为学识渊博，既知自然
科学又懂社会科学的通才型学者。他的成名最初来自
他的出色的国际象棋成绩，当时还不满 20 岁。随后他
随同母亲游历欧洲大陆，同时产生了撰写历史著作的
想法。返回英国后，他每天伏案读书写作，17 年如一
日。他的第一部史作同时也是他的代表作《英国文明
史》第 1 卷问世于 1857 年，一时好评如云。该书原拟
写 5 卷，因作者在中东旅行当中早逝，只完成了作为
导论的头两卷（第 2 卷于 1861 年出版）。从中能看出
巴克尔的宏大构思、精湛的分析综合能力。

巴克尔

　　《英国文明史》的主题是人类的思想文化，旨在"追溯科学、文学、艺
术、实用发明以及……的风俗和舒适的进步"，[①] 而不是英国传统史学的政
治主题。但巴克尔并不简单地复制文明的发生、发展过程，他有更高的追
求，即对支配着人类进步过程的规律的追求。他在第 1 卷开篇便指出，社会
的历史像自然界一样有规律可循，但历史家却很少像其他学科的学者一样
注重从个别归纳一般，概括人类历史的规律。这阻碍了历史科学的建立，
致使最出色的历史家也不及最成功的物理学家。因此，我们对自己的研究
还处于婴儿阶段。物理学的规律性与预见性对历史来说根本谈不上。所以，
史学的重要任务就是借助于自然科学的方法发现规律，非如此，历史科学
就不可能建立起来。[②] 这个思想虽是启蒙思想以及孔德思想的重复，但在 19
世纪的英国史学界，还是有振聋发聩的作用。在巴克尔看来，支配人类历
史进程的规律包括内部的精神（道德、知识的进步）和外部的自然环境
（气候、食物、土地和一般自然面貌）两大类，史家应该抛弃一切不可知论
和超自然的因素，像自然科学家一样从内外两个方面进行具体分析，致力
于发现这些制约人类历史发展的因果律。他认为在两类规律中，精神规律
的作用要大于自然环境的规律作用；在精神规律中，动态的知识的作用要
大于静态的道德的作用，因此知识对文明具有决定的意义。然而，巴克尔
并未因对规律的强调便忽视了事实的积累，如同历史哲学家通常所做的那
样。他既是宏观的史学理论家又是具体的历史家，他把史料的搜集放在优

---

　　① 布雷萨克：《古代、中世纪和近现代史学史》，274 页。

　　② 巴克尔：《英国文明史》（H. T. Buckle, *History of Civilization in England*），
第 1 卷，3~9 页，多伦多，1878。

先的位置。他认为史学的研究法同其他科学的研究法没有根本区别，观察和搜集事实在先，归纳规律在后。为了写文明史，他查阅了多达 3000 卷的材料，即便如此他仍认为自己的史料准备不足。但因他未受过正规考据学的训练，对原始材料注意不够，对二手材料缺乏考证。

在书中他对史学的科学未来充满了信心，认为历史被放到应有的基础上，研究历史被认为是最崇高、最艰苦的事业的时代行将来临。这样的信心以及对史学艰苦性的认识只有在坚信史学是科学、史学认识能与客观历史保持一致的人身上才能真正具有。相反，历史实用主义者则总是在怀疑论和不可知论的遁词下对史学采取随心所欲的态度。这是巴克尔的思想对史学的重要启示之一。

英国实证主义史家在巴克尔之后最负盛名的是约翰·巴格尼尔·伯里（John Bagnell Bury，1861—1927 年），他的名言"历史是一门不折不扣的科学"（history is a science，no less and more），同兰克的"如实直书"一样是广义上的实证主义史学本体论的经典阐述。

伯里本人从来没有给自己加戴实证主义的帽子，而且他对巴克尔的普遍规律说进行过尖锐的批评，对实证主义的缔造者孔德、斯宾塞也不无微词，但他终生信仰史学即科学，肯定在近代史学科学化的进程中，德国史家尼布尔和兰克的决定性贡献，相信史学可以求得真理，重视对史实的证明和史学理论的探索，所以体现了 19 世纪和 20 世纪之交实证主义史学的基本精神，是近代专业史家中极少见的具有深厚史学理论修养和丰富的史学实践经验的杰出史家。

他生于爱尔兰的一个牧师之家，父母都是读书人，家学条件很好。伯里 4 岁便开始学拉丁文，然后是古希腊文，这决定了他日后的专业取向。17岁进入都柏林大学学古典文学，中间到德国哥廷根大学研习梵文等古文，接触德国严谨的治学经验。古语言学习为他后来从古典文学转向史学准备了坚实基本功，尤其是历史语言学字斟句酌、讲究真实和注意一定时代联系的方法使他受益匪浅。大学毕业后，伯里在都柏林大学三一学院任职，开始史学研究，先致力于拜占庭史、罗马史，后专注于希腊史，最后则着眼于近代史和史学理论，著作包括《品达颂诗》《晚期罗马帝国史》《罗马帝国史》《希腊史》《古希腊的历史学家》《思想自由史》《进步史观》《十九世纪罗马教皇史》等书和大量论文，并校订了吉本的《罗马帝国衰亡史》。《晚期罗马帝国史》（1888 年）实际是拜占庭史，自罗马帝国分立的 395 年写至公元 800 年。他避免称拜占庭帝国，因为他认为拜占庭帝国是罗马帝国的继续，西罗马帝国的灭亡不是整个帝国灭亡的标志。他的《希腊史》（1900 年初版）线索清晰，叙事议论精审，至今仍是西方史学专业的基本教材。1893 年，伯里由学术员（fellow）升任三一学院历史教授，9 年后又被聘为剑桥大学近代史讲座钦定教授。在剑桥期间，他除拨冗研讨中世纪史、近代史以及理论问题外，还参与著名的《剑桥古代史》《剑桥中世纪史》的编纂工作，对英国史学的发展做出重要贡献。

19 世纪的英国专业史家绝大多数对理论方法的研究缺乏足够热忱，但伯里是个例外。他在 1902 年就任剑桥大学钦定教授时的演说《历史科学》便是一篇理论探索的宣言，引起英国史学界热烈的争论。伯里在演说中论及一系列重要的史学问题，如历史的本质，历史和科学、艺术的关系，历史的功能，历史研究的方法等。他后来写了许多理论文章，都是对《历史科学》中提出的观点的补充和发展。正是在《历史科学》中他斩钉截铁地指出历史是一门科学，反驳了方兴未艾的相对主义史学以及把历史看作是艺术的怀疑论。他认为真实就是科学，"历史并不是文学的一支"，"史家如果给人类社会的历史披上文学的外衣，那就如同天文学家用艺术家的手法来描述星球的故事一般"。[①] 在他看来，历史真实是能够求得的。19 世纪以前史学还处于前科学阶段，史料的考据缺乏章法。19 世纪以后，史家懂得了博征考订，证明史料的真伪和准确叙述史实；也懂得了历史主义的发展和连续的观念，使真实的认识趋于完善，历史进入科学的境界。他因此对沃尔夫、尼布尔、兰克等史家评价极高，并一生保持着对他们的尊敬。

在《历史科学》中他反对史家狭隘地理解自己的研究对象，眼里只有树木、不见森林的做法。他强调历史研究要有通的观念，即"统一性和连续性"的观念，使史学再进步到科学的佳境。他指出现有人类史在历史长河中仅是短暂的一瞬，一个很微不足道的组成部分，因此"我们必须以永恒的目光来看待我们的各个微小的时代"。[②] 他认为历史发展是无止境的，人为设定一个终点不过是无稽之谈。史家应避免突出某个时代为特殊时代，避免把我们自己短暂的历史同统一的、无休止的历史长河整体割裂开来。在统一性和连续性认识的基础上，伯里关于史学的价值论也有了长远的意义。在他看来，现在的史学研究是为千秋万代人的认识建造稳固的基础，

---

① 哈罗德·坦伯雷选编：《伯里论文选》（Harold Temperley ed., *Selected Essays of J. B. Bury*），9 页，剑桥大学出版社，1930。

② 哈罗德·坦伯雷选编：《伯里论文选》，12 页。

因此史家应有对后代负责的职业道德感。

伯里是跨世纪的史家，19世纪对科学规律的绝对迷信在20世纪已经褪色多了。自然科学，特别是物理学的进步证明马克思主义关于真理是相对和绝对的统一的论断的合理性。但绝对真理观念的破除带来了对相对性的崇拜。在社会科学领域，片面强调真理相对性的思潮流行开来，史学相对主义对史学的科学性进行了全面进攻，许多论点击中了实证主义史学的痛处。伯里在自己学术生涯的后期对此进行了还击。他指出寻找规律是科学研究的必要目标：

> 任何现象都是某些原因的后果，没有任何现象不是由因果关系决定的……因此，正如科学的目的在于解释现象，而所谓解释便是追寻因果。显而易见，如若一种现象没有任何规律的因素，那科学研究就毫无希望了。[1]

在这里他同意规律的存在，但把它等同于因果律。他反对终极性的普遍规律，为此在1909年发表的《达尔文主义和历史学》一文中他用很大气力论述偶然性的意义。他分偶然为单纯和混合的两种。比如拿破仑被陨石突然击毙而改变了历史方向就是单纯的偶然。如果他被暗杀就是混合的偶然。单纯的偶然有自然规律介入，非人所能为，但也有不同层次，如被陨石击毙的可能性较地震而死的概率要小，地震而死的可能性较因病而死的可能性要小，不一而足。混合的偶然性是人为的，由两种以上的"独立的原因链"恰好因机会的缘故而碰到一起，于是便产生了意想不到的后果。伯里认为偶然性在历史中的作用会随着人们对客观和主观世界认识的提高而逐渐缩小。他在《克赖奥帕特拉的鼻子》（1916年）一文中指出：

> 随着时间的推移，国家的命运似乎在日益摆脱突发事件的束缚。无论怎样，波琳[2]的艳容和克赖奥帕特拉的鼻型不至有那么大的影响力了。[3]

---

[1] 哈罗德·坦伯雷选编：《伯里论文选》，60页。

[2] 英王亨利八世的第二任妻子。

[3] 哈罗德·坦伯雷选编：《伯里论文选》，60页。

在伯里的心中，偶然仍旧是可以认知的。这样他就对历史的可知性做了 19 世纪实证主义史学家所不能做到的回答。从这一点上说，伯里应是 20 世纪的实证主义者。

二、牛津学派和剑桥学派

牛津学派和剑桥学派是以院校画线的专业史学流派，是英国史学近代化的产物。两派均讲究广泛收集一手史料，用近代方法严密考证史料，注意具体的历史研究，力求使史学客观中立，尽量疏远在英国史坛曾广为流行的历史实用主义。因此二者本质上没有区别（所谓两派成员内部在某个具体问题上的史学认识分歧常常大过"派"的差别），都属于广义的实证主义史学之列。基于这一点，伯里也可视为是剑桥学派的成员。

（一）牛津学派的史家及其史学思想

牛津学派的创始人是中世纪史专家威廉·斯塔布斯（William Stubbs，1825—1901 年）。他出身于法律顾问家庭，1848 年以优异成绩毕业于牛津大学。之后担任过牧师、学校教师和图书管理员，余暇从事教会史研究。1858 年出版了他的第一部史著《年圣公会实录》，叙述了几百年来英国国教历任主教的继任详情。由于史料翔实颇得好评。在担任大学教职期间，他感到英国史学浅薄，文献的编辑和历史写作重文字而轻内容。他试图改变这种偏颇。在参加由国家资助的史料建设项目《卷宗集成》时充分显示了自己史料整理、考订的才能，一人编成 20 卷，耗时 25 年，堪与编纂《德国史料集成》的魏茨相比。1866 年，他受聘为牛津大学近代史讲座的钦定教授，是这个职称上第一位具有近代史学思想的人。他在就职演说中表示希望能够建立起一个学派。在以后的教学与研究生活中，他以自己的行动落实了这个愿景，使自己不仅成为牛津最受学生欢迎的教授之一，而且成为牛津客观主义学派的带头人，他的著作是英国客观主义史学的榜样。

斯塔布斯的代表作是《英国宪政史》，从恺撒时代写起，至都铎王朝建立为止，围绕国家体制、法律、财政等方面的典章制度展开叙述。除线索明晰、材料充实、文字精练的特点外，就是立论公允。他自己说谁都无法

斯塔布斯

从他的这部著作中发现他的政治立场，这点连与他有不同政见和学术见解的人都承认，认为"阅读斯塔布斯的著作乃是一种司法上的训练"。[①] 在英国史学界得到客观的评价实属不易，这反映了斯塔布斯的求实精神。但平时的斯塔布斯却不是这样宽宏的人，他厌恶清教，把不同意见人的书扔进纸篓或付之一炬的事都干过。1884 年，斯塔布斯受任支斯脱郡主教职，从此基本中断了史学研究。但他对英国史学的功绩是不可磨灭的，他是把专业化的客观主义史学方法引进了英国的带头人，牛津因此成为系统学习治史方法技能的中心之一。

牛津学派由斯塔布斯带起之后可谓人才济济，斯塔布斯的同代人弗里曼、格林是可与斯氏齐名的牛津两杰。此外，伽丁纳、鲍威尔、戴维斯等都是牛津学派的佼佼者。

爱德华·奥古斯都·弗里曼（Edward Augustus Freeman，1823—1892 年）出生不久，父母双亡。他由奶奶抚养成人，在私立学校受到初等教育。后获得奖学金进入牛津大学三一学院读书，对宗教、历史和外交颇有兴趣。毕业后热衷于史学研究。他的治史视野较斯塔布斯宽阔，思想类似于伯里，注意通古今之变。所以伯里在他的史学批评中对弗里曼评价甚高。弗里曼虽稍稍长于斯塔布斯，但始终尊斯塔布斯为师，显示尊师的美德。

弗里曼

他与斯塔布斯治学路数有所不同，从一部《建筑史》开始史学探究，主题是教会各种建筑的艺术。为写此书，他广泛在英国各地旅行，考察并绘制各种教会建筑，文字华丽多彩，反映青年学者的激情。之后他的治学取向转到希腊史，成书《联邦史》一书，原拟从古代联邦制写到近代美国联邦制，但仅完成了希腊部分的第 1 卷便终止。再后他转向中世纪史，代表作是《诺曼人征服英国史》。这是他篇幅最长、史学功力最明显的一部著作，史料考证精细，陈述真实可信，全书中心是政治事件和政治人物。他始终认为历史的主题是政治："历史是过去的政治，政治是现在的历史。"

斯塔布斯辞去专事主教事务后，弗里曼于 1884 年受任牛津大学近代史讲座钦定教授，但听课的学生为数稀少，教学效果同斯塔布斯形成鲜明对照，显示他不善课堂讲授。他的主要精力像过去一样，投在了著书立说当

① 古奇：《十九世纪历史学与历史学家》，下册，554 页。

中。他笔头速度惊人，据说有一年寄给报纸、期刊和其他出版物的稿件多达 96 篇，另还写有《历史地理》《西西里史》等三本书，外加到美国做过一次旅行。如果没有先前知识的积累，这样的高产是不可能的。但文章出手过快、过多必然影响质量。弗里曼缺少古文字学训练，所以他的史料大多出自前代留下来的典籍而不是来自铭文或档案文献。他不钻档案馆，只满足于在刊印的书本中挖掘史料。如果说他与同时代的杰出史家兰克有相似之处，那就是在政治史的选题方向上。其他就不好说了。但他同英国传统史家也有区别，就是思路开阔，可以视为历史地理学的开创者。此外，他的一般史学理论认识也很有启发意义。他在伯里之先提倡历史过程的统一性和连续性，认为历史分期成古代、中世纪、近代都是人为的结果，历史本身是一个完整的政体，从未有过中断。所以他提出应该彻底推倒在上古、中古、近代之间的高墙。这些思想仿佛给英国史学界吹进一股新鲜气息，但也受到斯塔布斯的批评。斯塔布斯认为阶段划分对研究是有益的，虽然在行动的世界里存在的是连续性，但在思想与情感的世界里，存在的是断裂。

格　林

约翰·理查德·格林（John Richard Green，1837—1883 年）是商人之子，牛津大学耶稣学院毕业。起初他接受基督教社会主义运动的影响，自愿在伦敦平民居住区东区从事传教活动，为贫民窟中的居民服务，业余研究历史，一干 9 年。他后来对人讲过是东部贫民区的生活给了他的著述事业很大帮助，使他对人民群众的生活和历史产生了巨大兴趣，选择撰史的道路不同于斯塔布斯、弗里曼，而与卡莱尔、梯叶里、米什莱类似，走上了描写历来不被人重视的劳动人民历史的旅途。1869 年，他放弃教士职业，在伦敦朗伯斯宫担任图书管理员，考虑写英国人民史等史书。1874 年，格林的单卷本《英国人民简史》发行，从 5 世纪条顿人入侵英格兰写起，到英普联军的滑铁卢大捷为止，标志英语世界从此拥有了第一部以人民群众为主角的通史。该书给格林带来英国一流史家的声誉，可谓他的代表作。在书中，一向占据历史舞台中心的帝王将相被一笔带过，翻来覆去的战争也被置于次要地位，杰出的文学艺术家、资本家、出版家、科学家、传教士和劳动者群体成为历史的主人公，都被一个"人民"概念包容起来，虽然缺乏法国史家的阶级分析深度，但毕竟着眼于被西方史学一贯忽视的社会上的大多数人，包括知识精英，体现了领袖来复去，人民却永存的历史真谛。

《英国人民简史》的结构十分新颖。格林使用一种与通常的王朝世系分期法不同的新方法，以人民群众参与的重大事件为时代标志，如大宪章运动、宗教改革运动，等等，每一个阶段有巧妙的连接，保持了历史的紧密联系。在一个阶段内部，他对政治、经济、社会、宗教、艺术和社会心理、影响社会生活的文化人的著作与思想等倾注了大量笔墨。比如在中世纪部分他着重叙述城镇的作用、黑死病的经济影响、玫瑰战争与社会和经济变化的关系。他满怀深情地描写381年农民起义，对压迫人民的人深恶痛绝，致使他的一个批评者指责他在统治者和被统治者的任何冲突中，都站在后者一方，理想化了人民而丑化了统治者。他为此对弗里曼说过："我将继续爱护自由，爱护那些为我们争取自由的人们，至死不渝"。①表明他鲜明的阶级立场。但他的著作总的来说立论公允，这是英国史学评论界普遍承认的事实。

由于选题新颖、内容丰富和强烈的自由思想，再配以英国自莎士比亚以来特有的优美入胜的文字，格林的书在图书市场上获得极大的成功，一版再版，改变了社会对英国历史的认识。许多学校把它当作教科书，引起了人们对本民族历史的广泛兴趣和热爱。一部史著有如此大的社会效益，这大概是格林当初写书时未能料及的。但难得格林对自己有清醒的认识。他承认他是边写边学历史的，经验不足，书中有不少错误。他后来在1卷本简史基础上写成4卷本《英国人民史》，一定程度上弥补了过去诸如文辞华丽和评述有时片面的不足。他晚期的著作日趋成熟，学院味道浓厚，持论平正通达。1886年，在他的倡导下，后来成为反映英国史学发展水平的《英国历史评论》创刊，现在仍是英国最重要的史学期刊。这是他对英国史学的又一重大贡献。

格林去世时年仅46岁，正是一个史家史才成熟的时期。英国史学界很为此惋惜，因为以他的谦虚进取精神，很可能成为新时代的吉本。

（二）剑桥学派史家及其史学思想

剑桥学派同样是从史学的近代化开始的。在1869年，约翰·罗伯特·西莱爵士（Sir John Robert Seeley，1834—1895年）担任剑桥近代史钦定教授之前，作为哲学、文学辅助课程的历史课由一些坚持传统神本史观的非历史家讲授。西莱的到来标志剑桥史学也开始趋向于近代化与科学化。

---

①　古奇：《十九世纪历史学与历史学家》，下册，572页。

西莱是一个伦敦出版商的儿子，毕业于剑桥大学基督学院，留校成为古典学教师。他终生的治学兴趣在于宗教与历史。1863 年他还被任命为伦敦大学学院拉丁文教授。① 6 年后，在他就任剑桥钦定教授时发表演说，就历史学与现实的关系问题提出了著名的论点：

> 我们的大学乃是，而且必须是一所政治家的培养所。没有至少起码的历史知识，一个人不可能对政治感到合乎理性的情趣，而没有丰富的历史知识，一个人也就不会对政治做出合乎理性的判断。②

西莱把大学的功能归结为培养政治家无疑有些说过了头，社会政治、军事实践也造就杰出的政治人才。但他指出史学和政治的密切关系却是完全正确的，很难设想一个没有历史知识准备的人会成为一位近代政治家，尤其是议会民主国家的政治家。

西 莱

西莱的研究范围颇为宽泛，古代、近代均在他的视野之内，但他最专长的还是近代政治史领域的对外关系史。他的代表作《英国的扩张》是第一部关于英国建立殖民帝国过程的记述，为英帝国主义的成功而感到欣慰和庆幸。但他并非无保留的欣慰，他虽然并不反对扩张本身，但对大规模扩张的必要性表示质疑，提出巨大不等于伟大、道德和智慧上的伟大更为重要的论点。他重视史料与论述的严谨性，反对华而不实，对卡莱尔、麦考莱的写法尖锐批评。但他过于明显的政治功利目的损伤了他著作的质量。他作为教师非常称职。他每次授课前都要认真备课，笔头表达和口头表达俱佳，所以他的课程在剑桥广受学生欢迎。但他同时又是政治家，有明确的政治立场，这影响到他史学写作的客观性。所以他只是剑桥学派的先导人物，真正的学派奠基人是阿克顿勋爵。

阿克顿勋爵（Lord Acton，全名 John Emerich Edward Dalberg-Acton, 1st Baron Acton，1834—1902 年）是英国近代史家中最渊博的学者。在阿克顿时代，欧洲近代史学研究队伍随着政治的逐步民主化，普通选民地位的提升，即便不是彻底平民化，也是基本平民化了。但阿克顿却是名门贵族的

---

① University College London，英国名大学之一，建立于 1826 年。

② 古奇：《十九世纪历史学与历史学家》，下册，590 页。

阿克顿

后代。他的祖父费迪南·理查德·爱德华·达尔伯格·阿克顿是有封地的男爵，常年在国外身居要职，当过那不勒斯的首相，阿克顿便出生在这座意大利名城，其母是德国巴伐利亚显贵之女。阿克顿父母是虔诚的罗马天主教徒，后来他史学思想中浓郁的宗教和道德气息同他的这一家庭背景有着明显的关系。1843年，阿克顿转到英国一所天主教学校上学，受到良好的古典教育，10岁时已初步掌握了拉丁、英、法、德等古今语言。1848年，他因自己的罗马天主教信仰而入剑桥大学受拒，于是到当时欧洲天主教研究的中心慕尼黑求学，居住在著名天主教史家多林格的家里。在多林格的悉心指导下，他开始传统的读万卷书、行万里路的访学过程。他饱览文史哲、神学著作，随多林格遍游西欧，每到一地便结识当地名士或参观博物馆、图书馆、书店。见多自然识广，阿克顿吸收到不同国家的学术影响，尤其对德国客观主义史学方法产生特殊的敬意。在这方面，他受自己的导师兼挚友多林格的影响甚大。多林格是兰克新方法的拥戴者和推广者，他使阿克顿掌握了这一方法的真谛。

1859年，阿克顿返回英国，以辉格党员身份当选为下院议员（1859—1865年）。次年担任天主教月刊《漫谈者》（后改名为《国内外评论》）的主编，时年25岁。他在刊物上多次发表文章，宣传方兴未艾的德国史学思想与方法以及自由天主教思想，并因此得罪了罗马教廷。在再度参加国会选举落第后，他埋首群书，专门著文，论题广泛，是英国众所周知的饱学之士。他在《英国历史评论》创刊号上发表的《德国各历史学派》一文充分显示了他对史学的熟识与自己的基本史学倾向。他对兰克、穆勒、尼布尔等德国客观主义或实证主义的史家们的成就赞不绝口，认为他们代表了史学批判精神的一个重要阶段。

1870年，崇尚自由与理性的阿克顿赴梵蒂冈，徒劳地试图阻止教廷将要通过的《教皇绝对正确》法规。[1] 后来他在致蒙代尔·克雷顿主教的信中

---

① 1869年12月，教皇皮乌斯九世主持召开罗马教廷大会，出席会议的各地教会负责人近800人，会期长达近一年（1870年9月闭幕），代表集中讨论有93次之多。这是天主教在面对启蒙时代以及大革命时代的巨大挑战面前做出的一次统一思想的回应。会议通过两个重要文件，即《教皇绝对正确》法则（*Dogma of Papal Infallibility*）和批准教皇于1864年提出的《谬误纲要》（*Syllabus of Errors*）。

对罗马教廷的愚昧与保守进行了尖锐批判，提出了他那最著名的政治学法则：

> 我不能接受你的法则。它用一种教皇与国王不犯错误的有利于他们的假定，视他们与其他人不同。如果说存在任何一种假定的话，那是另外一种形式，就是随着权力的增加而逐渐加强的不利于这些权力持有者的假定。合法责任的匮乏不得不由历史责任来加以补偿。权力趋于腐败，绝对权力绝对趋于腐败。伟人几乎永远是一些坏人。①

1895 年，在西莱去世之后，阿克顿被任命为剑桥大学近代史钦定教授，在就职时他发表了著名的《论历史研究》的演说，对兰克的史学贡献大加称赞，并从史学客观中立的角度对前任西莱关于大学与历史学的关系的看法予以批评：

> 政治与历史相交织在一起，但并不相当。我们的领域是一个超越国家事务之外的一个领域，并不隶属于政府的权限。②

就职剑桥大学之后的第二年，阿克顿着手主持编写 14 卷本《剑桥近代史》，开创了剑桥史书的品牌，使之与随后出版的《剑桥古代史》《剑桥中世纪史》以及众多剑桥国别史、地区史一道成为迄今西方史学界最有影响的通史或断代类型的著作。他为《剑桥近代史》的作者集体草拟了一份编写计划与编写原则，充分反映了兰克学派的客观主义史学精神。但他只看到这部书的第 1 卷问世便与世长辞，身后竟未留下一部自己的完整专著，只留下了一大批论文、后人编辑整理的两本讲稿《近代史演讲录》和《法国大革命讲稿》，以及一本未完成的书稿《自由史》、三本书信集、近 6 万部藏书和装满了无数资料卡片的书柜。他一生拟撰写的大作《自由史》也付之东流。他的藏书都捐赠给了剑桥大学图书馆。人们检视时发现许多书上都留有阿克顿的铅笔批阅痕迹，惊叹他的渊博学识，遗憾他带走的多，为后人留下的思想少。

---

① 阿克顿：《自由与权力——阿克顿勋爵论说文集》，侯健、范亚峰译，286 页，北京，商务印书馆，2001。

② 何兆武主编：《历史理论与史学理论》，339 页，北京，商务印书馆，1999。

阿克顿终生信仰理性主义的自由，基本历史观也是观念形态的自由。他拟写的《自由史》本是世界通史，但他认为人类史是不断走向自由的历史，唯有自由才能恰当地表达人类历史的本质。所以他采用《自由史》的书名。这个思想看似浮浅，实则具有从必然到自由的哲学含义。阿克顿被认为是史学思想家而非考据家的原因也在于他的史学理论思考。他曾经设想过确定自由发展程度的基本标尺是一个国家的少数派享有的安全程度的多少。为此他设想了自己《自由史》的线索：古典社会的自由度很小，因为那时的公民听命于国家，政治建立在奴隶制基础之上。在中世纪的神权和世俗权的冲突中发展出公民自由，因此中世纪不是黑暗时代而是富有生气的时代。但在文艺复兴和宗教改革过程中出现绝对专制的理论，自由受到威胁。英美革命拯救了自由，而法国革命提出的平等原则却有害于自由，因为它以议会专制代替了君主专制，以多数支配少数，而他历来反对忽略少数人的利益。这一思想可能同他自己所属的贵族少数群体有关，因此他反感基于数量平等的法国式民主。但他从未提出可操作的理想政体，只是比较喜欢英国的君主立宪制。

由于对自由观念的强调，所以阿克顿特别注意观念史或思想史的优先作用，并因而认为在研究历史时应特别注意史学史。在他的卡片中有"最重要的是历史的历史"，"应该教导人们注意那些隐匿于史家内心中的东西，特别是那些著名的史家"这样一些记载，[①] 引导人们在阅读史书时首先注意史家个人的思想而不是他们记录的历史知识，以免为史书所惑。这就有了兰克考据法的内证的成分。

他的治史方法的确深受兰克客观主义方法的影响。在"致《剑桥近代史》撰稿人的信"中，他提出了排除任何主观意志的基本原则，可以说是兰克治史原则的再现，这就是："我们将竭力获得任何文献的复制本"，"我们的方案要求所有的作者不能显露他所属的国家、宗教和党派"，"我们将力避发挥不必要的议论或拥护某一立场。撰稿者要懂得，我们不是处在西经30度而是在格林威治的子午线上，我们所编写的滑铁卢战役必须使得不

---

① 巴特菲尔德：《对人类过去的认识》，63～64页，坎布里奇，剑桥大学出版社，1969。

论法人、英人、德人与荷兰人阅后都能感到满意"。① 这些客观中立的治史原则实际上是塔西陀、卢基阿努斯以来西方优秀史学传统的再版。

但阿克顿并不是兰克的亦步亦趋者。他虽同兰克一样反对历史研究追求普遍规律的目标,明确反对巴克尔的规律论,但却对史学与社会现实的关系有着较兰克更高的认识。兰克认为史学要成为科学,就必须抛弃实用的目的,其对现实的价值因此只限于提供准确的材料。阿克顿则同古典史家一样,认为史学具有道德法庭的作用。他认为"道德法典的不容伸缩的完整性,在我看来乃是历史的权威、尊严与效用的秘诀","历史应是争执的调停者,迷路者的指南,道德标准的卫士"。②在如何既坚持道德的历史性又坚持治史的客观性难题上,阿克顿坚持认为没有暂时的、不同的道德准则,人类史上一如既往地存在着一些绝对的道德标准;一个时代错误的东西在另一个时代也必定是错误的。实际上在他看来客观的原则就是这样一种恒久不变的职业道德原则。

19 世纪中叶以来,无论是思辨的历史哲学还是兰克的客观主义史学,都强调历史的不断发展变化,强调对细碎史实的证实和证伪,黑格尔对历史经验具有现实意义的彻底否定是这一倾向的典型代表,因此传统史学鉴古知今的理论基础——人性不变论受到了严峻挑战。阿克顿的这种道德不变论不啻是对传统史学所提倡的垂训鉴戒功能的一种有力辩护。

三、经济学派

英国史学中的经济史研究在 19 世纪后半叶得到发展,这一方向的带头人是伦敦大学国王学院的统计学和经济学教授罗格斯(James Edwin Thorold Rogers,1823—1890 年)。他先后在国王学院以及牛津大学学古典学与哲学,后改攻经济学,1859 年获国王学院教职,在该校工作 31 年。他的 8 卷本著作《英国农业和价格史》(第 8 卷在他过世后由其子整理后出版)是 13 世纪至 18 世纪英国农业经济史的扛鼎之作。为了写这部著作,他总计用去四十多年的时间,收集了大量有关材料,并试图归纳一些经济规律,

---

① 阿克顿:《历史自由主义解释论文集》(*Essays in the Liberal Interpretation of History*),396~399 页,芝加哥,1967。古奇:《十九世纪历史学与历史学家》,下册,617 页。

② 古奇:《十九世纪历史学与历史学家》,下册,620 页。

如价格规律。书中对农业生产力和生产关系的发展缺少注意，着重于财产的分配关系，尤其是关于农产品价格、劳动力价格和农民生活状况，对劳动者的贫困和斗争表示同情，认为农民起义的原因在于生活的恶化和有产者的贪婪。其方法既有经济统计方法又有实证主义史学方法。他在经济活动参与者的分类上缺乏阶级观念，把中世纪和近代的劳动者通称工人，把生产资料所有者也称为工人，因而资本家也是工人的一部分，因为他们从事生产管理和监督的工作，利润是他们从事脑力劳动应得的报酬。除《英国农业和价格史》外，罗格斯还著

罗格斯

有该书的缩编本《六百年以来的劳动和工资》以及《历史的经济解释》《英格兰银行的最初九年》等著作，为英国经济史研究奠定了基础。

四、亚述学的诞生

如同埃及学是随象形文的破译而生的情况一样，亚述学是随西亚文字楔形文的解读而产生的。欧洲人最早接触楔形文是在17世纪，是由威尼斯商人彼埃特罗赴东方经商途中发现的。他在路经波斯旧京波斯波里时惊异宫墙上刻写的大量陌生钉头状符号，认为这是古代波斯人使用的文字，他临摹下了其中一部分发寄回威尼斯，从此引起欧洲学术界的注意，人们根据形状称之为楔形文。18世纪中叶，丹麦考古学家卡尔斯吞·尼布尔两下伊朗，抄录了波斯波里的全部楔形字铭文，并发现部分书写规律和字母数

罗林森

量。接着德国学者格罗铁芬于1802年完成了9个符号的解读。最后的突破则是由英国学者罗林森实现的。

亨利·罗林森（Henry Rawlinson，1819—1895年）是自学成才的古文字学家，17岁便远赴英国在印度的东印度公司工作，后被公司派到伊朗训练当地军队。19世纪30年代，他在伊朗考察期间发现载有三种书体的贝希斯吞铭文。1844年，他摹下铭文中的波斯文和米底部分。此后从最易识读的波斯文入手，实现了破译。这就找到了一把破译更古老的楔形

文的钥匙。1847 年，他又摹写铭文的巴比伦文部分，经过缜密分析比较，完成了巴比伦文的解读。1857 年，大英博物馆组织对楔形文字的解读工作进行了最后的验证。该馆东方学家塔尔波特将新发现的一篇泥版文书副本分别寄给当时著名的古文字学家罗林森、奥彼尔特和辛克斯，要求在规定时间将译本寄回。塔尔波特则译该文书的原本。检验结果证明四人的译文大体一致。这次验证标志一门以研究使用楔形文字国家和民族历史的史学分支学科亚述学的诞生。整个现代西亚史正是建筑在这一历史发现基础上的。

第四节　美国与俄国的史学

一、美国史学

严格意义上的美国史学是在美国立国之后产生的，但通常把独立战争之前的殖民地史学视为美国史学的准备阶段。

英属北美殖民时期的零星史学著作完全是古典式或基督教史学式的，作者都是具有历史感的探险者、殖民地行政长官、商人、牧师、庄园主、律师等社会较上层的人物，史作则是编年史、年代记、回忆录、地方志，内容比较粗糙，史料缺乏考订，尚不能和古典史学的上乘作品相比。

最早的一部史作是著名探险家约翰·史密斯（John Smith，1580—1631 年）船长所撰的具有回忆录性质的《弗吉尼亚殖民以来大事记实》（1608 年）和《弗吉尼亚、新英格兰及萨默群岛殖民史》（1624 年）。与史密斯的史书几乎同时，英国清教徒迁居北美的运动揭开序幕。其中的一些知识分子以日记等形式留下了有关这一运动过程的记录。清教学者威廉·布瑞德福（William Bradford，1590—1657 年）的《普利茅斯殖民地史》是其中的代表作，之中充满宗教史话的抒情色彩。此外，文斯罗

史密斯

普的《新英格兰史》、琼斯的《弗吉尼亚的现状》、赫钦森的《马萨诸塞湾殖民地史》、斯密的《纽约殖民地史》、柯尔敦的《印第安五部落史》等著作也很有名，从不同侧面记述了殖民者创业的艰辛历程，在史学史上具有难以替代的史料价值。

　　独立战争后，美国立国，美利坚史学正式产生。初期史学观点和方法局限于对欧洲的模仿，尚未引起欧洲史学先进国家的注意，因此也谈不到进行双向对话和学术交流的可能。但与殖民地时期的史学比较，初期的美国史学毕竟已完成了由神本史观转入人本史观的进步过程，并对具体的历史问题提出了自己的解释，特别是对独立战争进行了理直气壮的辩护。

　　美国立国之初的史学仍然是业余史家清一色的天下，而且这些史家中相当部分为政要，如第三届总统托马斯·杰斐逊著有《弗吉尼亚州札记》，开国元勋本杰明·富兰克林著《宾夕法尼亚州制宪和政治史要》，大法官马歇尔的 5 卷本大作《乔治·华盛顿传》，议员拉姆齐的 3 卷本《南卡罗莱纳的革命史》，2 卷本《美国革命史》等。在颂扬自由精神的主旋律之外也有不和谐的声音，如效忠派史家普劳德在独立战争之后写的《宾夕法尼亚史》便称英国统治时期是北美的黄金时期。

斯巴克士

　　19 世纪上半叶对美国史学走向近代化作用最大者为斯巴克士和班克罗夫特。

　　斯巴克士（Jared Sparks 1789—1866 年）开创了美国史原始文献的研究道路。他 1815 年毕业于哈佛大学，做过牧师和杂志编辑，对历史的兴趣大过他的职业。他的史学活动始于对有关美国独立战争史史料的收集工作，在近 20 年里相继编辑了 12 卷本《美国独立战争时期外交文牍汇编》、12 卷本《乔治·华盛顿文集》、10 卷本《本杰明·富兰克林文集》。1839 年，斯巴克士受母校之聘，担任古代与现代史教授，从而成为美国高校中第一位专业史学教师。1849 年成为哈佛大学校长。他还主编过《美国传记丛书》，收有美国名人传记 60 篇，其个人在美国史学史上具有标志意义。

　　班克罗夫特（Bancroft G.，1800—1891 年）是美国民族史学、浪漫主义史学的代表人物，同时也是 19 世纪美国最著名的史家之一。他出身马萨诸塞州的牧师家庭，父亲曾写过一本《华盛顿传》，是业余史学爱好者。班克罗夫特矢志史学，13 岁入哈佛学院，17 岁哈佛毕业后到德国留学，先后在海德堡大学、哥廷根大学、柏林大学研读，努力接受名人的学术营养，听过黑格尔、伯克等人的讲演，走访过哥德。1822 年返国，类似基佐，著书和从政双肩挑，当过海军部长，驻英、驻德公使。他的代表作为 10 卷本《美国史》，中心为独立战争，以杰斐逊的民主党人立场为出发点，是一个

班克罗夫特

上升的民族争取自由、民主、独立的颂歌。全书洋溢乐观精神，大大理想化了早期美国，认为美国是一块自由平等的乐土，对人类前途负有重大责任。他应用了不少生动的原始材料，再加上有时显得铺张的文学渲染，所以书面市之后深得美国读者欢迎。但他的书热情有余而冷静分析不足，自觉不自觉地歪曲了史实，并因此在任驻德公使期间受到兰克委婉的当面批评："你知道我在上课时怎样对学生谈起你吗？我对他们说你写的历史是从民族观点写成的最好著作。"①

除开拓性的《美国史》外，班克罗夫特还著有《美国宪法形成史》等著作，歌颂的主调一如既往。同样的浪漫精神体现在同期的其他史作当中，如帕克曼（Parkman，1823—1893 年）的《法国在新大陆的开拓者》《大西部的发现》《法国和英国在北美洲》，以优雅的散文形式描述早期移民以及法英在新大陆的冲突。

但是在早期"美国梦"的高歌声中也产生了一位具有反省批判精神的史家希尔德雷思（Richard Hildreth，1807—1865 年）。他初期写的小说《奴隶阿尔基·穆尔的回忆录》（又名《白奴》）便有力揭露了班克罗夫特有意回避的奴隶制的罪恶，与斯托夫人的《汤姆叔叔的小屋》并列为废奴运动的文学代表。他后来所写的 6 卷本《美国史》旨在提供一幅美国史的原色画面，捅破了歌颂派宣扬的美国史充满纯洁、道德的神话。在他的笔下，南方的奴隶制受到尖锐批判，连歌颂派津津乐道的早期诸美国总统也失去了完人的形象，比如开国元勋杰斐逊成了蛊惑群众的煽动家。他的笔锋犀利，但他的立论缺乏扎实的史料根基，很少利用官方或私人的原始文献，文体也不够雅致，因此流布不广。

内战前的美国史家不只注意本民族的历史，而且因移民国家的关系，很早就具有世界目光，关心旧大陆其他国家的过去。在这方面，班克罗夫特的同代人，也是哈佛大学的校友和同州人普列斯科特（William H. Prescott，1796—1859 年）是一典型。他双眼残疾，但以坚韧不拔的意志从事西班牙断代史的研究，经过 10 年苦斗，写出一部《斐迪南和伊萨贝拉在位时期的西班牙史》。书中没有浪漫主义史家和希尔德雷思的那种过于外露的情绪，除了难以遏制对宗教裁判所的反感之外，通书都在平心静气

---

① 古奇：《十九世纪历史学与历史学家》，下册，643 页。

地叙述史实，绝少评论，文笔也十分俊逸，问世后颇
得国内外学界的好评，堪称美国第一部在欧洲获得盛
誉的史著。他最好的著作是《墨西哥的征服》。这是
一部建筑在西班牙图书馆馆藏文献和墨西哥地方史料
基础上的专史，也是一部西班牙殖民者以剑与火征服
墨西哥的史诗。书中对墨西哥土著统治者和殖民者的
残忍予以同样的谴责，但对后者较为宽容，因而招致
自由主义者的批评。但他对此不以为然，认为自己有
责任不隐恶也不夸饰，让历史事实说话。他是美国早
期史家中少见的客观主义精神的体现者。

普列斯科特

　　内战的爆发彻底击碎了班克罗夫特等浪漫主义史
家的粉红色美国梦，证明美国社会存在深刻的裂痕，史学也因此在内战和重
建期间出现南派和北派两大阵营。双方观点表面上截然对立，实质上却是一
致的，都认为内战是两种不同生活或生产方式冲突的产物。

　　南派史家主要是一些内战中的风云人物，如南方联盟总统戴维斯、副
总统斯蒂芬思，代表作有前者的《南方联盟的兴亡》和后者的《诸州之战
的宪法观》。他们是奴隶制的辩护士，基本解释是南方要维护自己的宪法权
利和生活方式，捍卫自身文明的尊严，反对北方对南方的横加干预。

　　北派史家则从维护国家统一、反对奴隶制的立场出发，坚持资产阶级
民主主义和自由主义，说明北方事业的正义性。代表作有格里利的《美国
的冲突》《奴隶制扩张史》和德雷帕的《美国内战史》。

　　由于美国内战是推动美国史前进的重大历史事件，因此南北派之争在
美国史学中牢牢地挽起了一个至今也难以解开的内战史情结。时钟转到19
世纪末、20世纪初，南派基本观点和荒谬之处已经暴露无遗，进步史观成
为史学的主流思想，因此南北派之争也成为历史。

　　在19世纪大部分时间里，美国史学仍徘徊在业余史学为主的阶段，大
部分史家对史学理论问题缺少兴趣，史学著作保持着浓重的实用和文学气
息。1857年，密歇根大学将留德学者怀特任命为美国大学中的第一位史学
教授，开始专业化的进程。1876年，约翰·霍普金斯大学史学教授、留德
学生赫伯特·亚当斯第一个建立德式"习明纳尔"，培养专门的史学人才。
他高度评价兰克对史学的贡献，谓之"科学的史学之父"。认为历史与自然
科学一样是科学部门，其实验室是图书馆和档案馆，历史证据经过严格考
证，可以证明或证伪有关过去的科学假设。随着19世纪末科学热席卷美国

学术界，史学的专业化也如火如荼。第一代专业史家中最出名的除赫伯特·亚当斯外，还有哈佛大学史学教授亨利·亚当斯，代表作为9卷本《杰斐逊和麦迪逊执政时期的美国史》；哥伦比亚大学教授伯吉斯，代表作是《中间时期，1817—1858年的美国史》等。他们都曾留学德国，用兰克方法分别培养出一批又一批博士生，壮大了专业史学队伍。1884年，美国历史学会宣告成立，41名倡导人中有一部分是从德国学成归国的留学生，他们是在高校中推广德国专业技能训练经验的主力。作为象征，兰克被美国历史学会吸收为唯一一名海外成员。但此时全国400所高校中只有20名职业教师。1892年，国会十人委员会的历史组宣布需要在美国所有高中开设4年的美国史和世界史课程，理由是历史知识有益于学生将来正确地参与国家事务，因为历史最能增进学生"无可估价的思维力量，即我们称之为判断的力量"。[①] 这一举措大大促进了史学的专业化，意味大学应该成为培养大批中学历史教师的摇篮。所以到了1894年，全国高校中已有100名职业教师。1895年，仿西欧的《美国历史评论》创刊，成为专业史家的论坛。1907年，专业的实证主义史家杰姆森当选为历史学会主席，标志专业史家在美国历史学会中取得优势地位。他培养出一批专业史学的"博士军"，四处宣传新的史学思想。1909年，美国历史学会的2700名成员几乎都成为专业历史工作者，其大部分研究成果已经不再像业余史家的作品一样可为社会大众所欣赏，而只供专业圈内的专家学者们共享了。历史专业化进程至此已完成，经过专业训练的博士生占据了美国史坛。随着国内史学组织的纷纷崛起，史学研究的活跃，美国史家的目光也移向国外，加入到19世纪后期列强对古文明发掘的热潮之中。在美国政府和私人的赞助下，美国考古研究所于1879年创立，在雅典、罗马、巴勒斯坦设三个海外学院，从事大面积的田野发掘和研究工作，取得丰硕成果。

新生的美国专业史学从一开始就有自己的特点。美国史家主要接受的是兰克的严密考证、注重档案文献的方法以及研讨班的培养形式，但并未把自己限定在"如实直书"的简单实证范围之内。他们也赞同巴克尔确定普遍规律的做法，如亨利·亚当斯曾指出："如果历史要成为真正的科学，它就必须确定它的一些法则。"[②] 但没有因循重复和喜欢标新立异的美国史

---

① 加格农：《为什么学习历史》，载《大西洋月刊》（*The Atlantic Monthly*），1988年11月号。

② 布雷萨克：《古代、中世纪和近现代史学史》，290页。

家从来没有认真地探讨过历史普遍规律问题，只是在历史个别部分试图找出一些一般解释。在这方面，19世纪末的威斯康星大学教授特纳关于美国历史发展动力的新边疆理论最具美国特色。

特纳（F. J. Turner，1861—1932年）是赫伯特·亚当斯的学生，威斯康星州人，威斯康星大学本科毕业，在约翰·霍普金斯大学获博士学位（1890年），提交答辩的论文是《威斯康星州的毛皮贸易》。之后在威斯康星大学和哈佛大学执教。1893年在芝加哥召开的美国历史学会年会上，他宣读了一篇名为《边疆在美国历史上的重要性》的论文，反美国史学中一贯注重东部史，特别是"新英格兰"地

特 纳

区的做法，提出西进在美国早期历史中的决定意义。在特纳看来，"在美洲发现后四百年和宪法公布后一百年的今天"，即至特纳时代为止的历史是美国史的第一阶段。"边疆已经消失，同时也就结束了美国历史的第一个时期"。①

他把西进作为美国早期史之纲："一部美国史大部分可以说是对于大西部的拓殖史。一个自由土地区域的存在及其不断的收缩，以及美国向西的拓殖，就可以说明美国的发展。"② 关于西进的起因，特纳的解释是并非出于简单的地理条件，拓殖的浪潮从西岸越过山岭，拍向大草原有多种原因，如"野兽把猎人和商人引到西部去，草地把牧场主引到西部去"，但最主要的原因是广袤、自由的土地对渴望土地财产的广大美国农民的诱惑。因此这是一场以农民为主的寻求生产资料的运动，是人们为了生存的改善谱写的一曲人与自然关系的交响曲。地理和经济因素互相影响，人们在开辟新边疆的过程中也改造着主观世界，用特纳的话说就是随着连续的垦荒，美国的文明也向西移动，政府、法庭、学校、城镇、工商业发展起来，结果促进了各民族拓荒者的融合，减少了在经济、政治上对英国的依赖，美国政府的力量得到发挥，立法得到充实，自由竞争、个人主义和民主主义得到加强，并反过来影响东部和旧世界。

总之，西进是美国民族保持旺盛精力的源泉。所以特纳把西进看作是理解美国早期史的一把钥匙，他说：

---

① 特纳：《边疆在美国历史上的重要性》，见杨生茂：《美国历史学家特纳及其学派》，38页，北京，商务印书馆，1984。

② 杨生茂：《美国历史学家特纳及其学派》，3页。

美国社会的发展就这样在边疆始终不停地、周而复始地进行着。这种不断的再生，这种美国生活的流动性，这种向西扩张带来的新机会以及跟简单的原始社会的不断接触，提供了支配美国性格的力量。只有把视线从大西洋沿岸转向大西部，才能真正理解美国的历史。

甚至对美国奴隶制的理解也基于此。这就提出了一条不同于传统解释的美国历史发展的独特道路，特纳谓之"拓荒者民主编年史"。特纳的这一观点提醒人们注意因地理与经济因素引起的西进对美国史进程的巨大意义无疑是正确的。但他有一个明显的逻辑上的漏洞，就是当四百年后边疆已经扩到极限之后，美国的活力该如何保持？是否像当年罗马史家解释罗马共和国史一样，在四海之内无敌手后罗马人就失去了恐惧和进取心，醉心于安逸和奢侈，就该走向衰落了？在他后来发表的《新西部的兴起》和《美国历史上的边疆》两书，特别是论文《美国历史中的社会力量》中，这一观点得到进一步的展开。

特纳认为，西进和开发自由土地的必然结果是向太平洋和中美洲的扩张，占领菲律宾、夏威夷、墨西哥湾，成为拥有众多附属国和被保护者的共和帝国。特纳没有说海外扩张到极限后又该怎么办。但至此已充分暴露出特纳观点为扩张主义宣扬和把美国史简单化的消极面。西部并非是自由的、无主的处女地，印第安人早已在那里生息了几万年。太平洋新边疆则是美国同老殖民主义国家争夺的结果，它是建立在掠夺殖民地人民基础上的。特纳对此抱着欣赏的态度，反映出自由主义史家或"进步派"史家的阶级和民族局限。但他毕竟在19世纪末提供了令人耳目一新的新解释，引起许多人的共鸣，形成了一个以西进为理论中心的边疆学派，并得到一些鼓吹扩张主义的政治家的赞赏。20世纪30年代以来，特纳边疆说的缺陷越来越暴露，逐渐失去了解释一切的地位。但"新边疆"这一术语及其思想却长期残留下来，为那些积极执行对外扩张政策的美国政府首脑所利用。

新边疆说在美国史学发展史上具有启后的作用。一般认为特纳是20世纪前30年名噪一时的美国"新史学"的始作俑者，新史学的术语正是特纳首先提出来的。但他的出"新"并非在于史学主体和客体的一般理论和方法，而在于具体历史现象的解释，因此还不能说是对实证主义史学的突破。真正有美国新史学特征的是下一个世纪比尔德、伯克尔、鲁滨逊等人提出的主观主义、实用主义和历史相对论。特纳的启后作用毋宁说体现在对成说的挑战上。

二、俄国史学

俄国史学的源头可以追溯至12世纪末，当时出现了第一部年代记《往年纪事》，可能由基辅彼契尔修道院僧侣涅斯多尔所撰，收集在14—16世纪的俄罗斯年代记汇编中传了下来，有后人改动的痕迹。随后，这种基督教史学的记载形式便在罗斯各地传播开来，如诺夫哥罗德、罗斯托夫、弗拉基米尔等城市都有了自己的年代记。15—16世纪，俄罗斯由封建割据走向统一，并最终摆脱蒙古统治，一些世俗年代记，如御用的年代记适应这一转变的需要而生，统一的俄国在这类史作中被看作是罗马帝国的继续，统一的君主，如伊凡三世被当作君士坦丁再现。这种神圣和世俗的记载形式在伊凡四世时达到繁荣，伊凡四世亲自参与了一部名作《世界史》的大事记的编纂，从创世纪写至16世纪，配图1.6万幅之多。此外当时还问世了《莫斯科大公史》《喀山编年史》等著作。但由于俄国立国较晚，又处东欧边缘，长期处于蒙古统治之下，经济、文化十分落后。独立后的封建统治者忙于拓疆辟土，对社会控制极严厉，因此文化落后的现象没有什么根本改变，一个明显的例证是在西欧盛极一时的文艺复兴和宗教改革运动均未能在同代的俄国引起回声，因此也就谈不上俄国的人本主义的新史学了。

彼得一世改革是俄国史学近代化的转机。改革的重要内容之一是在文化教育方面向西欧学习。17世纪末，第一所研究古代语言、历史和文学作品的中心——斯拉夫、希腊、罗马科学院在莫斯科建立，为史学辅助学科的形成奠定了基础。1718年，在彼得堡建立了俄国第一所历史博物馆。1725年建起俄国最高研究机构俄国科学院。1755年，俄国有了第一所大学莫斯科大学。这些文化教育机构为培养本国学术队伍创造了组织前提，俄罗斯人本的民族史学便在这种有利的历史条件下产生出来。当然，这里也有外力的作用。

俄国科学院建立后，从德国聘请了一些名史家帮助整理俄国史资料，用近代方法建构俄国历史。这些德国专家根据中世纪佩彻尔斯基修道院僧侣编纂的一部编年史提出古罗斯国家的诺曼起源说，其中以拜伊尔的说法最为突出。按照这一说法，基辅罗斯国家为北欧日耳曼人的一支诺曼人南下征服东斯拉夫人所创。这一说法引起了具有强烈民族感的俄国知识分子的反感，他们从不同角度对这一假设进行证伪，从而带动了对整个俄国史的研究，产生出第一批民族史著作，最有影响的是塔吉舍夫的5卷本《俄国史》和罗蒙洛索夫的《俄国古代史》第 1 卷等。

塔吉舍夫（B. H. Татищев，1686—1750 年）
是彼得的近臣，积极支持改革，担任过政府要职。
早在 18 世纪 20 年代他便开始了自己的代表作
《自远古以来的俄国史》的写作，从俄罗斯的古老
居民之一斯基泰人写起。1739 年，他向俄国科学
院提交该书头一部分的手稿，对罗斯国家起源说
提出了自己的看法。之后他继续这部著作的写作，
直至去世也未能完成，只写到 1557 年。书的前 4
卷是在他死后才正式发表的（1768—1784 年）。
以后又发现了第 5 卷，于 1848 年出版。塔吉舍夫

塔吉舍夫

运用了比较方法处理文献史料，认为拜伊尔虽是古文字专家，但不通俄语，
因此不能正确解决俄国史问题。他指责德国史家过分夸大普鲁士成分和过
分贬低罗斯古代政权。认为历史上的民族融合是相互的，有一个长期的过
程。"罗斯人起初居住在诺夫哥罗德地区，属于萨尔马特人"，而不属于居
住在俄罗斯欧洲部分的斯拉夫人和斯基泰人。后来斯拉夫人向西南推进，
占据了罗斯人的土地，迫使罗斯采用他们的名称。[1] 他的著作采取世俗史的
结构，广泛收集分析史料，是第一部统一的俄罗斯通史。围绕诺曼起源的
争论为近代俄国史学打下了深刻烙印，表明俄国近代史学一开始就具有鲜
明的民族主义、爱国主义特征。

罗蒙洛索夫

罗蒙洛索夫（M. B. Ломоносов，1711—1765 年）
是在俄国科学院中最早支持塔吉舍夫观点的人之一。
他主要是卓有建树的自然科学家，但对俄罗斯史也极
有兴趣，是《俄国古代史》的作者。这部书是官方的
委托以及他个人民族主义的产物。他用了三年时间系
统研究古代的年代记和国内外的史著，包括古典史家
希罗多德、托勒密、塔西陀、普林尼等人的作品以及
波兰和德国史家的著作，于 1758 年写出该书第 1 卷
并初次付印。但罗蒙洛索夫不满意已印的版式而重新
编辑制版。当这一卷于 1766 年正式发行时，罗蒙洛

---

[1] 伊列里茨基等主编：《苏联史学史》，82 页，莫斯科，1961。

索夫已经谢世了。他在卷首简短论及自己对历史的总体认识，认为历史是一条不间断的长河，连续地克服前进道路上的障碍，各民族具有发展的共同性。这种思想用于俄国史，便有了俄罗斯民族的斯拉夫起源说。他使用比较语言学方法，从语言共性的程度出发，得出与塔吉舍夫不同的结论，即在古代东欧只有斯基泰和萨尔马特两个民族，斯拉夫人和萨尔马特人实际是一回事。他分出东、西、南斯拉夫三大支，认为罗斯人属于东斯拉夫人，自己形成了国家。诺曼人虽然迁徙到罗斯人的居住地，但被同化。这就奠定了斯拉夫起源的基础。关于诺曼人的争论为俄国史学打下了深刻烙印，促进了民族史学的发展。

　　进入19世纪，俄国史学也开始专业化的进程。在18世纪，俄国只在莫斯科有一所大学，现在有了喀山大学、哈尔科夫大学、奥德萨大学等一系列高校。相应的出现了较多的专业历史教师。1804年，莫斯科大学成立俄罗斯古代史学会。随后在喀山和奥德萨也建立了类似的史学组织。1846年，彼得堡成立考古学会。刊载史学论文的综合性期刊也在同期出现，如《欧洲通报》《莫斯科通报》等。史学随着整个文化的进步而有了进一步的分工，出现政治史、经济史、法律史、语言文学史方向，对历史真实的认识也日益加深。

　　由于资本主义经济的发展和农奴制危机的深化，西欧启蒙和民主革命思想的传播，史学界围绕沙皇专制制度分化成两种不同的派别。一种是沙皇的御用史学，另一种是反封建和反专制的资产阶级启蒙史学。前一种以沙皇的史官卡拉姆辛（Карамузин，1765—1826年）为代表，后一种则以十二月党人等启蒙学者为典型。卡拉姆辛深受沙皇宠幸，著11卷本《俄国史》，自远古写至罗曼诺夫王朝，以政治史为主线，材料丰富，但观点却是皇权至尊，极尽美化沙皇专制制度之能事，认为俄国具有特殊的历史发展道路，可以避免西欧业已发生的革命。他的观点受到资产阶级民主主义思想家的强烈批评，如十二月党人穆拉维耶夫在评卡拉姆辛《俄国史》时说"历史属于人民"。十二月党人屠格涅夫则说"把历史奉献给沙皇是可笑的"。[①] 同样的思想体现在19世纪中期俄国启蒙学者赫尔、别林斯基、车尔尼雪夫斯基、杜勃罗留波夫等人的政论作品中。他们宣传反农奴制、反专制、社会进步的历史观。

---

　　① 加尔金主编：《欧美近代现代史学史》，上册，100页，董进泉译，合肥，安徽教育出版社，1986。

资产阶级启蒙思想家从政治角度有力地批评了卡拉姆辛等御用史家，而历史家则从史学认识论的角度批评卡拉姆辛，如在19世纪上半叶受德国批判史学的影响，俄国史学界出现了德尔普特大学教授埃维尔斯、莫斯科大学教授卡切诺夫斯基等人为代表的"批判学派"，特别强调对史料批判分析的必要性和求真的重要性。比如卡切诺夫斯基（Каченовский，1775—1842年）批评卡拉姆辛未能认真考证史料，以现代化和对生动的一味追求而牺牲史学的尊严。他指出："史家不是浪漫主义者，也不是诗人，他记述过去真实发生的事情，不能虚构想象，不可任意夸大无关紧要的情况，也不能视若不见。"① 他认为对证据一定要有勇气怀疑批判，不要轻信过去的记载。

19世纪最后几十年，引起西欧学术界重视的史学成就主要是在社会经济史领域。当地农奴制虽被废除，但资本主义发展以及农民土地问题仍然是国家面临的重大问题。一些史家把注意力集中在社会经济史研究上，力求从历史中寻找解决现实问题的答案，从而形成了俄罗斯经济学派，主要代表有《古罗斯的工业》一书的作者阿利斯托夫，《大诺夫哥罗德的经济生活》一书的作者尼基特斯基，以及在研究法国土地关系方面取得丰硕成果的鲁奇斯基和在公社土地所有制研究方面令欧洲瞩目的科瓦列夫斯基。

总之，到十月革命以前，俄国史学已同欧洲其他国家中的情况一样实现了由业余向专业的转化，实证主义史学方法同样成为史学研究的基本方法。

第五节　分析的历史哲学的兴起

19世纪中后期，当模仿自然科学的客观主义与实证主义史学横扫西方史坛、完成从传统史学向近代科学史学的重要转型的时候，围绕历史认识的本质、历史能否被科学地认识以及怎样才能正确地加以认识这样一些史学本体问题，出现了一股怀疑的声浪。它初起于专业史学内部，很快在史学外部的哲学界得到呼应，形成了势头，直接带动起20世纪历史相对主义的思潮。专业史学内部的怀疑论者以19世纪中叶的德国史家德罗伊森和19世纪末叶出现的美国史学流派以及德国史家迈尔为代表。但他们的声音因理论的功底较弱，观点支离破碎，显得气力不足，远不能摇撼客观主义与

---

① 伊列里茨基等主编：《苏联史学史》，161页。

实证主义史学的统治。对科学史学造成真正威胁的是来自哲学界的近代"笛卡儿"们，他们对史学本体认识局限的揭示和批判是促进西方史学深入发展的又一次否定之否定。在西方史学史上，这一以史学本体为认识对象的历史哲学又被称作批判的或分析的历史哲学，以便与提炼普遍规律因此具有历史决定论之嫌的思辨的历史哲学相对。但实际上，受分析的历史哲学批判的客观主义及实证主义史学认识论同样是本体认识论，只是分析的历史哲学认为主观与客观水乳交融，难以分离开来；而客观主义及实证主义史学认为主观与客观之间可以划清界限。

客观主义史学以及实证主义史学理论的失误在于历史认识与历史存在之间纹丝不差的同一性。对于 19 世纪的西方客观主义史学家来说，客观的历史存在于史料之中，历史工作者的首要任务就是遵循诸如兰克、朗格罗瓦等人总结的史学研究法，从史料中提纯史实，即广泛搜集史料，严格批判、考据、推定史料，然后得到准确无误的有关过去的事实，即终极的过去。对于实证主义史学来说，这样的"纯净"事实是不依人的意志为转移的自在之物，是供史家和其他学科的研究者取样和连接过程，进而发现支配客观历史运动规律的样本和证据。这种提纯个别和抽象一般的过程与自然科学的研究过程是完全一致的，因此历史学理所当然地跻身于物理学、化学之类科学的部门之列。这种认识和存在的完全同一的思想不独是社会科学家们的理想，也是自然科学家们的理想，反映了 19 世纪知识界普遍存在的科学崇拜和科学规律崇拜。这是一个乐观主义的时代，西方的大多数社会科学家与自然科学家都患有形而上学的世纪病，坚信自己可以发现永恒的真理，忽略了人类对自然与社会的真理性认识乃是一个不断深化的永恒的过程。德国哲学家狄尔泰是第一个从认识论的高度指出客观主义与实证主义史学认识局限的人，因此他被称为相对主义史学之父。

一、狄尔泰

威廉·狄尔泰（Wilhelm Dilthey，1833—1911 年）出生在比布里希一个普通牧师家里，少年时在地方学校受教，1852 年中学毕业后入海德堡大学读神学。三个学期后，他转往柏林大学，在弗雷德里克·海登堡指导下学习历史。毕业后当过两年中学教师，后因健康原因放弃教书，居住在柏林一边调养身体，一边从事史学与哲学研究。1864 年，他因一篇出色的伦理学论文被大学聘为教师，先后在巴塞尔大学（1866 年始）、基尔大学（1868 年始）、布雷斯

劳大学（1871年始）和柏林大学（1882年始）担任哲学教授。他是博学与专精结合的学者，在历史学、心理学、社会学、解释学与哲学领域均有不凡建树，留给后人大批手稿，但生前公开发表的只有《斯赖尔马赫传》第1卷、《人文科学导论》第1卷、《体验与诗》三部著作和一些论文。其中前两部书也只是他原写作计划的一部分。他原本还拟写一部仿康德的《纯粹理性批判》形式的《历史理性批判》，但终未能完成。他的计划过于庞大，他本人的兴趣又过于广泛，一直没能集中于历史哲学体系的构造，所以他

狄尔泰

的历史哲学思想是不成系统的，有时是混乱的，分散在他的大量手稿当中。最能反映他历史理性批判思想并影响最大的是对社会科学与自然科学各自特性的分析，对主观因素在历史认识中的重大作用和历史相对论的阐释。

他在《人文科学导论》和一系列论文中认为，在自然科学当中，人们的研究对象是没有思想的客观实在，只能从外部观察、描述现象和总结一般规则。而在社会科学当中，主体与客体都是有思想、有生命的人，因此社会科学是从研究对象内部来认识自己的研究对象，以生命的体验来体验生命，认识主体和客体是密切联系在一起的。换句话说，狄尔泰认为社会科学认识中必然具有主观的渗入，带有主观的因素。这就对兰克以来的一味模仿自然科学方法的史学追求兜头泼了一盆凉水，使西方史家更清醒地认识自己与自己的研究对象。当然，狄尔泰并不否认社会科学也可以从外部观察和描述，但这种观察和描述的只是表面现象，观察对象的本质，也就是具体的思想、精神或感觉是无法从外部认知的。所以对自然和社会的研究要有不同的方法，自然科学是概括一般，社会科学是分析个别，这样就突出了整体的人和个体的人的特殊性。具体于史学，则历史学家活在他的研究对象之中，因为：

> 历史学家只是简单地从文献和资料出发，而这些本身并不显示过去……这些资料只是为他在自己的心灵中复活原来所产生出它们来的那些精神活动提供机缘。正是由于他自己的精神生命，并且与那种生命的内在丰富性成比例，他才能从而赋予他发现自己所面临的死材料以生命。因此，真正的历史知识乃是对其自己的对象的一种内部经

验……①

这样一来，认识主体个人的思想和认识客体的精神活动是理解整个人类历史的基础，一部人类史实际上就是一部精神或思想的历史。

然而，狄尔泰并没有陷入极端唯心论和绝对相对主义。他的这种主观主义的认识论是同一定的辩证方法夹杂在一起的，这是他与后来根本否定历史认识可能性的其他相对主义史学家或哲学家的不同之处。他认为只有把人类研究的对象放到历史中才有可能被认知。他在展示个人心灵的代表作《梦》一文中，对历史主义地认识过去以及真理的相对性有十分精彩的论述。在他看来，历史与现实是一个有机的整体，绝不能对历史采取虚无主义的态度。他说：

> 让我们努力奔向光明、奔向自由和美；然而却不是抛弃过去，完全去标新立异。我们必须带着旧神去进入每一户新居。尼采一个人苦思冥想，想去寻找原先的本质和他自己非历史性的存在，全然是白费力气。他一层一层地剥下去，然而又留下些什么呢？结果是只留下由历史条件所制约的某一单个的人和文艺复兴时超人的某些特征。人是什么，只有他的历史才会说清楚。若人们把过去置诸脑后，以便重新开始生活，就会完全徒劳无益。它们无法摆脱过去之神，因为这些神已经变成了一群游荡的幽灵。我们生活的音调是取决于伴随过去的声音的。只有屈从于历史所产生的巨大客观力量，人才能从眼前的痛苦和短暂的欢乐中解脱出来。②

在同一篇文章中，他还指出人的认识是相对真理与绝对真理的结合：

> 每一种世界观都取决于具体的历史条件，所以是有限的和相对的……每种世界观都在它自己的范围内反映了宇宙的某一方面。就这一意义来说，每种世界观都是正确的。然而无论如何，每一种世界观却又都是有其片面性的。要就它们的整体来衡量各个方面，我们都还

---

① 柯林伍德：《历史的观念》，196 页。

② 田汝康等编：《现代西方史学流派文选》，9 页，上海，上海人民出版社，1982。

办不到，所以我们也只能在各种各样的残光佘晖中看到真理的完美之光。①

由于人们的认识是不断变化的，所以在狄尔泰看来不存在普遍适用的历史规律。

基于自己的这种历史认识论，狄尔泰对史学表现的不同形式进行了价值评估。他对自传体评价甚高，这并不奇怪，因为自传更符合他对历史的理解，即创造自传的人与理解自传的人是同一个人，这就使真正的历史认识成为可能。

当由自传这种个人反思的形式发展到对他人生命过程理解的时候，历史思维的范围便扩大到传记形式。但狄尔泰的思想在这里出现了一个难题：既然个人的经验和心灵存在差异，传记作者能否真实地认识自己的对象？狄尔泰试图用一种假设的共性来摆脱自己给自己设置的理论麻烦。他认为人们的内心深处有着某些共同的情感，如冲动、激情、痛苦，传记的主题完全可以用个人内心的体验去补充对客体心灵观察的不足，也就是设身处地、将心比心的移情和直觉。这样他便把心理分析当作认识历史的重要途径。

狄尔泰看出仅从个人精神去理解历史是不够的，因为个人只是有限的点，不足以构成整个历史过程的线，于是人类的进步和发展便无法正确加以说明，对个人的理解因而也是不完整的了。在这种情况下，对个人精神的理解只有和对社会精神（狄尔泰称之为客观精神）的理解联系起来才能成功。这样，就需要更高的史学形式——历史编纂学。历史编纂学以客观精神为对象，即各种文物史料，如房屋、道路、书籍文献、工具、用具、图画等。它们是人类精神活动的产物，是客观化了的精神。通过对这些史料的研究，就能发现人的本质即人性的发展变化的轨迹，包括个人精神在内的人类形形色色的精神也就可能被客观地认知。

狄尔泰开创了对史学主体深入研究的道路，解释了社会科学的特殊性，指出在史学认识过程中主体介入的不可避免性、真理的相对性，提出心理分析的方法，这不仅是对19世纪客观主义与实证主义史学的批判，也是对史学深入发展的推动。但他在突破史学客观主义及实证主义的科学崇拜、

---

① 田汝康等编：《现代西方史学流派文选》，6～7页，上海，上海人民出版社，1982。

史料崇拜的同时，又过分夸大了个体意识对理解历史的作用，忽视社会的其他存在，特别是物质生产条件的存在意义，因此缩小了历史认识的基础，导致主观唯心主义的片面。而且，他提出社会科学与自然科学的区别，却又把自然科学的精神或心理分析方法作为历史认识的基本方法，使自己处于自相矛盾的境地，反映了他在理论上的一些疏失。

二、文德尔班与李凯尔特

德国哲学家威廉·文德尔班（Wilhelm Windelband，1848—1915 的）系波斯坦人，先后在耶拿大学、柏林大学、哥廷根大学受教，获博士学位后先后在慕尼黑大学、弗赖堡大学、斯特拉斯堡大学与海德堡大学讲授哲学，是所谓西南德新康德学派的领军人物。他虽然是哲学家，但主要致力于哲学史研究，如代表性专著《古代哲学史》、两卷本《哲学史》等，这就同历史学铰接在了一起。在《历史与科学》一书中，他对狄尔泰提出的史学特殊性问题提供了更为具体的解释。他按照科

文德尔班

学思维的类型区分自然科学与史学，而不像狄尔泰那样笼统地以有无精神、生命作为区分的标准，这就弥补了狄尔泰无法解释自然科学也研究有精神的人甚至人的心理的缺失。他承认史学的科学性质，否定实证主义史学的规律目标，认为根据科学思维的方式的差别，

　　一些科学研究一般规律，另一些科学则研究特殊的历史事实；如果用形式逻辑的语言来说，有一些科学的目标是普遍的定然判断，另一些科学的目标是单称的实然命题。①

史学属于后种科学，因此它不必仿效自然科学，应该按自己的方法进行研究，保持学科的独立性。在同一部书中，他还指出：

　　在自然研究中，思维是从确认特殊关系进而掌握一般关系，在历

---

① 洪谦编：《西方现代资产阶级哲学论著选辑》，55 页，北京，商务印书馆，1964。

史中，思维则始终是对特殊事物进行亲切的摹写……对于历史学家来说，任务则在于使某一过去事像丝毫不走样地重新复活于当前的观念中。①

文德尔班的这一说法实际上否定了实证主义史学的目标之一，即精确认识历史事实是为了准确归纳历史规律，等于割断了史学的特殊性与普遍性的关系，使史学的本质回归到亚里士多德的认识之上，亦即历史就是个别史实的堆积。而事实上，史学自形成以来就不只关心个别，也关注一般，完全有能力在具体的历史发展中概括某些稳定的联系与规律。在这一点上，实证主义史学是正确的，其错误是凝固了规律，只看到规律的绝对性，忽略或没有看到规律的相对性。

当然，文德尔班强调史学的本质在于复原特殊并不等同于兰克为代表的客观主义史学所主张的可以做到如实直书。在他看来，史家不可能"毫不走样地"再现客观事实，因为历史是一次性的、永不复现的个别事件的王国，史家对历史的认识总会带主观的意向，比如在处理史料的过程中，"我们只有联系理性，联系与心理经验相符合之处来考虑，才能得出结论"，而且总会有"一个不可理解的剩余物"，一个"不可言传、无法界说"的死角。②

需要指出，文德尔班同狄尔泰一样，没有因史学认识的相对性便全然否定史学在整个人类认知体系中的重要地位。他是从文化延续继承的角度看待这个问题的，认为人是有历史的动物，"人的文化生活是一种世代相承愈积愈厚的历史联系；谁要是想参加到这个联系中去通力协作，就必须对它的发展有所了解"，无论人们愿意不愿意，"人类必须背起巨大的历史书包"。③但他和狄尔泰都绝对没有想到，正是他们开始的历史相对论为 20 世纪甚器尘上的历史虚无主义铺平了道路。

在 19 世纪和 20 世纪之交兴起的分析的或批判的历史哲学中，还有一位代表人物是德国哲学家海因里克·约翰·李凯尔特（Heinrich John Rickert，1863—1936 年）。他生于但泽市，在斯特拉斯堡大学读书并获博士学位。之后在弗赖堡大学教书，1894 年成为教授。1916 年他转往海德堡大学工作，

---

① 洪谦编：《西方现代资产阶级哲学论著选辑》，59、66 页。
② 文德尔班：《哲学史教程》上卷，27 页，北京，商务印书馆，1987。
③ 洪谦：《西方现代资产阶级哲学论著选辑》，61 页。

也是西南德新康德主义的代表人物。他的历史哲学思想
类同于狄尔泰与文德尔班，认为一般规律属于自然科学，
历史只关注个别，等等，但他的观点表现得更为系统和
完整。例如他引入价值范畴，把价值当作区别自然科学
和社会科学的标准，前者无须价值判断，后者需要价值
判断。在他那里，价值的实质是有效性，表现在是否有
意义。历史叙述通过价值的联系（人物、事件的选择概
念）建立起来，并随着作为指导原则的价值的变化而
变化。

李凯尔特

　　19世纪末叶与20世纪初的分析的历史哲学的兴起标志客观主义与实证
主义史学从全盛开始转向危机，引起西方史学进入了自形成以来最深刻的
自我反省阶段。从此，西方史家们都不得不扪心自问：史学意义上的历史
是什么？客观历史能否被认识？如果能认识，标准是什么？如果不能被认
识，史学的价值又在何处？是否存在历史规律？诸如此类的史学本体问题
导致20世纪西方史学广泛的讨论。在这些问题的挑战与应战中，西方史学
进入了一个前所未有的发展时期。

第十章　现代西方史学鸟瞰
（自第一次世界大战至今）

概　述

　　与乐观主义的 19 世纪相比，现代西方史学的一个基本思想特征就是悲观主义。这种悲观有着深刻的历史背景。作为现代西方思想文化体系的一个组成部分，西方史学的这种时代变化与之所处的西方乃至世界政治、经济和思想文化的总体变化密切联系在一起，既是总变化的产物，又是总变化的反映。进入 20 世纪以来，直接、间接对西方史学施以影响的因素主要有如下几个方面。

　　在 20 世纪初，刚形成不久的垄断资本主义带着原初阶段的野性激化了西方世界的各种内在矛盾，导致几乎使西方文明崩溃的经济危机和两次世界大战的浩劫。声势浩大的无产阶级革命与被压迫民族的解放运动，社会主义与资本主义两大阵营的长期较量，也造成西方传统价值观念的深刻危机，传统理性、进步和国家至上的观念因不能适应社会的剧烈变动，遭到战后西方思想界的广泛抵制，各种试图取而代之的思潮纷然杂陈，或钩心斗角，或兼容并存，西方出现空前多元而庞杂的社会思想氛围，直到今天尚未理出头绪。存在主义、精神分析的人本主义、逻辑实证主义、相对主义、实用主义、后现代主义，等等，都是现代西方思想史上一度具有强大影响的流派。总的说来，否定任何绝对价值、终极价值、绝对规律、世界精神，以主观唯心论为核心的悲观主义、怀疑主义弥漫着西方思想界，用所谓"悲凉之雾，遍布华林"来形容这种普遍的精神消极并不为过。

　　在这种怀疑主义思潮中，19 世纪的科学规律崇拜在 20 世纪被彻底打破是西方思想界最重大的成就，也是各种怀疑与虚无主义思潮的基础。

　　在一个多世纪之前，法国数学家拉普拉斯曾对科学的魔力有过典型的论述，即只要给他可供计算的足够数据与时间，看将来就会像看现在一样清楚。然而科学的进步和人类历史运动的不可测性使这种科学规律精确性、历史决定论的神话失去了魔力。

规律崇拜是从物理学开始的，也是从物理学的新革命开始衰亡的。电子的发现对牛顿的运动定律和能量守恒定律是第一次打击，万有引力定律也显露出不精确的一面。20世纪初叶，以相对论和量子力学为代表的物理学进步，则彻底打破了人们对科学规律绝对性、普适性的迷信。比如，牛顿力学认为空间、时间和位置是绝对的，能量是守恒的。而相对论则认为空间和时间是相同的，可以代换；能量和质量是等价的，可以互相转化。量子力学则证明电子是随机的、跳跃式的，没有客观的时空，空间和时间原来是对人的标准而言的。牛顿力学现在只在一定范围内有效，比如造汽车和飞机有效，但在接近光速范围内就无效了，因此对造原子弹、氢弹来说就不够用了。而突破经典力学规律的相对论和量子论又是彼此矛盾的。众所周知，爱因斯坦至死都在批评量子论的基本解释方法概率论，但科学的实践表明概率解释同样行之有效，适用于一切物体，所谓精确的自然科学领域原来也是测不准的领域，欧几里得的几何公理只是在这一公理定义的空间才是正确的，而这个空间只是一个理论和模拟的空间。毕达哥拉斯定理也不是绝对的真。① 生物学领域更是如此。早期生物学家，如拉马克、达尔文等都把揭示生物规律作为自己的任务，但一百多年过去，生物学发展为一个门类众多的庞大学科，而各生物学分支学科中却很少提到规律。生物进化专家迈尔认为这种现象是由于生物学的研究对象系各自长期进化的产物，都具有独特性，所以任何概括都会有例外。②

由于迄今为止诸如经典力学、相对论和量子论之类科学理论同时拥有合理解释和预测的功能，都揭示了真理的一两个侧面，因而真理便不再是一个而是多个了，而原来认为的那种纯粹客观的规律于是便同一定历史条件下人们的思想紧密联系在了一起，认识或多或少地具有了主体性，并非

① 特鲁斯蒂德：《科学推论的逻辑导论》，79～81页、126～134页，杭州，浙江科学技术出版社，1990；张汝伦：《海德格尔与现代哲学》，10～11页，上海，复旦大学出版社，1995。另见英国著名史家霍布斯鲍姆：《极端的年代》下，793页以次，南京，江苏人民出版社，1998，作者对20世纪科学技术发展有十分精彩的概括。

② 李建会：《历史特异性与生命科学的规律》，载《自然辩证法通讯》，1997年第2期。

完全是自在的、客观的、终极真理式的东西了。"科学家也像其他人一样，是自己的先入为主的理论的俘虏。如果他们牛顿力学学得好，这可能妨碍他们掌握更新的相对论。"①

从 20 世纪以来自然科学史的经验可以看出，启蒙时代的人们坚信不疑的各种原理法则无非是一些在观察或实验所获得的数据、样本基础上运用归纳和演绎方法推出的最一般的、基本的认识，它们是具体科学家的思维产物。而人的局限性决定了这些原理性认识的局限性，所以任何原理或规律性认识都不是完美无缺、绝对有效的，任何科学的理论因此都必须是发展的、开放的，否则就成了宗教。正因为如此，在自然科学和技术领域，理论的发展固然可以体现为对基本原理的不断修补和完善，但更多的却表现在对基本原理和基本规律的突破上。有鉴于此，自然科学家们不会提出坚持或捍卫某种现成的理论，相反却欢迎对现有理论的不断修正，欢迎推翻现有理论的不断尝试。社会科学虽然有它的特殊性，但既然是科学，就应该允许对基本原理的超越。

作为对传统规律观的反动，在 20 世纪，根本否定客观规律的思想在科学哲学中成为一股强大的力量。即使坚持认为自然科学和社会科学中存在规律的人，也已经把规律理解为统计的、概率的必然性，而不是机械的、命定的必然性了。诺贝尔经济学奖获得者萨缪尔森对经济学规律的理解，可以看作是这种现代规律论持有者代表性的表述：

> 经济学的规律只是在平均的意义上才是对的，它们并不表现为准确的关系。②

这样一来，以往绝对化的规律崇拜意识便衰落了，曾经作为绝对规律的许多社会历史观念自然同经典力学定律、相对论一样，失去了神圣的光环，变为一定历史时代的规律，不再具有永恒的品质。

与此同时，20 世纪科学技术的巨大进步和工业化大生产造成了现代科技的异己力量，这种力量不仅使人的精神发展受到束缚，而且生态环境也受到了严重摧残。西方知识界意识到科学不是解决人类一切问题的灵丹妙药，它必须由人文文化来加以平衡。

---

① 萨缪尔森、诺德豪斯：《经济学》，上册，14～15 页，北京，中国发展出版社，1993。
② 萨缪尔森、诺德豪斯：《经济学》，上册，17 页。

除此之外，世界政治、经济、文化联系的紧密，以及交通、通信工具的进步，致使世界变小也变大了。变小是因为交流的方便，各国事务的相互影响，全球共同利益的产生并引起全球执法组织的出现。变大是由于人们的视野前所未有地拓展，承认各国文化的同等价值和意义逐渐成为西方知识界的共识。

现代西方史学正是在这样的背景下不断发展变化的，它的基本特征很大程度上也是在这些外部条件的作用下形成的。

第一，西方史学的高度专业化。这一趋向既是西方史学自身发展的结果，也是自然科学和社会科学发展的产物。由于各门学科的知识量在 20 世纪的急剧膨胀，使得任何一个学科的个别研究者只能术业专攻，在本学科知识王国的一个狭窄领域埋头深掘，根本无法把握它的全部。因此知识的分科越来越精细，19 世纪以前的那种百科全书式的学者以及个人试图进行包罗万象的总和研究的行为，在 20 世纪后半期已成为历史。史学的情况也不例外，其表现如：

（1）专业历史工作者的队伍大大扩充。以史学发达的美国为例，美国历史协会（American Historical Association，1884 年建立）至 2008 年有 14 000多位专业史学工作者作为会员。协会下属上百个不同的分会，如经济史学会、农业史学会、州史与地方史学会、医学史学会，等等。这样的数字在 20 世纪以前，尤其是业余史学阶段是无法想象的。众多的专业史学工作者当中，从事研究的人员主要集中于大学校园，他们的研究分工日益精细，比如仅以 20 世纪最兴盛的社会史方向为例，就至少分作家庭史、妇女史、劳工史、农民史、性史、城市史、农村史、社区史、移民史、瘟疫史、巫术史、口述史、儿童史，等等，每个分支下面还可进一步分为盗贼史、海盗史、娼妓史、吸毒史，等等。随着知识爆炸般的增长，史学领域同任何其他学术领域一样，已不可能有古今皆通、各领域通吃的百科全书式的史家了。一个史家毕生精通的可能只是某段历史的很小局部。这种专业化既给历史认识带来了深度、广度的巨大变化，也造成了学科知识的细碎化，这是西方史学发展不得不付出的代价。由于专业分工造成史学内部不同专业之间的隔阂，限制了不同专业人员的视野，所以自 20 世纪后半叶以来，西方史学界兴起了一种研究整体史、全球史的诉求，试图整合各个分支学科的知识，但因学科划分过于复杂，整合者的良好愿望与个人知识范围之间存在一道巨大的鸿沟，所以全球史的尝试者的工作同思辨的历史哲学家的工作一样，是吃力不讨好的。

（2）知识交流、传承的高度规范化，系统化。西方各大学是高度专业化的各门学科的荟萃之地，形成了规范的教学和科研活动的机制，完整的学科知识、学科技术培训传承系统与成果评定标准。

史学专业普遍拥有各分支学科基本知识与技能的教科书，作为专业人才入门的向导。比如世界近代史、英国史、古希腊史、史学概论等。此外是集中于一个较小课题上的学术专著、论文以及比较深入具体的综合性著作。每一个研究方向都积累了少则成千、多则数万本（篇）的参考读物。

每一个较小的分支学科都有自己特有的治史基本功，如埃及学必须掌握象形文字、考古学、碑铭学等操作与释读的基本技能。西欧中世纪史必须掌握拉丁文、文献学、教会史等基本技能。每一个分支专业已经如自然科学和其他社会科学学科一样，制定出一套验证其成果质量的标准，如首先需要查核史学作品中所举证的史实（档案、记录、当事人和目击者的陈述、工具、用具、遗址、实物等）是否可靠，出处何在；其次检查其研究方法和研究程序的合理性，检查其理论前提是否以事实为根据，其理论的内在逻辑是否一致，然后在未来的史学实践中检验其结论的预言性与可靠性。最后，检查其文字表述是否恰当准确。

在 20 世纪，西方史学的主流表述方式依然继续 19 世纪客观主义史学与实证主义史学仿效自然科学论作的表达形式，但或多或少的变化是由过去的史实描述为主转化为分析论证为主，采用的基本方法是从个别到一般的归纳逻辑方法，尽可能多地收集、验证和列举各种数据（史料）来复原过去发生的或大或小的事件，在此基础上找出数据之间的一般联系，归纳出一个或若干结论（观点、解释）。这种细致的证实、证伪、归纳、概括的过程常常不厌其烦，非常琐碎，因此 20 世纪以来的史学论文与专著一般只限于在各国专业史家圈子内流传，许多专业性强的著述通常只有几十个甚至几个读者。史学因此彻底告别了传统史学作为常人之学的可亲面容，成为中规中矩、严肃认真的专家之学。为了克服专业化史学的这种生硬面孔，在 20 世纪末叶，西方史学出现了呼唤传统叙述史学复归的声音，但收效并不明显。

第二，史学研究的时间、空间范围扩大。20 世纪初以来，西方在史前考古、古人类学和民族学史料的收集方面取得了举世瞩目的成果。西方史家的目光因此从 20 世纪初的几十万年前回溯到 1000 万年以上，完全形成的人的历史也延伸到了二三百万年前。史学以文字史料为重心的认识已经不能适应日益发展的史前史和古代东方史的需要。目前一部人类早期的历史，除了尾声部分能多少看到一点文字史料的痕迹外，可以说完全建筑在实物史料以及民族学、神话学等辅助学科的资料之上。

此外，随着第二次世界大战之后西方殖民体系的解体，亚非拉新兴力量的崛起，两大阵营的冷战与热战，西方史学以西欧、北美以及近东史为主的地域局限突破，其视域扩及世界各地，甚至各个角落——从生态环境到个人与集体的心理，鸿篇巨制的世界史，如法国史家格罗茨主编的《通史》，英国剑桥大学出版社组织英语世界学科带头人编写的《剑桥古代史》《剑桥中世纪史》《剑桥近代史》，尤其是 20 世纪后半叶以来的剑桥国别史，如《剑桥中国史》《剑桥印度史》《剑桥东南亚史》等，反映了西方史家眼界的扩展。在这种开放的心态中，曾经在 19 世纪和 20 世纪前半叶风行一时的欧洲中心论、欧洲优越论、种族主义历史观均已黯然失色，取而代之的是历史文化等值论、多元论。

第三，研究方法和历史解释的多样化。当史学研究的时间与空间不断扩大，研究对象不断增多，史学家自身所需的解释技能也就是方法需要不断改进。过去仅仅处于萌芽状态的跨学科研究法成了史学研究的一般方法。比如心理分析、比较分析、系统分析、功能—结构分析、计量分析方法等，并因此形成了以某一解释模式以及所采用的方法、概念或某种研究对象为标志的形形色色的学术流派。有些流派因理论与方法的成熟转变为西方史学的分支学科，例如历史心理学、历史地理学、历史人类学、历史语言学、计量史学、比较史学、历史人口学、妇女史学等学科的出现便是如此。此外，在西方大学与科研机构对发表科研成果的制度压力与同行的竞争面前，史学研究者不得不推陈出新，另立门户。于是现代西方史学的外表发生了惊人的改变：旗号林立，术语爆炸，方法众多，方向难以数计。然而，尽管西方史学乐观地宣称自己已经完成了自"传统史学"①向现代新史学的转型，但如果细细审视西方史学的研究方法和成果就会发现，西方史学回忆、撰述与解释过去的本质以及求真求实的宗旨并没有改变，各种新方法的目标同实证主义史学的基本目标是相同的，都是为了发现可靠的史实，尽量客观地解释史实。其论证的模式依然是归纳逻辑的模式，依循的依旧是客观主义史学和实证主义史学所要求的"无一句无出处""从一手史料出发""有一分证据说一分话"的原则。能否有效地接近或发现过去的真实过去

---

① 西方史学家所称的传统史学指以兰克为代表的客观主义以及与之只有量的差别的实证主义史学。而近代科学化的史学对于古典史学与基督教史学而言，也是新史学。

是，现在仍然是检验五花八门的方法的标准。缺乏实证的史学著作，无论方法多么花哨，都不能得到史学界同人的承认。有鉴于此，现代西方史学并不是与它之前的史学迥然不同的异物，[1] 而是在承旧创新基础上的发展。在这种新的史学发展趋向中，法国年鉴学派是 20 世纪西方史学当中影响最大、史学理论与实践成果最为丰富的一个派别。

第四，史学客体与本体认识的巨大突破和迷惘。古典史学开创的人本史观在现代西方史学中取得彻底胜利。在 19 世纪，西方史家群体虽然普遍从人类社会本身去理解人类的过去，但相当多的史家仍旧把上帝、绝对精神等超自然的力量奉为终极的或形式上的最终的法官，西方史学专业化与科学化的宗师兰克便是这样的典型。进入 20 世纪以后，科学的进步使神本史观的残余退出了严肃的学术殿堂。西方史作中尽管唯心史观比较流行，但这种唯心史观是以人为本的唯心史观，史家眼中的历史决定力量或者是人（个别人和集体的人）的意志、心态、观念之类主体意识，或者是人类社会内部有形无形的社会结构。他们均肯定人是自己所处的自然和社会（包括宗教）的创造者和改造者。

在这种史学客体认识进步的同时，西方史学本体认识也得到同步发展。由于 20 世纪前半期关于历史真实的客观性、可知性问题的讨论，客观主义和实证主义史学关于真理的绝对客观性的理论，意即主观与客观可以泾渭分明的信念已被抛弃，但一度甚嚣尘上的绝对相对主义的不可知论，包括 20 世纪后期出现的再次根本否定史学客观性的后现代历史哲学，也并未得到西方史学的普遍认同。现代西方史学家在这个问题上游移在两个端点之间，即不再相信通过自己的研究可以达到纯粹的客观，[2] 也不同意历史认识是纯粹主观的产物（事实上自然科学家与之研究对象的关系同样如此）。在此基点上，西方史家群体又有不同的理解，但一般能持主客体相结合的认识论，并在史学实践中力戒主体的过多介入，坚持历史真实的可知性。需要特别指出，在现代史学理论认识的发展中，自然科学与社会科学在认识论和方法论方面的每一次发展都成为西方史学理论参照、仿效与借鉴的对

---

① 在现代西方史学理论读物中，经常看到诸如现代西方史学宣告传统史学的破产或与传统史学决裂的断言。

② 不能否认，在西方史学界也有一些相对主义者悲观地认为史学根本与客观无缘，如美国史家彼尔德、英国史家卡尔等人，他们正好与 20 世纪末叶出现的彻底怀疑论相吻合。

象。每一次其他学科的重大理论创新，都可能对西方史学理论提出新的挑战，同时也促进了西方史学的新进步。

第五，在 20 世纪，马克思主义成为西方史学发展的推动力之一，这不只体现在苏联和东欧社会主义国家中存在马克思主义为指导的史学阵营，而且体现在现代西方史学的巨大方阵中始终有一支在马克思主义历史观与方法论旗帜下的研究队伍（以英国马克思主义史学流派为代表）。尽管在 20 世纪末叶，由于苏联和东欧社会主义国家的解体，马克思主义史学在西方的影响明显减弱，但它以自己鲜明的特点在当代西方史学中打下了深刻的烙印。对此，英国史家杰弗里·巴勒克拉夫在 20 世纪后半叶所做的评论仍然是有效的：

> 1. 它（马克思主义史学——作者注）既反映又促进了历史学研究方向的转变，从描述孤立的——主要是政治的——事件转向对社会和经济的复杂而长期的过程的研究。2. 马克思主义使历史学家认识到需要研究人们生活的物质条件，把工业关系当作整体的而不是孤立的现象，而且在这个背景下研究技术和经济发展的历史。3. 马克思促进了对人民群众历史作用的研究，尤其是他们在社会和政治动荡时期的作用。4. 马克思的社会阶级结构观念以及他对阶级斗争的研究不仅对历史研究产生了广泛影响，而且特别引起了对研究西方早期资产阶级社会中阶级形成过程的注意，也引起了对研究其他社会制度——尤其是奴隶制社会、农奴制社会和封建制社会——中出现类似过程的注意。5. 马克思主义的重要性在于它重新唤起了对历史研究的理论前提的兴趣以及对整个历史学理论的兴趣。①

第一节　现代历史哲学的沉浮

同近代相比，现代历史哲学的突出特点是思辨的历史哲学的衰落，批判的或分析的历史哲学的兴盛，后者的基本观点构成现代西方史学理论的主流思想，这同整个西方思想领域的怀疑主义、悲观主义相一致。

---

① 杰弗里·巴勒克拉夫：《当代史学主要趋势》，27 页，杨豫译，上海，上海译文出版社，1987。

一、思辨的历史哲学的衰落

思辨的历史哲学的衰落根本原因在于经验的历史难以支持思辨的历史哲学所追求的庞大理论概括。在 20 世纪前 60 年，延续 19 世纪试图构建无所不包的历史演化模式的勇士是斯宾格勒、汤因比、雅斯贝尔斯等几个人，尤以前两人最为有名。

（一）斯宾格勒的历史观念

奥斯瓦尔德·阿诺德·哥特弗雷德·斯宾格勒（Oswald Arnold Gottfried Spengler，1880—1936 年）是西方史学史上并不多见的悲观主义的思辨的历史哲学家。他生在一个矿业技师的家庭，其父后来成为地方邮局的小官吏。他从小身体不好，长期受偏头痛的折磨，但却喜好读书与沉思。10 岁时，他随父母迁居德国中部的哈雷市，在那里像西方当时的所有孩子一样，接受了古典学教育，学习了古希腊文、拉丁文，也学了自然科学的课程，并对文学艺术有浓厚的兴趣。后来斯宾格勒相继进入慕尼黑大学、柏林大学与哈雷大学深造，但他的论赫拉克利特的博士论文却因为资料不足而未能通过

斯宾格勒

（1903 年）。这对他是很大的打击。经过努力，第二年他终于通过答辩，获得哲学博士学位，也因此罹患了神经衰弱。之后他在不同城市的中学教德国史、数学等课程。1911 年移居慕尼黑成自由职业者，在去世前一直靠写作、当业余教师以及继承的少量遗产过活。他的代表作及成名作是带有神秘色彩的《西方的没落》（1918 年）。这是一首西方文明行将就木的哀歌。它的出现并非偶然。20 世纪初期西方社会持续剧烈的震荡，风起云涌的革命和反革命，周而复始的经济危机，此起彼伏的战争尤其是第一次世界大战，都似乎在预示资本主义文明末日的到来。而孤独与拮据的个人生活也可能在一定程度加深了斯宾格勒的这种悲观感觉。这本书是在战前动笔的，1914 年完成书稿，但同年爆发的世界大战延误了该书的出版。当 4 年后发表时，强盛一时的德国已经战败，丧权辱国的《凡尔赛和约》像德国人头上的枷锁，恶性通货膨胀积聚着社会动乱的巨大能量。《西方的没落》恰好在这个时候问世，道出并解答了身处动乱中心的欧洲人对现实与未来的迷

茫与困惑，因此它一经发行便洛阳纸贵，仅在德国就售出 10 万本，并在第二年迅即被译成多国文字，对包括历史学在内的各国思想界产生了冲击性的影响。但是，当 20 世纪后半叶西方奇迹般地起死回生，出现较长时期的稳定和繁荣之后，斯宾格勒先知般的预言便不再有感染力了，他的著作几乎被人遗忘。但如果因此低估了他的思想价值和思考能力，那就未免太轻率了。历史并没有完结，西方目前的希望并不能说明永远不会没落。斯宾格勒的预言应该是西方世界永恒的警钟。

斯宾格勒对西方和整个世界的历史进行了认真的反思，他的历史观建立在自然主义的基础之上。他反对理性，崇尚直觉，人类历史被他看作是一种纯粹自然状态的"生命历程的总和"，① 像任何有机物一样有自发的生老病死的过程，他用四季的更替来形象地描述这一规律，认为文化是历史的主因和起源，民族和国家的母体。世界历史就是各大文化自然生成、发展、衰亡的历史。因此他创造了一个文化形态的框架，实际就是社会形态，套在世界历史的各个"生命的历程"之上，从而分割出一系列独立发生和成长的个体形态，其中得到正常发展的高级文化形态有埃及文化、巴比伦文化、印度文化、中国文化、古典文化、阿拉伯文化、玛雅文化、西方文化。每个单位无所不包，但都贯穿着自己独有的、不能更改的精神个性。而且每一文化体系都是等值共时的，并不因存在时间的先后以及个性的不同而有高低不同的价值，晚生的文化同样要经历早生文化的各个阶段，因此每个文化形态的相同阶段都是同时的。

他之所以运用这种别具一格的文化相对主义认识，是为了同西方史学中传统的古代、中古和现代的分期划清界限，坚决反对盛行的西方中心论。他指出：

> 那个把历史分割为"古代——中古——现代"的不可信、空洞而毫无意义的架构，完全统治了我们的历史思考，以致我们这个从日耳曼—罗马帝国时代起，才在西欧的土地上发展起来的文化，竟不能察觉到，自己在高级人类的历史中的真正地位……这一架构，不唯限制了历史的领域，更坏的是它还支配了历史的阶段。在此一架构中，西欧被认为是一固定的支柱，是地球上与众不同的地方——不为别的，

---

① 斯宾格勒：《西方的没落》，1 页，陈晓林译，哈尔滨，黑龙江教育出版社，1988。

只因为"我们"生长在西欧。而那些千百年来悠久而伟大的文化，其历史都卑逊地环绕于这一支柱——好一个太阳与行星的系统。①

但斯宾格勒的文化相对主义具有一个反历史的结局。他的每一个文化形态都是封闭的系统，没有相互影响、融合的可能性。即使有相交，也是表面上的，各文化的内在精神之间始终有一道难以逾越的鸿沟。这些独立的高级文化在世界史中已经依照同一个生命规律消亡了7个，现存的西方文化也注定要像其他文化一样归于灭亡，而且在斯宾格勒看来这种没落的阶段已经到来，自19世纪拿破仑的失败开始，欧洲便进入了它的生命周期的冬季，即"文明"期。在他的眼里，文化与文明是不同的概念，文明代表僵死，文明期的人追求外在的功利，迷信科学和理性，因而失去了世界恐惧这种使人具有创造活力的原始感受，文化的精神因此僵化了，血液冷冻了，力量瓦解了，直至文化的灵魂之火最终熄灭，"沉坠到原始的神秘主义中去，回到母胎里去，回到坟墓去"。② 最终变为凝固的化石，退出了世界历史，像其他文化的命运一样，永远不能再生。世界只能翘首以待一种全新的文化出现。他完全不能理解历史的连续性，或者毋宁说他本来就是要反历史连续的观点而行之。

斯宾格勒预示西方未来的命运，这已超出了史学研究的范围。他的整个著作是用一种晦涩神秘的语言写成的，这使他的洞见和臆断都同样带有玄虚的味道，他给人的印象与其说是位历史哲学家，毋宁说是现代的先知。

(二) 汤因比的《历史研究》

斯宾格勒的宏观文化形态的基本观点在英国史家阿诺德·汤因比（Arnold J. Toynbee，1880—1975年）那里得到了共鸣与发展。对此，汤因比并不否认。他在自己的《文明经受着考验》一书中指出斯宾格勒突破成说的文化形态和文化等价共时的理论都是他曾经考虑过的。斯宾格勒的拟自然的文化生命周期论以及反西方中心论的文化多元论也同他不谋而合。所不同的是，作为专业历史家，汤因比拒绝斯宾格勒的毫无启发意义的宿命论或规律论，他要把一定程度的主观能动性交给人类。在他的12卷本大作

---

① 斯宾格勒：《西方的没落》，13页。
② 斯宾格勒：《西方的没落》，99页。

《历史研究》①（1934—1954 年）中，他同样摒弃西方史学的传统分期，打乱国别、时代的界限，用作为社会形态总称的"文明"取代斯宾格勒的"文化"概念，实际上继承并发展了维柯以来思辨的历史哲学家们坚持的历史统一论、规律论，继承了斯宾格勒的史学思想体系——"文化形态史观"，对人类的过去、现在乃至未来这样的终极关怀问题进行了深刻的反思与推测，可以说，他是 20 世纪最后一位最有成就也是最有影响的思辨的历史哲学家。

美国《时代》周刊
封面上的汤因比像

汤因比是伦敦中产阶级家庭生人，在普通教育阶段受到良好的古典文化教育。他少儿时开始先后学拉丁文、古希腊文，中学在位于罕布什尔的英国名校曼彻斯特公学学习。后因成绩优异获奖学金就读于牛津大学巴利奥学院，主修拉丁、希腊古典文献及希腊罗马史研究。1911 年在大学毕业后留校任教，担任古希腊罗马史教师。其间曾到希腊雅典的大英考古学院进修两年，访学了希腊与意大利众多古迹。1915 年他辞去牛津大学的职务，应邀到英国外交部政治情报司工作，负责战争宣传，撰文严厉斥责土耳其和德国犯下的战争罪行。后担任外交部研究处主任，起草中东和中亚地区的政策报告。1919 年他作为英国代表团的成员出席了重新分割势力范围的巴黎和会。同年他回到高校，在伦敦大学伦敦国王学院教现代希腊语言文学、历史与拜占庭史。1921 年希土战争爆发，汤因比作为《曼彻斯特邮报》的记者到战争前线实地采访。1925—1955 年担任伦敦大学国际关系学教授和皇家国际关系学会主任。1947 年，他因自己的出色学术成果《历史研究》一书，成为美国《时代》杂志封面人物（见上图），可谓名噪一时。功名成就之后的汤因比追忆自己选择史学生涯的原因时承认是受母亲的影响。汤因比的母亲萨拉·E. 马歇尔也是牛津大学史学专业的学生，并且是英国小有名气的史家。她经常在哄小汤因比睡觉前给他讲述各种历史故事，引起汤因比对历史的浓厚兴趣。他自陈：

> 我为何是历史家，而非哲学家或物理学家呢？这同我喝茶和喝咖啡不加糖是同样的道理。这两种习惯的形成都是幼年时从我母亲那里

---

① 《历史研究》前 10 卷是汤氏史学思想的阐释，后两卷是前 10 卷的辅卷，包括地图及对该书陆续出版所遭受的一些批评的辩护。

学来的。①

　　1955 年，汤因比获牛津大学和伯明翰荣誉文学博士学位，同年以功勋教授的名衔退休。退休后他仍活跃在国际政治舞台，反对美国侵越战争，谴责以色列的中东政策，抨击南非的种族歧视，致力于世界和平，一如既往地关注和思考人类的命运和前途。他是著作等身的大家，著作多达 80 部。主要有《新欧洲》（1915 年）、《希腊文明与特征》（1924 年）、《希腊文明：从荷马到修昔底德》（1924 年）、《和平会议以后的世界》（1925 年）、《经受考验的文明》（1948 年）、《西方文明的前景》（1949 年）、《西方与世界》（1953 年）、《一个历史学家的宗教观》（1956 年）、《世界宗教中的基督教》（1957 年）、《从东方到西方》（1958 年）、《宗教的未来》（1961 年）、《美国与世界革命》（1962 年）、《汉尼拔的遗产：布匿战争对罗马社会生活所产生的影响》（1965 年）、《习俗与变革》（1966 年）、《经历》（1969 年）、《变动中的城市》（1970 年）、《汤因比论汤因比》（1972 年）、《拯救人类的未来》（1971 年）、《居世界之半》（1973 年）、《人类与大地母亲》（1975 年）等。②其中最具代表性的是皇皇巨著《历史研究》。汤因比自 1921 年拟出大纲，到1961 年最后一卷杀青，再到 1972 年他亲手编写的插图本出版，前后历经半个多世纪，倾注了他大半生的心血。

　　《历史研究》一书的写作同《西方的没落》的写作一样，在人类一再经历空前浩劫的背景下，试图在人类的过去、现在与未来之间建立起必然联系。这是一位具有世界历史目光、悲天悯人的情怀、天降大任的历史责任感的知识分子要做的工作，它的开端虽起一个偶然情境，但问题意识却在汤因比那里久蓄于心了。1914 年 8 月的一天，他在讲解修昔底德的《伯罗奔尼撒战争史》时，突然意识到世界大战爆发给他带来的感受，修昔底德在公元前 431 年早已经历过了。尽管这两场战争相距两千多年，却具有相似的历史意义，因此产生了对历史上的所有文明进行比较研究的灵感：

　　　　这使我确信了维柯的直觉：这两个文明的历史虽然不处在一个时

---

　　①　汤因比：《经受考验的文明》（*Civilization on Trial*），3 页，牛津大学出版社，1948。汤因比的经验表明早期教育的极端重要性。
　　②　中译本有《历史研究》《展望二十一世纪：汤因比与池田大作对话录》《文明经受着考验》《汤因比论汤因比》《一个历史学家的宗教观》《人类与大地母亲》《艺术的未来》。

代，但它们是平行的，是可以比较的。这种信念促使我从维柯的两个文明比较扩展到所有文明的比较研究。①

他随后着手所进行的这一比较研究的切入点是历史上的各个文明，而不是民族或国家之类一般的比较对象和研究单位。在《历史研究》的开头他指出这种研究法的合理之处，认为研究历史首先应确定一个"可加以认识的历史研究领域"，这样的研究领域必须是一个"可以自行说明问题的研究范围"。这种单位就是文明。在汤因比看来，文明的定义就是社会形态，它包括政治、经济、文化三个范畴。其中，文化差异是区别此文明与彼文明的基本标志，政治、经济虽也是区分的要件，但因为政治和经济相对文化而言容易变迁，所以仍处于从属地位。他说：

> 当我们把心里的形象焦点集中起来替它找到一个名字以后，那么世界当时的其他社会的形象和名字也就并列出现了，尤其是在文化这一方面。②

在文化范畴中，汤因比认为宗教的意义最大，文明之间的差别正是根据宗教来识别的。这种头重脚轻的文明或社会结构模式与斯宾格勒的可谓一脉相承，但汤因比与斯宾格勒的分歧也很明显。汤因比的不同文明之间具有共性，因此可以相互交流与吸收对方的成分，而文明的交流可以产生积极的后果，如日本在古代吸收中国文明成果和近代吸收西方文明的成果，都对日本文明本身起到了积极作用。此外，文明之间的碰撞冲击还可能产生新的文明，如希腊文明与叙利亚文明的交互作用形成了基督教文明。当然，在汤因比看来，文明的交互作用也有消极面，如弱文明会被强文明所兼并。所以汤因比的文明是开放的文化形态。

汤因比还认为，不同文明单位之间的关系不像启蒙时代以来的历史哲学所认为的那样，总体上是单线进化的、一个先进的单位接替一个落后的单位因而不断上行，而在很大程度上是平行共生的，而且都循着同样的规

---

① 汤因比：《历史研究》（插图本），刘北成、郭小凌译，436 页，上海，上海人民出版社，2005。

② 汤因比：《历史研究》（上），曹未风等译，10 页，上海，上海人民出版社，1962。

律，会经历生灭循环的过程。他同斯宾格勒一样，坚决否定启蒙时代以来流行的"文明统一论"和"西方中心论"。这种理论自以为西方文明是世界文明的唯一代表和标尺，"世界上几乎所有国家都成了一种源自西方的单一制度的一部分"。① 汤因比认为这不过是西方人因自己的文明在物质方面所取得的压倒性的暂时胜利而产生的错觉，是欧洲人自我中心的错觉、东方不变论的错觉以及进步是沿着一根直线发展的错觉的集合体。

但需要指出，汤因比否定了一元单线说和西方中心论并不等于否定了理性主义的规律论。无论是汤因比还是斯宾格勒，都坚定地相信人类社会的统一性、规律性，这正是他们的文化或文明形态理论的基础。在此基础上，汤因比从人类史中析分出 26 种文明类型，他采用自然科学的术语称之为"样本"。其中有 21 个正常的文明，5 个停滞的文明。前者包括西方基督教文明、拜占庭文明、俄罗斯文明、伊朗文明、阿拉伯文明、印度文明、远东文明、古代希腊文明、古代叙利亚文明、古代印度文明、古代中国文明、朝鲜与日本文明、米诺斯文明、苏美尔文明、赫梯文明、巴比伦文明、埃及文明、安第斯文明、墨西哥文明、于加丹文明和玛雅文明，后者包括玻里西尼亚文明、爱斯基摩文明、游牧文明、斯巴达文明、奥斯曼文明。② 这些文明，多数具有亲缘关系，即互相之间存在"母体"与"子体"的关系，也就是遗传与变异的关系。所有这些文明都是等值的，而且如果从 6000 年的文明史与几十万年的人类史的巨大区间来看，所有文明其实都处于同一时代，"如果同任何理想的标准相比，它们全部都还是非常不够，其中任何一个都没有资格瞧不起别人"。③ 在汤因比宏阔的历史目光下，西方文明优越论失去了立论的依据。

按照汤因比的解释，各个文明都要服从起源、成长、衰落、解体四个阶段的法则。四者的因果率在于"挑战"和"应战"的对立统一。挑战与应战说是汤因比的一大理论成就。挑战方与应战方这一对矛盾实际上是客观条件与主观依据这对矛盾的一种修辞上的表述。汤因比用《圣经》中亚当、夏娃遭受毒蛇的挑战来形容这种外来因素的刺激改变自己原有的完美状态的例子，试图说明挑战与应战之间的关系。他说：

---

① 汤因比：《历史研究》（上），曹未风等译，47 页。
② 晚年他把文明单位增加到 37 个。
③ 曹未风等译：《历史研究》（上），53 页。

由于经不起引诱而吃了能分别善恶的树上的果子而造成的堕落，象征着接受了挑战，放弃了已经取得的完美境界而甘心尝试一种新的变化，在这新的变化里也许能——也许不能——出现一种新的完美境界。从伊甸园里被放逐到一个陌生的世界中去，女人在那里要在痛苦中生育子女，男人要满身淌汗才能够得食，这些都是在接受了蛇的挑战而必然要出现的苦难。其后亚当和夏娃发生了交配行为表示着社会的创造。①

例如，汤因比提出了五种形式的挑战或刺激：困难地方的刺激，新地方的刺激，打击的刺激，压力的刺激，遭遇不幸的刺激。一个文明的兴起，可能是由于对上述一种挑战的成功反应，但更多的时候是几种混合挑战所致。但是人们并非在面对挑战时都能成功应战；应战成功则文明诞生，应战失败则停滞不前。例如，引起第一代文明产生的挑战便来自相对恶劣的地理环境，人对这一挑战的回应如果取得胜利，文明便脱颖而生；如果失败就会依然停留在既定的史前状态。按汤因比的说法，一种挑战要激起成功的应战，就必须"适度"，强度即不能太大，也不能太小。"足以发挥最大刺激能力的挑战是在中间的一个点上，这一点是在强度不足与强度过分的某一个地方。"②

文明在起源之后要经历成长和衰落的挑战。在应对各种挑战时，文明并不一定能够顺利走向下一阶段。有的文明能够顺利成长，有的会出现停滞，如上面提到的 5 个停滞的文明。这些文明对最初的挑战取得了成功，却因竭尽全力而耗尽了所有的精神力量，被迫通过发展专业化的某种技能和等级制永恒地对付同一种挑战，结果造成文明的停滞。因此，文明的成长是不断回应新挑战并取得成功的过程。如果在过程中的某个环节发生应战失败的断裂，文明便随时可能趋向衰落。

这就必须解释一个问题，即一种文明在成长的路途上为什么有可能半途而废？汤因比解释的关键在于是否具有非凡天赋的"超人"、天才。换句话说，汤因比是黑格尔、尼采等人所推崇的英雄史观的拥护者。他的论证是：虽然挑战是应对一个文明社会的全体成员，但不是每个社会成员都能意识到这种挑战而奋起应战，只有社会中的杰出人物"超人"才能具有这

---

① 曹未风等译：《历史研究》（上），81～82 页。
② 曹未风等译：《历史研究》（上），173 页。

样的自觉与自能。他们可以通过一种"退隐和复出"的过程，如佛陀、穆罕默德，获得灵感和启示，实现思想的升华，然后通过社会性的军事训练方式，把广大缺乏创造力的普通群众变成自己的追随者，率领他们不断战胜挑战，实现文明的成长。

然而，如果少数具有创造力的精英在成为领袖和统治者以后，沉溺于安乐享受，丧失原有的进取心，陶醉于自己以往取得的丰功伟绩和伟大胜利，陶醉于自己创造的组织、技能，崇拜自己的军事行为等，开始"依着桨叶歇息"，从而失去了创造活力，因而失去民众的信任，丧失领袖魅力。在另一方面，缺乏创造力的平民只能限于机械式的模仿，他们做不到主动和自能，只是被动地跟随"超人"前行，永远无法达到"超人"的思想境界。所以，领袖要使大众跟随自己，最有效的方法就是用习俗和惯例把他们束缚起来，而这样一来，群众的模仿行为非但不能促进文明的成长，反而成了文明发展的绊脚石。当社会精英失去创造力，不再被广大民众当作模仿的对象时，广大民众面对这样的统治者的强制压迫，就会与统治者离心离德，于是原有的社会和谐开始解体，再也无法对不断袭来的挑战进行适当的回应，文明进入衰落阶段。

但是，与斯宾格勒的宿命论不同，熟谙历史的汤因比在文明兴亡的每个阶段都能够具体情况具体分析。他认为进入衰落阶段的文明未必一定解体，如同完成起源的文明未必一定成长一样。文明衰落后可能出现一种停滞，他称之为"僵化"现象。在他看来，陷入僵化的文明典型是古埃及文明。埃及社会在公元前3000年末叶已暴露出崩溃迹象，但它又苟延残喘了2500年，在此过程中整个社会缺乏活力和激情，丧失了创造力，如死水般平静。当然，汤因比对古埃及文明的判断并不符合史实，古埃及在公元前的大部分时间都有很多创造性的成就，而且2500年的埃及史料太少，现有史料远不足以得出如此大的结论。

倘若已经僵化的少数统治者不能战胜接踵而来的挑战，只是消极地维持现状，那么它就会面临一个根本的解决，也就是已经积聚起巨大力量的挑战索性把已经证明是根本无能的文明彻底毁灭，这就是文明的解体。解体的基本表现是社会分裂，出现三部分成员：（1）少数统治者，系由原来具有创造力的少数人转化而来，他们丧失了群众对其效仿的魅力，又不愿放弃既得利益，于是建立自己的统一国家。（2）内部无产者，系由对少数统治者离心离德的广大群众构成，他们身在这个文明，但心已不属于这个文明。这些人创造了统一教会与统治者的国家相抗衡。（3）外部无产者，即生活在该文明社会周围并曾和平地接受其影响的各民族，同样不满少数统治者的政权，形成了一个外部军事集团。在文明解体阶段的这种社会分化是社会躯体的分裂，更严重的是躯体内部的灵魂或心灵的分裂，这才是所有分裂的基础。面对末世的考验，人们采取了不同的态度：或自暴自弃、自我克制，或逃避责任、自愿殉道，或迷恋过去、幻想未来。但这一切选择注定要失败，因为社会崩溃的危机对大多数人来说是一种无法克服的挑战，但也会激起另一些人"拥有远见和精神上的勇气来面对挑战，在他们力所能及的范围内全力参与到更伟大的创造活动之中"。① 他们创造的成果就是旧文明的解体，新文明的降生。

在他考察的 26 个文明中，大多数已经解体，残余部分也面临解体的威胁，包括西方文明在内。但汤因比与斯宾格勒的宿命论有所不同，他认为"死去的那些文明并不是命中注定要死的"，如果人们重新点燃创造性的火焰，就可以获得新生。② 他把激活衰败的文明或促使新文明诞生的希望寄托于宗教。他不是宗教信徒，但他相信宗教对维持文明的关键作用，实际是思想道德的净化与维系的作用，用他的话说，"宗教是文明生机的源泉"，"一旦失去对宗教的信仰，就会带来文明的崩溃和更替"。③ 在他看来，只有通过宗教的恒久性，历史才具有永恒的意义。但他的这种开放的解释并没回答即使旧文明因新宗教而获得新生，是否就能一再躲过起源、成长、衰落、解体的命运。

汤因比就是这样创造了一种挑战与应战的理论来解释人类社会的历史，构建出他的思辨的历史哲学思想体系的核心内容，为我们反思自己的历史提供了一种独特的视角。这是汤因比最重大的史学贡献。

在汤因比晚年，他的忧患意识进一步加深，冷战带来的核战争的威胁、生态环境的恶化以及西方社会内部的各种隐患，都深深地困扰着他，使他更强烈地关注人类的未来命运。他没有改变初衷，仍然认为政治、经济的应战是必要的，但最终的出路在于宗教，在于灵与肉的结合。

他的整个历史哲学思想在西方思想界引起很大反响，褒贬不一。现在时过境迁，汤因比的许多论点和预言失去了价值，但他的著作的缩编本依

---

① 刘北成、郭小凌译：《历史研究》，224 页。

② 曹未风等译：《历史研究》（中），15 页。

③ 《展望二十一世纪——汤因比与池田大作对话录》，369 页，北京，国际文化出版公司，1985。

然拥有不少读者，在英语世界之外也受到广泛的欢迎。究其原因，他提出的文明解体的警告并没有过时，他的挑战和应战的术语也已融入西方的语言王国之中，成为人们的常用词汇。① 他对文明的起源、成长、衰落、解体的解释在许多地方仍有参考价值，调动人们自我认识的自觉。他对人类历史命运的关心与深沉的思考使他无可争议地处于 20 世纪最杰出的西方历史家之列。

汤因比是西方思辨的历史哲学最后一位卓越代表。在汤因比活着的时候，西方史学理论的中心已经转移，从对史学客体普遍概括的命题（规律、形态、阶段、进步、演化等）向与史学主体认识有关的命题（史学的本质、历史的客观性、可认识性、史学与科学的关系、历史解释的性质与方式等）转变。思辨的历史哲学就像汤因比对文明历程的描述一样，在经历了 250 多年的起源、成长甚至繁荣之后，在 20 世纪后半叶走向衰落。在汤因比之后，西方史家跟上了西方自然科学对客观规律的理解，也吸取了一个世纪以来规律崇拜所带来的负面经验和教训，不再勉强力求把史实镶嵌到一个定理式的模型里，不再徒劳地对自己的研究对象进行包罗万象的终极性解释了。相反，批判或分析的历史哲学兴旺起来。这是历史学的哲学，解答与史学"是什么"有关的一切问题，比如历史学能否认识真实的过去，历史家怎样把过去概念化，怎样把意义赋予过去等史学主体与客体的关系问题。这种转型对于史学自身建设具有直接的应用或启迪意义，因此它更容易被专业史学所参考借鉴。

二、分析的历史哲学的发展

分析或批判的历史哲学能够在 20 世纪成为西方史学的研究热点之一，有赖于历史相对主义者对客观主义史学及实证主义史学的挑战。但客观因素是客观主义史学和实证主义史学本身缺陷的暴露和第一次世界大战后西方知识界出现的怀疑传统价值的风气。起初热衷于此方向的主要是哲学家和社会学家，专业历史家埋头于具体的历史复原工作，对此关心很少。比较积极参与的西方专业史家主要是具有浓厚实用主义传统的美国史学界的

---

① 最明显的影响体现在 20 世纪末，美国学者亨廷顿在 1993 年美国《外交季刊》上发表的论文《文明的冲突》以及三年后发表的专著《文明的冲突与世界秩序的重建》，其立论的基础是汤因比的文明论。

部分成员，如提倡"新史学"的代表比尔德、贝克尔等人。这是因为历史相对主义与历史实用主义在理论基础上是不分家的，同样不满传统客观主义史学和实证主义史学对史实的崇拜。狄尔泰提出的问题对史学至关重要，无论赞成还是反对，史学家都不得不正视它们。所以随着时间的推移，越来越多的史家卷入史学本体论的讨论之中：相对主义者需要进一步充实自己的理论；客观主义者与实证主义者需要为自己进行辩护，修正传统认识的不足。没有参与辩论的也绝大多数改变了过去埋头考据、轻视理论的偏颇，承认理论对史学实践的重要意义，承认史学工作者不仅在发现和复原历史，而且在一定程度上创造或改编着过去。仅从这一点来说，分析的历史哲学对西方史学的进步便做出了巨大的贡献。

但相对主义史学家的认识也不是完全一致的，有绝对相对主义的不可知论，如克罗齐、柯林伍德的相对论；有史实是半主观半客观的混合论以及相近的变种，如英国史家卡尔的相对论。但归纳起来，相对主义史学思想大体有如下几个共同点：

（1）史学因其研究客体的特殊性（有生命的、有思想的人）与自然科学有本质的区别。

（2）历史记载始终是有关过去人类活动的残片，这些残片和在残片基础上形成的史实与史实联系（因果关系、规律联系）都是经过认识者头脑选择、加工的产物，并不是过去客观的实在。

（3）历史家的认识受他自己所处时代的制约，并不取决于业已消失的他的认识对象的时代，因此不存在真实的历史和历史规律。

意大利学者克罗齐的"一切真历史都是当代史"、英国思想家柯林伍德的"一切历史都是思想史"、美国学者贝克尔的"历史史实存在于某个人头脑中，不然就不存在于任何地方"之类解释，是现代历史相对主义的集中表述。

（一）克罗齐："历史就是思想"

克罗齐（Benedetto Croce，1866—1952 年）是现代意大利著名的哲学家、历史家、政治家和文艺批评家，也是现代西方历史相对主义在理论上的集大成者。他生在中意大利阿布鲁左区一个富裕的中产阶级家庭，9 岁开始在那不勒斯受严格的天主教学校教育。15 岁时，他遭遇巨大的不幸，突如其来的地震夺走了他家人的性命，只有他自己被人从废墟中救出，幸免于难。他作为唯一的继承人承继了家庭的财产，这使他一生都生活在比较

克罗齐

闲适的状态中，从容地学习与思考。1883 年他入罗马大学，次年抛弃天主教信仰，变为无神论者，并终生坚持了这一选择。1886 年，他未能完成自己的学业便返回那不勒斯的家中，成为一个独立研究者，并游历了西班牙、英国、德国和法国，拓展了自己的眼界。他在 19 世纪末的研究兴趣在于历史哲学，并因此研究了马克思主义，发表批判性的论文《历史唯物主义和马克思主义经济学》（1900 年）。自 1896 年始，他同哲学家迪奥瓦尼·艮提莱合作，编辑了《世界哲学经典》《意大利作家》《现代文化丛书》。1903 年，他创刊《批评》（*La critica*）杂志并担任主编。这是一本文化评论月刊。第一次世界大战后，他先成为意大利终身参议员（1910年），后来又当了一年的教育部长，让位给友人艮提莱。20 世纪 20 年代，墨索里尼建立法西斯政权，克罗齐起初倾向法西斯所宣扬的爱国主义。但随着墨索里尼独裁的加强，他坚决与法西斯决裂，发表《反法西斯主义知识分子的宣言》，公开批评墨索里尼，因此成为意大利自由知识分子的旗手。战后他成立了意大利历史研究所（1947 年），为此捐献了自己的大部分房产与图书。在生命的最后几年，他一边从政，担任参议员；一边从事学术研究。他是 20 世纪前半叶西方世界杰出的思想家之一，学术兴趣主要在于哲学，特别是精神或思想哲学，也讨论了与精神哲学有关的美学、逻辑学、历史学、经济学等一般问题，其著作等身，多达 70 余部。他的历史哲学思想主要集中在《历史学的理论与历史》《作为思想和行动的历史学》《哲学与历史学》等著作中。难能可贵的是，克罗齐有过写作历史著作的实践，本身是一位历史家，他为自己最钟爱的城市写过《那不勒斯史》，写过《19 世纪欧洲史》，对史学家的心路历程以及史家对笔下历史的主观介入有直接的体验，这是以往多数历史哲学家所不具备的经验。所以他对史学科学性的否定更具有杀伤力。

他年轻时部分赞同客观主义史学思想，认为史学是不同于主观经验的、直观的艺术。在他的处女作《普遍艺术概念下的历史》一文中认为历史与狭义的艺术同为直觉的产物，区别只在于历史是实际存在的东西，艺术是想像或可能的东西。但后来他完全改变了自己的观点，转向主观唯心主义的历史观。

他虽然称自己的历史思想是"绝对历史主义"，但实际上把狄尔泰的相对主义发展到了极端，是把主观精神等同于历史本身的绝对相对主义。他的核心观点是"历史就是思想"，除了"精神的历史，不存在任何其他的历史"，"我们的历史是我们的心灵的历史，而人类心灵的历史是世界的历史"。而这种观点的基本依据则是他的基本哲学认识："精神之外不存在外在事物"。①在他看来，这种绝对唯心论是历史的绝对原则，这一原则，就等于否定了历史。这样一来，克罗齐的绝对历史主义就变成了绝对反历史主义，早期历史相对主义给客观历史留下的余地现在已彻底消失了。

既然历史是精神的历史，那么能够成为精神、进入历史家头脑的只是那些历史家认为有用的东西。无论是文字的还是实物的史料，只要没有成为历史家的选民，就永远是一些毫无意义的废纸、石头和金属。在这种情况下谈论什么历史事实那只是无稽之谈。克罗齐翻来覆去地告诫人们：

> 既然一件史实只有当他被人想起时才是一件历史的事实，既然思想之外什么也不存在，问什么是历史的事实和什么是非历史的事实这个问题就是毫无意义了。一件非历史的事实将是一件不存在的事实。②

有鉴于此，克罗齐认为，在史学中，绝不能像客观主义史学或实证主义史学那样会产生史料是第一位的误解，只有人的思想才具有头等意义。在过去与现在的关系上也不是过去在先，现在在后。恰恰相反，现在总是在过去之前，正像先有活人才会有死尸一样。所以人们才总是不断重写历史，丰富历史，创造成文史，或者更准确地说是编造历史，一切历史也就理所当然地永远都是"当代史"了。这种思想的逻辑结果，就是克罗齐把历史科学看作是闹剧、一系列谎言的堆砌。于是，他就同黑格尔对兰克等专业历史家的批判、笛卡儿对历史学的怀疑有了思想上的继承与发展。他之所以在西方哲学史上被称作新黑格尔主义者，其历史哲学思想是重要原因之一。

（二）柯林伍德的解释

牛津大学哲学教授柯林伍德（Robin George Collingwood，1889—1943年）是 20 世纪英语世界堪与克罗齐相比的历史哲学家，在对史学本体认识

---

① 克罗齐：《历史的理论和实际》，傅任敢译，9 页、42 页，北京，商务印书馆，1982。

② 克罗齐：《历史的理论和实际》，25 页、54 页。

的基本点上两人也是"貌合神同"的。他生在英格兰西北部的兰开夏，早期教育在英国最好的寄宿学校之一拉格比学校，大学在牛津大学学院，一直是优等生。大学毕业前，他已被牛津大学潘布鲁克学院选为研究员，一干15年。后在牛津大学马格德伦学院任哲学教授，是好学深思的精英知识分子的典型。他的著述不算丰富，集中在历史与哲学领域，早期写过《宗教与哲学》（1916年）、《罗马不列颠》（1923年）、《艺术哲学概论》（1925年）、《罗马不列颠考古》（1930年）等著作，晚期发表过《形而上学论》（1940年）、《新利维坦》（1942年）等。他的最著名的代表作，也是反映他成熟期的历史思想的著作，是他去世后由学生和友人整理出版的《历史的观念》（1946年），这是第一部对西方史学思想理论全面清理和总结的史学史，也是20世纪西方历史哲学的经典著作之一。他在这部作品中所要表达的一个中心思想不像克罗齐的"一切真历史都是当代史"那样具有鲜明的相对主义的外表。他说"一切历史都是思想史"[1]，似乎避开了相对主义。但他的这一论点却没有超出克罗齐，只是论据有所不同罢了。

柯林伍德认为：

> 历史的知识是关于心灵在过去曾经做过什么事的知识，同时它也是在重做这件事；过去的永存性就活动在现在之中。因此，它的对象就不是一种单纯的对象，不是在认识它的那个心灵之外的某种东西；它是思想的一种活动，这种活动只有在认识者的心灵重演它并且在这样做之中认识它的时候，才能被人认识。[2]

他举的论据是一个阅读柏拉图的哲学史家总是要了解柏拉图在用某些字词来表达时想的是什么。这位哲学家要做到这一点只有由他自己来思考它，通常所说的理解的意思便在于此。政治史家和军事史家在描述恺撒采取的行动时也是在试图理解这些行动，即试图理解恺撒在决定从事活动时脑子里想的是什么。这就意味他要为他自己想象恺撒所处的形势，要思考

柯林伍德

---

[1] 柯林伍德：《历史的观念》，244页。
[2] 柯林伍德：《历史的观念》，247～248页。

恺撒应对这种形势的可能办法。因此"思想史，并且因此一切历史，都是在历史学家自己心灵中重演过去的思想"。① 类似的论点和论据在《历史的观念》中不厌其烦地提出，不难看出它们其实是克罗齐思想的翻版。

柯林伍德如果仅仅限于重复克罗齐的观念也就不会在西方历史思想史上有那么高的地位了。他在基本点之外有许多独到的见解。他规定了历史哲学和史学的概念、对象、范畴，认为历史哲学是哲学中的一个特殊的分支：

> 是对历史思维的研究，不仅对它的实际过程进行心理学上的分析，而且对它为自己所树立的理想进行分析。历史思维是人们思考客观世界时所采取的许多态度中的一种态度，这种态度假定：存在着一个与人们的认识无关的事实的世界（不是一般规律，而是许多个别的事实）。这种态度还假定：如果不能完全发现这些事实，至少也能发现它们的绝大部分。历史哲学应当是对这种态度、对历史思维的前提和含义的一种批判性的探讨，是为发现历史思维在整个人类经验中的位置，它与其他经验形式的关系，它的起源及其有效性所作的一种尝试。②

不难看出，柯林伍德的历史哲学是仅限于史学本体的哲学，他是在批判实证主义史学的基础上进行自己的历史哲学探讨的。

对于史学，他认为虽与自然科学同属思维的形式，但却是一门特殊的科学，是关于"人类自我认识"的科学。说史学是科学，是因为"科学是要把事物弄明白"。说自我认识是指：

> 首先，认识成为一个人的是什么；第二，认识成为你那种人的是什么；第三，认识成为你这个人而不是别的人的是什么。认识你自己就意味着认识你能做什么；而且既然没有谁在尝试之前就知道他能做什么，所以人能做什么的唯一线索就是人已经做过什么，因此就告诉我们人是什么。③

---

① 柯林伍德：《历史的观念》，244 页。

② 张文杰等编译：《现代西方历史哲学译文集》，158～159 页，上海，上海译文出版社，1984。

③ 柯林伍德：《历史的观念》，9～12 页。

在历史是科学的认识上，柯林伍德和克罗齐发生了分歧，同狄尔泰等早期分析哲学家站在一起。史学要达到科学，弄明白人类过去的活动，就不能停留在实证主义史学的"事实崇拜"上，关键是要透过史料证据发现事实后面的思想。他把一般专业史学家们的工作比作"剪刀加糨糊"的工作，认为他们只注意了外在的材料和证据，而忽视了内在的思维。离开史料中的思维奢谈历史，历史就成了没有灵魂的空壳，不成其为历史。

（三）专业史学家的历史相对主义

比尔德

克罗齐与柯林伍德主要是哲学家，一个命题常被他们论述得十分复杂。而实践的历史家对同一个命题就很直白，虽然有时又显得不那么深刻。在 20 世纪前期的专业史学中，有两位最具代表性的史家——查尔斯·奥斯丁·比尔德（Charles Austin Beard，1874—1948 年）与卡尔·罗托斯·贝克尔（Carl Lotus Becker，1873—1945 年）。

比尔德长期任教于哥伦比亚大学，多年从事史学与政治学的教学与研究工作，尤其长于美国政治史与经济史，著述多达上百种，代表作为《对美国宪法的经济解释》（1913 年）、《美国文明的兴起》（1927 年）和《美国精神》（1943 年），是美国提倡打破传统政治学解释模式的新史学的带头人之一，曾当选为美国政治学协会主席（1926 年）与美国历史协会主席（1933 年）。他的相对主义史学思想集中在1935 年发表的《那个高贵的梦》一文中。他把客观主义与实证主义史学所持的客观性信念视为一个无法实现的"高贵的梦"（the noble dream），理由是历史家不能像化学家那样观测其研究对象，因为过去的记录总是不完整的，他必须在这种"局部的记录"中做出选择，必须按照他自己报告的结果安排史料，必须把一个实际不存在的结构强加给过去，所以没有一个历史家能对自己的工作取公正的态度，历史仅仅存在于历史家的头脑当中，所以他把历史定义为"当代人关于过去的思想"，与克罗齐、柯林伍德如出一辙。既然过去系由历史家所构造，就像雕刻家用大理石塑造出人像一样，那就不可能存在兰克提倡的客观中立：

> 没有一位历史学家能够对过去如实直书，每一位历史学家的著述——他对事实的选择，他的强调，他的省略，他的组织，他的呈示方法——

都与他自己的个性、他所处的时代与形势联系在一起。①

　　康奈尔大学历史学教授贝克尔是美国史与欧洲史专家，他在 1931 年担任美国历史协会主席时所做的演讲题目是"人人都是他自己的历史家"，② 对历史的客观性进行了彻底的否定。在他看来，历史中没有什么确定性的认识，完全是不可知的，理由很简单：过去的事件构成了历史，但对于这些事件的绝大部分我们一无所知，剩下的也知道得不全。即便"我们认为我们已确实知道的少数事件，也永远不能绝对予以肯定，因为我们永远不能使它们复活，永远不能直接对它们加以观察或实验"。③ 于是，在这种历史事实后人无法经验或复制的借口下，人人都可以按自己的需要去理解历史，历史成为史家根据虚幻的事实创造出来的"象征"，人人自然都是他自己的历史家了。他的这种思想并非在担任美国历史协会主席时才有，此前在他的论文《什么是历史事实》（1926 年）中已经表述了自己极端相对主义的论点：

贝克尔

　　　　历史事实在任何历史家创造出它们之前并不存在，他的个人经验的某一部分必定进入到他所创造的每个事实当中。但经验不仅提供我们在史料的引导下所勾画出来的形象的各种成分，而且在评估史料本身的时候，它是终审的法庭。④

　　需要指出，贝克尔历史相对论思想的提出距离爱因斯坦提出物理学的相对论的时间不远，这生动地反映自然科学的每一次重大突破都会对人文社会科学的思想方法产生或大或小的影响。也因为如此，贝克尔的观点得

----

　　① 查尔斯·A·比尔德：《那个高贵的梦》（*That Noble Dream*），见弗里兹·斯特恩编：《历史的多样性》（Fritz Stern ed. , *The Varieties of History*），315～328 页，纽约，文塔支出版公司，1972。
　　② 任汝康、金重远选编：《现代西方史学流派文选》，257 页。另见何兆武主编：《历史理论与史学理论：近现代西方史学著作选》，北京，商务印书馆，1999。
　　③ 任汝康、金重远选编：《现代西方史学流派文选》，259 页。
　　④ 菲尔·辛德尔编：《历史的客观性与历史著述：卡尔·贝克尔的短文与书信》（Phil L. Snyder ed. , *Detachment and the Writing of History*：*Essays and Letters of Carl Becker*），12 页，康奈尔大学出版社，1958。

到一些美国史家的热烈赞同,把它对兰克及其追随者的基本概念的颠覆比附成爱因斯坦等人对旧物理学的革命。

历史相对主义混淆主体与客体、思维与存在的关系,取消了客观的历史,只留下了主观的历史认识,给一切不尊重历史的行为开放了绿灯。如果每个历史家都从个人心灵的现实需要出发,甚至每个人都从自我出发来理解或毋宁说任意曲解历史,历史势必成为无法理喻的拼凑,人类则会返回到前史学状态。所以否定史学的客观性无异于否定了史学本身,尽管相对主义的主要代表人物的本意并不在此,而只在于否定实证主义史学。就此而言,历史相对主义,特别是绝对历史相对主义是消极的,是瓦解史学的腐蚀剂。因此他们遭到许多历史哲学家和专业史家来自不同角度和不同程度的批评,如法国年鉴派的费弗尔、布罗代尔、布洛赫,美国的曼德尔鲍姆、亨佩尔、威廉·德雷,英国的汤因比、普卢姆、罗素,德国的德姆佩尔、希埃德尔等。占优势的看法是:第一,史学思维同其他科学一样不仅研究个别,也概括一般(但基本放弃了普遍规律认识)。第二,历史真实虽然是研究者不能经验的,但人获得的信息和知识绝大部分来自间接经验,并非只有史学如此。历史真实残存于史料之中,人们用各种科学方法对史料精心鉴别之后虽不能求得全部的真但可以求得部分的真;人们不能概括全部的真,但能概括部分的真。第三,史学不具备精确的论证和严格的公式无损其科学的尊严,因为对科学的这种绝对的要求是从传统自然科学思想借用过来的,现代科学思维的进步已证明人对自然的认识同人对历史的认识一样受到主客观的局限,如果不能因人的知识的历史局限而否定自然科学的客观性,那也不能因此而否定历史科学的客观性;不确定性和确定性的统一正是史学存在发展的前提,也是一切学科存在和发展的前提,等等。

20世纪50年代以后,历史相对主义的旺季已经过去。分析的历史哲学学科虽已经建立,但脱离了生动的史学实践,成为少数人进行深入的抽象哲学思辨的场所。西方史学在扬弃实证主义史学的基础上沿着实证主义史学开辟的史学专业化、科学化的道路发展,继续着对历史真相的不懈追求。

但是,历史相对主义并非没有重要价值。它揭示历史认识是个不断深入的过程,每种认识都具有时代和主观的局限性,这提醒历史家在依据现实的需要而研究历史时少一点主观,多一点清醒,历史地认识历史事物,最大限度地避免将历史现代化,把自己的结论当作认识客观真实过程中的一个环节而非终极认识。正是在后一点上,相对主义改变了当代西方史学的主体认识。乔治·克拉克教授为《新编剑桥近代史》所写的总导论反映出历史相对主义对现代西方专业史家思想产生了深远的积极影响。他在谈到《剑桥近代史》初版时阿克顿爵士相信会有"终极的历史"的看法时评论说：

> 后世的历史学家并不向往这么一种前景。他们希望自己的工作一再被人超过。他们认为过去的知识是通过不止一个人的头脑而传下来的，并且是经由他们"加工处理过"的。因此，这种知识不可能包括一些基本的、与个人无关的、任什么也改变不了的因素。①

三、以海登·怀特为代表的后现代历史哲学及其批判

20世纪早期的绝对相对主义史学思想在经过一段时间的沉闷或酝酿之后，于20世纪70年代以来再次发力，从史学最重要的表现工具——语言陈述的角度，对历史学的客观性进行了近似毁灭性的攻击，这就是后现代主义历史哲学。

后现代主义（Post-modernism）是现代西方社会在20世纪60年代兴起的一股颇有影响的思潮，自19世纪末叶理性主义凯歌行进时滥觞，到20世纪六七十年代兴盛，波及人文社会科学的各个领域，其基本特征是反理性主义时代确立的传统、科学规律、权威，力求摧毁理性时代所倡导的人类历史过程的连续性、进步性、统一性、预见性以及历史认识的确定性和可知性等基本理念，一言以蔽之，就是对现代的理性原则和既定结论一概说"不"。只是在具体代表人物那里，否定的程度有所区别。

所以，后现代并非是一种时间意义上的概念，纯粹是一种具有共性的学理甚至风尚的标志。它最初产生于美术界，后来衍生到文学、建筑艺术、哲学、语言学、社会学、经济学、宗教学等众多人文学科与社会科学部门，但能够掀起较大风浪的还是在艺术门类下属的人文学科（Humanities），如哲学、文学、音乐、美术、宗教、语言、历史之类难以进行定量分析的学科。学科内容的非精确性致使否定之否定的思想过程在这里大行其道，可以不断地出现后某某的标新立异。因此要建立后现代主义的谱系是极其困难的任务。

---

① 卡尔：《历史是什么?》，2页，北京，商务印书馆，1981。

相对而言，哲学由于其研究领域的边界宽泛，更能引起观察者的注意，所以我国学者了解最多的是维特根斯坦、海德格尔、胡塞尔、索绪尔、德里达、利奥塔、福柯、罗蒂、詹姆逊、哈贝马斯等语言哲学、解释学等领域的思想家。但实际上，艺术门类中的每一个学科都有众多后现代的标志性人物。他们及其思想在历史时间上依然隶属现代，并非属于未来。如果从对理性时代建立起来的基本史学价值观加以质疑与否定的意义上说，也可以给 20 世纪二三十年代的相对主义历史哲学（以克罗齐、柯林伍德为代表）贴上后现代的标签。

（一）海登·怀特对历史文本的分析

严格地说，西方后现代主义历史哲学出现的时间要晚到 20 世纪 70 年代，其代表是美国学者海登·海特①（Hayden White，1928—　）。他把瑞士语言学家索绪尔的研究成果应用到历史叙述的分析上，提出史学真实的难以认识不仅源于史家自身的主观局限，而且还受到语言工具的致命制约，从而成为 20 世纪 70 年代历史哲学转向语言学分析的带头人。

海登·怀特

现代语言学分析的先驱费尔南德·德·索绪尔（Ferdinand de Saussure，1857—1913 年）的思想集中于他的《普通语言学教程》中。这是他的两位学生巴雷与塞凯哈耶在老师去世后，用他们于日内瓦大学读书期间的课堂笔记汇集成书的。当时没有录音设备，两位学生又显然不懂速记，因此这本书同色诺芬、柏拉图笔下的苏格拉底对话集、黑格尔的《历史哲学》一样掺有整理者个人无意、有意的误记，但大体思想是属于索绪尔的。②

索绪尔把语言看作是一种由不同符号元素组成的系统，各种符号之间的差异与组合可以代表不同对象的信息。但语言符号所表示的"能指"

① 海登·怀特先后在韦恩州立大学、密歇根大学获学士、硕士与博士学位。毕业后任加州大学圣塔克鲁兹分校历史系荣誉教授，斯坦福大学比较文学系教授，为当代美国最著名的分析的历史哲学家或后现代历史哲学家，是从语言学分析入手探讨史学认识论的当代历史哲学的代表人物。《元史学：十九世纪欧洲的历史想象》（1973 年）是他最有名也最具争议的著作，此外他还著有《历史的负担》（1965 年）、《希腊罗马传统》（1978 年）、《借喻实在证》（1978 年）、《形式的内容》（1987 年）等书。
② 1996 年，索绪尔的讲稿在其家中被发现，并以《普通语言学述作》之名发表。

（signifier）与之所代表的对象"所指"（signified）之间，也就是符号与事实之间，并没有完全的一致性，加之语言符号有自己的语法结构，语言符号必须通过语法结构加以表现，这就严格限制了符号使用者思想的表达，进一步使符号与事实之间的差别拉大。

索绪尔的理论在欧美学界得到了响应与发展，主要体现在结构主义语言学领域，像捷克的布拉格学派、丹麦的哥本哈根学派、法国哲学家德里达的解构主义与美国的布鲁姆菲尔德的播散主义等。该理论不断发生扩散与变异。例如在索绪尔那里，语言符号与事实之间还存在一定的联系；而在德里达那里，这种联系则完全断绝。

海登·怀特借助于索绪尔的成果，向历史学最重要的表现形式——叙事散文形式提出了挑战，力求揭示史家、语言表述与史实三者之间的非必然联系。他在自己的成名作《元史学：十九世纪欧洲的历史想象》问世 30年后的中文译本前言中比较精练地阐释了作者的基本观点，这就是尽管 19世纪史学自称实现了科学化，但"它仍然保留了修辞和文学的色彩。只要史学家继续使用基于日常经验的言说和写作，他们对于过去现象的表现以及对这些现象所作的思考就仍然会是'文学性的'，即'诗性的'和'修辞性的'，其方式完全不同于任何公认的明显是'科学的'话语"。[1] 下面一段话可以为这一思想做进一步解释：

> 我将历史作品视为叙事性散文话语形式中的一种言辞结构，这就如它自身非常明白地表现的那样。各种历史著述（还有各种历史哲学）将一定数量的"材料"、用来"解释"这些材料的理论概念，以及作为假定在过去时代发生的各组事件之标志而用来表述这些史料的一种叙述结构组合在一起。另外，我认为它们包含了一种深层的结构性内容，它一般而言是诗学的，具体而言在本质上是语言学的，并且充当了一种未经批判便被接受的范式。每一种特殊的"历史"解释都存在这样一种范式。在所有比专著或档案报告范围更广的历史著作中，这种范式都发挥着"元史学"要素的功能。[2]

---

[1]　海登·怀特：《元史学：十九世纪欧洲的历史想象》，陈新译，"中译本前言"序言，1 页，上海，译林出版社，2004。

[2]　海登·怀特：《元史学：十九世纪欧洲的历史想象》，陈新译，"中译本前言"序言，1 页。

他的整个著作都致力于对这种他认为的文史不分家的史学本质特征进行语言结构分析。他把历史叙事的文字呈现结构分解为如下 5 个层面。

①编年史、②故事、③情节化模式、④论证模式、⑤意识形态蕴含模式，① 其中编年史与故事是历史叙事中的"原始要素"。这种原始要素表现在历史叙事必须有一个编年框架，框架内是一系列有始有终的故事，组成可以为人所理解的历史过程。历史故事有头有尾，编年却没有序幕也没有尾声，全凭史家的个人选择。

由于史家在建构故事的过程中必须对挑选出来的每个事件建构起有机的联系，需要解决这样一些问题：

> "下一步发生了什么？""这是怎样造成的？""为什么事情会是这样而不是那样？""最终会是怎样？"这些问题决定了他在建构其故事的过程中必须使用叙事手法。但是，这类涉及事件之间的联系，并将其变成一个可继续故事中的要素的问题，必须区别于另一类问题："它们合为一体会如何？""其意义又怎样？"这些问题与被视为一个完整故事的整组事件的结构有关，并且需要对某个特定故事与编年史中可能"发现""鉴别"或"揭示"出的其他故事之间的关系做出大致判断。这些问题能够用许多方式来解答，我将这些方式称为（1）情节化解释；（2）论证式解释；（3）意识形态蕴含式解释。②

这样一来，情节化、论证与意识形态蕴含就成为史家主观植入自己编织的过程中的价值陈述或意义陈述的几种方式，它们组成了元史学的主观内涵。

在海登·怀特看来，使历史故事情节化的形式有 4 种：浪漫剧、悲剧、喜剧和讽刺剧。史家赋予故事以哪种形式，就以哪种形式来写故事的情节结构。

而且，史家并不会停止在赋予历史故事特定的情节解释上，他们还

---

① 海登·怀特：《元史学：十九世纪欧洲的历史想象》，"中译本前言"序言，6 页。

② 海登·怀特：《元史学：十九世纪欧洲的历史想象》，"中译本前言"序言，8 页。

"可能最终试图说明'中心思想'或'主旨'"，要在情节之外说明故事的价值或意义，这就是"形式的、外在的或推理的论证式解释"。在这种概念化的层面之上，史家通过建构一种理论的推理论证，来阐释故事中的事件。①这些论证包括形式论、机械论、有机论、情境论 4 种类型。

　　意识形态蕴含则是史家主观介入叙事的又一个层面，需要解释历史知识的性质和历史认识的价值等意识形态问题。它有无政府主义、激进主义、保守主义、自由主义 4 种解释模式。每个史家都像无法摆脱地球引力一样无法摆脱意识形态的束缚。所以在海登·怀特看来，历史学一定是历史哲学。

　　海登·怀特认为，史家可以根据自己的需要以及不同模式的吻合程度，对以上三种反映叙事深层结构的各种模式或手法加以组合应用，如讽刺情节模式可以搭配情景论证模式以及自由主义意识形态蕴含。所有这一切都表明了史家必需预设一种构想，以便他能把某种特定的情节、论证或意识形态的蕴含与史料结合在一起，这种预设便无异于文学的诗性，它决定了史家所采用的语言类型。历史家必须通过语言把材料编织成可以理解的完整的织物，他所依赖的手段就是文学上的比喻。比如史家可用象征式的"隐喻"（metaphor），如生物的盛衰荣枯来说明历史人物与事件的命运，可通过个别词或词组的代换——"转喻"（metonymy）来赋予某种历史事物以更大的意义，可用一般来代替个别或局部代替整体的"提喻"（synecdoche）对个别历史事物进行特定的解释，可用词语表达与之字面意思相反的反讽（irony）来对某种历史判断予以否定。因此历史实际上是由比喻决定的，其中隐喻是最常用的比喻。他使用这种分析法逐一剖析了附着在历史哲学家黑格尔、马克思、尼采、克罗齐以及历史家米什莱、兰克、托克维尔、布克哈特文本中的主观内涵、比喻方式以及语言特征，从而完成了对历史叙事的解构——历史事实是历史家创作出来的，与文学创作并无二致，即使其基础是实物史料或文字史料。这样一来，专业史学的坚定信仰，即在一手史料基础上真实地再现实在的历史，便似乎真的成了"高贵的梦"。海登·怀特本人在《元史学》的开头也正是用"梦"来隐喻历史的客观性追求的。

　　对待后现代主义历史哲学同对待相对主义历史哲学以及相对主义史学思想一样，可用古希腊人的两句话来概括，这就是"认识你自己"和"过

---

　　①　海登·怀特：《元史学：十九世纪欧洲的历史想象》，"中译本前言"序言，14页。

犹不及"。

后现代主义是人类自我认识的无尽过程中的一段小小的插曲，它揭示了人类在认识自己过程中的自身局限性，比如在历史学中，使我们进一步认识到过去与历史作品之间并非一对一的直接关系，语言的相对独立性，历史话语与表象中的主观因素，因史学家笔下的历史（文本）不可避免地具有主观成分，即具有与文学相同的"诗性"。

(二) 后现代主义历史哲学批判

由于人自身的局限，同人类的任何思想产物一样，西方史学领域的后现代主义具有"过犹不及"的明显缺陷，这就是海登·怀特所表达的基本观点，即过去的不可知论，历史与文学没有区别，因为历史的深层结构与文学是一样的，同样是"诗性的"，充满了虚构和想象，所以是不真实的。这就把真理说过了头，变成了荒谬。

这里需要区分目前冠以"后现代主义史学"头衔的两种学术表现形式：一种是历史哲学范围内的所谓"元史学"形式，也就是后现代主义的历史哲学；另一种是专业历史学范围内的后现代主义。后者虽然标注自己为后现代主义，却没有挣脱自兰克以来的传统史学的研究套路和叙述方式，仍然是从经过认真收集与筛选的史料出发，由许多个别的史实上升到完整的历史画面，如一个人、一件事、一个事件，乃至一个时代。区别只是选题的角度，如原来处于传统史学研究边缘或范围之外的社会各个环节、各个细部的历史随着史学研究兴趣的转移，逐步进入史学研究的中心地带，同传统政治史、经济史、军事史、思想史一样，成为西方史家重点研究的对象，其表现是社会史和社会文化史选题成为史学研究的主题，城市史、乡村史、人口史、妇女史、新劳工史、种族史、性史、心态史、表象史、仪典史、集体记忆史、消闲史、生态环境史，等等，构成 20 世纪 70 年代以来西方专业史学研究课题的主流，历史舞台上的"演员"人数因此得到前所未有的扩充，三教九流、黑白两道、平头百姓、娼盗匪毒……历史学家们把自己的触觉深入到从世间万象到大脑皮层的表象世界和精神世界。其中有一些作品贴着与传统史学决裂的后现代主义标签，如福柯的《疯癫与文明》、卡洛·金兹伯格（Carlog Ginzburg）的《奶酪和蛆虫》等。这些著作虽然摆脱了传统史学的宏大叙事，专注于讲述老百姓自己的故事或心理层面的东西，但它们如果不是依赖史料的依托，无论在方法上多么花哨，表述上多么漂亮，都不会受到欢迎和欣赏。所以对于这种并非脱胎换骨式的

"后现代主义"可忽略不计，以下只集中于分析后现代历史哲学思想的缺失。

后现代主义者指出历史陈述中包含着想象或诗性无疑是正确的，但又有哪一个学科的陈述没有诗性呢？众所周知，自然科学家并不讳言科学与艺术的结合，提倡科学的想象。这是因为自然科学家与社会科学家一样，在研究中都需依循相同的思维逻辑路线，或者从个别到一般，或者从一般到个别。无论是自然科学家还是社会科学家，在建构一个一般性的概括（或者是定理，或者是结论，或者是某个模型）时，他并不能穷尽以数据、资料、史料等形式出现的有关这个概括所需要的全部个别，因此他对自己的研究对象实际上并不能做出详尽无遗的完整描述，在这种情况下，他的概括只能是忽略了许多个别的理想化的一般建构，这就不可避免地带有想象和假设的成分，因此在科学叙事上也一定要使用大量的比喻。物理学的宇宙大爆炸和暗物质的理论，爱因斯坦的相对论与普朗克的量子论的对立，都明显地带有物理学的诗意，相对论与量子论的概念就是比喻的体现。地理学的板块漂移理论、生物学的进化论、恐龙灭绝假说也不例外。只要我们放开眼界，我们就不会苛求历史学陈述中的诗意成分了。

再者，按照后现代主义语言学理论的说法，如果说语言是独立的存在，由语言构成的文本遮盖了历史事实，语言是横在真相面前的不可逾越的障碍，那么不只是历史学科，依靠各种语言（包括数学语言、物理学语言、化学语言、计算机语言等）来表达的人类积累的所有学科的知识，就都只是无休止的符号游戏而已，均不能反映事情的真相。按照这个逻辑，后现代主义者的所有陈述也同样是谬论（fallacy），传递给我们的也是伪知识了。这无异于自己否定了自己。

语言能够准确地反映现实，这不是单纯的理论问题，同时也是被人类历史反复证明的实践问题。在长达数百万年的人类体质进化与社会进化的过程中，人类从动物的单音节语发展到分节语（大约50万年前）再到文字的出现（约5000年前），所有的直接经验和间接经验的存储和传递，都是通过语言进行的；所有的思维活动以及由此产生的文化形态也是通过语言进行和世代相传。尽管随着语言的发展，语言表述可以有夸张、隐喻、反讽、虚构等多种多样的表现形式，甚至还在一定历史阶段出现了修辞诡辩艺术，可以把死人说活、活人说死，有罪说成无罪，但这些都是语言表述多样化的体现，并不能因此认为语言不能反映客观真实。

我们的生活实践证明，语言中的每一个词汇都有特定的原生义和引申义，对应于人的视觉、听觉、触觉、味觉以及心理活动的各种成分，基本可以满足人们对正确认识社会和自然以及进行思想交流的需要。如果文字语言不能表达最为复杂的内心情感，我们还可以通过音乐、绘画等艺术语言。因此，语言从来不是独立的存在，尽管具有相对的独立性，它归根结底是人们物质和精神实践的产物，是人们准确或不准确表达、记录自己对自身与外界认识的有效工具。人的心理和生理活动，人的社会活动乃是语言的基础与动力来源。人不仅可以利用语言准确地记忆过去，形成历史记载，如可以用文字对海登·怀特的基本观点加以介绍，也可以用文字对他的基本观点进行一定的价值评析。能不能准确地反映真实，关键不在于语言和文本本身，而在于运用语言和制作史学文本的个人。

语言可以准确地反映客观的过去和现实其实是个常识性问题。历史家如同现实生活中的警察与法官。警察可以根据零星的痕迹（物证、人证、书证）捕捉到罪犯，重现犯罪现场和罪犯的作案经过；法官可以根据检察官提供的部分证据对被告进行有罪无罪的判决。一个最雄辩的律师也不能通过对检察官起诉书的叙事结构所进行的语言学分析，使法官相信一个证据确凿的罪犯原本是个无辜的被告。同样，历史家也可以根据经过考据的实物史料和文字史料大体复原或建构起较为完整的过去，[①]并进行符合客观实际的价值判断。这些建构与判断即使包含着诗性也不能遮掩其真实的内核与实质。

事实上，能否发现并再现真实的过去，如何在对过去的带有诗性的叙述中不损伤过去的真实内容，正是衡量一个历史家治史水平高低的基本标准。专业史学已经如自然科学和其他社会科学学科一样，制定出一套验证历史家产品质量的标准，如首先需要查核史学作品中所举证的史实（档案、记录、当事人和目击者的陈述、工具、用具、遗址、实物等）是否可靠，出处何在；其次检查其研究方法和研究程序的合理性，检查其理论前提是否以事实为根据，其理论的内在逻辑是否一致，然后在未来的史学实践中检验其结论的预言性与可靠性。

从人类认知的历史看，一切学科的发展，总是试图通过不断提出具有诗性色彩的新假设，不断追求对假设的证实与证伪而表现出来的。因此，诗性对于历史并不可怕，有限制地巧妙使用诗性不仅不会削弱史学的科学性，反而会增强历史学的魅力，展现不同的历史叙述和论证的风格。同样，语言对于认识和再现过去也并不是什么障碍，而是有效的工具。正是因为

---

① 当然不是所有的过去，而是历史家认为对自己有用的、有选择的过去。

有了过去的痕迹，才有史家的历史认识和理解；有了史家的认识和理解，才有历史建构和历史文本。

　　理性主义提倡质疑精神，这一点对于后现代主义历史哲学仍然是适用的。① 但历史研究者应该重视后现代主义历史哲学所指出的历史诗性的特点对历史研究的负面影响。历史学同其他学科一样不可避免地带有诗性，但这种诗性不能冲淡对历史真实的追求，而应服务于对真实的再现。这点对于古代史研究者来说，也许更值得注意。这是因为古代史的史料具有特殊性。首先，古代史的研究范围在时间上属于前科学的史学时期，世界各国的政府并没有有组织、有设施、有人员、有章法地大量保存档案文献。因此古代史的一手史料（目击者、当事人留下的史料）与近现代史的一手史料在数量上相比，简直有天壤之别。再者，古代中国和古希腊两地虽然分别独立诞生了史学，但古代绝大多数史家是凭借个人爱好和历史责任感在人生旅途中转入历史写作的，绝大多数是曾经沧海的政治家和军事家，全部是业余人员。因此他们虽然都知道历史的真谛在于求真求实，也懂得秉笔直书的基本治史道德，但在历史研究与建构他们完整叙述的过程中，他们仍然有意无意地过分利用想象，即使像修昔底德那样严谨的史家，也在自己勾勒的战争画面出现史料空白时，坦白地供认他不得不根据当时的情境编造当事人的演说。古代没有录音机，也没有方便记录的钢笔、圆珠笔或笔记本，所以古典作家笔下的那些历史人物的直接引语，即使在最好的情况下，也显然是史家采访当事人之后所作的追忆，如希罗多德对希波战争老战士的采访。在古代典籍当中，当事人和记录者在场的情况是微乎其微的。大量的直接引语（演说、对话）都是在时间和空间上远离现场的历史家根据回忆、直接间接的史料"建构"而成的，因此充满了后现代主义者指斥的"诗意"。中国学人时常引用"六经皆史"和"文史不分家"之类确定的格言，就是出于这种古代史家边界模糊的错觉。有鉴于此，当代历史研究者在处理古典作家提供的文字史料以及考古学家提供的不会说话的

　　① 这里应用了转喻手法，先提出理性的怀疑精神是正确的，然后以此为前提说明对后现代历史哲学进行质疑也是正确的。关于对历史认识客观性的详细辩护，可参见美国史家乔伊斯·阿普尔比、林·亨特与玛格丽特·雅各布的《历史的真相》一书（Joyce Appleby, Lynn Hunt and Macob, *Telling the Truth About History*, New York and London, Grants Books, 1997）。中译本见刘北成等译：《历史的真相》，北京，中央编译出版社，1999。

实物史料的时候，在搜集、整理、鉴别、筛选和利用史料的工序中，需要比近现代史研究者更多的谨慎和小心，以避免给后现代主义者造成诟病或"解构"古代史的口实。

当然，也需清醒地认识到，尽管古代的史料具有相对多的诗性，但那里也包含着大量的历史真实，特别是在一些史学界公认的史家作品中，如希罗多德、修昔底德、波里比乌斯、塔西陀等人作品中。通过史家去伪存真、去粗取精的思想加工过程，包括用不断出土的考古材料加以比较印证，历史学家仍然能够成功地发掘出古代典籍里蕴含的真实宝藏，也正因为如此，历史才能称作历史学。事实上，关于古希腊史书的马拉松战役牺牲将士的墓碑、关于雅典卫城的重建、关于提洛同盟的存在，都不是史家头脑中的文本虚构，而是经过出土碑铭证实了的一次性过去的事实。

即使那些已经被证伪的记载，比如希罗多德关于波斯入侵军人数和金字塔建造的传说，也具有真实的成分，它们毕竟是希罗多德时代人们的所思所想的真实写照。所以能否真实地再现过去和准确地评判过去，取决于历史学家的敏锐判断力，取决于历史学家的智慧，也取决于历史学家治史功夫（理论、文献、古文字、现代文字）的娴熟与否。

吸收和借鉴后现代主义史学思想的合理成分，认识到历史学的研究成果不是纯粹的事实；不理会后现代主义史学对历史真实乃至一切理性原则的怀疑论，坚定地继承和发扬 19 世纪实证主义史学的优良传统，更加严谨科学地继续从事史学研究，这似应是专业史学工作者对后现代主义历史哲学提出的挑战的回答。

第二节　新史学的先锋——法国年鉴学派

在 20 世纪前半叶，当历史相对主义者在理论上对客观主义及实证主义史学群起攻之的时候，一些具有理论头脑的专业史家也对科学化的史学进行了认真反思。他们坚信历史真实的可认识性，但不满客观主义史学对历史细节的烦琐考证与描述，特别是不满因文献史料的局限（主要是政治史、军事史史料）致使专业化史学研究的选题集中于政治、军事之类传统领域，试图使史学跟上现代社会前进的步伐。法国年鉴学派史学、英国马克思主义史学、美国新史学（又称进步主义史学）堪称欧美大陆首先在史学实践领域突破旧史学藩篱的史学新锐，其中以年鉴学派对整个现代西方史学编纂的影响最为深远巨大，可以说 20 世纪西方专业化史学的主要成就便来自这一学派的务实研究，也可以说以年鉴学派为代表的西方新史学塑造出了当代西方专业史学的基本面貌。

年鉴学派的历史可以大体分作两个阶段。

一、形成阶段（20 世纪初—1946 年）

年鉴学派的创立有赖于法国东部边境城市斯特拉斯堡的两位大学教授吕西安·费弗尔（Lucien Febvre，1876—1956 年）和马克·布洛赫（Marc Bloch，1886—1944 年）的努力。他们于 1929 年创办了《经济与社会史年鉴》期刊，从而竖起了年鉴学派的旗帜，标志着法国新史学流派的诞生。但如果追溯源头，可以推前至 1870 年普法战争之后的法国高等教育改革。实证主义的专业化史学在改革中得以确立，成为法国史学的主流，但因早期的实证主义史学以严谨的文献史料考据为主，而文献史料因内容的局限又使得研究者的注意力主要集中在政治、军事、外交等传统题材之上，因此在 19 世纪与 20 世纪之交的少数学者对此提出了怀疑，其中哲学家与历史学家贝尔的看法对年鉴学派的产生具有重要的引导作用。

亨利·贝尔（Henri Berr，1863—1954 年）不满当时专业史学的方法与研究对象的狭窄，首先提倡史学的综合研究方向。他在巴黎国立高中任教期间创办了延续至今的《历史综合评论》杂志（1900 年），试图打破历史学与其他学科之间的界限，促进跨学科的研究，特别鼓励应用社会学、哲学、地理学之类方法的研究。贝尔认为，史学是人类过去的事实，是对人类的一切事实以及与人类的事实发生关系的自然界的研究。因此只有包括人类事实总和的历史才是完整的历史。这样的历史不应成为资料的拼凑，而应是有机的、内在联系的整体，它以解释为目标，要求多学科综合性的研究。他创办杂志的目的就是想突破客观主义与实证主义史学的德国研究模式，为多学科的历史研究开辟道路。基于同样的目的，他在巴黎创立国际综合研究中心（1924 年），还在 1920 年主编了大部头系列丛书《进化和人类》，计划出 100 卷，至 1954 年他去世时止共出版 65 卷，内容涵盖从史前社会到当前文明社会诸方面，为法国史学的综合或总体研究提供了一块重要的实

亨利·贝尔

验园地。费弗尔和布洛赫与贝尔相交甚笃，先后参加过《历史综合评论》的通信编辑工作，并且是该杂志的主要撰稿人。费弗尔还同贝尔合作编纂了多学科的丛书《进化和人类》，深受贝尔思想的影响。也因为如此，费弗尔在为贝尔80寿辰的祝词中称《历史综合评论》孕育了年鉴学派。

费弗尔

费弗尔与布洛赫的成长历程再次证明家庭教养对于杰出史家选择自己专业方向的重大影响。费弗尔出生于法国东北部南锡市的一个知识分子家庭，父亲是古文献学家，所以费弗尔对古文献与古文字的兴趣从幼年时期便已开始，读书与思考问题是费弗尔一生的爱好。他在普通教育阶段学习优异，① 20岁时，考入法国最好的大学巴黎高等师范学校攻读历史学与地理学。1902年大学毕业后在行省的一所中学任教，业余时间尝试跨学科史学研究的治学新路，采用历史学、地理学、心理学等多种方法，撰写了他的代表作《腓力二世和弗朗什－孔泰省：政治、宗教、社会史研究》，试图再现工业化之前的弗朗什－孔泰省的村民与城镇居民生活及周边环境的真切状况。该书在1911年出版，给人耳目一新之感。"一战"爆发后他应征参战，服役4年退伍，在斯特拉斯堡大学谋得中世纪史教职（1919年），与年鉴学派的另一创始人布洛赫在大学里相遇相知相交，共同开创了法国乃至西方史学的新局面。1922年，他发表了《土地与人类的演进：历史地理学导论》（1922年）一书，成为历史地理学的先驱著作之一。之后陆续出版《一种命运：马丁·路德》《16世纪的不信神问题——拉伯雷的宗教》等著作。

布洛赫生于里昂的一个犹太知识分子家庭，其父是古罗马史教授，这对他的学术旨趣有很大影响。1904年布洛赫以优异成绩通过巴黎高师的入学考试，进入法国最好的综合类高校学习历史学专业。4年后他去柏林大学和莱比锡大学进修，之后入巴黎多森－梯也尔基金会历史博物馆与图书馆，但很快因"一战"爆发被征召入伍。布洛赫在读书期间是优等生，在军队中也同样表现出色，获上尉军衔。战后，当斯特拉斯堡大学复校

---

① 20世纪前半叶以前，西方大学教育是精英型教育，而非目前的职业教育，因此常有最聪明、学习最好的学生进入历史学专业学习。20世纪后半叶以来，随着大学数量的增多，大学生数量的激增，高等教育日益成为普及性的职业教育，学习好的学生大多去读就业容易、收入丰厚的理工科专业，史学与其他基础性人文社会科学的队伍由精英化逐渐平民化，如年鉴学派倡导的眼睛向下的社会史转向一样。

时，他与费弗尔同年聘入该校，担任中世纪法国史助理讲师。在大学工作期间，他运用跨学科方法完成了自己的博士论文《国王与农奴》（1920 年），为后来的《封建社会》一书奠定了基础。此间他广泛借鉴了社会学的调查取样、类比方法，写出了《国王神迹》《法国农村史》等选题新颖、立论严谨的著述，向读者展示了被传统史学完全忽略了的历史角落，重建了过去人们的平凡活动与社会心理，显示出不同凡响的治学方向与理念。"二战"爆发，他再次入伍参战，不久法国战败，他因德国占领当局的反犹太运动而离开巴黎大学，隐姓埋名，避居在克莱蒙特-费兰德等小城中。此间，发表了他的有关西欧中世纪史的巅峰之作《封建社会》第二卷（1940 年），并在国难当头的情况下以满腔的忧思撰写了《历史学家的技艺》以及《奇异的败仗》两本著作。1944 年 3 月，布洛赫因参加里昂地下反抗组织的活动而被德国秘密警察逮捕，在受到严刑拷打之后于 6 月 16 日被枪杀。他是在"二战"当中惨死于德国法西斯之手的最著名的西方史家。

布洛赫

作为年鉴学派的创立人，费弗尔与布洛赫革新史学的功绩主要在于对贝尔提出的综合史或总体史以及跨学科的研究方法进行了成功的探究与实践，不仅开新史学风气之先，且确立了新史学的基本研究方向与方法，这就使史学研究的对象得到极大扩展，延至人类的所有历史活动，包括心智活动；研究者考察问题的角度得到调整，也就是从所谓眼睛朝上转向朝下，从注重帝王将相、豪门显贵的政治活动转向三教九流、平民百姓的日常生活；历史呈现形式也从宏大叙事转向结构分析，集体意识分析与多学科知识、方法的应用，从而塑造出现代西方史学的基本面貌。

1929 年 1 月，当这两位志同道合的学者创办《经济与社会史年鉴》时，他们的新史学思想与方法已经相当成熟。在年鉴首期的"致读者"中，他们明确说明发刊的目的便是突破门户之见，提倡跨学科研究，希冀依循刊名所指出的史学研究新方向，摆脱传统政治史的羁绊，为综合研究提供一个论坛。他们说：

> 我们都为长期的、从传统分裂状态中产生的弊病而苦恼。目前的状况是，一方面，历史学家在研究过去的文献材料时，使用着陈旧的方法；另一方面，从事社会、近代经济研究的人，正在日渐增加。这

两个方面的研究者，互不理解，互不通气……各行的研究家都致力于自己的专业，在自己的庭院中辛勤劳动，如果他们再能关心一下邻居的工作，就十全十美了。可是却被高墙堵住了。我们之所以站出来大声疾呼，就是针对这种可怕的分裂的。①

两人的努力结出了丰硕的果实。到"二战"爆发时，在年鉴的旗帜下已经出现了一批新史学的人才与成果，不利于史学进步的封闭状态已被打破，阻碍学科发展的围墙已被推倒，以社会史为中心的新史学景观已经展现在学界面前。费弗尔与布洛赫以自己出色的史学成就被公认为史学新潮流的领军人，从边远小城进入学术的中心地带：费弗尔于 1933 年受聘为法兰西学院近代文明史讲座教授，布洛赫则在 1936 年接替亨利·豪瑟教授的巴黎大学经济史讲座教席。

年鉴学派第二代领头人布罗代尔曾说费弗尔对年鉴学派的创立及发展较布洛赫贡献更大。如果从学派的组织领导和推广上看，费弗尔的确做得要多一些。布洛赫正在盛年之际便因反抗德国法西斯而献出了生命，费弗尔则直至 20 世纪 50 年代才卸任年鉴主编一职。但就理论思考的深度、方向突破的广度以及运用多学科方法研究社会史的力度而言，布洛赫的遗产又超过费弗尔。所以二人对西方新史学的贡献是难分伯仲的。

在 20 世纪 50 年代以前，以两人为代表的年鉴学派侧重于借鉴社会学、经济学、地理学和心理学的方法。其中费弗尔偏向地理学与心理学，尤其是社会文化心理，这同他的教育背景以及西方史学界当时热衷于从思想文化层面解释社会历史问题的风气有关。他的《一个命运：马丁·路德》和《16 世纪的不信神问题：拉伯雷的宗教》都在写一个时代的精神风貌和社会集体的心理状态，具体解释历史上的人们丰富的感情世界，他们的信仰、爱憎、希望、焦虑、喜怒哀乐。这种揭示不是简单的事实堆砌，而是把心理作为一定时间内的系统结构。这类题目都是当时史学界所不屑注意的所谓历史的"残渣"。比如在分析拉伯雷的宗教信仰问题时，费弗尔采由近至远的方法，先从分析拉伯雷的酒肉朋友关于他的形象的描述开始，再剖析神学家对拉伯雷的批评与拉伯雷对宗教的戏谑，进一步考察 16 世纪的社会思潮与拉伯雷思想的关系，得出最后的结论：拉伯雷并非无神论者，而是伊斯拉谟式的基督教徒。

---

① 转引自《国外社会科学》，1980（6）。

布洛赫则重视运用经济学、社会学的方法，从社会经济、社会关系角度论述社会结构与它的历史演变，特别着眼于广大基层群众和广大优秀人物。他的代表作之一《法国农村史》①着眼于法兰西民族的主体——农民群众的历史地位，将那些只是传统史书中微不足道的配角提升为历史舞台的主角，勾画出他们有血有肉、栩栩如生的形象，不再是抽象枯燥的"农民"概念。同时，他根据详细的史料绘制出中世纪土地占有形式、农耕技术、田园村舍布局等传统史学很少予以理会的图景。布洛赫遇难前的最后一部大作《封建社会》则更是运用社会学、心理学等多学科方法综合研究西欧中世纪封建社会的典范。英国爱丁堡大学中世纪史教授布朗在英译本前言中指出，布洛赫"从社会学家如涂尔干那里受益匪浅，学到了社会学的研究方法，这反映在他强调社会各群体的定义以及社会群体与总体社会结构的关系上"。②由于这部著作浓墨重彩于西欧农耕文明时代的社会结构、制度以及集体心理，以致他的好友费弗尔都说这本书中缺乏生动具体的个人。③

对于一个学派来说，奠基人的思想是根株，后继人的思想是枝叶。了解一个学派的基本思想应该首先把握它的创始人的基本思路。费弗尔与布洛赫对传统史学的批判、对贬低史学的应战都是从历史科学的维护者的立场出发的，他们对史学的客观性始终怀有坚定的信仰，他们的所有新史学的实验都是建设性的。而同代的历史相对主义者对于史学却像是无感情的旁观者，尤其是绝对相对主义者，如比尔德等人，则是史学专业的摧毁者。布洛赫在国难当头、感时伤世、极为痛苦的情绪下撰写的《历史学家的技艺》（又名《为史学辩护》，在作者牺牲后的 1949 年正式发表）和费弗尔的《为史学而战》（1953 年）都对受到诟病的史学的科学性和价值论进行了深刻阐释。

他们继承了 19 世纪实证主义史学的基本思想——历史是一门不折不扣的科学。费弗尔说："历史学是关于人的科学，是关于人类过去的科学。"④

---

① 中文译本为马克·布洛赫：《法国农村史》，余中先、张朋浩、车耳等译，北京，商务印书馆，1991。该书是历史心理学分析的经典著作之一。

② 马克·布洛赫：《封建社会》，张绪山、侯树栋、李增洪等译，北京，商务印书馆，2004；英译本 1989 年版前言，17 页。

③ 彼得·伯克：《法国史学革命：年鉴学派，1929—1989》，刘永华译，20 页，北京，北京大学出版社，2006。

④ 何兆武、陈启能主编：《当代西方史学理论》，497 页。

布洛赫同样为历史科学进行了有力辩护：

> 即使历史学不具备任何促使行动的可能，它也有充分的理由跻身于值得我们为之努力的科学之列。它不是一个支离破碎、难以阐释的学科，而是一门分类适度、日益言之成理的科学。

其道理很简单，因为史学与其他关于人的科学一样都是年轻的、正在发展的学科，也像其他学科一样在趋向"理性和基本规律相一致"。自然科学与人文社会科学之间并不像相对主义者认为的那样有本质的区别。费弗尔认为科学本身是发展的，现代科学的形势"已与昔日的科学形势毫无共同之处"。① 旧的科学在不断被批判和超越，自然科学认识因此也是不确定的。所以布洛赫批评那些指责史学不能提供精确规律、定理的人，认为他们不懂这样一个道理：

> 我们所处的思想氛围已经今非昔比。气体动力学、爱因斯坦的相对论以及量子力学，已使科学的概念发生深刻的变化，而这些概念在过去曾是一致公认的……我们发现，还是将确定性和普遍性视为"度"的问题更为妥当。我们感到，没有必要再把从自然科学那里引进的一成不变的思维模式强加给每一门知识。因为即使在自然科学界，这种模式也不再通行无阻了。

他理直气壮地断言：

> 史学的不确定性正是史学存在的理由，它使我们的研究不断更新……只要不懈地努力实现自身价值，史学的不完善与完美无瑕的成功，同样是富有魅力的。②

布洛赫批评绝对历史相对主义的不可知论。针对相对主义者批评历史家无法直接观察他研究的事实，他指出人们直接观察得到的经验其实是微乎其微的，比如司令官指挥了一场胜利的战役，尽管战场不大，在战役的

---

① 何兆武、陈启能主编：《当代西方史学理论》，498页。
② 以上引文见布洛赫：《历史学家的技艺》，17～18页。

关键时刻他仍然要靠他部下的报告来判断战况。这些情报都是不再重复的记忆。布洛赫指出：

> 事实上，只要观察者稍微扩展一些他的视野，就可能造成错觉。我们已知的绝大部分东西都是通过别人的眼睛来了解的。①

布洛赫认为历史家完全可能通过感官从古代和近代目击者的著述以及遗骨、遗物中认识它们负载的信息：

> 至于原物在本质上是否能被感知（如只有在阴极射线管中才能看到原子运动的轨道），它是否因时间的影响已今非昔比（如已腐烂了千万年的蕨草），这些都无关紧要。煤块上已留下了它的痕迹，正如埃及庙宇墙上所画的久已废弃的宗教典礼及其文字说明。无论在哪种情况下，重构的程序都是相同的，每一门科学都能就此举出各种各样的例子。②

基于对史学的科学信念，布洛赫在批评客观主义或实证主义史学时采取了客观求实的态度。一方面，他认为传统史学只看重事件和史实的罗列，排斥理论思考，把"工匠式的历史"专业化等同于科学化，结果使丰富的历史简化为少数人的政治、军事、外交活动史；另一方面，他也认为客观主义或实证主义史家的科学化努力使历史学"得益匪浅，它教会我们分析，使之更为深刻，更善于抓住问题……如果说这种学说在今天已趋僵化，那也只是任何思想运动在硕果累累之后迟早要付出的代价"。③ 在这里，布洛赫执行了自己提出的史学应该理解而非评判的原则。他指出，长期以来，历史家就像判官，把一个时代或一个党派的相对的道德和评判标准绝对化，对于死的人物任意褒贬，今天否定，明天翻案，"使历史学天然地蒙上一层反复无常的外表"，现实生活成了一幅黑白分明的图画。他尖锐地问道："我们对自己、对当今世界也未必有十分的把握，难道就这么有把握为先辈判定善恶是非吗？"因此他认为只有理解"才是历史研究的指路明灯"，它

---

① 布洛赫：《历史学家的技艺》，40～41页。
② 布洛赫：《历史学家的技艺》，45页。
③ 布洛赫：《历史学家的技艺》，15页。

意味着不轻易指南，意味着体验人类千变万化的差异和他们之间的关系。①
这样宽容的胸怀，这样得体的话语，只有具备广博的知识与深厚的职业道
德素养、厚重的历史感的人才能说得出来。

总而言之，布洛赫与费弗尔以自己的扎实的成果奠定了年鉴学派在法
国现代史学中的重要地位，为西方史学的进步建立了不可磨灭的功绩。

二、发展与繁荣阶段（1946 年至今）

1946 年，年鉴易名，篇幅增加，作者队伍国际化，标志年鉴学派治学
理论与方法的影响的扩大。以布罗代尔（Fernand Braudel，1902—1985 年）
为首的新一代年鉴派史家接棒，成为法国专业史学队伍的中坚力量。先是
费弗尔担任法兰西实验高等研究院第六部（经济与社会科学部）主任，继
而由布罗代尔接任该职（1956 年），正式完成了学派带头人的换代。在布罗
代尔"执政"期间，由费弗尔、布洛赫开创的跨学科的总体史研究，主要
是社会史研究，在西方已成燎原之势。第六部成为法国社会科学精英的荟
萃之地，几乎所有当地著名的法国社会科学家都在该部工作过。年鉴杂志
也在布罗代尔的苦心经营下于 1960 年左右成为法国最畅销、最有影响的历
史杂志。

布罗代尔生于法国东部小镇卢奈维尔，父亲是数学家，担任一个学术
管理机构的行政官员，经常辅导小布罗代尔学习。在进入大学之前，他已
经掌握了拉丁文，初识古希腊文，喜欢历史和诗歌。但他个人的专业选择
初是学医，遭父亲反对后入巴黎大学改学历史（1920 年）。1923 年毕业后
在阿尔及利亚的一所国立高中教了 9 年书，又转往巴黎中学教书，遇到费弗
尔，或者说费弗尔发现他的治史能力，对他加以提携。1934 年，布罗代尔
受邀去巴西帮助该国建立第一所大学，他后来回忆说这是"他一生中最好
的时期"。② 1939 年"二战"爆发，他返回巴黎应征，并在第二年成为德军
战俘，被关在德国北部的战俘营中达 5 年之久。正是在此期间他开始完全依
赖记忆撰写他的代表作《菲利浦二世时代的地中海和地中海世界》一书，
再次印证了中西史学史上的一个通例：好史家往往生于忧患。1946 年他追
随费弗尔，成为《年鉴》杂志编辑部成员，翌年他与费弗尔创立法兰西高

---

① 布洛赫：《历史学家的技艺》，102～103 页，105 页。

② http://www. answers. com/topic/fernand—braudel#cite_note—1

等研究实验学院第六部。同年他因论文《菲利浦二世时代的地中海和地中海世界》获博士学位。1949年该论文以专著形式出版，很快就同《封建社会》一样成为年鉴学派的经典著作。费弗尔在1956年辞世后，他接替费弗尔的主任职务至1972年。1985年他当选为法兰西科学院院士，在欧美各国享有盛誉，获得过无数奖励，美国纽约州立大学宾法顿分校还成立了布罗代尔研究中心。这不仅因为他是国际史学活动的著名组织者，而且更重要的是他对年鉴学派乃至整个西方专业史学的学术贡献，这就是独树一帜的"时段"理论，实际上是一种以时间及其所蕴含的内容为标准的解释方法，突出了时间的作用。

布罗代尔的时间是通过历史变化表现出来的，不同的历史现象有不同的时间尺度，不存在一种简单节奏的社会时间，只存在千万种速度、频率的社会时间。他把反映历史变化深浅、速度快慢的时间频率归纳为长、中、短三种类型，又称地理时段、社会时段与个人时段。地理时段意味着在百年或百年以上的时间和特定空间内，自然地理与文明的缓慢变迁，这种变迁是对人们的总体历史具有深远影响的结构性变化，最终决定着历史的进程。中时段指对历史具有较明显影响的波动周期，比如产生的增长与减少，物价的上升与下降等，长度在十到几十年之间，它反映一定结构内部的各种社会因素的变化。短时段则指一定社会发生的突变，其范例是事件，如同爆炸般的新闻，稍纵即逝。他在《菲利浦二世时代的地中海和地中海世界》一书的序言中对自己的思路进行了这样的描述：

> 第一部分论述一种几乎静止的历史——人同他周围环境的关系史。这是一种缓慢流逝、缓慢演变、经常出现反复和不断重新开始的周期性的历史。我不愿意忽视这种几乎置身于时间之外的，与无生命物打交道的历史，也不愿意仅仅满足于为这种历史撰写地理性质的导言；这种导言照例毫无用处地放在书的开头，浮光掠影地描绘矿藏、耕地和花卉，随后就永远不再提及，似乎花卉不是每个春天都重新开放……
> 在这种静止的历史之上，显现出一种有别于它的，节奏缓慢的历史。人们或许会乐意称之为社会史，亦即群体和集团史，如果这个词语没有脱离其完整的含义。这些深海暗流怎样掀动地中海的生活，是我在本书的第二部分需要加以思考的。首先是依次对经济、国家、社会、文明等进行研究，最后是试图显示所有这些根深蒂固力量在战争这个复杂的范畴内怎样起作用，以便更好地阐明我的历史观。

最后是第三部分，即传统历史的部分，换言之，它不是人类规模的历史……这是表面的骚动，是潮汐在其强有力的运动中激起的波涛，是一种短促、迅速和动荡的历史。这种历史本质上是极端敏感的，是最轻微的脚步也会使它所有的测量仪器警觉起来的历史。这是所有历史中最动人心弦、最富有人情味，也最危险的历史。①

1958 年，他还为此专门写了一篇著名的论文《历史和社会科学：长时段》，进一步论述他的基本观点。② 在布罗代尔看来，新史学与旧史学的主要区别之处就是超越短时段，因为旧史学主要是以时间为中心的政治史，而新史学着眼于历史全局和长时段的结构变化。于是便产生了与此相适应的历史叙述形式，出现了新的研究方法。布罗代尔特别对 20 世纪 50 年代在西方社会科学中开始流行的计量史学方法寄予厚望，认为史学的变革使"计量史学开始登上舞台，它的精彩表演还在后面"。③ 而事实上第二代年鉴学派史家的重要方法特征之一就是计量方法在史学研究中的应用。

布罗代尔的这些理论创新在他的《菲利浦二世时代的地中海和地中海世界》得到了淋漓尽致的发挥。全书截取西班牙国王菲利浦二世在位的一个时段，作为整个地中海周边世界的综合史的时间框架。如该书序言所说，第一部分用很大篇幅分析地中海的自然地理环境状况与变迁，如植物的退化、气候的改变、交通路线的改道等，以此说明历史的缓慢变动。第二部分考察海路交通运输，贸易线路与距离远近，人口分布与人口增长，货币的发行、流通与物价波动。第三部分才进入传统史学的主题，即西班牙与奥斯曼土耳其帝国之间的争霸。即使在传统史学的主题之下，布罗代尔的着眼点依然是结构问题，如双方的政治体制、居民构成、军制与军力对比以及防御系统，而非具体的个人。战争与冲突事件虽然也占有一定篇幅，并有生动描述，但布罗代尔显然对之兴趣不大，他更关心事件的持久后果。

他的另一部三卷本著作《15 至 18 世纪的文明和资本主义》以同样的方式将内容分为日常生活结构、资本主义制度下的经济生活、资本主义世界

---

① 布罗代尔：《菲利浦二世时代的地中海和地中海世界》，唐加龙等译，9～10 页，北京，商务印书馆，1996。
② 中译文见《史学理论》，1987（3）。
③ 中译文见《史学理论》，1987（3）。

的国际统治体系三大部分，分别标示长、中、短时段。其基本史观是长时段的"长波"（long wave），即日常生活对社会历史发展的决定作用：

　　　　在市场经济的下面还有一个阴暗的区域，因缺少适当的史料而往往难以看到。这里到处都进行着最基本的活动，它的数量惊人。这个丰富的区域颇像覆盖地球的岩层，由于缺乏更好的表达，我不得不称之为物质生活或物质文明……这类每日发生的事情不断重复，越是不断重复便越成为一种一般法则，或者说是结构。它存在于社会的各个层面，并规定了社会存在和社会行为的各个形式。①

　　就年鉴学派的这种重视结构存在以及眼睛朝下的治学取向来看，与马克思主义唯物史观显然有相似之处。对此，第三代年鉴派史学的主将勒华—拉杜里（E. LeRoy-Ladurie，1929—　）在年鉴创刊 50 周年纪念文章中就曾提道："马克思主义——当然不是教条的马克思主义——也对'年鉴派'起了积极的影响，特别是 1950—1970 年这个阶段。"②

　　繁荣时期的年鉴学派以更大的魄力吸收、引用其他学科的方法，尤其是人口学、计量经济学、生理学等学科的方法。例如勒华—拉杜里③的博士论文《隆吉多的农民》（1974 年）利用大量有关十一税、租金、工资、利润等统计资料，深入分析了 15 世纪至 17 世纪隆吉多省的人口消长以及人口和社会经济变化之间的关系，是应用人口学以及计量统计方法的典范。他的基本观点为当地人的文化是隆吉多省农民生活特征的决定要素。他的《饥荒不育症（17—19 世纪）》一文是年鉴学派史学应用生理学方法研究历史的杰作。

勒华—拉杜里

他收集了许多统计材料和当时的报道试图说明灾荒期间粮食缺乏影响了妇

---

　　①　布罗代尔：《15 至 18 世纪的文明和资本主义》（F. Braudel, *Civilization & Capitalism*, 15ᵗʰ—18ᵗʰ *century*），第 1 卷，23～24 页，26 页，纽约，1981。
　　②　拉杜里：《新史学的斗士们》，载《世界历史译丛》，1980（4）。
　　③　勒华—拉杜里为法国西北部的诺曼底生人，巴黎高师毕业（1951 年），1963 年获巴黎大学博士学位，后在巴黎大学任教，参与布罗代尔主持的实验高等研究院第六部的学术工作。1987—1994 年任法国国家图书馆馆长，被多国大学授予荣誉博士。

女的月经周期和生育功能，导致人口的削减。他的 1975 年出版的专著《蒙塔尤：1294—1324 年奥克西坦尼的一个山村》更是一部震惊西方史坛的微观史学大作。书中运用人类学的方法，在教会遗存的拉丁文档案文献基础上，研究法国南部比利牛斯山区中的一个叫蒙塔尤的小村庄的社会文化史，包括当地的自然地理、社会结构与管理、经济活动、日常生活习俗、文化网络、婚姻、妇女、儿童、村民的宗教异端状况等。书内活跃着生动的村民形象，其中有一个牧羊人叫皮埃尔·莫里，在村中默默无闻，却被作者挖掘出来多达一整章篇幅的内心世界——"牧羊人的心态"：他虽然社会地位卑微，却具有自己的人生价值观：

> 甘愿以经常性的贫穷为伴。对他来说，贫穷甚至是一种理想和价值体系……好心的牧羊人从骨子里是 14 世纪最彻底的民主派！他憎恨和鄙视山珍海味与奢侈豪华，至少是教会方面的（皮埃尔有时对那些非教士的饭桶和富翁也很尖刻，但毕竟宽容得多）。他曾表示过对小兄弟会修士的不满，谴责他们违背教规，在葬礼后举办宴会。他严肃指出，这种大吃大喝损害了死者的灵魂，妨碍他们进入天堂。对此，皮埃尔还引证了圣马太关于骆驼通不过针眼的话。这表明，他身上有较明显的福音文化影响。①

一个具有鲜活生命与灵魂的普通村民，就这样被勒华—拉杜里载入历史，被赋予了人的价值和历史地位。《蒙塔尤》对蒙塔尤村的分析，既重视结构，也重视结构中的个人，年鉴学派史学总体史思想和社会史观在第三代学人身上得到了深化。

1968 年，布罗代尔辞去年鉴主编职务，刊物转由第三代年鉴领军人物勒高夫、勒华—拉杜里、费罗、勒维尔集体负责。年鉴学派史学此时已像当年客观主义史学或实证主义史学一样，在法国史学中取得了统治地位。1975 年，实验高等研究院第六部改名为社会科学高等研究院，便是年鉴学派史学所主张的跨学科研究方向得到牢固确立的标志。年鉴学派的治学方法深刻影响了现代西方史学，各国史家争相仿效。跨学科的社会史研究已经成为 20 世纪后半叶西方史学的基本取向，历史学的触角探及人类社会生

---

① 勒华—拉杜里：《蒙塔尤：1294—1324 年奥克西坦尼的一个山村》，168 页，许明龙、马胜利译，北京，商务印书馆，1997。

活的每一个角落，宗教、巫术、性、幻觉、恐惧、瘟疫、葬俗、城市、乡村、环境、生态、服装、饮食、娼匪盗毒等传统史学忽略的宏观与微观选题，已经成为法国乃至欧美各国史学工作者趋之若鹜的选题，目前仍没有看到退潮的迹象。而研究方法以及表述术语的借用对象遍及人文社会科学和自然科学的几乎所有部门，尤其表现在心理史学、计量史学研究的进一步发展上。即使是坚持传统史学方法与研究对象的西方学者也承认和吸收新史学的成果。西方史学实现了布洛赫的乐观评定：

> 优秀的史学家犹如神话中的巨人，他善于捕捉人类的踪迹，人，才是他追寻的目标。[①]

用现代的方法写全面的人的历史，这是年鉴学派史学给 20 世纪的西方史学最丰厚的赠礼。但是，也正如布洛赫所说："任何思想运动在硕果累累之后迟早要付出代价。"[②] 人天生是有局限的动物，年鉴学派史学自然也存在着明显的缺陷。

首先，新史学的基本追求目标"总体史"或"整体史"只是一种遥不可及的理想，因为永远不可能有全面的、总体的历史，只能有局部的、有选择的历史。它的积极意义并不在于年鉴学派史家编写出了真正的整体史，而是史学研究范围的扩大，史家视阈的扩大。由此年鉴学派的新史学的定位就产生了问题：是否如一般所言，它创设了一种全新的史学研究范式？它是对专业化的实证主义史学的发展与完善还是根本性的创新？如果细心比较两者之间的差异就会发现，两者之间的关系并非如相对论与量子论是断裂的，而是继承性的。实证主义史学主张一切从一手史料出发，一手史料的类型包括档案文献、各种统计报表、当事人与目击者的各种证词，如日记、回忆录等所有实物与文字史料。年鉴学派研究的基本套路与此没有质的区别，只是在解释的方法上多了一些量的变化。无论是实证主义史学还是年鉴学派史学，对于历史认识的客观性、人类总体史的统一性的信任是共同的，结构分析本身表明对历史偶然性决定作用的否定。因此两者完全是继承与发展、遗传与变异的关系，而不是突变式的"新物种"的诞生。

对于被定名为"传统史学"的客观主义和实证主义史学，需要进行具

[①]　布洛赫：《历史学家的技艺》，23 页。
[②]　布洛赫：《历史学家的技艺》，15 页。

体的历史分析。只要把它们放到一定的历史条件之下，其选题和方法的局限就完全可以理解了。19世纪的史学之所以重视政治史、经济史与宏大叙事，是因为当时具体的历史背景。实际上，综合研究的尝试在实证主义史学形成与早期发展时期也已出现，只不过19世纪中晚期是业余史学向专业史学转型的时期，专业史家人数很少，相邻的社会学、人类学之类完全是新学科，因此广泛的跨学科研究的条件还不成熟，只有很少数史家提出了心理分析和社会结构分析的问题。而且也许更为重要的因素是数量不多的19世纪的专业史家们有做不完的政治史、经济史选题。只要回想一下那是怎样一个以政治为主题的、不断驱动着世界变革的、热火朝天、光怪陆离的世纪：人类生产力的革命性进步在一个世纪里发生了两次，从工人发明家到教授和知识分子发明家，快得使人文社会学者们都来不及整理和吸纳；政治领域则继续着暴风骤雨般的革命和改良，自由、平等、博爱、民主、法治的咒符仍旧呼风唤雨，推动着变天的浪潮；共产主义运动从幽灵演变成各国资产阶级俱乐部恐惧的洪水猛兽；思想家和大学者的高论和自信比山高、比海深，人们的心头好像长满了草……那是英雄主义的时代，史学家选择革命改良、战争和平、殖民掠夺、政治超人、重商主义、海上霸权、合纵连横、远交近攻等政治史、军事史、外交史、经济史等论题乃是因应时代的需要，不可能顾及村民的斗心眼儿与性要求之类琐碎的题目。甚至第一、第二代年鉴学派的史家们的主要著作，比如《封建社会》其实也是宏大叙事，长时段被赋予最重要的历史意义也反映早、中期年鉴学派的大局观。"二战"之后欧美进入和平因而也趋向平庸的时代，启蒙时代的平等、博爱原则得到比较充分的落实，草根阶级的历史价值被重新认识，各种日常生活琐事自然映入新史学家的眼帘。因此第三、第四代年鉴学派接班人勒高夫、勒华—拉杜里等人的选题与视角并不奇怪。但他们并没有脱离实证主义史学确立的无征不信、无一句无出处的实证精神。

其次，年鉴学派在方法上的创新容易引起史学工作者对研究法的崇拜，热衷于在方法上的标新立异，甚至为方法而方法，忽略史学研究的求真实质，出现史实服从于方法、任意剪裁和解释史料和进行模型设计的现象。例如，计量史学因20世纪60年代以来计算机技术的发展，被年鉴学派史家视为科学历史学的希望，出现众多标榜应用计量方法研究历史的著作，计量史学一度成了史学的新分支学科。但在史学实践中，计量分析得出的历史结论往往是不成功的，因为历史中的人并不生活在数字当中。即使是在数学统计资料膨胀的当代社会，计量方法得出的结论也是随机的、概率的。所以广泛使用计量方法的现代经济学家承认："经济学不是一门精确的科学，宁可说经济学规律只在平均意义上才是对的，它们并不表现为准确的关系。"① 缺少数据的史学更不是一门能够计量的精确的学科。现代美国学者怀特黑德曾尖锐地批评滥用计量史学方法的做法，指出："除了预定的模式，数字毫无用处"。② 再如，心理史学方法的滥用不仅把历史人物内心和集体的心理当作历史的决定要素，而且给"诗性"地描绘历史人物的内心世界敞开了大门。掌握人物心理需要大量的实证史料，即便如此，人的微妙心理也是很难被认识的。但心理史学仅凭一两件史料便敢于对距离遥远的历史人物进行详尽的心理分析。近现代心理史学主观臆测的反面典型是心理学大师弗洛伊德的专著《利奥纳多·达·芬奇和他童年的一个记忆》。该书根据零星材料便推演出达·芬奇有同性恋情结。20世纪六七十年代，类似的心理史学研究随着新史学的繁荣而非常兴盛，许多世界史上的重要人物都被进行了心理解剖。有些史家甚至可以通过对若干图片、葬仪、葬词的心态分析来推理出死亡玄学。这不能不令人联想：20世纪80年代产生的后现代历史哲学对史学客观性的否定，是否与这种创造或编造历史的负面现象有关。

再次，历史被各种模式、结构、时段的切割而碎化，史学有失去本身特点而被其他社会科学同化的危险。在布罗代尔之后，随着方法范围的扩大，造成了史学领域解释模式的杂乱无章。一方面，史学分析偏重于静态的结构分析，超越时段的连续性受到忽视；另一方面，史学研究的题目又常常集中于许多细小的历史部位，史学变成了对社会生活的考古发掘，只满足了少数人好古怀旧的好奇心。同时盲目运用其他学科的方法、术语、模式、符号的做法，使新史学的许多著作往往难于定位是史学著作还是社会学、经济学、人类学著作。由于史学的概念化，史作失去了传统史学所具有的文学审美的特点，从实证主义史学极端化后出现的史料堆砌弊病转化为新的枯燥的数据、图表、曲线、术语的大杂烩，抽象的群体替代了生动的个人，凡人小事取代了社会集团中的卓越或大恶的代表，既不能给人赏心悦目的阅读快感，也不能启人心智，教人雅致与智慧。史学作品因此远离了社会大众，甚至远离了知识界中大部分读者。这样就使一种非常富

---

① 保罗·A. 萨缪尔森，威廉·D. 诺德豪斯：《经济学》，上册，17页，北京，中国发展出版社，1992。

② 芬利：《古代的经济》（M. I. Finley, *Ancient Economy*），25页，加州大学出版社，1973。

有活力的史学范式有脱离其创始初衷而走向其反面的可能。

最后，新史学的一些基本方法具有明显的片面性。如长、中、短时段的认识方法对政治事件与政治人物的作用过于低估。像法国大革命、美国革命、中国革命、粉碎"四人帮"、十一届三中全会决议这样的重要历史事件，像拿破仑、华盛顿、毛泽东、邓小平这样的重大历史人物，对历史的作用绝不只是"瞬间即散的尘埃"，"像短暂的闪光那样穿过历史"，[①] 它们、他们对一国乃至世界的深远影响完全可以超过一两个世纪，甚至更长的时间。

任何事物如果趋向绝对化都会走向自己的反面。在 20 世纪 70 年代以后，年鉴学派本身发展的问题显露了出来。以勒高夫等人为代表的第三代年鉴派史家提出要对史学自我反省，防止社会科学对史学的"侵略"，应根据史学的具体情况应用其他学科的方法等主张，这显然是对年鉴派运动的调整与纠偏。1994 年，《年鉴》副标题"经济、社会与文明"改成"历史与社会科学"，也反映了年鉴学派的进一步自我调整，从强调经济学、社会学与历史学的结合扩展为与所有社会科学结合，表达历史学是开放的学科。

这个时期还出现了一种来自年鉴学派内部与外部合力促成的新趋向，即叙述史、政治史的复归。勒高夫在《创造历史》《新史学》中对年鉴派史学的总结，勒华—拉杜里在《蒙塔尤》中对个案的注意、夹叙夹议的陈述都反映年鉴派史学的自我调整。当然，所谓叙述史、政治史的复归并非简单的复旧，而是一种符合史学发展趋势的新的辩证运动。西方史学正是在这种无穷尽的螺旋盘升中不断自我完善，朝着更好的适应现实需要的方向不断进步。

第三节　新史学的重阵——英国马克思主义史学

在现代西方史学队伍中，英国马克思主义史学以实事求是的扎实学风，把历史哲学与历史学有机地结合在一起，赢得了欧美学界普遍的敬意，证明历史唯物主义的经济分析与阶级分析方法是一种有效的认识历史与现实的方法。

英国马克思主义史学实际上是西方马克思主义在学术界的一个重要分

---

① 布罗代尔：《菲利浦二世时代的地中海和地中海世界》，下册，吴模信译，416页。

克里斯托弗·希尔

支，其成员起初主要是英国共产党内的一批知识分子党员。他们的著名代表是约翰·爱德华·克里斯托弗·希尔（John Edward Christopher Hill，1912—2003年）、爱德华·帕尔默·汤普森（Edward Palmer Thompson，1924—1993年）、埃里克·霍布斯鲍姆（Eric Hobsbawm，1917—2012年）、莫里斯·多伯（Maurice Dobb，1900—1976年）、罗德尼·希尔顿（Rodney Hilto，1916—2002年）、维克多·基尔南（Victor Kienan，1913—　　）、莱斯理·莫顿（Leslie Morton，1903—1987年）、拉斐尔·塞缪尔（Raphael Samuel，1934—1996年）等十三四个人。此外，也有一些并非共产党人的出色史家，他们认同马克思主义的史学方法，并在自己的研究领域取得了卓越的成就，如牛津大学研究古希腊史的杰出教授杰弗里·欧内斯特·德·圣克鲁瓦（Geoffrey Ernest Maurice de Ste. Croix，1910—2000年）。英国马克思主义史家都是英国一流的学生，一流的才俊，饱学的史家，具有独立思考、独立提出并解决史学问题的高度才能，几乎每个人都成果卓著，多数人可谓著作等身。1952年，小组创立了《过去与现在》学术期刊（*Past and Present*，季刊），目前已经成为西方最好的史学期刊之一，为英国社会史研究最重要的园地。1956年匈牙利事件后，希尔、汤普森、希尔顿等人因与支持苏共的英共中央的观点分歧，声明退出英共，但仍然保持着对马克思主义的信仰，运用马克思主义经济分析、阶级分析方法，注重从下层研究历史，形成具有鲜明身份特征的英国新社会史方向。但也有一些人留在党内，其中声名卓著的是霍布斯鲍姆。尽管英共马克思主义史家小组本身随着英共于1991年的解体而自然消亡，但部分成员在1992年又集合在一个无党派的新组织"社会主义历史学会"周围，创立了两年一期的刊物《社会主义史》，主要刊载有关英国社会主义运动与劳工运动史的论文。这个刊物同《过去与现在》一道，继续延续着英国马克思主义史学的传统。它们的编者与撰稿人用自己的才思和史学实践勾勒出西方现代史学一道亮丽的风景线。

希尔出身于英国北部约克郡的一个富裕的中产阶级家庭，父亲是律师。他在家乡上小学、中学，因学习成绩优异，入牛津大学主修历史。在入学之前，他曾到德国西南部的城市弗赖堡度假，目击了纳粹党的崛起。他后来说这次经历对他选择比较激进的政治立场影响很大，因此在大学时代便加入了共产党。1935 年，他访问苏联，回英后在威尔士的卡迪夫大学"大学学院"获得助理讲师教职，思想左倾。1936 年西班牙内战爆发后，他报名参加国际纵队未能如愿。1938 年，他到牛津大学贝列尔学院担任学生指导教师，并担任教职至 1978 年退休，只有在"二战"期间因他入伍而离开学院一段时间，一生大部分时间都在从事史学的教学与科研活动。1947 年，一批英共党员历史工作者基于共同的用新史观解释历史的志向，组成"共产党人史家小组"，牵头人是老资格的女史家多娜·托尔（Dona Torr，1883—1957 年），但主要成员都是类似希尔这样风华正茂、书生意气的青壮年史家。小组的建立极大地促进了西欧马克思主义史学以及新史学的研究：包括希尔在内的英国马克思主义史家们的主要研究成果集中在小组成立之后的 20 世纪 50 年代以后；由希尔、霍布斯鲍姆、汤普森等人合力创建的学术名刊《过去与现在》也是在小组成立后出现的。

希尔本人是多产的史家，也是散文随笔的高手，至 20 世纪 90 年代末仍笔耕不辍，确切地说，在打字机上敲打不辍。他的学术旨趣始终如一，集中于 17 世纪英国史，选题涉及 17 世纪英国社会、经济、政治、思想诸多方面，但中心是 17 世纪中叶的英国革命。他始终认为经济力量与阶级斗争是人类历史中最重要的因素，17 世纪中叶的英国内战是一场革命，同后来的法国大革命性质相同。在他看来，革命爆发之前曾经有过一场思想的准备，当时主导英国大众的是宗教，清教则是驱使人们展开革命行动的思想力量，所以清教运动成为他著作的主题。在他最好的著作《天翻地覆的世界》（1972 年）中，他就清教对平民大众的影响进行了全面深入的阐释。他的《革命的世纪：1603—1714 年》（1966 年）与《从宗教改革到工业革命：英国社会经济史》（1967 年）两本概述成为英国学校中有关英国革命的标准读本。他退休当年出版的新作《弥尔顿与英国革命》（1977 年）指出大诗人弥尔顿受到流行于 17 世纪的宗教激进主义的深刻影响。此外，他还著有《1640 年英国革命》（1940 年）、《列宁与俄国革命》（1947 年）、《教会的经济问题》（1955 年）、《清教与革命》（1958 年）、《英国革命前的社会与清教主义》（1964 年）、《英国革命的思想起源》（1965 年）、《革命的世纪：1603—1714 年》（1966 年）、《从宗教改革到工业革命：英国社会经济史》（1967 年）、《17 世纪英格兰的反基督者》（1971 年）、《17 世纪英国的变革与连续性》（1974 年）、《英文圣经与 17 世纪革命》（1993 年）等众多著作。他的一些研究成果虽然受到一些批评，尤其是对于其将内战定性为革命的批评，但他的求真求实精神和扎实的著述却得到英国史学界的普遍尊敬。正是由于出色的学术成就，他在 1965 年成为牛津大学贝列尔学院院长直至退休，任期长达 13 年。

　　与希尔一同创建共产党人史家小组的同志中，汤普森、霍布斯鲍姆在学术上最为突出。

　　汤普森生于牛津的一个基督教新教传教士家庭。传教家庭的背景或许使家族成员形成了救世和利他的人生观。比如老汤普森曾到印度工作，同情殖民地人民的民族解放斗争。汤普森的哥哥作为英军军官，在第二次世界大战中为援助保加利亚共产党的游击队而牺牲在异国他乡。汤普森与母亲曾在战后合写了一本纪念兄长的书，书名借用《共产党宣言》中的开篇话语《一个幽灵在欧洲徘徊》。所以，汤普森早在少年时便选择社会政治目标在于解放全人类的马克思主义信仰是可以理解的。他本人在英国西南部巴斯城的著名寄宿学校金斯伍德公学接受普通教育，后考入剑桥大学学习，读书期间加入英国共产党，时值"二战"正酣时期（1940 年）。他很快投笔从戎，在坦克部队中作战，到过北非与意大利战场。战后他回到剑桥大学考普斯学院继续研读历史，1946 年毕业，获学士学位，他是英国少有的没有博士学位的杰出史家。1946 年他同希尔等人一道组建共产党史家小组，同年以青年志愿者身份赴南斯拉夫和保加利亚修建铁路（1946—1947 年）。1948—1965 年在利兹大学任教，积极参加反战运动。1955 年他发表了第一部传记体史著《威廉·莫里斯：从浪漫到革命》，对诗人及社会主义者莫里斯的生平进行了综合评析，试图说明英国的社会主义运动具有自己的历史背景。

　　匈牙利事件发生后，他退出英共，但仍然积极参与政治活动，自称"社会主义的人道主义"者，[①] 实际上他是独立的马克思主义者，仍然追求自己对马克思主义的理解。他为此积极创立了一个新的学术期刊《新左派评论》（The New Left Review），把数千倾向于民主社会主义的马克思主义者团结在这个期刊的周围，从而形成了一个新左派运动。正是在此期间，汤普森得到利维霍姆基金会的赞助，在英国公共档案馆中广泛收集载有劳工阶级日常生活的史料，比如不同地区、不同工种男女工人、童工的工资、劳动条件、生活条件、价值观、工余消闲状况，甚至包括演出剧目单和入场券等文物，并在翔实的史料基础上，写出了马克思主义史学的经典之作

图片说明：汤普森

①　参见何兆武、陈启能主编：《当代西方史学理论》，第 561 页注释 2。

《英国工人阶级的形成》（1963 年）。① 在书中，汤普森生动具体地讲述了 18 世纪晚期与 19 世纪早期英国各地工人在工业化过程中经受的苦难与觉醒，把过去仅用一个枯燥的整体性概念就完全覆盖了的劳工阶级，从历史舞台上的一个微不足道的配角提升为由鲜活的个体集合而成的主角。汤普森在书中对教条式的、机械的历史解释进行了有力批评，认为推动历史发展变化的动力并非是笼统的经济力量，因此英国工人阶级的形成与工业革命的关系不是简单的一对一的对应关系。在他看来，阶级的形成有赖于群体同一性意识的产生，而这种意识并非只是物质存在的产物，更重要的是社会关系与文化因素的作用。汤普森对此解释道：

> 我强调阶级是一种历史现象，而不把它看成一种"结构"，更不是一个"范畴"，我把它看成是在人与人的相互关系中确实发生（而且可以证明已经发生）的某种东西……当一批人从共同的经历中得出结论（不管这种经历是从前辈那里得来还是亲身体验的），感到并明确说出他们之间有共同利益，他们的利益与其他人不同（而且常常对立）时，阶级就产生了。②

这样一来，说明英国工人阶级的产生首先需要说明工人之间自我认同的意识的产生过程，仅仅有了工业革命造成的社会流动，农民大量转化为工人就说工人阶级已经形成是不够的。这就必须要到工人的日常工作与生活的经历中去寻找那些造成阶级认同意识的东西。这正是他为何要不厌其详地在大量史料的基础上重构工人社会生活详情——"穷苦的织袜工、卢德派的剪绒工、'落伍的'手织工、'乌托邦式'的手艺人，乃至受骗上当而跟着乔安娜·索斯科特跑的人"——的原因。由于经受了共同的痛苦和忧虑，"多数英国工人开始意识到他们之间的共同利益，他们的利益与统治者和雇主们对立"，③ 开始了有组织的斗争，英国的工人阶级才最终得以形成。这种集体身份意识充分具备的时间被汤普森划在该书时间长度的下限——19 世纪 30 年代。

《英国工人阶级的形成》一书出版后因视角新颖、史料翔实、文字精当

---

① 参见汤普森：《英国工人阶级的形成》（上、下），钱乘旦、杨豫、潘兴明、何高藻译，上海，译林出版社，2001。

② 汤普森：《英国工人阶级的形成》，上册，9 页。

③ 汤普森：《英国工人阶级的形成》，上册，11 页。

和观点明确，赢得了学界普遍的赞誉，成为英国社会史方向的先驱与样板之作。1965—1971 年，汤普森受聘于英格兰中部的沃威克大学，积极参与组建学校的社会史研究中心。之后又陆续发表了《辉格党人与猎人：取缔流浪者条例的起源》《理论的贫困与其他短文》《罗曼蒂克：革命时代的英格兰》等多部著作，还写了一系列论文与时评。晚年的他政治热情丝毫不减，积极投身欧洲无核化运动，成为该运动的领导人。

　　1992 年，在汤普森处于人生边缘时，中国社会科学院世界历史研究所主办的《史学理论研究》季刊的特约记者刘为博士采访了病中的汤普森，问及他对马克思主义的看法时，他答曰："我深受马克思主义影响，极大地得益于马克思主义史学传统，我的理论语汇相当大的一部分来自这一传统。"① 他对自己的信仰选择没有任何悔意，这是一位深谙人类史的智者深思熟虑的应答。

霍布斯鲍姆

　　第一代英国马克思主义史家的杰出代表霍布斯鲍姆，可谓当今西方马克思主义史家中的 No.1。他出生在埃及古城亚历山大里亚，父母分别是英籍和奥地利籍犹太人。老霍布斯鲍姆是东欧移民，起初在伦敦东区制作橱柜。他的姓原本是 Hobsbaum，由于一个字母的拼写错误，使小霍布斯鲍姆的姓变为 Hobsbawm，给他个人生平平添了一个小花絮。霍布斯鲍姆两岁时，随父母移居维也纳。尽管到了德语国家，他的父亲在家里仍然同子女用英语对话。霍布斯鲍姆 12 岁时父亲去世。为补家用，小霍布斯鲍姆课余兼做英语家教。1931 年，母亲又去世，他与妹妹南希被姨妈收养，随继父移居柏林。纳粹掌权后，霍布斯鲍姆又随继父母迁居英国（1933 年），逃过灭顶之灾。流散民族的身份、不幸的幼年与少年时代以及德国社会的压抑致使还是中学生的霍布斯鲍姆全身心地拥抱了共产主义。后来霍布斯鲍姆回忆，他那一代最聪明的年轻人之所以接受马克思主义是因为那是一个人类历史上最极端与最可怕的世纪，正是"在柏林的岁月使我终生成了一个共产党人"。② 这一少年时代选择的信念并没有因为极端年代的逝去而发生改变，即使在 1991 年苏联东欧社会主义国家解体、国际共

---

　　①　《史学理论研究》，1992（3）。

　　②　参见玛雅·翟济：《信仰问题》（Maya Jaggi, *A Question of Faith*），载英国《卫报》（*Guardian*），2002 年 9 月 14 日第 20 版"特写与评论"栏。

产主义运动遭受巨大挫折之后也执着如初。

1995 年，他在接受英国广播 4 台采访时，主持人问他是否认为为了一个共产主义的乌托邦值得付出任何牺牲，他回答："值得。"主持人又问："即使牺牲几百万生命也值得吗？"他答道："这正是我们在第二次世界大战战斗时所感受到的东西。"他以自己的坚定让世人见识了什么是真正的理性与信仰。他的这一回答受到个别评论家的谴责。他坦然回应道：

> 我经历过第一次世界大战，当时有一千万到两千万人被杀。英国人、法国人和德国人在当时认为这是必要的，而我们对此并不赞同。在第二次世界大战中死了五千万人，这种牺牲是否值得呢？坦白地说，我不能面对不值得的念头。倘若这个世界是由阿道夫·希特勒统治，我不可能说它也许会更好。①

在霍布斯鲍姆看来，人类必须为自己的进步付出代价，甚至惨重的代价。这是浅薄无知的"事后诸葛亮"们所无法理解的。

在移居伦敦后，霍布斯鲍姆先入马里莱邦语言学校学习，此间读到了《共产党宣言》，认为辩证唯物主义是完美的知识体系。随后他考入剑桥大学国王学院（1936—1939 年），并在入学的第一年加入了英国共产党，即使在 1956 年退党的惊涛骇浪中，也坚持留在党内，直至 1991 年英共自行解散。他在本科期间负责编写过学生周刊，参加过不公开的学生组织，是一位社会活动的积极分子。1940 年 2 月，他应召入伍，在教导队服务，未直接参战。1946 年他与希尔等人共同创立史家小组，1947 年，他回到剑桥修博士学位，同时被聘为伦敦大学伯克拜克学院历史讲师。1952 年他又与史家同志一道创立了英国的社会史、劳工史研究的重要阵地《过去与现在》期刊，不仅团结了马克思主义史家，而且吸引了大批非马克思主义史家投稿。1954 年，他走访苏联，对苏联的文化政策不以为然。两年后赫鲁晓夫在苏共二十大上的秘密报告以及苏军对匈牙利骚乱的镇压行动也受到霍布斯保姆的批评，他签名抗议入侵，后来也谴责苏联入侵捷克斯洛伐克。尽管他对苏联的作为表示失望，但他继续留在党内，同许多退党的朋友与同事保持着良好的关系。1959 年他发表第一部给自己带来学术声望的重要著

---

① 参见玛雅·翟济：《信仰问题》（Maya Jaggi, *A Question of Faith*），载英国《卫报》（*Guardian*），2002 年 9 月 14 日第 20 版"特写与评论"栏。

作《最初的反叛》，复原近代早期盗贼的状况，解释盗贼蜂起的原因。同年升为学院高级讲师。1962 年他发表《革命的年代：1789—1848 年》一书，说明近代"双元革命"——法国大革命与英国工业革命的根源与伟大意义。该书编年的下限是《共产党宣言》发表以及新铁路网建立的 1848 年，在作者看来这是一个历史新阶段的开端。1964 年出版《劳动者》一书，4 年后专著《工业与革命》问世。1969 年他发表社会史名著《盗匪》以及与法国史家卢德合写的《斯文大尉》。前者继续他的边缘群体研究，成为西方盗匪史研究的经典；后者探讨 1830 年的农民暴动，反驳较为流行的观点，即 19 世纪的工业化使工人的生活水平得到提高。

1970 年，霍布斯鲍姆升任伯克拜克学院教授，已成为西方最著名的史家之一。在之后的岁月里，他的著作一本接一本问世，代表作有《资本的年代：1848—1875 年》（1975 年）、《帝国的年代：1875—1914 年》（1987 年），与先前的《革命的年代》组成了著名的 19 世纪欧洲史的三部曲。[①] 1978 年，霍布斯鲍姆当选为英国科学院院士，标志他的成就得到英国学术界的普遍承认。他在 1982 年正式退休，保持伯克拜克学院名誉教授的头衔。但他仍然没有放弃教学与科研工作。1982—2001 年，他先后在美国斯坦福大学、麻省理工学院、康奈尔大学、纽约新社会研究学院执教，此间他主编了《马克思主义史》（1982 年）和英国近代专题史《传统的发明》（1983 年）；完成了以个人经验为基础的 20 世纪的世界史《极端的年代》（1994 年），[②] 从"一战"写到苏联解体。该书出版后很快被译成 37 种文字，在知识界产生了巨大影响。作为一位对苏联式的社会主义具有批判性目光的忠诚的马克思主义者，他对柏林墙的倒塌感到欣慰，认为苏联解体后俄罗斯发生的一切是难以置信的经济和社会悲剧。在 20 世纪最后 5 年，他相继推出《论历史》《不凡的人》《新世纪》三部著作，进入随心所欲、酣畅淋漓的写作境界。

进入新世纪，他虽然因身体原因放弃了教学，但并未离开电脑。2002 年，他以一位饱经沧桑的过来人的目光写出《饶有兴味的时代：20 世纪的

---

① 中译本见艾瑞克·霍布斯邦：《革命的年代》，王璋辉译，北京国际文化出版公司，2006；《帝国的年代》，贾士蘅等译，北京，国际文化出版公司，2006；《资本的年代》，张晓华等人译，北京国际文化出版公司，2006。

② 中译本见霍布斯鲍姆：《极端的年代》，郑明萱译，南京，江苏人民出版社，1999。

生活》一书，为 20 世纪的人类生活，主要是欧洲人的生活，提供了一位当事人的个人证词。他像小说家一样在书的开头写了一段看似平常却颇值玩味的导语：

> 1994 年秋季的一天，我正在纽约新学院讲课，我的太太马莱妮——她在伦敦处理信件——打来电话说：收到一封发自汉堡的信，她无法阅读，因为信中使用的是德文。发信人的签名是麦里塔。是否值得寄给我。我在汉堡不认识任何人，但未及一秒钟的迟疑，我就知道了是谁写了它，即使我同签名人最后一次见面已经过去了一个世纪的四分之三的时间。①

随后他从自己孩童时代的维也纳说起，回忆他在柏林放学回家的路上获悉希特勒上台的新闻，由小见大，举重若轻，笔触划过一个世纪的世界，至西班牙独裁者弗朗哥下台、意大利政治家贝卢斯科尼上台、第三世界的崛起为止，洋洋洒洒，跌宕起伏，勾勒出一个伟大的、充满戏剧性，因此也是妙趣横生的人类史的小片段。

他一生还发表了大量论文，包括马克思主义的理论文章。《论历史》一书便是他关于唯物史观及其应用于史学实际的论文集。

他以深厚的理论素养、开阔的历史目光、新颖的研究视角、翔实可靠的史料功夫和扎实的治史基本功，② 获得西方学界的普遍尊敬，人们可以不同意他的政治观点，但不能不折服于他的治史成就。

在英国马克思主义史家队伍中，牛津大学教授德·圣克鲁瓦是一位比较特殊的人物。由于他从事古典学研究，加之 40 岁以后才进入专业史学领域，因而与从事现代史研究的马克思主义史家小组的成员交往不多。他在学问上的好友集中于古典学界，特别是与剑桥大学的杰出古典学家芬利的经常性争辩与对话，成为西方古典学界的佳话。

德·圣克鲁瓦是法国人后裔，1910 年生于中国澳门。其父当时在澳门海关工作，在小克鲁瓦 4 岁时辞世，因此他由具有英国犹太人身份的母亲抚

---

① 埃里克·霍布斯鲍姆：《饶有兴味的时代：20 世纪的生活》（Eric Hobsbawm, *Interesting Times：A Twentieth－Century Life*），1 页，潘泰昂出版公司，2002。

② 霍布斯鲍姆精通德文、法文、西班牙文、意大利文，能够阅读荷兰文、葡萄牙文、加泰罗尼亚文著作。

养成人。笃信宗教的母亲送他到英国西部港口城市布里斯托尔的克里夫顿学校就读。但他在 15 岁便辍学就业，充当一名执业律师的帮手。16 岁以后，他先在沃兴市，后在伦敦从事律师业。20 世纪的 30 年代资本主义大危机时期，他思想开始倾向马克思主义，但因 1939 年苏德条约的签订而成为苏式马列主义的反对者。1940 年他应征入伍，服役于空军部队。在埃及驻防期间，他获得伦敦大学大学学院的入学机会，战后进入该学院历史系就学。1949 年以优异成绩毕业，次年受聘为伦敦经济学院古代经济史助理讲师、伯克拜克学院古代史兼职讲师。1953 年，因老师雨果·琼斯的推荐，成为牛津大学新学院（New College）的学生指导教师与研究员，直到 1977 年退休止，始终为本科生讲授古希腊史，兼及罗马史与古代近东史。因非牛津出身，他始终自嘲是牛津的"外邦人"。1987 年，他被伦敦大学大学学院聘为研究员。20 世纪 90 年代，我国学者王敦书曾访谈过他。后来他给王敦书先生的信中说他是"彻底的马克思主义者"。2000 年初，他在距 90 岁生日仅仅 3 天时，辞世于牛津的一所医院。

德·圣克鲁瓦是寡作的也是大器晚成的史家，一生只有三部书存世，即《伯罗奔尼撒战争的起源》（1972 年）、《古代希腊世界的阶级斗争》（1981 年），以及论文集《雅典民主的起源》（2004 年）。他还拟写两部著作：《早期基督教对妇女、性和婚姻的态度》和《晚期罗马帝国中的异端、教派分裂和宗教迫害》，可惜天不假年，未能如愿。但他在世时出版的两部书均属大部头的重量级著作，即使他最保守的牛津同事，都对其交口称赞。原因当然不在于他使用的方法，而在于他运用马克思主义方法研究历史课题时充分地占有史料，缜密地分析史料，在客观复原史实的基础上归纳出了一些令人信服的结论。

《伯罗奔尼撒战争的起源》一书可谓以小题目做大文章的典范。伯罗奔尼撒战争的起源似乎是个不成问题的问题，一般认为系由雅典与伯罗奔尼撒同盟国的商业竞争所引起，导火索是雅典公民大会于公元前 432 年通过的墨加拉法令，对墨加拉进行经济制裁，禁止墨加拉商船与商人进入雅典同盟国的港口和城市。德·圣克鲁瓦通过精细的史料考据证明该法令是对墨加拉的宗教制裁而非经济制裁。为了证明他的解释的合理性，他穷尽了所有相关史料，对史料反复考据辨析，为探究一场战争的原因小题大做，写出百万字的专著，足见所下功夫之深。这使《伯罗奔尼撒战争的起源》注定要与修昔底德的《伯罗奔尼撒战争史》一道，成为研究这场战争的必读书。

《古希腊世界的阶级斗争》原是 1973 年德·圣克鲁瓦在剑桥开办讲座的主题，后来扩展为一部 731 页的鸿篇巨制。作者在前言中特别说明，这部著作是运用马克思主义阶级分析方法对古希腊社会的阶级斗争进行全面研究的产物：

> 本书的主要目的首先（在第一部中）在于解释，其次（在第二部中）在于阐明马克思的一般社会分析方法在古希腊世界研究方面的价值。马克思与恩格斯对历史方法做出了许多贡献，提供了一系列可供历史家和社会学家加以利用的有效工具。但我主要集注于一种工具，我认为这个工具对理解和解释特定的历史事件与过程最为重要，最富成果，这就是阶级与阶级斗争的理念。①

德·圣克鲁瓦把他笔下古希腊世界的编年范围划在公元前 700 年与公元700 年（阿拉伯人征服希腊世界）之间。他清楚地意识到自己的研究可能带有自觉不自觉的主观偏颇，但他坚决拒绝历史相对主义者对传统史学方法的否定，坚定地捍卫实证主义的治史原则：

> 正如尤金·戈诺维斯所说"思想偏颇的必然性并不会使我们放弃为争取最大限度的客观性而斗争的责任感"。我希望本书要达到两个标准：1. 在论及历史事件与历史过程时做到客观可信；2. 富有成效的分析……我绝不会放弃亚瑟·诺克的那个不受人欢迎的恰当表述，他写道："一个事实是一件圣物，它的生命永远不应被置放在概括的祭坛之上。"②

这种对 19 世纪实证主义史学研究目标的坚守可以视为西方大多数专业史家对历史相对主义挑战的回应。

概念的清晰是一切讨论的前提。德·圣克鲁瓦在《古希腊世界的阶级斗争》中首先对阶级、剥削、阶级斗争概念加以明确的定义。他从马克思的相关论述中归纳出结论：阶级是一种社会关系，一种客观存在的实体，也是社会的一种集团，识别这个集团需要看它在整个社会生产体系中所处

---

① 德·圣克鲁瓦：《古希腊世界的阶级斗争》（G. E. M. De Ste. Croix, *The Class Struggle in the Ancient Greek World*），3 页，达克沃斯出版公司，1981。

② 德·圣克鲁瓦：《古希腊世界的阶级斗争》，31 页。

的地位，最重要的是根据它与生产条件（即生产资料与生产劳动）的关系来加以确认。法律地位是有助于确认阶级的因素之一。一个特定阶级的成员并不一定具有本阶级的身份意识以及共同利益的意识，他对其他阶级的成员有可能认识，也可能没有认识到彼此间存在着某种对抗关系。一个阶级社会的核心成分是实际控制着该社会生产条件的一个或若干个较小的阶级，它们剥削较大的阶级，也就是占有较大阶级生产的剩余产品。因此它们构成在经济、社会，多半也在政治上具有优势的阶级。剥削可以是直接对个人的剥削，例如特定的雇主、主人、地主或放贷人对雇佣劳动者、奴隶、农奴、"科洛尼"、① 佃农、债务人的剥削；剥削也可以是间接对集体的剥削，比如由一个具有优势的阶级统治的国家对某个特定阶级或若干阶级索取的税收、服军役、强制劳役或其他劳务。而阶级斗争则是指不同阶级之间的基本关系，主要是指剥削与反剥削的关系；阶级斗争并不一定包括一个阶级的集体行动。②

　　德·圣克鲁瓦的书中虽然贯穿着阶级分析方法，但就作者对古希腊的生产条件、不同阶级形态、剥削方式、阶级斗争形式及具体表现、罗马帝国衰落与灭亡原因所进行的细致入微的讨论而言，仍然是传统实证主义的。譬如，在复原史实上，作者达到了他在前言中为自己确立的标准——"客观可信"。全书的附录、注释、参考书目、索引有 228 页之多，且使用的均为小五号字，为读者提供了有关课题的详尽无遗的史料清单，令人感叹将来是否还能有人对这个题目做得比作者更好。在富有成效的分析上，作者也落实了自己的标准。就罗马帝国的衰亡原因这一老掉牙的问题而言，他给出了自己的分析：在蛮族威胁日益严重的情况下，人民群众却被掠夺性的军队蹂躏得痛苦不堪，对蛮族入侵没有抵抗的意愿。加之基督教在 4 世纪变为国教，逐渐形成较大规模的、脱离生产的僧侣（牧师、修士、修女）集团。这导致罗马政治体系对广大生产者（奴隶与自由人）实行摧毁性的经济剥削，其结果是为自身利益创造了这个政治体系的有产阶级，吸干了社会再生产的血液，在帝国的大部分地区毁灭了希腊—罗马文明。德·圣克鲁瓦认为"这正是古典文明衰落的主要原因"。③

　　德·圣克鲁瓦以及英国马克思主义史家出色的治史实践表明，新史学与 19 世纪的史学不是两种不同质的异物，无论史家的眼睛朝上看、朝下看

---

①　罗马帝国时期的土地承租人。

②　德·圣克鲁瓦：《古希腊世界的阶级斗争》，43～44 页。

③　德·圣克鲁瓦：《古希腊世界的阶级斗争》，503 页。

还是上下左右一齐看，无论搬用什么学科的方法，都要依从自然科学与人文社会科学研究的共同路径，从翔实可靠的一手史料或资料出发，建构自己的理论概括。因此西方现代新史学乃是 19 世纪客观主义史学和实证主义史学的深化与发展。

参考书目

西方史学史综论

郭圣铭编著：《西方史学史概要》，上海，上海人民出版社，1983。

杨豫：《西方史学史》，南昌，江西人民出版社，1993。

张广智：《西方史学史》，上海，复旦大学出版社，2001。

汤普森：《历史著作史》（1—4 卷），谢德风译，北京，商务印书馆，1988～1992。

孙秉莹编著：《欧洲近代史学史》，长沙，湖南人民出版社，1985。

科斯敏斯基：《中世纪史学史》（上、下册），郭守田译，长春，东北师范大学历史系，1986。

古奇：《十九世纪历史学与历史学家》（上、下册），耿淡如译，北京，商务印书馆，1989。

Ernst Breisach, *Historiography*：*Ancient*，*Medieval and Modern*，Chicago and London，1983.

西方历史名作

希罗多德：《历史》，王以铸译，北京，商务印书馆，1985。

修昔底德：《伯罗奔尼撒战争史》，谢德风译，北京，商务印书馆，1960。

色诺芬：《长征记》，崔金戎译，北京，商务印书馆，1985。

恺撒：《高卢战记》，任炳湘译，北京，商务印书馆，1986。

撒路斯提乌斯：《喀提林阴谋、朱古达战争》，王以铸等译，北京，商务印书馆，1996。

李维：《建城以来史》（前言、卷一），穆启乐等译，上海，上海人民出版社，2005。

　　普鲁塔克：《希腊罗马名人传》（上册），黄宏煦等译，北京，商务印书馆，1990。

　　阿庇安：《罗马史》（上、下卷），北京，商务印书馆，1979。

　　塔西陀：《历史》，王以铸译，北京，商务印书馆，2002；《编年史》（全两册），崔妙因，王以铸译，北京，商务印书馆，1981；《阿格利可拉传·日耳曼尼亚志》，马雍，傅正元译，北京，商务印书馆，1959。

　　阿里安：《亚历山大远征记》，李活译，北京，商务印书馆，1985。

　　苏埃托尼乌斯：《罗马十二帝王传》，张竹明译，北京，商务印书馆，1995。

　　普罗柯比：《秘史》，吴舒屏，吕丽蓉译，上海，上海三联书店，2007。

　　格雷戈里：《法兰克人史》，寿纪瑜，戚国淦译，北京，商务印书馆，1981。

　　比德：《英吉利教会史》，陈维振，周清民译，北京，商务印书馆，1997。

　　艾因哈德：《查理大帝传》，戚国淦译，北京，商务印书馆，1985。

　　布鲁尼：《薄伽丘》，周施廷译，桂林，广西师范大学出版社，2008。

　　尼科洛·马基雅维里：《佛罗伦萨史》，李活译，北京，商务印书馆，1982。

　　孟德斯鸠：《罗马盛衰原因论》，婉玲译，北京，商务印书馆，1962；《论法的精神》（上、下册），张雁深译，北京，商务印书馆，1961。

　　伏尔泰：《历史哲学》，载《世界历史》，1989（5）；《路易十四时代》，吴模信等译，北京，商务印书馆，1982。

　　卢梭：《论人类不平等的起源和基础》，李常山译，东林校，北京，商务印书馆，1979。

　　爱德华·吉本：《罗马帝国衰亡史》（上、下册），黄雨石，黄宜思译，北京：商务印书馆，1995；《吉本自传》，戴子钦译，北京，生活·读书·新知三联书店，1989。

　　朗克：《朗克〈教皇史〉选》，吴于廑主编，施子愉译，北京，商务印书馆，1962。

　　特奥多尔·蒙森：《罗马史》（第一、第二卷），李稼译，北京，商务印书馆，2004。

　　雅各布·布克哈特：《意大利文艺复兴时期的文化》，何新译，马香雪校，北京，商务印书馆，1981；《希腊人和希腊文明》，王大庆译，上海，上海人民出版社，2008；《世界历史沉思录》，金寿福译，北京，北京大学出版社，2007。

基佐：《法国文明史》，沅芷，伊信译，北京，商务印书馆，1999。

马克斯·韦伯：《新教伦理与资本主义精神》，北京，生活·读书·新知三联书店，1987。

柏克：《法国革命论》，何兆武译，北京，商务印书馆，1998；《伯克埃德蒙·伯克读本》，陈志瑞，石斌编，北京，中央编译出版社，2006。

托克维尔：《旧制度与大革命》，冯棠译，北京，商务印书馆，1992。

阿克顿：《法国大革命讲稿》，秋风译，贵阳，贵州人民出版社，2004。

古朗士：《古代城市》，希腊罗马宗教、法律及制度研究，吴晓群译，上海，上海人民出版社，2006。

约翰·伯瑞：《思想自由史》，宋桂煌译，长春，吉林人民出版社，1999；《进步的理念》，范祥涛译，上海，上海三联书店，2005。

比尔德：《美国文明的兴起》（第一卷），北京，商务印书馆，1991。

汤因比：《人类与大地母亲》，徐波等译，马小军校，上海，上海人民出版社，2001；《文明经受着考验》，沈辉等译，杭州，浙江人民出版社，1988。

马克·布洛赫：《法国农村史》，余中先，张朋浩，车耳译，北京，商务印书馆，1990；《封建社会》，张绪山等译，北京，商务印书馆，2004。

费尔南·布罗代尔：《菲利浦二世时代的地中海和地中海世界》，唐家龙，曾培耿等译，北京，商务印书馆，1996；《文明史纲》，肖昶，冯棠，张文英，王明毅译，桂林，广西师范大学出版社，2001。

埃马纽埃尔·勒华—拉杜里：《蒙塔尤》，许明龙，马胜利译，北京，商务印书馆，1997。

勒高夫：《圣路易》，许明龙译，北京，商务印书馆，2002；《中世纪的知识分子》，北京，商务印书馆，1996；勒高夫等编：《史学研究的新问题新方法新对象：法国新史学发展趋势》，郝名玮译，北京，社会科学文献出版社，1988。

索布尔：《法国大革命史》，高毅等合译，北京，中国社会科学出版社，1989。

汤普森：《英国工人阶级的形成》，钱乘旦，杨豫等译，南京，译林出版社，2001。

艾瑞克·霍布斯邦：《革命的年代》，王璋辉译，国际文化出版公司，2006；《资本的年代》，张晓华等译，北京，国际文化出版公司，2006；《帝国的年代》，贾士蘅等译，北京，国际文化出版公司，2006。

米歇尔·福柯：《古典时代疯狂史》，林志明译，北京，生活·读书·新知三联书店，2005。

陈启能主编：《西方历史学名著提要》，南昌，江西人民出版社，2001。

西方历史哲学与史学理论

威廉·德雷：《历史哲学》，王炜，尚新建译，北京，生活·读书·新知三联书店，1988。

沃尔什：《历史哲学导论》，何兆武，张文杰译，北京，社会科学文献出版社，1991。

宾克莱：《理想的冲突——西方社会中变化着的价值观念》，马元德等译，北京，商务印书馆，1988。

维柯：《新科学》（上下册），朱光潜译，北京，商务印书馆，1989。

弗兰西斯·培根：《新工具》，许宝骙译，北京，商务印书馆，1986。

康德：《历史理性批判文集》，沈叔平译，北京，商务印书馆，1990。

黑格尔：《历史哲学》，王造时译，北京，生活·读书·新知三联书店，1956。

尼采：《历史对于人生的利弊》，北京，商务印书馆，1998。

李凯尔特：《文化科学和自然科学》，涂纪亮译，北京，商务印书馆，1996；《李凯尔特的历史哲学》，涂纪亮译，北京，北京大学出版社，2007。

威廉·狄尔泰：《历史中的意义》，艾彦，逸飞译，北京，中国城市出版社，2002。

柯林伍德：《历史的观念》，何兆武，张文杰译，北京，商务印书馆，1997。

克罗齐：《历史学的理论和实际》，傅任敢译，北京，商务印书馆，1986；《维柯的哲学》，陶秀璈，王立志译，北京，文津出版社，2005。

斯宾格勒：《西方的没落》，齐世荣等译，北京，商务印书馆，1995。

汤因比：《历史研究》（插图本），刘北成，郭小凌译，上海，上海人民出版社，2000；《历史研究》（上、中、下三册），曹未风等译，上海，上海人民出版社，1966。

波普尔：《历史主义贫困论》，何林，赵平等译，北京，中国社会科学出版社，1998。

何兆武主编：《历史理论与史学理论：近现代西方史学著作选》，北京，商务印书馆，1999。

张文杰等编译：《现代西方历史哲学译文集》，上海，译文出版社，1984。

尼尔·弗格森：《未曾发生的历史》，丁进译，南京，江苏人民出版社，2001。

贝尔特，凯尔纳：《后现代理论——批判性的质疑》，北京，中央编译出版社，1999。

凯尔纳：《语言和历史描写》，曲解故事，韩震等译，北京，文津出版社，2005。

海登·怀特：《后现代历史叙事学》，陈永国等译，北京，中国社会科学出版社，2003；《元史学》，陈新译，南京，译林出版社，2005；《话语转义学》，彭立群译，北京，文津出版社，2005。

帕特里克·加登纳：《历史解释的性质》，江怡译，北京，文津出版社，2005。

雷克斯·马丁：《历史解释：重演和实践推断》，王晓红译，北京，文津出版社，2005。

富林克林·鲁道夫·安可斯密特：《历史与转义：隐喻的兴衰》，韩震译，北京，文津出版社，2005。

埃娃·多曼斯卡：《邂逅·后现代主义之后的历史哲学》，彭刚译，北京，北京大学出版社，2007。

乔伊斯·阿普尔比等：《历史的真相》，北京，中央编译出版社，1999。

德罗伊森：《历史知识理论》，胡昌智译，北京，北京大学出版社，2006。

托马斯·卡莱尔：《论英雄、英雄崇拜和历史上的英雄业绩》，周祖达译，北京，商务印书馆，2005。

罗素：《论历史》，何兆武，肖魏，张文杰译，桂林，广西师范大学出版社，2001。

哈多克：《历史思想导论》，王加丰译，北京，华夏出版社，1989。

卡尔：《历史是什么？》，吴柱存译，北京，商务印书馆，1981。

别尔嘉耶夫：《历史的意义》，张雅平译，上海，学林出版社，2002。

茹科夫：《历史方法论大纲》，王瓘译，上海，上海译文出版社，1988。

米罗诺夫： 《历史学家和社会学》，王清和译，北京，华夏出版社，1988。

彼得·伯克：《历史学与社会理论》，姚朋，周玉鹏等译，上海，上海人民出版社，2001。

何兆武，陈启能主编：《当代西方史学理论》，北京，中国社会科学出版社，1996。

田汝康，金重远选编：《现代西方史学流派文选》，上海，上海人民出版社，1982。

杰弗里·巴勒克拉夫：《当代史学主要趋势》，杨豫译，上海，上海译文出版社，1987。

巴尔格：《历史学的范畴和方法》，莫润先，陈桂荣译，北京，华夏出版社，1989。

卢卡奇：《历史与阶级意识——关于马克思主义辩证法的研究》，杜章智，任立等译，北京，商务印书馆，1995。

唐纳德·凯利：《多面的历史：从希罗多德到赫尔德的历史探询》，陈恒，宋立宏译，北京，生活·读书·新知三联书店，2003。

鲁滨逊：《新史学》，齐思和等译，北京，商务印书馆，1989。

玛丽亚·露西娅·帕拉蕾丝—伯克编：《新史学：自白与对话》，彭刚译，北京，北京大学出版社，2006。

J. 勒高夫，P. 诺拉：《新史学》，姚蒙编译，上海，上海译文出版社，1989。

保罗·利科：《法国史学对史学理论的贡献》王建华译，上海，上海社会科学院出版社，1992。

布洛赫：《历史学家的技艺》，张和声等译，上海，上海社会科学院出版社，1992。

彼得·伯克：《法国史学革命：年鉴学派·1929—1989》，刘永华译，北京，北京大学出版社，2006。

费尔南·布罗代尔：《论历史》，刘北成，周立红译，北京，北京大学出版社，2008。

勒鲁瓦·拉迪里：《历史学家的思想和方法》，杨豫等译，上海，上海人民出版社，2002；《美国历史协会主席演说集》（1949—1960），何新等译，北京，商务印书馆，1963。

伊格尔斯：《欧洲史学新方向》，赵世玲，赵世瑜译，北京，华夏出版社，1989；《历史研究国际手册：当代史学研究和理论》，陈海宏，刘文涛等译，北京，华夏出版社，1989；《二十世纪的历史学：从科学的客观性到后现代的挑战》，何兆武译，沈阳，辽宁教育出版社，2003。

大卫·斯坦纳德：《退缩的历史——论弗洛伊德及心理史学的破产》，杭州，浙江人民出版社，1989。

罗德里克·弗拉德：《计量史学方法导论》，王小宽译，上海，上海译文出版社，1991。

修订版后记

在破五的爆竹声声、烟花烁烁中，键入了本书的最后一个句号。拖欠出版社已久的债务终于要还上了，不觉有如释重负之感。

作为北京师范大学历史系的系列教材之一，倏忽间，拙作初版发行已过了 14 年。遥想改革开放之初，我国老少学人对于境外的历史观念，踮起脚来才勉强够到 19 世纪德国的古典哲学；至于境外的专业史学，充其量只粗知大批判的对象苏联、东欧，对西欧、北美几乎是两眼一抹黑。记得我在 1981 年分配到北师大历史系工作时，资料室只有苏联的《古史通报》《历史问题》两种外刊，这在国内高校中已经算好的了。所以当大门、窗户乍一打开，看到西洋史学万花筒般的景观，觉得什么都是新的。于是但凡认识点洋字码儿的同仁，包括我自己，都如饥似渴般地学习、模仿西方的史学理论与治史技艺，新观念、新方法像变古彩戏法般地接二连三介绍进来。先进口的尚未嚼烂便囫囵吞下，又一道"新菜"端到了嘴边，根本来不及消化。

但岁月有痕，一生二熟，到了开写本书初版的 1993 年，西方史学的模样可以说认得的"大概其"了，于是有了导论性的《西方史学史》教材。现在又一个 14 年过去，当年的惊异感、新鲜感由于逐渐熟悉而悄然无存，当年眼花缭乱的景观因为观赏者的心地成熟而变得大同小异，不过尔尔。我国学界已经跟上了西洋史家的步伐，越过了鹦鹉学舌、东施效颦的幼稚园阶段，进入自主反思的境地。此时再看十多年前教材中的不少事实陈述与价值陈述，未免显得天真失准，因此有必要加以修补。

按照与出版社草签的合同，此番改动在 3 年前就应交稿。无奈公事、杂事繁多，交稿时间一拖再拖，客气的责编拿我没有办法，只好容我赖账，直到我自己感到再赖说不过去了：因旧版已停止印刷，学生的学习用书无法保证。这也正是我对现在呈上的修订稿虽然并不满意——它带有赶活儿的急躁，失误之处自然相对较多——却还是匆匆交稿的原因。不管怎样，拖欠债务应该尽早偿还。所以在这里必须对宽容大度的雪洁编辑表示衷心的歉意与谢意。

　　本书于 2015 年再次修订，新版《西方史学史》第 4 版修正了前版的一些不当之处。末了还是引用初版后记中的实话作为结尾："恳请读者予以批评指正。"

郭小凌

2016 年 1 月 30 日夜于京师园